明史

新编中国史

明史

多重性格的时代

王天有　高寿仙◎著

中信出版集团 | 北京

图书在版编目（CIP）数据

明史：多重性格的时代／王天有，高寿仙著，-
北京：中信出版社，2017.10（2025.1 重印）
ISBN 978-7-5086-7002-7

I. ①明… II. ①王… ②高… III. ①中国历史－明
代 IV. ① K248

中国版本图书馆 CIP 数据核字（2016）第 274348 号

明史：多重性格的时代
著者：　　王天有　高寿仙
出版发行：中信出版集团股份有限公司
（北京市朝阳区东三环北路 27 号嘉铭中心　邮编　100020）
承印者：　河北鹏润印刷有限公司

开本：880mm×1230mm 1/32　　印张：18　　字数：395 千字
版次：2017 年 10 月第 1 版　　印次：2025 年 1 月第 10 次印刷
书号：ISBN 978–7–5086–7002–7
定价：96.00 元

服务热线：400–600–8099
投稿邮箱：author@citicpub.com

目 录

第二篇　明朝的腐化期（1442—1521）

第三篇　明朝的整顿期（1521—1582）

第四篇　明朝的衰敝期（1582—1644）

自　序

出版社邀请我写一部明朝史，盛情之下，只有允诺。但是当我写了数万字之后，就感到力不从心，于是请学弟高寿仙教授帮助。不是高教授的加盟，这部《明史》不知会拖到何时才能与读者见面。

我自幼生活在北京，这里是明清两朝的国都，特别是故宫、长城、十三陵等明朝遗存深刻地影响了我。1963 年我进入北京大学历史系学习。当时历史系名师荟萃，大师云集，在他们的熏陶下，我喜欢上了史学，这也就决定了我终生将与史学为伴，即使在“文化大革命”的灾难时期，那时我被安置在甘肃祁连山的深处，身边仅有的几部史书依然给我的生活带来愉悦。“文化大革命”后，我又有幸重回北京大学历史系，师从许大龄先生，研究明史，先是读研究生，后来留校任教。高寿仙小我十八岁，也是许门弟子，年富力强。由于我俩同一师门，平常接触较多，合作起来得心应手，书稿内容自然也难分彼此，不过书中如有重大过失，当然学长承其责。

在《明史》写作过程中，我们常常有力不从心的感觉。第一，明朝历时二百七十六年，从传统皇朝来说，统治时间仅次于唐朝。这二百七十六年，实在是错综复杂，既有各种传统发展的极致，又有社会转型带来的各种变化，相互交错，扑朔迷离，形成了明朝历史多重性格的特点。要写出明朝历史的多重性格，对于我们确实有很大的难度。第二，有关明朝历史的资料相当丰富，有官方记载，也有大量的私人著述，可以说当年清朝官修《明史》时所依据的资料，今天都可以看到。全面掌握资料，去粗取精，辨别真伪，尤其重要。写史就是这样，史料少难，史料多也难。第三，明史研究受时政影响很大。这在清朝官修《明史》时就有所反映。近代以来，一些政治家经常用历史说话，明朝历史被他们利用得最多，许多人对明朝的认识，就是从这些时政化的研究而来。明史研究要摆脱时政影响，也并非易事。因此书稿完成之后，我们心情并不轻松，甚至忧过于喜，以上三点我们是否基本解决了，有待读者鉴定，我们真诚地希望读者给予指教。

书稿即将付梓，首先要感谢我们的导师许大龄教授，是他当年孜孜教诲，把我们引上明史研究之路。本书的明史分期就是受先生研究成果的影响，实际上他为我们这本书提供了一个基本框架。其次要感谢明史学界的同人，是大家共同的努力开创了近年来明史学术研究的繁荣，没有这样的基础，我们不可能完成这部《明史》。参阅同人书目，附于书后，这里就不一一感谢了。再次，出版社编辑部非常敬业，认真负责的工作作风使本书避免了不少错误。我对其表示由衷的感谢。

王天有

2008 年 3 月 20 日

前 言

明王朝是从 1368 年至 1644 年，即从 14 世纪中期至 17 世纪中期的一个统一王朝。这时，中国传统王朝社会历经近一千六百年的周流演变，进入了它的后期。明初种种传统发展的极致和中后期社会转型带来的新气象，相互交错，扑朔迷离，使明朝的历史呈现出错综复杂的多面性格，以致人物的评价、事件的厘清、历史发展的态势，都很难用简单的否定或肯定来标志。

清朝修纂《明史》，自顺治迄乾隆，历四朝，凡九十五年，是中国历史上设馆修史时间最久的一次。原因很多，其中有一点也是不争的事实，那就是明朝史事颇有不同于前代的内容，加上后世对明朝朝政的抑扬、人物的臧否多意见不一，所以无论在大局或细节上，均需详细的斟酌与探讨。尽管如此，清修《明史》依然错误百出，贻人口实。近代以来，一些所谓的政治家和思想家，往往借助于明朝史事进行说教，使明朝历史更被层层云雾围绕，陷入迷蒙。

可见撰写一部明朝历史具有相当的难度。好在斗转星移，世人企盼已久的思想解放的霞光正光照大地，明史研究的新材料、新成果不断涌现，这为撰写《明史》创造了极为有利的条件。所以笔者不揣学识浅薄，敷衍成文，愿以此就教于学林。

谈到明朝历史，首先要谈王朝的核心皇帝。在明朝二百七十六年的历史中，共有十六位皇帝，他们是：明太祖朱元璋、明惠帝（建文帝）朱允炆、明太宗（成祖）朱棣、明仁宗朱高炽、明宣宗朱瞻基、明英宗朱祁镇、明代宗（景帝）朱祁钰、明宪宗朱见深、明孝宗朱祐樘、明武宗朱厚照、明世宗朱厚熜、明穆宗朱载垕、明神宗朱翊钧、明光宗朱常洛、明熹宗朱由校、明思宗（庄烈帝）朱由检。这十六位皇帝中，有雄才大略、开基创业的一代英主；也有稳定时局，或从某一方面对巩固明朝基业有所作为的守成之君；然而更多的是平庸之辈，甚至不乏极其腐朽的皇帝。但是明朝毕竟维系了二百七十六年，其间无权臣专政，无后宫外戚之患，更无武臣跋扈、地方割据，王朝的一统局面基本稳固。清代一些史家在研讨明朝历史时，对有的皇帝长期不上朝而王朝权力照旧运作，感到“诚不可解也”，其实这一切都依赖于皇权支配下的政制。为此，本书写作中在注意皇权运作的同时，也给予这种政制较多的关注。这是明朝政治上的一个特点。

历史是有生命的东西，是活的东西，是不断发展变化的东西。明朝历史变化之大，是明前各王朝无法比拟的。这种变化有政治方面的，有经济方面的，也有社会思潮方面的；推动变化的主因有的源于自上而下的力量，有的源于下层涌动。上下合力，变化加快；上下背反，曲折迂回。总的来说，明朝政治的变化滞后于经济的变化，社会思潮的灵敏性比政治家对改革的认知更是先知先觉。明朝的帝王，几乎无一例外，在他们即位时颁布的《登极诏》中表示了“除旧布新”或“革故鼎新”的愿望，但是真正意义上的政治改革终明之世都没有出现。经济上则不同，明朝创立之初，统治者通过复兴农村经济，建立了牢固的自然经济体系。它既保证了明朝前期经济的稳态发展，又为随之而来的商品经济发展奠定了基础。16 世纪以后，明朝商品经济发展程度有了显著的提高，民营作坊增多，国内外市场繁荣，商业资本活跃，以白银为本位的货币在市场上更广泛行用，这一切都昭示着明朝中后期的社会变迁，中国近代化之路开始起步。明朝的社会思潮前后期有很大变化，前期被官方肯定的传统思想支配着整个社会思潮的动向；中后期传统思想的异化，民间文化的勃发，以及晚明异质文化的传入，中西文化交流在知识精英的推动下有了空前的进展，社会思潮出现了多元化的走向，在排斥与接受的碰撞中，新思想的火花时有迸发，明代文化更是异彩纷呈，婀娜多姿。故而经济转型与社会新思潮是本书写作中另两个关注较多的问题。这两个问题也是明朝历史上极具特色的问题。

15 世纪是足以让明朝和世界引为自豪与振奋的一个世纪。在这个世纪中，人类从东西两个方向发起了对海洋的挑战，郑和下西洋始于世纪之初，哥伦布发现新大陆完成于世纪之末，此后世界文明开始了从区域发展向整体发展的转换，中国与世界密不可分。研究明史必须要有世界的眼光。郑和下西洋是中国传统对外关系，即朝贡关系的继承与发展，国与国关系的基调是和平的，贸易的原则是平等的。但是郑和下西洋也有局限性，即明初开放仅限于官方层面，对私人海外贸易活动则实行“海禁”。这种局面一直到隆庆元年（1567）明穆宗允准私人远贩东、西二洋，才有了根本的转变。从此明朝基本抛弃了不现实的朝贡体制，把对外贸易落向中外民间层面。用当时世界的眼光看，明朝总体上是开放的，无论是前期还是后期，明朝在当时世界上的地位不可低估。这也是明朝历史上的重要问题。

明史分期是撰写明朝历史不可回避的问题，见仁见智，可以有两分法、三分法、四分法，或更多的分法。两分法大多以成化、弘治或正德为界分明朝为前后期。三分法则以正统十四年（1441）和万历中期为界分明朝为前、中、后三期。这两种分法时限过大，不易反映明朝繁杂的社会变化。顾炎武是四分法，他在《天下郡国利病书》中引《歙县风土论》分明朝为春、夏、秋、冬四期：弘治以前，“诈伪未萌，讦争未起，纷华未染，靡汰未臻”，“此正冬至以后春分以前之时也”；到正德末嘉靖初，则“商贾既多，土田不重”，“诈争起矣，纷华染矣”，“此正春分以后夏至以前之时也”；至于嘉靖末隆庆间，“末富居多，本富益少，富者愈富，贫者愈贫”，“此正夏至以后秋分以前之时也”；及万历中，“富者百人而一，贫者十人而九”，以至“戈矛则连兵矣，波流则襄陵矣，丘壑则陆沉矣”，“此正秋分以后冬至以前之时也”。顾氏的分期是源于两分法，只是根据弘治以后社会变化加快的现实在分期上更细化了。以上这些分期法都富有启发性，然而却不全面。

许师大龄先生在为笔者所著《晚明东林党议》一书写的序中也分明朝历史为四期，立论较为全面，本书基本采用，细节上略有调整。具体如下：

第一期为开创期，从明太祖洪武元年（1368）到明英宗正统六年（1441）。这一时期，明朝完成了国土的开发，首都的迁移，省区的划分，中央辅政形式从宰相制到内阁制的转变，各种制度和法规的建设，从而一个统一的和比较安定的政治局面出现了。经济上从鼓励农民归耕，到奖励垦荒，劝课农桑，大量自耕农的存在和无粮白地（即不纳税的土地）的出现，为此时农村经济发展增添了活力。《明史·食货志》云："是时宇内富庶，赋入盈羡，米粟自输京师数百万石外，府县仓廪蓄积甚丰，至红腐不可食。"这一评论并非虚妄之言。正是有了经济做后盾，才可能有郑和下西洋这样的惊世伟业。此外，思想控制比前代加强，程朱理学成为官方正统思想，并为有明一代的主流文化。

第二期为腐化期，从明英宗正统七年（1442）至明武宗正德十六年（1521）。这一时期，皇族腐化趋向日益严重，在经济上皇族地主大肆侵田占土，皇庄不断发展，在政治上出现了宦官专权的局面。皇族地主腐化于前，缙绅地主紧随其后。加上国家赋税庞杂，差役繁多，新添有金花银、均徭、加派等名目，社会矛盾激化。土木之变反映出国家军事实力的下降，对边区的管辖削弱。统治集团内部矛盾加深，前有南宫复辟、曹石之变，后有朱宸濠叛乱。此时思想领域也发生变化，长期处于统治地位的程朱理学趋于保守，在学术上丧失了创新精神，心学随之兴起。

第三期为整顿期，从明武宗正德十六年（1521）至明神宗万历十年（1582）。这一时期，商品货币经济有了显著的发展，社会转型加快，各种制度和风俗也都有了相应的变化。当时北方少数民族鞑靼首领俺答汗日益强大，不时率兵南下骚扰，在东南沿海，倭寇也不断入侵，所谓“南倭北虏”的局面逐渐形成。统治集团内部要求改革的呼声越来越高。首先是整顿边防，嘉靖末击败倭寇，隆庆时俺答封贡。其次是整顿赋役，从局部到普遍施行“一条鞭法”。再次是整顿工商业，征收轮班银，准贩东、西二洋，设水饷、陆饷、加征饷、船引银。明朝是当时世界白银行用的最大市场。这些整顿在一定程度上顺应了历史发展的要求。还有整顿吏治，至张居正当政时较有成效。

第四期为衰敝期，从明神宗万历十年（1582）至明思宗崇祯十七年（1644）。这一时期商品货币经济继续发展，社会转型与王朝的腐败俱加快了速度。在农村，大土地所有制恶性发展，农民起事、佃农抗租、奴婢索契以及各种秘密结社活动，已形成一股股的潜流。在城镇，商人罢市、手工业工人齐行叫歇，也并非罕见，特别是万历中期发生在全国的新兴市民阶层反对矿监税使的风潮，在以往的历史上是不曾有过的。万历“三大征”虽然令明神宗陶醉，但是王朝的躯体已被掏空，皇族的腐败犹如一个大染缸，再也培育不出中兴之主。东林党议是统治者已无法维持正常统治的标志，明朝的灭亡不可避免。但是思想界在这“天崩地坼”的时代焕发出勃然生机，与传统相违的新思想不断涌现。西学东渐与晚明几大科学家的贡献，在中国历史上也占有重要的地位。

明朝对我国东北地区的开发远迈汉唐，同时也为满族的兴起培育了土壤。努尔哈赤年长明神宗朱翊钧四岁，早死神宗一年有余，可以说二人是同时代的人。未来王朝的更迭，从二人的对比中似可见端倪，故史家有“明亡实亡于神宗”的慨叹。

但是明朝在民心上并未输给后金（清），历史告诉我们史事并非总是按照“得民心者得天下”的轨迹运行。这在以后的南明史中会得到印证。李自成为明朝画上了句号，国家权力却被清朝所接替。明朝留下的最大遗产，就是二百七十六年的历史任后人评说。

第一篇

明朝的开创期（1368—1441）

导言

从明太祖洪武元年（1368）到明英宗正统六年（1441），是明朝的开创期。

淮右布衣朱元璋迫于生计，投身于农民军之中，最终攻灭群雄，统一中国，创建了大明王朝。他对中央和地方官制都按照有利于皇权的原则进行了大刀阔斧的改革，从而奠定了朱明一朝的基本政治框架。为了巩固统治地位，肃清贪污腐败，他以猛治国，迭兴大狱。明太祖去世后，继位的建文帝推行了一系列改制措施，试图缓和明太祖过于严厉的统治风格，但很快就因削藩导致靖难之变，燕王朱棣夺取了皇位。朱棣即位后，在经营边疆、开展对外交往方面下了很大力气，取得辉煌成就，同时也给国库带来沉重的财政负担。朱棣之后相继登上皇位的明仁宗朱高炽和明宣宗朱瞻基，成功地实现了治国方针从开拓向守成的转变，出现了“仁宣致治”的安定局面。开创期的几位皇帝都比较重视民生，社会经济很快从元末战乱所造成的残破局面中恢复过来。在社会和文化方面，明初控制很严，因此社会风俗比较淳朴，但学术思想和诗文创作乏善可陈，缺乏创新性。不过，明初的小说创作却取得了很高成就，出现了《三国演义》和《水浒传》这样优秀的文学作品。

第一章

朱元璋其人与明朝的建立

第一节　从和尚到农民军领袖

明王朝的创建者是朱元璋，在中国历代王朝的开国君主中，他出身最为贫贱。朱元璋祖籍沛国相县（今江苏沛县），从祖父的时候起由于家贫多次迁徙，到父亲朱五四时，最后定居在濠州（今安徽凤阳）钟离太平乡孤庄村。朱元璋出生于元天历元年（1328）九月十八日，幼时叫重八，至于名元璋、字国瑞，都是后来起的。他从小给地主放牛，仅在私塾中读过几个月的书。至正四年（1344），濠州一带发生严重的自然灾害，干旱、蝗灾、瘟疫接踵而来。朱元璋父母、长兄相继死去。为了生存，他到于皇寺（后称皇觉寺）做了和尚。不久“以岁饥罢僧饭食”，他只得离寺游方化缘。朱元璋走遍了淮西、豫南一带，一路风餐露宿，饱尝人世艰难。这段辛酸的经历，在他后来亲自撰写的《皇陵碑》中留下了生动的记录：

朝望突烟而急进，暮投古寺以趋跄。仰穹崖崔嵬而倚碧，听猿啼夜月而凄凉。魂悠悠而觅父母无有，志落魄而侠佯。西风鹤唳，俄淅沥以飞霜。身如蓬逐风而不止，心滚滚乎沸汤。[1]

近似乞讨的漂泊生活也使朱元璋磨砺了意志，开阔了眼界，积累了社会经验。淮西一带是元末白莲教流行的地区，白莲教头目彭莹玉曾在这里传教和散布反元思想，这些都对朱元璋产生影响。三年以后的至正七年，朱元璋才又回到于皇寺。

至正十一年，元末红巾军发动反元暴动。五月，刘福通起事于颍州；八月，徐寿辉回应于蕲州（今湖北蕲春），各地纷起响应，席卷大半个中国。第二年，朱元璋加入濠州红巾军郭子兴部为兵，渐渐显露出他的才能，从亲兵九夫长进而成为郭子兴的快婿。在濠州红巾军内部的权力斗争中，朱元璋处乱不惊，成为郭子兴的心腹将领，由此也开始了他的创业历程。

至正十四年五月，朱元璋看到各路红巾军大多沉寂，认识到局促于濠州一隅，不可能有大的作为，于是把手下七百人交给他将统率，自己率领徐达、汤和、吴良、吴祯、花云、陈德、顾时、费聚、耿再成、耿炳文、唐胜宗、陆仲亨、华云龙、郑遇春、郭兴、郭英、胡海、张龙、陈桓、谢成、李新、张赫、张铨、周德兴二十四人离开濠州，南向定远发展。这二十四人都是朱元璋的同乡，也是此后帮助朱元璋打天下的重要将领。自红巾军起事后，元朝无力控制局面，地方上往往组织民兵或义兵结寨自保。朱元璋南略定远的第一步，就是收编张家堡驴牌寨的"民兵"，一举而得三千人。接着移兵向东，攻打盘踞横涧山的“民兵”主帅缪大亨。缪大亨战败投降，两万精兵尽归朱元璋麾下。此后定远其他一些结寨自保的地方武装冯国用、冯国胜（后名胜）、丁德兴、毛麒等也相继归附。冯国用兄弟自幼读书，熟悉兵法。朱元璋问以天下大计，冯国用以取金陵（今江苏南京）对。他说：“金陵龙蟠虎踞，帝王之都，先拔之以为根本。然后四出征伐，倡仁义，收人心，勿贪子女玉帛，天下不足定也。”[2]这一建议对朱元璋以后的战略决策产生了重要影响。也正是此时，定远人李善长加入朱元璋的队伍。李善长是后来明朝位列文臣之首的重要人物，他一见朱元璋就劝其效法汉高祖刘邦，以取天下为己任。于是朱元璋“遂有一汉高在胸中，而行事多仿之”[3]。七月，朱元璋又南向攻下滁州。第二年正月再克和州。这一时期又有虹县人邓愈、胡大海、常遇春先后率部来归，使朱元璋力量更加雄厚。

韩山童、韩林儿

韩山童（？—1351），栾城（今属河北）人。其祖父因传授白莲教被谪徙永年（今属河北）。韩山童继续宣传白莲教，伺机发动反元起事。至正十一年（1351），黄河决口，元朝征发大批民夫治河，民怨鼎沸。韩山童与徒弟刘福通等聚众起事，因起义军以红巾裹头，故称“红巾军”。不久，韩山童被捕身亡，其子韩林儿（？—1366）随母逃至武安（今属河北）山中。至正十五年，刘福通再次起事，迎韩林儿至亳州（今安徽亳州），立为帝，号小明王，国号宋，建元龙凤。龙凤五年

（1359），移都汴梁。次年，兵败退据安丰。龙凤九年，张士诚部将吕珍攻安丰，一直奉龙凤正朔的朱元璋往救，徙居滁州（今安徽滁州）。龙凤十年，朱元璋即吴王位，命廖永忠往迎小明王、刘福通，舟至瓜步（今江苏六合南），小明王、刘福通被溺死。

至正十五年是反元战事转入高潮的一年，也是朱元璋创业史上的关键时期。这一年刘福通在亳州拥立韩山童之子韩林儿为帝，称“小明王”，国号宋，建元“龙凤”。徐寿辉早在起事后就已称帝，国号“天完”，此时占领区由今湖北扩大到湖南、江西、浙江、安徽等地。同年三月，郭子兴去世。朱元璋等接受龙凤政权的封号，在和州建立都元帅府。郭子兴子郭天叙为都元帅，妻弟张天佑为右副元帅，朱元璋为左副元帅。由于和州的部队大多是朱元璋招募来的，由他指挥，加上他身边有徐达等能征善战的将领听候调遣，有李善长、冯国用、毛麒等儒士为他出谋划策，所以朱元璋成为实际的主帅。不过和州地域有限，加上军粮无法保证，朱元璋要想发展壮大，必须突破浩荡的长江，向江南开拓。为此朱元璋把目光投向巢湖水军。他亲自联络，晓以利害，终使巢湖水军大部来归。其将领俞廷玉、俞通海、俞通源、俞通渊、廖永安、廖永忠等在渡江攻占采石、太平等战役中起了重要作用，从此朱元璋也有了水师。六月，朱元璋兵分两路从南北方向向集庆（今江苏南京）进军。九月，北路军郭天叙、张天佑兵临集庆城下。不料元“义兵”元帅陈埜先设下鸿门宴，郭、张二人先后被杀。至此，朱元璋作为名副其实的都元帅，正式成为一支独立的力量。翌年（1356）三月，朱元璋攻占集庆，改元集庆路为应天府。七月，龙凤政权提升朱元璋为枢密院同佥，不久又升为江南等处行中书省平章政事。

第二节　攻灭群雄

攻占集庆后，朱元璋开始了创业的第二阶段，即统一战争。首先要巩固江南，确保应天安定。所以朱元璋攻下集庆后，即命将四出征战，先后攻占镇江、广德、长兴、常州、宁国、江阴、常熟、徽州、池州、扬州等地，应天周围的战略据点基本上被占领，应天的安全有了保证。在攻打徽州时，他亲自登门拜访徽州大儒朱升，向他请教夺取天下的大计。朱升提出："高筑墙，广积粮，缓称王。"朱元璋"大悦，命预帷幄密议"。[4]接着朱元璋向浙东发展，主要进攻目标是与元朝中央政府隔绝、孤立无援的浙东元军。至正十八年（1358）十二月攻下婺源，第二年再克诸暨、衢州、处州等地。此时又有一批浙东名士加盟朱元璋队伍，其中刘基、宋濂、章溢、叶琛被朱元璋称为"四先生"，待之优厚。第二年，龙凤政权提升朱元璋为仪同三司江南等处行中书省左丞相。

正当朱元璋在浙东步步推进，陈友谅（1320—1363）和张士诚（1321—1367）在应天附近的拓展成为他的后顾之忧，因此朱元璋决定返回应天，先对付陈友谅和张士诚两股力量。张士诚，泰州白驹场（今江苏东台）人，以贩卖私盐为业，起事后占有淮水下游及今江苏东部和浙江北部。张士诚不属于白莲教红巾军系统，后建国号大周，都平江（今江苏苏州），对元朝时附时叛，反复无常；与朱元璋则处于敌对状态。陈友谅，沔阳（今湖北沔阳）人，出身渔民。在徐寿辉所部红巾军中因武艺精强，作战有功，升到领兵元帅，后自称汉王。至正二十年陈友谅挟持徐寿辉东下，攻占太平，进驻采石。他没有把朱元璋放在眼里，以为应天垂手可得，急于称帝，于是派人杀害徐寿辉，以采石五通庙为行殿，即皇帝位，国号大汉。接着派人联络张士诚共同进攻应天。当时朱元璋在应天刚刚立足，“论兵强莫如友谅，论财富莫如士诚”[5]，两个强敌连手，犹如晴天霹雳，震惊了应天。不过朱元璋早有准备，此前与刘基就分析了当下形势，认为：“士诚自守虏，不足虑。友谅劫主胁下，名号不正，地据上流，其心无日忘我，宜先图之。陈氏灭，张氏势孤，一举可定。然后北向中原，王业可成也。”[6]具体对策是利用康茂才与陈友谅的旧情，让康茂才联络陈友谅，约为内应，使陈友谅不待与张士诚会合，急速东下。陈友谅果然中计，损兵折将。朱元璋受降陈部两万余人，应天转危为安。

至正二十三年，陈友谅乘朱元璋率部援救安丰（今安徽寿县）被困的小明王，率部攻打洪都（今江西南昌）。洪都守将是朱元璋的侄子朱文正，他浴血奋战，坚守八十五天。朱元璋闻讯回师，与陈友谅在鄱阳湖展开了一场大战。汉军号称六十万，朱元璋部仅二十万。朱元璋利用汉军大船联阵运转不灵的弱点，发挥自身小船操纵自如的特点，采用火攻，切断汉军归路。经过三十六天的激战，朱元璋以少胜多，以弱胜强，陈友谅本人也中箭身亡。第二年二月，朱元璋攻克武昌，陈友谅之子陈理出降，汉亡。同年，朱元璋自称吴王。

解决陈友谅的问题之后，朱元璋把下一个进攻目标确定为张士诚。战役分三步进行。第一步：从至正二十五年十月起，派徐达、常遇春、冯国胜、胡美等统军进攻东吴北部淮水下游地区。半年之内，泰州、高邮、徐州、淮安、宿州（今安徽宿州）等地悉归朱元璋所属。第二步：从至正二十六年八月起，以徐达为大将军、常遇春为副将军，统军进攻浙西，十一月湖州、杭州相继攻下，绍兴、嘉兴不战而降。第三步：从至正二十六年十一月底起，朱元璋部各将从北、西、南三面包围平江，第二年（即吴元年，1367）九月，攻占平江，张士诚被执，后死于乱棍之下，周亡。

值得注意的是至正二十六年五月，朱元璋发布了一篇讨伐张士诚的檄文《平周榜》。檄文历数张士诚八条罪状。其中有两条指责张士诚与自己敌对，而另外六条都是斥责张士诚背叛元朝的罪状，看来更像替元朝写的檄文。同时檄文中还说到红巾军“妖言既行，凶谋遂逞，焚荡城郭，杀戮士夫，荼毒生灵，无端万状”[7]。张士诚不属于红巾军系统，朱元璋在《平周榜》中如此攻击红巾军，无非是公开传递一种信息：他与红巾军要拉开距离，成为新王朝的创建者。就在这年十二月，朱元璋派廖永忠去滁州，迎接小明王，行至瓜洲渡口，派人把船凿沉，小明王葬身江底，宋亡。从此朱元璋不再用龙凤年号，改明年为吴元年。

张士诚败亡后，朱元璋继续派兵消灭其他残存割据势力。吴元年（1367）九月，命汤和、廖永忠进攻浙东方国珍，仅用三个月便凯旋。同时，李文忠等率军进入福建；杨璟、周德兴、陆仲亨等率军南下两广。经过数十年的战乱和割据，中国中部和南部地区终于复归统一，朱元璋称帝的时机也趋于成熟。至正二十八年元月初四，朱元璋在应天即皇帝位，国号大明，建元洪武。一个新的王朝诞生了。

第三节　统一中国

朱元璋攻灭群雄之后，迅即把战略重点转向灭元。吴元年（1367）十月，任命徐达为征虏大将军，常遇春为副将军，率军二十五万北伐中原。为此，特命宋濂起草了讨元檄文《谕中原檄》。檄文中说："当此之时，天运循环，中原气盛，亿兆之中，当降生圣人，驱除胡虏，恢复中华，立纲陈纪，救济斯民。"这是用儒家的天命说来解释眼下的元朝形势：当初蒙古贵族入主中原"实乃天授"，今天元朝衰败也是"天厌其德而弃之"，朱元璋是应运而生的"圣人"，现在出兵北伐，就是要推翻元朝的政权，建立新的王朝。新的王朝将"复汉官之威仪"，"拯生民于涂炭"。同时也申明蒙古、色目人"同生天地之间"，"愿为臣民者，与中夏之人抚养无异"。[8]这个檄文激发了广大汉族民众支持北伐的热情，也有助于分化、争取蒙古贵族和部众，减少北伐的阻力。北伐确定的战略，是先取山东，次及河洛，接着控扼潼关，待将周边肃清、元朝势孤援绝之时，再攻取大都，直捣元朝统治的心脏。

明朝建立后，北伐随即全面展开，而且进展十分顺利。洪武元年（1368）八月，北伐明军攻入大都，元朝灭亡，明改大都路为北平府。虽然元朝灭亡，但全国并未完全统一，元顺帝北奔上都（今内蒙古正蓝旗东），形成北元政权。元朝军阀、宗王尚据山西、陕西、甘肃、东北和云南，明氏大夏政权控制四川。明朝的统一战争又断断续续进行了二十余年。

占领北平后，明军很快进占山西、陕西。洪武二年，攻占元上都，元顺帝退至应昌（今内蒙古克什克腾旗西），次年病卒，其子

图 1–1 明太祖朱元璋

爱猷识里达腊嗣位，是为北元昭宗。洪武五年朱元璋命将北伐，由徐达统主力为中路，出雁门关，李文忠统东路军出应昌，两路并伐漠北，冯胜统西路军取甘肃。结果中路、东路无功而返，仅西路获较大战果，基本平定甘肃之境。此后明朝在北边采取守势，十余年间再未发生大的战事。

洪武四年正月，明朝对四川明夏政权发起进攻。夏政权为明玉珍创建。他原是徐寿辉部下将领，至正十五年奉命入川，次第消灭了四川境内的元军。陈友谅弑主称帝后，明玉珍也在重庆称帝，国号大夏。同年六月，明军兵临重庆，夏主明升（明玉珍之子）出降，夏亡。此后贵州土司也相继归附，西南地区仅云南未下。其时元朝宗室、梁王把匝剌瓦尔密镇守昆明，仍奉北元正朔。前大理国王室后裔段氏据有大理，处于半独立状态。洪武十四年，傅友德、蓝玉、沐英奉命率师征云南。明军很快攻占昆明，梁王兵败自杀。第二年闰二月，明军又下大理，云南悉平。

洪武前期，明朝虽据有辽东，但蒙古贵族纳哈出仍盘踞在自辽河上、中游至松花江流域的广大地区，受北元太尉官号，拥兵割据。洪武二十年，明将冯胜、傅友德、蓝玉统军深入东北，纳哈出进退失据，被迫投降。同年年底，朱元璋又以蓝玉为大将军，远征漠北，大败北元军队于捕鱼儿海（今贝尔湖），元主脱古思帖木儿（北元昭宗之子）走和林（今蒙古哈拉和林），途中为部下所杀。此后北元内部矛盾重重，相互倾轧，几任君主都死于非命，北元已是名存实亡。至此，经过长期征战，明朝最终完成了统一大业。

第四节 朱元璋成功的原因

朱元璋出身低微，在元末社会大动荡和群雄激烈的角逐中，出类拔萃，推翻元朝，实现一统，原因如下：

第一，朱元璋初起之时，先活动于淮西一带，进而渡江，以应天为中心，西有陈友谅，东有张士诚，北有韩林儿，避开了元朝的主力。当时承担与元朝主力作战的是韩林儿。韩林儿虽然最终失败，但他耗尽了元朝的元气，以致朱元璋后来北伐势如破竹。查继佐曾论："嗟乎！当日孤壁太平，以宋呼吸故坚，人知之矣。乃宋之疲元力，而预为明地者，人未之知也。不然，以毛贵、田丰、关先生、李武等大小数百战，一一而明身试之，即太祖自饶胜略，顾宁不百难且后时哉！"[9]可见朱元璋在羽毛未丰满时依附于龙凤政权实为明智之举。另外，依附韩林儿也有韬光晦迹的作用。在群雄中，朱元璋称帝最晚，从而缩小了自己的目标，避免成为众矢之的。结果最晚称帝者恰恰是最终成就帝业的人。

第二，注重军队建设。朱元璋从南略定远开始，不断收编地方武装，以后随着势力的壮大，军队成员也趋复杂。他每收编一支队伍后，总要认真整顿，严加训练。他曾对收编入伍的将士说："尔众初非不多，一旦为我所有，何也？盖将无纪律，士不素练故尔。今练习尔等，欲令知纪律也。宜共戮力，以建功业。"[10]因此朱元璋的军队不是乌合之众，与元朝军队和各割据武装相比较，是一支守纪律、有战斗力的队伍。胡大海曾说："吾武人不知书，惟知三事而已：不杀人，不掠妇女，不焚毁庐舍。"[11]这也是朱元璋队伍得民心之所在。

第三，朱元璋具有非凡的军事才能。首先表现在善于运用战争动员的手段。战争动员是战争中的重要一环。每次征战前朱元璋都要对领兵将领进行动员，明确目标，交代任务，说明步骤，鼓舞士气，申明纪律。同时也解答将领疑虑，统一认识。发布檄文是战争动员的另一种方式，如讨伐张士诚则发布《平周榜》，进攻大都则发布《谕中原檄》，都是大手笔。檄文发布往往有一种先声夺人之势，既可壮大自己队伍的士气，又可使敌军气馁，闻风丧胆。檄文总要宣示战争的动因，表明自己是吊民伐罪之师，从而得到更多的民众支持。其次是战略思想有独特之处。传统兵法是远交近攻，打弱避强。朱元璋在对待陈友谅和张士诚的战略上，则从二人的实际出发，先战远方强大之敌，再打近处弱小之师，结果收到良好的效果。又如善于利用矛盾，各个击破。朱元璋在讨伐张士诚时，最担心的是元朝军队南下，腹背受敌，为此他不断利用元朝内部矛盾与扩廓帖木儿通好，这样张士诚就处于孤立无援的境地。

第四，重视战时经济。元末战争使社会经济受到严重破坏，农村劳动力缺乏，粮食供应不足，加上水利失修，到处可见残破景象。各割据势力之间的军事较量，最终也反映在经济实力的较量上。最初，朱元璋军队出征时，军士概不支粮，而是进入敌境听从“捎粮”。捎粮也叫“寨粮”，就是由当地百姓缴纳粮草。这种筹集粮草的办法一是害民，二是难以支持旷日持久的战争。下集庆后，朱元璋推行“广积粮”的措施。至正十六年（1356），朱元璋设营田司，两年后又任命康茂才为营田使。营田司除负责修堤防、管水利外，主要任务是带领各地戍守将领开荒屯田。同时又鼓励农民各还乡土，进行耕桑。这些措施收到良好效果，因此在至正二十年，朱元璋就下令废除“寨粮”。到至正二十三年，康茂才所管屯田，“所存得谷一万五千石，以给军饷，尚存七千石”[12]。吴元年（1367），又设立司农司，专管屯田事务。这也是朱元璋较其他割据势力高明之处。

第二章

开国制度与政治整肃

第一节　职官制度

明朝建立前，朱元璋政权虽有独立性，但形式上是龙凤政权的一个地方机构。龙凤政权的建置又因袭元朝，所以洪武初年明朝各级政权的设置和各项制度基本上沿用元制。中央设中书省，置左、右丞相，平章政事，左、右丞，参知政事等官，总领全国政务；设大都督府，置左、右都督等官，统领全国军队；设御史台，置御史大夫等官，负责监察。地方则设行中书省，总管一省事务。随着统一战争的顺利进展，政权更加稳定，朱元璋即着手进行官制改革，从而奠定了有明一代国家管理制度的基础。

朱元璋改革官制首先从地方官制开始。洪武初年，朱元璋先后设置浙江、江西、福建、北平、广西、四川、山东、广东、河南、陕西、湖广、山西十二个行中书省。行中书省简称行省，有两个含义：一是大行政区的代名词，一是管辖大行政区的官署名。洪武九年（1376），朱元璋下令改行省之名为承宣布政使司，简称布政司。洪武十五年又置云南布政司，共十三司。至此，行省作为官署名的含义完全消失，而作为大行政区划的含义则被沿用下来。布政司设左、右布政使，掌管一省的政事。布政使具有上承中央政令、下转地方执行的承上启下的功能。省级机构还有提刑按察使司，简称按察司。《明史・刑法志》说："按察名提刑，盖在外之法司也。"按察司设按察使，掌管一省刑名按劾之事。又有都指挥使司，简称都司。明初置各省都督府，后革。又置都卫指挥使司，简称都卫。洪武八年改各都卫为都司。都司设都指挥使为之长，掌管卫所军政。布政司、按察司、都司合称"三司"。

明朝设置三司是对元朝行省制度的重大变革。元朝行省无所不统，举凡民政、财政、军政皆其职掌。各行省设丞相、平章政事等官，是分权给地方，有较强的割据性。而明朝三司之间互不统属，分别听命于中央，是替中央行使权力。这种三司分权机制，削弱了地方的割据性，使中央对地方的控制比元朝明显加强了。

行省之下设有府、州、县，既是行政区划，也是官署名。府的长官是知府，主持一府之政事。州的长官是知州，主持一州之政事。明朝的州有散州（亦称属州）和直隶州之分。直隶州相当于府，隶于布政司而统县；属州相当于县，隶于府。县以知县为之长，是国家最基层官府的正官。明太祖说："代天理民者君也，代君养民者守令也。"[1] 所以知府、知州、知县又称亲民官和父母官。明代基层管理实际上是二级，比元朝行省下面路、府、州、县的多重设置更为简明。

中央官制最大的变化是宰相制度的废除。自秦始皇统一中国以来，历朝的政体为君主制与官僚制的结合体，其中君主制处于主导地位。这种体制表现为地方集权于中央，中央集权于皇帝。但在皇帝之下又设宰相为百官之首，协助皇帝处理政务。宰相权力表现在两个方面：一是议政权，二是监督百官的执行权。按照中国古代传统的政治观念，宰相制度可以适度弥补君主世袭制带来的一些弊病，是“贤人政治”的体现。朱元璋的看法与此相反，他说：“自古三公论道，六卿分职，并不曾设立丞相。自秦始置丞相，不旋踵而亡。汉、唐、宋因之，虽有贤相，然其间所用者多有小人，专权乱政。”[2]洪武九年，朱元璋开始整顿中书省，裁汰平章政事、参知政事等官。次年又调出唯一的右丞丁玉，实际上仅存左、右丞相。洪武十一年，朱元璋特别向臣下指出皇帝昏蔽、中书丞相专权是导致元朝衰亡的原因。并诏令六部“奏事毋关白中书省”[3]，预示着一场政局大变动即将来临。洪武十三年，朱元璋以谋反之罪杀中书省左丞相胡惟庸，同时宣布废除中书省，不设宰相。并且将这一措施作为硬性制度规定下来，“以后子孙做皇帝时，并不许立丞相，臣下敢有奏请设立者，文武群臣实时劾奏，将犯人凌迟，全家处死”[4]。从此长期存在于中国历史上的宰相制度不复存在。

中书省既废，原有中央机构的格局必然也发生变化。具体表现在原丞相议政权和监督百官的执行权的分流。在废相的当年九月，朱元璋设置了四辅官。所谓四辅官，就是按照古时三公四辅论道经邦，理阴阳、顺四时的说法设置辅臣。这些辅臣来自草野儒士，称春官、夏官、秋官、冬官，并分别于四季任事，在每一季的三个月中，每人每月也只任职一旬。他们“淳朴无他长”，轮流“协辅政事”的做法也无法保持政务的连续性。因此，四辅官设置不到两年，明太祖就宣告废弃。就在废四辅官的前后，朱元璋又推出两种新的辅政形式：一是洪武十四年，用翰林院编修、检讨、典籍等官协助皇帝处理各衙门的奏疏，称“翰林院兼平驳诸司文章事”。二是洪武十五年，设华盖殿、武英殿、文华殿、文渊阁、东阁诸大学士。殿阁大学士仅正五品，“皆侍左右备顾问”。这两种形式实际上包含了以后明朝议政权的雏形，永乐以后内阁制的出现即源于此。

行政系统的变化主要表现在“中书之政，分于六部”，也就是说吏、户、礼、兵、刑、工六部的地位提高。六部由原来中书省曹属转变为直属于皇帝，为皇帝“总理庶务”的最高一级行政机构。六部长官为尚书，正二品，副长官侍郎，正三品，每部下面又设若干清吏司，简称司，各置郎中、员外郎、主事为属官。吏部负责全国官吏的选授、封勋、考功、考课等事；户部负责全国的财政、经济事务；礼部负责国家礼仪、教化方面的事务；兵部负责全国武卫官军的选授、简练等事务；工部负责国家土木兴建、水利工程等事务。六部中吏部“视五部为特重”，被称为“六部之首”。

废中书省后，御史台也随之革去。洪武十五年更置都察院，十七年定为正二品衙门。都察院称风宪衙门，以肃政饬法为职。其正官有左、右都御史，左、右副都御史，左、右佥都御史，都御史地位与六部尚书相近，合称“七卿”。属官是监察御史，简称御史，分十三道设置，道的名称与十三布政司相对应，每道七至十一人，共一百一十人。朱元璋又设吏、户、礼、兵、刑、工六科，分工对六部施行监督。六科各设给事中之职，每科数人至十余人。都察院和六科同为监察机构，共同的特点是“不系职司”，也就是监察独立。给事中和御史品级不高，但都可与闻大政，弹劾高官，并向皇帝建言，因此又合称“科道官”、“言官”。不同的是给事中侧重于审核皇帝批复过的章奏和下发的诏旨，有失得以封驳。御史侧重于对中央和地方行政机构进行监督。御史外出，有巡按、监军、巡盐、茶马、提学等名称。他们“所按藩服大臣、府州县官诸考察，举劾尤专，大事奏裁，小事立断”[5]。科道官人数众多，称“清华之选”，在政治生活中非常活跃，升迁也很快。

除部、院、六科之外，还有其他一些重要的中央机构。大理寺，长官称卿，负责复审、平反刑狱，与刑部、都察院合称“三法司”，“刑部受天下刑名，都察院纠察，大理寺驳正”[6]。通政使司，长官通政使，负责出纳帝命，受理臣民章奏，互通上下之情，是君主的“喉舌之司”。大理寺卿、通政使、都御史与六部尚书并称“九卿”。又有翰林院，设学士、侍读学士、侍讲学士等官，负责起草制诰，纂修国史，备皇帝顾问咨询。《宣庙御制文渊阁铭·序》云：“我太祖皇帝始设宫殿于南京，即于奉天殿之东建文渊阁，尽贮古今载籍，置大学士员，而凡翰林之臣皆集焉。万几之暇，辄临阁中，命儒臣进讲经史，躬自披阅，终日忘倦。”文渊阁是皇帝与殿阁大学士及翰林文学侍从之臣的联系之所，以后内阁也源于此。

洪武十三年废相之时，也撤销了最高军事机构大都督府，改立前、后、中、左、右五军都督府，简称“五府”。五府各设左、右都督等官，分掌天下军籍，统领都司卫所。五军都督府在军队管理上与兵部分权，兵部负责武官选授、军队调发等事，五军都督府负责军队的日常管理。

第二节　卫所制度

明朝军队基层组织是卫所。大抵五千六百人设一卫，长官为指挥使，下辖五个千户所。每千户所一千一百二十人，长官为千户，下辖十个百户所。每百户所一百一十二人，长官为百户，下面为两个总旗，每总旗又分五个小旗。卫的上级为都司或行都司。行都司是从都司中分设出来的，设官与都司相同。都司、行都司掌管一省或一方军政。原则上都司统卫，卫统千户所，但也有一部分千户所直隶于都司，称守御千户所。根据洪武二十六年（1393）的记载，全国共设立三百二十九个卫，六十五个守御千户所，以此估算军队人数约为一百八十万。根据“居重驭轻”的原则，京师（南京）驻军较多，共有四十八卫，二十余万人。

卫所军士皆另立户籍，称军户。此制承自元朝。军户的来源有从征、归附、谪发、垛集等名目。从征指跟随朱元璋起兵的嫡系部队；归附指降附的元军和元末各割据势力的军队；谪发亦称恩军、长生军，指犯罪免死充军者；垛集指明朝建国后新征一批民户为军者。军籍由五军都督府管理，与户部掌管的民籍分属不同的系统。每户军户中有一人在指定的卫所服役，称正军，其子弟称余丁或军余，正军应役时须携妻及一名余丁共往。正军死亡，即以余丁替代，如家中无余丁，就须勾取其族人顶替，称为“勾军”。卫所军有屯田和守御的不同分工，起初“边地三分守城，七分屯种，内地二分守城，八分屯种”，后来又更定为“临边险要，守多于屯，地僻处及输粮艰者，屯多于守”。[7]屯军的土地、耕牛、农具由官府拨给，不准买卖转移。洪武时，每军受田五十亩为一分，亩税（亦

图 2-1　北平行都指挥使司夜巡铜牌

称屯田子粒）一斗。军屯虽然具有明显的超经济强制特征，但在明初对推动经济的恢复与发展，保证军储供应，具有积极意义。到洪武末年，军屯面积达到八十九万三千一百九十四顷。朱元璋对此颇为得意，说："我京师养兵百万，要在不费百姓一粒米。"[8]卫所主要是一种驻防体系，并非战时编制。卫所军平时进行军事训练，战时则由朝廷命将充任总兵官，抽调卫所精锐出征，战争结束后，将领交还总兵印绶，军士则返回各自卫所。

明朝卫所有实土、非实土之分。大部分卫所为非实土卫所，设于府、州、县境内，其屯田与民田相杂，不完全自成区域。实土卫所设在一些尚未设立府、州、县的边区，拥有较为固定的辖区。如辽东都司下的卫所，全是实土卫所。此外边疆民族地区也设置有卫所至都司，长官由当地民族首领担任，与实土、非实土卫所均不相同，称羁縻卫所。

第三节 礼制与法制

朱元璋对礼制和法制都很重视。“以礼治国”是儒家传统的治国思想，强调社会应该和谐有序地发展，因此每个人都应当使自己的行为符合礼的规范。礼制就是这种关于“序”和“规范”的制度，朱元璋称之为“国之纪纲”。法制则是通过立法的形式，运用强力的手段，来维护礼制的社会秩序。礼制和法制并行不悖，相辅相成。这也正是朱元璋对两者给予同样重视的原因。

《明史·礼志》记：“明太祖初定天下，他务未遑，首开礼、乐二局，广征耆儒，分曹究讨。”可见对“礼”的重视。洪武二年（1369）他又诏诸儒纂修礼书，第二年修成，赐名《大明集礼》。该书详载当时各种礼制，清朝史家评议说：“若夫厘正祀典，凡天皇、太乙、六天、五帝之类，皆为革除，而诸神封号，悉改从本称，一洗矫诬陋习，其度越汉、唐远矣。又诏定国恤，父母并斩衰，长子降为期年，正服旁服以递而杀，斟酌古今，盖得其中。”[9]说明明朝礼制的特点。明朝礼制仍沿用前朝吉、嘉、宾、军、凶五礼的分类法。吉礼，指祭祀之礼，吉训为福，也就是祀神致福之礼。嘉礼，指冠婚、饮食、宾射、燕飨、赈膰、庆贺等礼。宾礼，指接待宾客（蕃国君长与使节）之礼。军礼，指军旅之礼。凶礼，指丧葬之礼。

除五礼之外，明朝礼制又增加了冠服、车辂、仪仗、卤簿、音乐等名目。礼文更强调等级品阶。对于不同层次的官府和不同身份的人，礼制的规定也不尽相同。从官府层次上看，有朝廷之礼，有王国之礼，有府、州、县之礼；从人的身份上看，有天子之礼，有后妃之礼，有宗室勋戚之礼，有百官之礼，有庶民之礼。这些有关礼的制度，基本上是以官服佩饰定品级，居室车马明身份，玺文印信表尊严，使传统社会君臣吏民的差别法则化、规范化。以冠服为例，规定了皇帝、后妃、诸王、百官、士人、吏员、皂隶、平民、乐户等衣冠服饰的标准，包括样式、颜色、质料、花样、场合等多层次的规范，极为细致。“礼不下庶人”的观念已荡然无存，它已深入到明代社会生活的各个方面，制约和影响着整个社会。

洪武时期也是明朝法制建设的重要阶段，朱元璋制定了多种法典、法规，包括律、令、诰、榜文、条例等。其中以《大明律》和《大诰》为主要代表。《大明律》是一部综合性的刑法典，其修订贯穿了洪武一朝。《明史·刑法志》称：“草创于吴元年，更定于洪武六年，整齐于二十二年，至三十年始颁示天下。日久而虑精，一代法始定。”《大明律》以《唐律》为蓝本，但又“因时以定制，缘情以制刑”，具有自己的特点。全书分三十卷，律文四百六十条。其篇目由《唐律》十二篇改为七篇，首列《名例律》一卷，规定立法之原则；然后依次为《吏律》两卷、《户律》七卷、《礼律》两卷、《兵律》五卷、《刑律》十一卷、《工律》两卷，按六部分类编排相关律条，纲举目张，条分缕析，从体例上较之《唐律》简赅，是对传统法典结构的一次改革。刑名则在继承唐律笞、杖、徒、流、死五刑体制外，增加了两种重要的补充刑罚：一是在死刑绞、斩之上增添了凌迟，亦称磔刑，即分割犯人肢体，令其受尽痛苦而死。凌迟属于残酷极刑，用于处分大逆等重罪。二是流刑增加充军，指将罪犯发往远地卫所充军籍服役，轻者止役终身，重者子孙世代不免，距离上又分附近、沿海、边卫、远卫、烟瘴、极边六等，为流刑范围中最重之刑罚，仅次于死刑。《大明律》最主要的特点是“重其重罪，轻其轻罪”[10]。所谓重罪是指危害国家统治的谋反及重大经济犯罪，其量刑最重，连坐范围也比唐律有所扩大。相反，明律对大量一般犯罪行为，如盗贼及有关帑项、钱粮等事的惩处要比唐律为轻。《大明律》另一个特点是加大了对官吏和勋贵违法行为的打击力度。《大明律》较《唐律》新增死罪二十七条，其中很大一部分是针对官吏和勋贵的。《大明律》对官员贪污受贿给予极大的重视，仅《刑律》中“受赃”就单列为一卷，规定受财枉法者，一贯以下杖七十，每五贯加一等，至八十贯即处绞刑。《唐律》中适用于官吏勋贵的“议、请、减、赎、当、免”诸法，规定详细，而《大明律》中此类规定则明显减少。清代法学家薛允升说：“唐律于名例之首，即列八议，议、请、减之后，又继以官当荫赎，其优恤臣工者，可谓无微不至矣。明律俱删除不载，是只知尊君而不知礼臣。”[11]其实《大明律》这部分条文的制定是与洪武年间整肃吏治的背景相呼应的。

《大诰》是洪武中后期朱元璋亲自撰写、刊发的刑事法规，分大诰、大诰续编、大诰三编、大诰武臣四部分，共二百三十六条。诰文的内容包括一百五十六个“官民过犯”判例，六十多种法令法规，以及朱元璋对臣民的训诫之词。《大诰》的立法精神与《大明律》一致。按照朱元璋的要求“一切官民诸色人等”每户都必须收藏《大诰》，如犯笞、杖、徒、流罪名，家有《大诰》者罪减一等，无者罪加一等。[12] 各级学校及民间书塾都要讲读《大诰》，当时称之为“读法”。朱元璋颁布《大诰》的初衷是“明刑弼教”，即通过“不循朕教”“自取灭亡”的判例，张扬刑威，向臣民灌输“趋吉避凶”之道。但在判例中有相当多的案件采用了律外刑罚，诰中的法令法规在量刑标准上也大多比《大明律》严厉。如律外用刑，就有阉割、刖足、膑膝、斩趾等中古以来废弃的肉刑。又创设断手、剁手、挑筋等古所未见的刑罚，甚至集数刑于一身。实际上“明刑弼教”变成了重刑恫吓。《大诰》在整顿吏治方面还采取了一些特殊的做法，如称“若靠有司辨民曲直，十九年来未见其人”，故而鼓励百姓绑拿害民官吏，“以其良民自辨是非，奸邪难以横作，由是逼成有司以为美官”。[13] 因为《大诰》是在洪武十八年至二十年间颁布的，有些条目附载于洪武三十年颁布的《大明律》，另一些条目则与《大明律》有所抵牾，更多地体现了朱元璋的个人意志，所以他死后基本不再行用。洪武以后，在司法实践中日渐重要的是问刑条例，并成为司法部门得以援引的法律依据。但是《大明律》作为根本大法的地位并未动摇，条例的制定与实施均以《大明律》为中心，条例的内容多在弥补《大明律》内容之不足。到宣德以后，以律定罪、以例发落的司法格式基本形成。

第四节　学校与科举制度

明初学校设置大致可分为三个层次：第一层次是启蒙教育组织

社学。洪武八年（1375），朱元璋看到国内形势趋于稳定，便发布诏书，要求各地有司普遍建立社学。他的目的是想普及教育，使百姓习教化，厚风俗，实现他的礼治社会。但他不久就发现“好事难成”。到洪武十三年只好暂时停止。三年以后，朱元璋不得不改变初衷，诏令“民间自立社学，延师儒以教子弟，有司不得干预”[14]。由强制办学变为自愿办学，由官办社学转为民办社学。除社学外，属于启蒙教育的组织还有各种书塾，有教师自办村塾、里塾，有官宦富室办的家塾，也有专为宗族子弟办的义塾。在社学和书塾读书的学生俗称童生。洪武年间全国各地兴办社学数量很大，加上各种书塾，接受过启蒙教育的人数远远超过明前任何一个王朝。

第二层次是府、州、县学。洪武二年，朱元璋诏令天下府、州、县皆设学校。府学设教授，州学设学正，县学设教谕，各一人，为教官之长。一般教官则称训导，府四人，州三人，县二人。生员人数起初定为在京府学六十，在外府学四十，州学三十，县学二十，官府给予廪膳，称廪膳生员。以后数量不断增加，洪武二十年又有增广生员。英宗正统以后又进一步扩大，出现附学生员。洪武时规定生员之家免差徭二丁，正统以后又扩大为既免丁又免粮。嘉靖九年（1530）定为优免粮二石，人丁二丁。生员在学专治一经，但不能直接做官，必须参加科举考试，或是经过“岁贡”进入国子监，才可能有做官的机会。但是毕竟只有秀才才有这种机会，因此他们在地方颇受人们的尊重。与地方官学近似的还有专门为武官子弟设置的武学，设于卫所的卫学，设于盐运司的运学，王府为教授宗室子弟而设的宗学。

第三层次是最高学府国学。始设时称国子学，洪武十五年改名国子监。国子监长官为祭酒，司业为之副，监丞负责纠惩，教官有教授、助教、学正、学录等。国子监学生通称监生，其中品官勋戚子弟为官生，地方保举民间俊秀及府州县岁贡生员为民生，也称贡生。又有土司生和外国生，亦称官生。洪武初年，官生数量较多，以后民生占了压倒性多数。洪武二十六年，监生总数达到八千一百二十四名。国子监教学内容以《四书》《五经》为主，洪武时还包括《大明律》《大诰》等法律文书，以及西汉刘向《说苑》等杂书。监生待遇也较优厚，生活费用官给，又时有赏赐，岁久探亲还给赐路费。监中分正义、崇志、广业、修道、诚心、率性六堂，教学难度逐次加深。升入率性堂后，实行积分法，即每季度都有经义、策、论、判语、诏诰表章等考试，一门考试文理俱优得一分，理优文劣者得半分。一年中积至八分为及格，即可授官，不及八分仍坐堂肄业。既肄业，可差拨到内外诸司历事，称历事监生，历事期间无大过失，亦得补官。明初王朝始建，亟需大批官吏，朱元璋也寄厚望于监生，当时监生出路很广。如洪武二十六年，朱元璋一次就提升六十四名监生为行省布政、按察两使及参政、参议、副使、佥事等官。当时“台谏之选亦出于太学”，故史称“其时布列中外者，太学生为盛”。[15] 洪武时还一度设中都国子监，后革。永乐时南、北两京俱设国子监，两个最高学府的布局也是明朝学校的特点。

总之，三个层次的学校设置构成了明朝完整的教育体制，与传统社会后期人们对教育的需求相适应，正如清代学者所评价：“盖无地而不设之学，无人而不纳之教。庠声序音，重规叠矩，无间于下邑荒徼，山陬海涯。此明代学校之盛，唐、宋以来所不及也。”[16]

明朝科举始于洪武三年，因取士效果不尽理想，洪武六年一度停罢，至洪武十五年重新开设。洪武十七年，命礼部制定科举程式，颁行各省，其后遂成定制。按规定，士子参加科举，必先取得生员（俗称秀才）资格，然后由地方官推荐，将年龄、籍贯、三代、本经等材料申报，县州申府，府申布政司，取得参加科举考试资格。正统以后，生员参加科举还要先经过提学官考选，称科考，科考合格才能参加科举。这种使官办学校与科举制度紧密结合的做法，为明朝首创。

科举考试三年一次，分乡试、会试、殿试三级。乡试每逢子、午、卯、酉年在各省举行，中试者为举人。乡试分三场进行。第一场定在八月初九，试《四书》义三道，即从《大学》《中庸》《论语》《孟子》中出题三道，每道二百字；经义四道，即从《易经》《诗经》《尚书》《春秋》《礼记》出题四道，每道三百字以上。如不能完成，可各减一道。第二场在十二日，试论一道，三百字以上，判语五条，诏、诰、表内科一道。第三场在十五日，试经史时务策五道，如不能完成，可减两道，俱三百字以上。其中经义考题选择度较大，考生平日可专攻一经，考前预报选经名称，如报选《诗经》即作《诗经》之题。三场中第一场最重要，要求考生有《四书》《五经》的功底，同时要精研程朱学派对《四书》《五经》的诠释，实际上是要求考生在理念上与正统思想合拍。第二、第三场主要是考察士子对古今政事的识见和撰写公文的能力。会试在乡试的第二年即辰、戌、丑、未年举行，地点在京师，时间定为二月初九、十二日、十五日。考试内容与乡试相同。由于会试由礼部主持，故称“礼闱”。综合有明一代会试情况，录取率在百分之一左右。

会试中试者随即参加殿试。明朝第一次殿试在洪武四年二月十九日，以后定为三月十五日。皇帝是殿试的主考。协助阅卷者称读卷官。殿试主要考时务策。策题一般是关系国计民生的大事，以考见其治国安民的见解与方法，使朝廷拔取有才识的人才。殿试分三甲发榜，统称进士。第一甲称进士及第，只有三名，第一名称状元，第二名称榜眼，第三名称探花。二甲若干人，称进士出身。三甲若干人，称同进士出身。进士大部分可以直接授官，并且在官员中的比例越来越大。

明朝在洪武时期基本上确立了以学校、科举制度作为选拔人才的主要方式，在这种方式中，学校出身与科举出身又有不同，朝廷根据官员出身规定不同的任官层次和升迁范围，形成了注重资格的任官制度，这种资格包含着对文化素质的肯定。因此，从整体上看，明朝官员的文化素质较高。但这种重资格的任官方式一经模式化也必将带来固定性、排他性，最终趋于僵化。不过明朝学校科举制度中存在着的“优养”精神，还是值得称道的。从启蒙的社学阶段起，就有对贫寒生的优待，如免缴学费、供给饮食、发给纸笔等，进入府州县学后，即可在赋役上有所优免，学习优秀还有廪膳补助，至于国子监监生的待遇更是好于地方生员。对参加考试的士子，如岁贡生员入京，生员参加科考、乡试，举人参加会试，都有盘缠银的补助。这些措施为不少出身寒微之家的读书人提供了一条晋升之路，特别是在明朝的开创期，累代无官户通过学校科举步入仕途的已不是少数，有的科甚至高达近百分之八十。[17] 可以说，这一制度在当时的历史条件下，是一种比较公平的制度。

第五节　户籍与赋役制度

明初经战乱之后，人口流失，户籍散佚，社会潜存着极不稳定的因素，赋役征调也面临着种种困难。为此朱元璋十分重视重建户籍制度的工作。洪武元年（1368）即令："凡军、民、医、匠、阴阳诸色户计，各以原报抄籍为定，不得妄行变乱。"[18]"原报抄籍"，指根据旧有的元朝册籍来抄报各色户籍。因此，北伐军攻占大都后，朱元璋就下令总兵官收集元朝的户口版籍。洪武三年十一月，他又表示："如今天下太平了也，止是户口不明白哩。"于是户部创设户帖。户帖格式由户部统一制定，州县印制后下发每户填写。填写内容包括本户籍贯、现住地、丁口数、姓名、性别、年龄、户籍类别（分民、军、匠、灶等）、财产状况。一式两联，以字号编为勘合，骑缝处加盖户部印，称半印勘合。一联由本户户主收执，一联上交户部，汇总为户籍。明朝推行的户帖户籍制度是对古代户籍制度的继承与创新，实行极为严格，"百姓每自躲避了的，依律要了罪过，拿来做军"，"有司官吏隐瞒了的，将那有司官吏处斩"。[19]这样大规模的人口登记已含有类似现代"人口普查"的性质，它不仅使明廷对基层户口的控制有了比较可靠的保证，而且对我国近现代户籍形式和管理办法产生一定影响。

在户帖户籍制度广泛推行的基础上，洪武十四年，明朝在全国普遍建立里甲制度。里甲是明朝基层社会管理组织，以一百一十户为一里，推丁粮多的十户为里长，其余一百户编为十甲，每甲又以一户任甲首。里长、甲首皆轮流担任，十年轮换一遍。在城镇也有类似的编户组织，城里分坊，设有坊长，附郭称厢，设有厢长。里长、甲首负责管束下属人户，统计丁口、财产变化状况，督促生产，调理纠纷。与此同时，朱元璋采纳户部尚书范敏的建议，在里甲制度的基础上，编制黄册。黄册是将每里户口编为一册，册首是总图，里中鳏寡孤独及无田之人列在一百一十户以外，附在图后，称作畸零带管。黄册登载的具体内容多与户帖相同。黄册每十年要重新核实更造，写明十年来各户的人丁、财产变更情况，分别列出旧管（上次登数额）、新收（新增数额）、开除（减少数额）、实在（现有数额）四项细目，以使官府能够掌握户籍的变化，合理征发赋役。各级官府在自留册籍底本的同时，另有一份报上级机关，里之册汇总于县，县之册汇总于府，府之册汇总于布政司，司之册汇总于户部。上报户部者以黄纸为面，故称黄册。朱元璋既造黄册登录户籍，又编制鱼鳞图册以登录田土。鱼鳞图册因其中图绘田亩，状如鱼鳞而得名，出现于南宋，明朝建国前曾在江南部分地区推行。洪武二十年前后，开始在全国普遍推广。其法，每一州县根据税粮多少划分为若干粮区，分别丈量其田土状况，详列其面积、地形、四至、土质丰瘠、税则高低、田主姓名，编号绘制为分图，然后汇为一县总图册。县上于府，府上于布政司，司上于户部，一如黄册程序。鱼鳞册和黄册配合使用，“鱼鳞册为经，土田之讼质焉；黄册为纬，赋役之法定焉”[20]。明朝通过对田土、户口两大要素的统计，形成了一套比前朝更加详备的户籍和赋役管理制度。

赋役包括赋税和徭役两部分。朱元璋在明初制定的赋税制度基本上是沿用唐宋以来的两税法，田赋分夏税和秋粮两次缴纳。夏税征收不过八月，秋粮缴纳不过次年二月。缴纳米麦称为“本色”，缴纳钱、钞、绢或以其他物产代替者称为“折色”。税率因地而异，有不同的“科则”，差异很大。凡是官田每亩通常纳税五升三合五勺，民田三升三合五勺。另外重租官田每亩达八升五合五勺，没官田达一斗二升。在经济发达的苏州、松江、嘉兴、杭州四府，有一批承自元朝的重租官田，税额每亩有的高达两三石甚至四石。洪武七年，朱元璋决定四府没官田亩税七斗五升的减去一半，洪武十三年，又令四府旧额官田亩税七斗五升到四斗四升的减去十分之二。尽管如此，江南四府赋重的问题依然存在。为便于征收，洪武九年，朱元璋命户部以纳粮一万石为一区，每区设粮长一人（后增至正副粮长三人），由地多纳粮多的大户担任，负责本区税粮的催征、经收和解运。催征包括到户部领取勘合，督促里长向纳粮户收缴税粮。经收是将税粮收齐总为保管。税粮分为两部分：一部分叫存留，即留在地方开支；另一部分叫起运，运到京师的也叫京运，运到其他地区的则叫对拨。各粮区解运都有比较固定的仓口。朱元璋曾多次召见粮长，有的还破格授以官职。如浙江乌程人严震直，因粮长成绩显著，为朱元璋赏识，称“税户人才”，授官累至工部尚书。[21]

明初征派徭役主要集中在江南应天等十八府及江西饶州、九江、南康等三府，计田出夫，农闲服役。黄册制度确立后，徭役的佥派方式也随之固定，分为“正役”和“徭役”两种。正役以里甲为单位轮充，亦称里甲正役。每年由里长一名督率一甲十户应役，称“见年”或“当年”，其余九里长与九甲人户在此后九年依次应役，称“排年”。正役是协助粮长催征税粮，协助官府维持治安、拘捕罪犯，办运上贡物料，支应官府公用，等等。除此之外官府所派之役统称杂役，也叫“杂泛”。佥派原则是以黄册所载成丁和税粮状况为主，丁粮多的任重役，丁粮少的任轻役。杂役的名目有粮长、皂隶、运夫、驿夫、水夫、急递铺的铺兵等。临时修水利、筑城修路等，也属杂役。

明朝户籍类别区分极为严格，主要有民、军、匠三大类，以及另外一些特殊户籍，如灶户、乐户等。民户是国家的基本劳动人口，上述赋役主要是针对民户而制定的。军户主要是服兵役，前文已述。匠户隶工部，是指专门从事手工业的专业人户，分轮班匠和住坐匠两种，皆父死子继，永充匠役。轮班匠在一定期限内（初时三年一班，后分一至五年一班五种）到京师各官办手工作坊服役三个月。住坐匠则长年在内府各监局服役，每月上工十日。匠户可免去其他徭役，服役以外时间可以自由经营生产。明朝匠户制度，尽管自由程度有限，但与元朝匠户近似工奴的地位相比，毕竟有了相当大的改善，他们的大部分时间可以投入社会生产，这对有明一代手工业的发展是极为有利的。

第六节　胡蓝之狱

朱元璋为政崇尚刚猛严厉，主张“刑用重典”，由此衍生出一起起政治风波，其中影响最大的，是旨在清除淮西勋贵的胡惟庸案和蓝玉案，史称“胡蓝之狱”。

淮西勋贵主要指从南略定远到攻占集庆两年间跟随朱元璋征战的将领，也称之为“渡江旧人”。他们在明朝的创建和以后的统一战争中，南征北战，立下了汗马功劳。由于他们有共同的地域即乡里观念，经历相似，地位相近，利益相同，自然形成了一个特殊的集团。早在朱元璋初据集庆时，贝琼就有诗曰："两河兵合尽红巾，岂有桃源可避秦？马上短衣多楚客，城中高髻半淮人。"[22]"楚客""淮人"都是指淮西人。这首诗反映出当时在野士人对淮西功臣地位的看法。明朝建立后，淮西功臣封官晋爵，权势迅速膨胀，朝中重要官职大多由他们充当。洪武三年（1370），朱元璋首次大封功臣，封公者李善长、徐达、常遇春之子常茂、李文忠、冯胜、邓愈六人，皆淮西人。终洪武朝封公者十一人，除上述六人外，又有汤和、蓝玉、胡显、常升，也都是淮西人。只有傅友德是砀山人，早年参加刘福通起事，后为陈友谅部将。傅友德归附朱元璋后虽屡立战功，但洪武三年封功臣时位列二十八位，直至洪武十七年才封颍国公。封侯者计五十七人，仍以淮西人居多，非淮西人得以封侯的多是对战败降附人员的一种安抚性的封爵，如归德侯陈理、归义侯明升（后二人徙高丽）、崇礼侯买的里八剌（后放归北元）、海西侯纳哈出、沈阳侯察罕等。封伯者六人，有东莞伯何真、怀仁伯陈友富、怀义伯陈友直等，也是安抚性质的。功臣中非淮西籍又属文臣的只有诚意伯刘基和忠勤伯汪广洋等少数人。

淮西勋贵还通过与皇族联姻，相互结合，荣损与共。武定侯郭英之妹、临川侯胡美长女皆为朱元璋的妃子。郭英又有二女，一为辽王妃，一为郢王妃。魏国公徐达有三女分别为燕王妃、代王妃、安王妃。鄂国公常遇春之女为皇太子妃。卫国公邓愈之女一为秦王次妃，一为齐王继妃。宋国公冯胜之女为吴王妃。颍国公傅友德之女为晋世子妃。信国公汤和之女为鲁王妃。凉国公蓝玉之女为蜀王妃。永平侯谢成之女为晋王妃。定远侯王弼之女为楚王妃。韩国公李善长、颍国公傅友德、吉安侯陆仲亨、东川侯胡海、凤翔侯张龙、武定侯郭英之子皆尚公主。淮西勋贵之间也互相联姻，李善长与胡惟庸为儿女亲家，郑国公常茂妻是宋国公冯胜之女。淮西勋贵的显赫地位与朱元璋自身的乡里、宗族观念也不无关系，正是他在政治上的扶持，经济上的优待，才使淮西勋贵势焰熏天。这也必然引发朝中其他政治势力的不满。

最早向淮西勋贵挑战的是杨宪。杨宪（？—1370），字希武，山西阳曲人。至正十六年（1356）朱元璋初据应天，杨宪即来投奔，受到朱元璋的信任。明朝建立后，曾先后任中书省右丞、左丞。杨宪熟悉典章制度，敢于任事，对中书省所用淮西旧人有所裁汰。同时他还把矛头指向淮西勋贵的核心人物李善长。淮西勋贵感到威胁，就由胡惟庸出面散布流言："杨宪为相，我等淮人不得为大官矣。"[23]于是淮西勋贵合力倾陷，杨宪被处以极刑。"自杨宪诛，帝以惟庸为才，宠任之。"[24]

当时朝中另一派势力是以刘基为代表的浙东派官僚。他们大多在至正十八年以后加入朱元璋队伍，"或以功业定乱，或以文章赞化，卒能合四海于分裂之余，不越十年，遂致平治"[25]。其中刘基运筹谋划，功绩尤著。对于朱元璋出于乡里观念做出的决策，刘基多所规劝。一是不赞同重用胡惟庸，曾对朱元璋说：胡惟庸就像一匹牛犊，一经重用，就会折辕破犁，闯出大祸。[26]二是反对建都凤阳。当时朱元璋以应天为南京，以洛阳为北京，又以其家乡临濠府为中都。中都由致仕丞相李善长负责营建，实有迁都之意。刘基认为临濠地处淮河南岸，地域封闭，资源贫乏，水旱频仍，"非天子居也”，不是建都的好地方。由于朱元璋乡里观念很深，朝中淮西勋贵势力强大，刘基遭到排斥。洪武六年九月，朱元璋改临濠府为中立府，取“中天下而立，定四海之民”之意。次年八月，又迁府治于凤凰山之阳，赐名凤阳府。刘基为此处境窘迫，遂告老还乡。以后胡惟庸又“使吏讦基”，诬告他与民争地，地名“谈洋”，有“王气”。刘基为此被夺俸禄，入京谢罪，从此积郁成疾。洪武八年三月，刘基获准回乡养病，一月后病逝。

关于刘基之死，通行的说法是讲刘基在南京生病，胡惟庸携医前往探视，刘基中毒，回乡后一月毒性发作而亡。这种说法始见于胡案发生前御史中丞涂节告变，以后刘基之子刘仲璟撰《遇恩录》再次提及。后人不加审辨，辗转沿用，似成定论。实际上两件事都出自朱元璋，前者当时与胡惟庸同位但又不是淮西籍的汪广洋即予否认，为此汪氏被朱元璋“赐敕诛之”，涂节也名列胡党被杀。后者是朱元璋想通过刘仲璟之口说出胡惟庸毒死刘基，更具说服力。目的是为胡案罗织罪名，同时也摆脱朱元璋的干系。刘基死后，朝中再没有可与淮西勋贵分庭抗礼的人物了，其权势发展到炙手可热、不可一世的地步。

其实，朱元璋对淮西勋贵也有戒心。建国前，朱元璋命将出征，往往派义子监军。建国后又起用心腹为特务，称检校，察听功臣及大小百官不法之事。朱元璋也曾要求淮西勋贵学习“君臣之礼”，劝说他们不可逾越君臣名分。洪武六年，朱元璋命工部于午门、中书省、御史台前作铁榜申诫公侯。他说：“不以功大而有骄心，不以爵隆而有怠心，故能享有荣盛，延及后世。大抵敬谨为受福之本，骄怠为招祸之原，惟知道者可以语此。”[27] 这说明朱元璋与淮西勋贵之间的裂痕已开始出现，以致不得不以“铁榜”的形式约束他们的行止。也许是刘基的死对他有所触动，洪武八年四月，朱元璋巡视凤阳，发现淮西勋贵借营建中都大修府第，意识到盘根错节的宗族乡里势力是王朝潜在的危险，于是下诏罢中都兴作，放弃迁都凤阳的打算。

胡惟庸案标志着淮西勋贵开始走上衰败之途。胡惟庸（？—1380），凤阳定远人。早年为朱元璋幕僚，后累官至中书省左丞相，位居百官之首。明初淮西勋贵以丞相李善长为核心，李善长致仕后胡惟庸成为核心。他们排斥非淮西官僚、擅权挠政、结党营私的种种活动，逐渐被朱元璋察觉。洪武十三年（1380），胡惟庸被告“谋逆”，审讯后处死，御史大夫陈宁、御史中丞涂节等一批高官同时被杀，中书省和丞相职位也随之革除。此后十余年，朱元璋不断将胡案扩大化，增添“通倭”“通虏（指北元）”等罪名，对淮西勋贵牵连罗织，大肆杀戮。洪武二十三年，又以知情不举、狐疑观望、大逆不道之罪，处死致仕多年、七十七岁高龄的韩国公李善长，并及全家七十余口。前后因胡案被诛或已死被追夺封爵的功臣总计有二十一侯，株连而死者有三万余人。朱元璋亲制《昭示奸党录》，布告天下，以述其罪状。

蓝玉案则标志着淮西勋贵集团的最后覆灭。蓝玉（？—1393），凤阳定远人，明朝开国功臣常遇春的妻弟。《明史》本传上说：“玉长身赤面，饶勇略，有大将才。”是明初继徐达、常遇春之后颇有勇略的将领。洪武二十一年，在捕鱼儿海沉重打击了北元军事力量，功劳尤著。朱元璋把他比之汉朝卫青、唐朝李靖，封为凉国公。但他居功自傲，骄横跋扈，亦渐为朱元璋所不容。洪武二十六

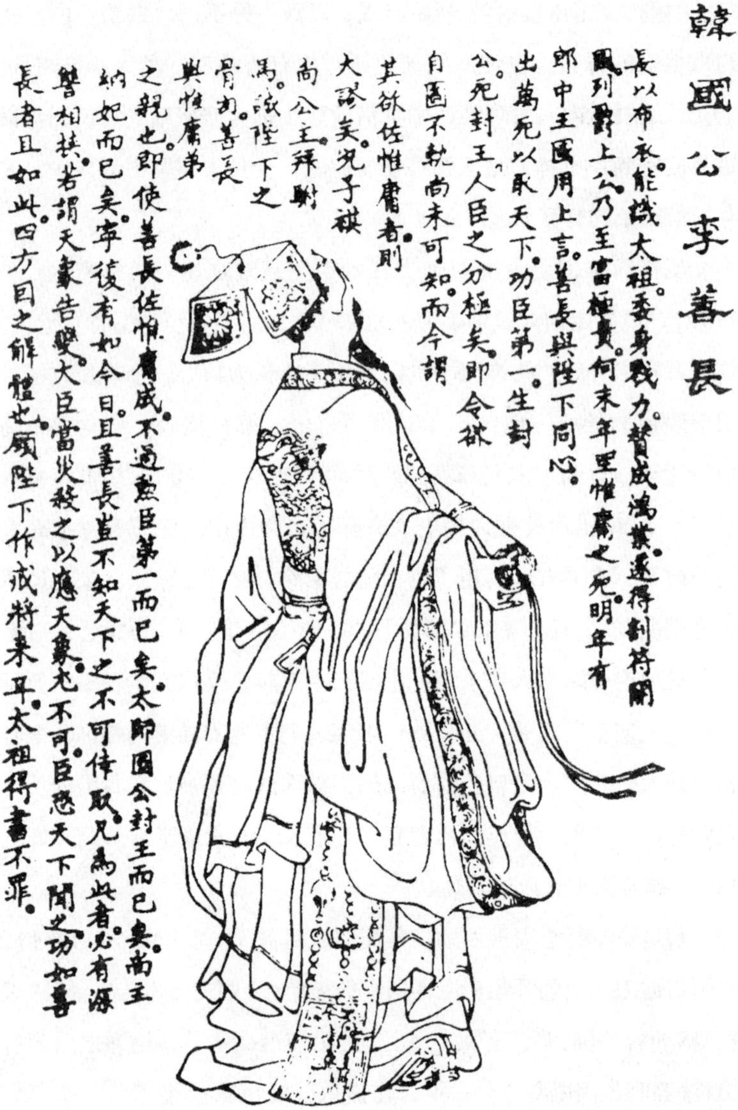
韓國公李善長
長以布衣能識太祖委身戮力贊成鴻業遂得剖符開
國列爵上公乃至富極貴何末年坐惟庸之死明年有
郎中王國用上言善長與陛下同心
出萬死以取天下功臣第一生封
公死封王人臣之分極矣即令欲
自圖不軌尚未可知而今謂
其欲佐惟庸者則
大謬矣況子祺
尚公主拜駙
馬親陛下之
骨肉善長
與惟庸弟
之親也即使善長佐惟庸成不過勲臣第一而已矣太師國公封王而已矣尚主
納妃而已矣寧復有加今日且善長豈不知天下之不可倖取凡為此者必有深
讐相挾若謂天象告變大臣當災殺之以應天象尤不可臣恐天下聞之功如善
長者且如此四方因之解體也願陛下作戒將來耳太祖得書不罪

图 2–2　李善长像

年蓝玉被告发谋反，下狱鞫讯后族诛，牵连景川侯曹震、鹤庆侯张翼等名将及吏部尚书詹徽、户部侍郎傅友文等，皆被处死，死者约两万人。诏辑案犯口供为《逆臣录》，刊布天下，其列名功臣者除蓝玉外，尚有十三侯、二伯。

清朝修《明史》时，对胡蓝两案的首犯处理不同，胡惟庸入《奸臣传》，李善长、蓝玉等则仍列名功臣系列传中，李善长本传后还附有工部郎中王国用为李善长写的《辨冤疏》，并说："太祖得书，竟亦不罪也。"反映出修史人对李善长的同情。胡蓝两案的真相虽有学者加以考证[28]，但很难再现当时事件的原貌。不过以下三点可供思考：

第一，两案反映出朱元璋与淮西勋贵的矛盾已经到了不可调和的地步。历史上王朝新建，君主与功臣之间产生矛盾，似乎是一个普遍问题，有的处理平和一些，如唐朝、宋朝初年，有的则大开杀戒，如汉朝初年。对后者，论者每谓君主寡恩，故有"飞鸟尽，良弓藏，狡兔死，走狗烹"之谓。其实这只说出了问题的一个方面。朱元璋对历史上这一现象十分清楚，早在建国前，他就与侍臣专门探讨过这一问题，并批评刘邦"内多猜忌，诛夷功臣"，而肯定李世民"能驾驭群臣，及大业既定，卒能保全"。洪武八年以前，朱元璋也基本上采用优待功臣的政策，希望君臣共享太平。自停止兴建中都凤阳后，他对功臣的政策逐渐发生转变。《明史》则道出了这一转变的原因："治天下不可以无法，而草昧之时法尚疏，承平之日法渐密，固事势使然。论者每致慨于鸟尽弓藏，谓出于英主之猜谋。殊非通达治体之言也。"淮西勋贵"以介胄之士桀骜难驯，乘其锋锐，皆能竖尺寸于疆场，迨身处富贵，志满气溢，近之则以骄恣启危机，远之则以怨望扞文网。人主不能废法而曲全之，亦出于不得已，而非以翦除为私计也”。[29]一个由共同利益组合的集团，在无序的社会中往往具有很大的凝聚力，但当社会向绝对权威的礼法社会转型时，集团的破裂就不可避免，甚至会充满血腥。淮西勋贵的厄运正是他们不适应这种社会转型的必然结果。

第二，两案是朱元璋强化皇权、变更中枢宰相及军事体制的手段。通过胡案，朱元璋完成了废弃中书省和罢除宰相制度的变革，使国家权力集中于君主一人之手。明初朱元璋无论在内地还是边塞广设军镇，命将臣戍守。几乎与两案发生同时，这一军事体制发生变化，胡案前朱元璋让秦王、晋王就藩西安、太原，胡案后又命燕王就藩北平，以后又陆续让其他亲王就藩。用亲王就藩取代将臣戍防是朱元璋军事布防体系上的一大调整，特别是边塞诸王皆预军务，其中晋、燕二王尤被重寄，大将如宋国公冯胜、颍国公傅友德皆受节制。蓝案后第二年（1364），傅友德获罪自刎。又明年，冯胜也坐罪自杀。在此前后被杀的还有定远侯王弼、永平侯谢成、崇山侯李新。至此，“开边之猛将尽矣”。淮西勋贵仅存寥寥数人，如徐达的后裔、汤和、郭英、耿炳文、沐英、李景隆等人，权力大大削弱，不成气候。到洪武后期，除义子沐英镇守云南外，由勋贵戍守军镇的局面全部终结。

第三，两案，特别是蓝案，最大的受益者是燕王朱棣。朱棣在蓝案中扮演的角色不见于《明太祖实录》，后世有的史家认为《明太祖实录》经朱棣三修是为明太祖隐讳，其实不然，主要还是为朱棣自己隐讳。查继佐在《罪惟录》一书中对实录等史书中有关蓝案的记载有所评论，或许说出了历史真相。

> 论曰：（蓝）玉于太子至亲，常说太子："臣观燕王英武，负上宠爱至，而术者言燕地有天子气，太子幸自爱。"然则玉忠志无他矣。而燕王从中构之，必杀玉。史不载其实，但云狱具，则二万余人岂皆无辞，不待再听者乎……而宋（冯胜）、颍（傅友德）、定远（王弼）但书卒，于永平（谢成）但云坐法死，于崇山（李新）但云有罪伏诛，并不及党玉事，岂犹有讳之者欤……或曰：存玉以无燕，不存玉以有燕。

查氏的分析绝非空穴来风。今有佚名《奉天靖难记》一书传世，该书成于永乐年间，后收入《明太宗实录》，显然是得到朱棣及其子孙的认可。《奉天靖难记》也记载了上述蓝玉与太子朱标的对话，只是对话中有大量关于燕王如何具有"君人之度"，如何"得人心"云云，用这些出自蓝玉之口的话语来溢美燕王，同时谓太子朱标与蓝玉"日夜构隙，求所以倾上（指燕王）"。这从反面也可以看出，燕王朱棣深忌蓝玉，必欲去之。其实淮西勋贵中也有宗派之分，与太子朱标一系关系密切的当属蓝玉、常升、曹震、冯胜、叶升等人。蓝玉是常升舅父，常升是朱标表弟，曹震之妻是朱标乳母，叶升与蓝玉是姻亲关系，冯胜与常升之兄常茂虽曾彼此攻讦，但毕竟是翁婿关系。洪武二十五年四月，朱标去世，八月，靖宁侯叶升在李善长被杀之后两年"坐交通胡惟庸诛死"，第二年二月即发生蓝案。常升虽未列名《逆臣录》，但也是坐蓝党诛死。冯胜在蓝案后调回京师，两年后不明不白地被诛。《明太祖实录》记蓝案相当简略，罪名似是而非，无怪乎王世贞、查继佐、夏燮等人在著述中都对朱棣指疑。“存玉以无燕，不存玉以有燕”，非无谓之论。正如王崇武先生在《奉天靖难记注》卷一论曰：“果尔，（蓝）玉驻兵北方，实可牵制燕王，设非太祖诛功臣，成祖之能否起事未可知。”朱元璋以扶植亲王取代功臣来屏藩皇室，恰恰为燕王朱棣所利用，以后靖难之役中，朱棣无所顾忌，建文帝势单力孤实出于此。这也是朱元璋所始料不及的。

第七节　整肃吏治

朱元璋出身于社会下层，对元末吏治腐败有切身体验，故即位后对官吏贪污、渎职行为尤为痛恨。他经常向官员们描述元末吏治的腐败，认为这是导致元朝覆亡的原因，并决心把元朝当作前车之鉴，彻底清除官场宿弊，建立起公正廉洁、勤政爱民的政治风气。朱元璋认为，要纯洁政治空气，必须首先让官员们树立正确的思想认识，因而，他花了不少力气，对官员们进行爱民教育，希望官员们都能在思想深处确立节俭、勤政、廉洁的意识，为此还编写了不少书籍作为教育官员的教材。在洪武八年（1375）编写的《资治通训》和洪武十六年编写的《精诚录》中，都有教育官员忠君爱民的专门篇章。洪武十九年编写的《志戒录》，则是采辑汉、唐、宋时代发生的一百多个为臣悖逆不忠的事例，让臣下知所鉴戒，书成后赐给群臣以及各级学校的教官、学生们讲诵。朱元璋还曾编写《彰善榜》，表列公勤清廉官员的事迹。洪武十八年、十九年颁布的《大诰》三编，也以教育官吏为首要目的，其中官吏贪赃枉法、科敛害民的案例，占全书一半以上。在洪武二十五年编写的《醒贪简要录》中，还详细载明各级官员的禄米数额，并将米数折算成谷数，再算出每亩田地出产的谷数和投入人力的多少，目的是唤起食禄者的良心，使他们能自觉地体恤百姓。

当然，朱元璋深知，仅靠思想教育是无法澄清吏治的。他认为元朝吏治如此腐败，与法律的宽纵松弛是分不开的，为了纠治业已根深蒂固的官吏贪暴之风，必须“刑用重典”，推行严刑峻法。建国前夕，他多次与刘基讨论治道，在赐给刘基的一封手书中，他坚定地指出：“朕收平天下，非猛不可！”[30]即位之初，他又召见群臣，宣布自己要实行“严法禁”的政策：“但遇官吏贪污蠹害吾民者，罪之不赦，卿等当体朕言。若守己廉而奉法公，犹人行坦途，从容自适；苟贪贿罹法，犹行荆棘中，寸步不可移，纵得出，体无完肤矣！”[31]

尽管朱元璋明确表明了自己要以猛治国的态度，但官场风气并未像他预期的那样顿然改观。这使他觉得，用正常的法律手段已不能解决问题，于是就开始法外施刑，不断加强惩罚力度。洪武八年，朱元璋下令，凡是犯有赃罪的官吏，一律贬到凤阳开荒屯田，到第二年，在凤阳屯种的官吏就达到近万人。由于被逮治的官员很多，到处出现缺官现象，吏部只好不停地选补。洪武十年，朱元璋曾对一批即将赴任的官员说：“近者天下有司奏缺官，朝廷以时选补，比除未久，有司又复奏缺，是何犯罪罢黜者之众也？若移其作奸之心以为善，亦何不可？国家俸禄如井泉，汲而不竭，彼皆不思守法以保之，欺人欺天，竞为赃利，虽积钱充屋，一旦事觉，皆非己有。今汝等之官，宜鉴前非，勉于为善，则永保禄位矣！”[32]

在这样严密的法禁下，竟然还有不少官吏心存侥幸，作奸犯科，以致朱元璋哀叹说：“朕才疏德薄，控驭之道竭矣！”[33]朱元璋性格本就褊急，贪墨之风屡禁不绝，使他心浮气躁，越来越不耐烦，于是法外施刑越来越多，越来越重。他曾下令，所有案犯，不论贪赃数目多少，一律处死。[34]除随时惩治贪官污吏外，朱元璋一生还数次寻找借口对官僚队伍进行整肃：洪武四年甄录天下官吏，洪武八年兴起空印案，洪武十三年连坐胡惟庸党，洪武十八年穷治郭桓案，洪武十九年逮捕积年害民官吏，洪武二十三年严惩妄言者。其中规模和影响最大的，是空印案和郭桓案。

空印案是惩治使用空白印信官吏的案件。事发于洪武八年。按制度，各布政司及府州县每年均须派计吏赴户部呈报财政收支账目及钱谷等项数据，户部审复稍有出入，即驳回重造账册。计吏为免于往返奔走，皆带有预先盖好官印的空白账册，遇部驳即在京师重新填报。此法作为“权宜之务”，习以为常，但朱元璋得知后大怒，认为这是沿袭元末腐败之旧习，官员互相串通，借机舞弊，下令凡主印者及署名签字者一律处死，佐贰官以下杖百戍边。

郭桓案是严惩贪官污吏的案件。案发于洪武十八年。当时御史弹劾北平布政、按察二司官吏与户部侍郎郭桓等通同作弊，侵盗官粮。朱元璋令审刑司拷讯。除郭桓等处死外，牵连六部尚书、侍郎以下官员及各布政司官吏甚多，又因追理赃粮七百万石，波及民间富人，中产以上之家往往破产。由于株连过广，民间骚动，朱元璋不得不杀此案主审官吴庸等人以平息众怨，并称折算赃粮实有两千四百余万石，“恐民不信，但略写七百万耳”[35]。

空印、郭桓两案坐死者数万人，是朱元璋以重典肃政的表现。在重典“警惧”之下，一时官吏谨畏，吏治有所改善。时人谓：“郡县之官虽居穷山绝塞之地，去京师万余里外，皆悚心震胆，如神明临其庭，不敢少肆。或有毫发出法度，悖礼仪，朝按而暮罪之。”[36]但是朱元璋求治心切，往往越俎代庖，亲自参与刑审，又把搞出贪污案多少作为考核官吏的一项标准。于是各级司法官吏在办案中“务求深刻，以趋上意”，不仅刑讯中搞逼供，量刑上也往往偏重。这就不可避免地会出现冤假错案。空印案当时定性就不准确，案发时，有郑士利曾上书云：“自立国至今，未尝有空印之律。有司相承，不知其罪，今一旦诛之，何以使受诛者无词？”[37]郭桓案也因打击面过宽，使不少官员蒙受不白之冤，从而使肃政的目标大打折扣。

朱元璋以严刑峻法整肃吏治，效果是很明显的。清官海瑞曾指出：“我太祖视民如伤，执《周书》‘如保赤子’之义，毫发侵渔者加惨刑。数十年民得安生乐业，千载一时之盛也。”[38]清修《明史》也说：“一时守令畏法，洁己爱民，以当上指，吏治焕然丕变矣。下逮仁、宣，抚循休息，民人安乐，吏治澄清者百余年。”[39]当然，也应看到，朱元璋求治心切，有时“不分臧否”，杀戮甚众，以致朝廷内外长期笼罩着恐怖气氛，官员人人自危，充分暴露出专制君主制的残暴性。

第三章

从创业到守成的转变

第一节　建文改制与削藩

洪武三十一年（1398）闰五月十日，开国皇帝朱元璋离开了人世，根据遗诏由皇太孙朱允炆继位。朱允炆出生于洪武十年十一月，洪武二十五年懿文太子朱标去世后被立为皇太孙。他继位时年仅二十一岁。因年号建文，史称建文皇帝。建文年号后来被明成祖朱棣革除，建文期间仍沿用洪武纪年。朱允炆自幼学习诗书及古代典礼文章，对儒家经典有一定造诣，立为皇太孙后，也曾历习政事，省决章奏。据说他曾参与明律的最后修订，改正洪武旧律畸重者七十三条。他还用《周礼》审断过一批刑案，深得朱元璋的赏识。他可能受到父亲朱标影响，对诸王坐大的局面存有危机意识。建文帝是一位欲有作为的年轻皇帝，在即位诏书中宣布要推行“维新之政”，使明朝达到“雍熙之盛”[1]。朱允炆在位四年，推出不少政策，多有利于国计民生，但有两件大事引发了政局的动荡：一是更定官制，二是削藩。这两件事都被燕王朱棣指为“变更祖制”，成为他发动靖难之役的借口。

洪武时期，武官地位最尊，事务官次之，文臣又次之。究其原因首先是受元朝重武轻文风气的影响，其次是受明初形势的制约。明朝的创建和以后二十余年的统一战争，造就了武臣的特殊地位。朱元璋虽也杀戮一大批武臣，但这种局面并没有根本的改变。明初右武偃文也见诸制度。《大明律》卷二《吏律》中规定：“文官不许封公侯。”当时大封功臣，李善长是以淮西旧人和首席事务官身份加封公爵，真正文官能封伯爵的也只有汪广洋和刘基两人。废中书省和丞相后，六部地位提高，但品秩上是正二品衙门，而五军都督府是正一品衙门，主官品秩、勋阶、散阶都高于尚书。建文年间的官制主要在两个方面有所变动：一是更改部分官署的设置和名称，如都察院改名御史府，通政使司改名通政寺，提刑按察使司改名肃政按察使司，户部、刑部属司由按省区命名改为按职能命名，等等。二是提高文官地位，如进六部尚书秩正一品，尚书下增左右侍中，位侍郎上，秩正二品；裁左右布政使，只设布政使，秩正二品。又如改翰林官制，增设学士承旨，改侍讲、侍读两学士为文学博士，下设文翰、文史两馆，又增设文渊阁待诏及拾遗、补阙等官，实在是扩大翰林文职的编制，加强文职在政府中咨询谏诤的功能。中国历史上汉族建立的传统王朝大都遵照“马上得天下，不能马上治天下”的轨迹运行，由初始的右武偃文逐步向文人政府转化，这种转化一经完成则标志着王朝进入相对的稳定时期。朱元璋已着手这种转变，但没有完成，朱允炆欲推进这一进程，他把自己的年号定为“建文”，就蕴含着实现文治的理念。改正官名也有这层意思，如把按察司的官名由“提刑”改为“肃政”，前者强调的是威刑治民，后者主张的是饬政爱民，反映出不同的政治理想。

封藩是朱元璋建立“家天下”的重要措施。他即位后制定了宗室封号：皇子封亲王，亲王嫡长子年及十岁立为王世子，长孙立为世孙；亲王其他诸子年满十岁封为郡王；郡王嫡长子立为郡王世子，嫡长孙则授长孙；郡王其他诸子授镇国将军，孙授辅国将军，曾孙授奉国将军，四世孙授镇国中尉，五世孙授辅国中尉，六世以下皆授奉国中尉。朱元璋共有二十六个儿子，先后三次册封。第一次是洪武三年，册封九个儿子为亲王；第二次洪武十一年，册封五个儿子为亲王；第三次在洪武二十四年，册封十个儿子为亲王。其中两子未就藩已死，十七个儿子在洪武年间就藩，五个儿子到永乐年间才就藩。又有从孙朱守谦，洪武三年封靖江王（郡王）。朱元璋在首次册封亲王时说：

> 先王封建，所以庇民，周行之而久远，秦废之而速亡。汉晋以来，莫不皆然。其间治乱不齐，特顾施为何如尔。要之，为长久之计，莫过于此。

为此，他给予亲王政治、军事、经济各方面的特权。如亲王下有王府官，初设时有王相府、参军府。后罢王相府，改参军府为长史司，由左、右长史负责王府事务。洪武五年又规定设立亲王护卫指挥使司，简称护卫，每王府设三个护卫和两个围子手千户所。其中分封到北方边塞的秦、晋、燕、宁、辽、代、庆、肃、谷九王控制军队更多。朱元璋分封诸王的初衷是“分茅胙土，以藩屏国家”。当时有山西平遥县儒学训导叶伯巨上疏力陈“分封太侈”之弊，以汉之七国、晋之八王为例，“恐数世之后，尾大不掉，然后削其地而夺之权，则必生觖望，甚者缘间而起，防之无及矣”。朱元璋览奏大怒，以为离间骨肉，叶伯巨因而被逮捕，死于狱中。[2]朱元璋认为亲王“敬守祖法”，比文武大臣可靠。为了防止权臣擅权，规定诸王有移文中央索取奸臣和奉天子密诏清君侧的权力。[3]又为了削夺淮西勋贵的军权，用亲王控制全国各地军镇。他虽然也申明诸王“列爵而不临民，分藩而不锡土”[4]，但没有制定防止诸王坐大的具体措施。朱元璋晚年曾对朱允炆说：“朕以御虏付诸王，可令边尘不动，贻汝以安。”朱允炆则道出了自己的忧虑：“虏不靖，诸王御之，诸王不靖，孰御之？”朱元璋无言以对，问朱允炆道：“汝意何如？”朱允炆回答：“以德怀之，以礼制之，不可则削其地，又不可则废置其人，又甚则举兵伐之。”朱元璋说：“是也，无以易此矣。”[5]这段对话反映出朱元璋晚年对分封的态度有所变化，意识到强藩与朝廷的关系“不可不虑”，但此时的他既无精力也无办法去应对了。

在诸王中秦王朱樉、晋王朱棡都年长于燕王朱棣。秦王死于洪武二十八年三月，晋王死于洪武三十一年三月。秦王生前无大作为，晋王则深受朱元璋器重。史说晋王朱棡修目美髯，仪表堂堂，文韬武略，且折节恭慎，与太子朱标友善。当时在北边诸王中，晋王的地位和实力不在朱棣之下。而《奉天靖难记》则记载晋燕不和，指谓“太子与晋王深相结交”，并说：“晋王又厚结近戚，以为己声誉，日夜搜求上（指燕王）国中细故，专欲倾上，然卒无所得。”[6]

晋王朱棡比朱元璋早死两个月，对不久于人世的朱元璋是沉重的打击，对燕王来说则是极大利好，对朱允炆来说则失去了足以制约燕王的强藩。

朱允炆倚重的大臣有齐泰、黄子澄、方孝孺等人。齐泰、黄子澄都是洪武十八年进士，为朱元璋所信任。齐泰在洪武年间历官至兵部左侍郎，朱允炆即位，晋升为兵部尚书。黄子澄则历官至太常寺卿，朱允炆即位，兼翰林学士，与齐泰同参国政。方孝孺是明初循吏方克勤之子。曾从学宋濂，任汉中府教授，以文学名世。朱允炆即位，召为翰林侍讲，又晋升为侍讲学士，改官制后为文学博士。当时朝廷诏檄多出自方孝孺之手。朱允炆削藩始于洪武三十一年八月废周王朱橚，次年四月至六月，又相继罪湘王朱柏、齐王朱榑、代王朱桂、岷王朱楩。为了顺利清除势力很大的燕王，朱允炆做了许多准备工作：他派张昺为北平左布政使、谢贵为北平都指挥使，让他们暗中监视燕王动静；同时，又以防边为名，将燕府护卫兵都调往塞外。建文元年（1399）六月，朱允炆觉得部署停当，时机成熟，遂密令张昺、谢贵逮捕燕王。

第二节　靖难之役

对于朱允炆的意图，燕王朱棣早就有所察觉，他一面“佯狂称疾”，麻痹朝廷耳目，一面暗中铸军器，练兵卒，准备与朝廷决一死战。朱允炆下达逮捕朱棣的密令后，朱棣很快就得到消息，并做好起兵准备。建文元年（1399）七月初四，朱棣将张昺、谢贵骗到王府擒杀，其护卫指挥张玉、朱能等率兵连夜攻夺九门，完全控制了北平城。朱棣遂援引祖训，以“清君侧”、诛“奸臣”齐泰和黄子澄为名，发动靖难之役。

北方诸将多为朱棣旧日下属，朱棣起兵后，降燕者甚众。燕兵先后攻破居庸关、怀来、密云、遵化、永平（今河北卢龙）等地。而在朝廷方面，朱允炆倚重的齐泰、黄子澄等人都是书生，不知兵事。久历战阵的功臣宿将，洪武年间诛杀殆尽，此时已无人可用。无奈之下，只得起用年过六旬的长兴侯耿炳文为大将军，率军十三万伐燕。八月，耿炳文军于滹沱河为燕军所败，退保真定（今河北正定），坚守不出。燕军攻城不下，解围而去。朱允炆闻讯，接受黄子澄的建议，改派曹国公李景隆以代耿炳文。朱允炆亲到江浒饯行，赐以斧钺，期在必胜。李景隆是朱元璋之甥、开国元勋李文忠之子，位高权重，却未经历过战阵，缺乏作战经验。

九月，李景隆至德州，收集溃散军士，并调集各路军队，共五十万人，进抵河间驻扎。此时，永平正遭明军围攻。朱棣为了引诱李景隆攻北平，以世子朱高炽留守北平，亲自率军往解永平之围，然后直趋宁王朱权之封地大宁。大宁在喜峰口外，东连辽左，西接宣府，是北部边防重镇，而且宁王手中还拥有一支强大军队。十月，朱棣设计诱俘了朱权，朱权遂与朱棣联手，所属八万军士及朵颜、福余、泰宁三卫骑兵，尽归朱棣，势力大增，然后回师援救北平。李景隆听说朱棣奔走大宁，果然挥师直抵北平城下。北平燕军拼死抵抗，李景隆久攻不下。十一月，朱棣率军赶回，城内外燕军两面夹击，李景隆军大败，退走德州。消息传到京师，黄子澄极力隐瞒，并称李景隆数胜，朱允炆遂加授李景隆太子太师，以示鼓励。建文二年（1400）四月，李景隆会合武定侯郭英、安陆侯吴杰等，合军六十万，号称百万，进抵白沟河（今河北雄县北）。经过一场激烈混战，朝廷军遭受惨败，燕军追击李景隆直到济南。都督盛庸、参政铁铉极力防守，并于八月击败燕军，燕军撤回北平。

九月，朱允炆擢铁铉为兵部尚书，封盛庸为历城侯、平燕将军，再次率军北伐。十月，燕军破沧州。十二月，燕军进入山东。盛庸与铁铉宰牛犒赏将士，与燕军会战于东昌（今山东聊城），燕军大败，朱棣亲信张玉阵亡，朱棣侥幸溃围而还。此后一年，双方在北平、山东地区反复交战，互有胜负，燕军很难扩大战果，所得不过北平、保定、永平三府。建文三年年底，朱棣得到朝中奸细密报，知京师防卫空虚，遂大举南下，表示要“临江一决，不复反顾”。建文四年正月，燕军进入山东。时铁铉驻守济南，未易攻破，朱棣遂绕过济南，攻占徐州等地。四月，燕军与朝廷军大战于宿州（今安徽宿州），燕军失利，将士多想返回北平。朱棣不从，大将朱能亦鼓励说：“诸君勉矣！汉高十战而九不胜，卒有天下，岂可有退心！”[7]此时朝廷军本应趁机加强攻势，朱允炆却听信左右之言，认为燕军将要北归，京师不可无良将，遂将魏国公徐辉祖统率的军队撤回。朱棣抓住这一时机，发动反攻，在灵璧大败朝廷军。朝廷军精锐丧失大半，而燕军却士气大振。五月，燕军攻占扬州。六月，燕军自瓜洲渡过长江，进围京师。谷王朱橞与李景隆开城门迎降，京师陷落。

至于朱允炆的下落，《明史》本纪谓：“宫中火起，帝不知所终。”或云在宫中自杀，或云潜逃出亡，成为历史上的一个疑案。朱棣入城后，大索“奸党”，实施残酷报复。方孝孺因拒绝为朱棣起草即位诏书，被磔于市，亲属“九族”之外又株连朋友门生，合为“十族”一并杀害。其余建文遗臣齐泰、黄子澄等都被夷灭九族，他们的妻妾儿女也被下教坊司，有的甚至“籍其乡，转相攀染”，“村里为墟”，史称“瓜蔓抄”。[8] 在对政敌的血腥镇压中，朱棣登上皇位，定次年为永乐元年。朱棣庙号太宗，嘉靖时改称成祖。

在中国历史上，藩王与朝廷抗争，无论在道义上还是在实力上都处于劣势，鲜有成功者，朱棣取得成功算是特例。朱允炆的失败主要有三个方面的原因：

首先，从历史上看，但凡继位君主，虽有维新之意，但登极之初都不大事张扬，只是在新旧权力转移趋于稳定后再步步推进。朱允炆在即位之初，权威尚未确立，而朱元璋不得变更祖训的教诲言犹在耳，就大刀阔斧地推行“维新之政”，这既贻朱棣以口实，同时也失去了众多的支持者。朱允炆之失失之于“急”。

其次，朱允炆以齐泰、黄子澄为议政核心，又改官制提高文臣地位，而武臣受到冷落，在与燕王朱棣的战争中，武臣效忠者少，观望者多。以后为建文殉难的主要是文官，武臣寥寥无几。又如削藩，当时高巍就曾主张：“勿行晁错削夺之谋，而效主父偃推恩之策。”[9] 在具体削藩的步骤上，齐、黄意见不一。齐泰主张先对野心勃勃的燕王动手，而黄子澄则主张先削周、湘、齐、代、岷等藩王。朱允炆采用的是黄子澄的意见。其实周王等人虽有劣迹，但构不成对朝廷的威胁，先削周王等藩，不仅使燕王朱棣加快了反叛准备，而且造成宗藩整体恐慌，从而使朝廷失去了其他藩王的支持。当燕军兵临京城时，打开城门迎降的是谷王朱橞和李景隆。前者是宗藩的代表，后者是武臣的代表。朱允炆失去洪武朝两个最有实力的政治集团的支持，皇权的基础也就相当脆弱了。朱允炆之失又失之于“弱”。

再次，朱允炆君臣毕竟是书生，未曾经历战阵，治国缺乏政治经验，用人失当，军事策略也一误再误，直至败亡。而燕王朱棣工于权谋，老于行阵，坚忍持久，屡挫不蹶，始为困兽之搏，终而一掷获胜。在这里斗争双方领袖的政治、军事素质也起到了至关重要的作用。可见朱允炆之失还失之于“文”。

第三节　永乐政局

朱棣以藩王身份凭借武力取得国家政权，这在中国传统王朝中是绝无仅有的一例，显示了他的雄才大略和超乎常人的智慧与能力。但是在当时他也无法摆脱“篡逆”的指责，“得位不正”成为他挥之不去的阴影。他的智慧给他提示，单靠“瓜蔓抄”式的刑杀震慑还不足以解决问题，他必须采取一些切切实实的措施来巩固自己的统治地位。

朱棣起自藩王而夺得天下，深知藩王尾大不掉的危害，以故继续采取“削藩”措施。一是将原来统兵较多的“塞王”内迁，如辽王朱植由广宁改封荆州，宁王朱权由大宁改封南昌，谷王朱橞由宣府改封长沙，取消了他们御将出征之权；二是制定各种“藩禁”约束藩王，又借口藩王违禁削夺其护卫，重者废为庶人。到永乐末年，诸王护卫大减，也不再有镇遏地方的军事权力。大多数藩王政治、军事特权被剥夺，仅保存经济特权，成为徒拥虚名、坐糜厚禄的寄生阶层。

朱棣夺位后，宣布恢复洪武官制，同时对靖难功臣大加封赏。武臣的地位一时又显赫起来。朱棣与其父不同的是注意保全功臣，此后靖难功臣与开国功臣并重。但另一方面，朱棣也不得不进一步推动国家权力运作的文治化，这种走向到永乐后期日益明显。朱允炆未完成的事业，最终通过他的反对者朱棣及其子孙来推进。历史走过的“之”字路常常有这样一种情况，“维新者”被反对者所倾覆，但其主张则在反对者手中得以延续。

为辅佐自己处理政务，朱棣建立了一个固定的秘书咨询机构——内阁。朱元璋废宰相后，日理万机，事务繁忙，不得不设立春、夏、秋、冬“四辅”官，选民间老儒充任，后又改设殿阁大学士侍奉左右，咨询道理，商榷政务，评骘经史。这种辅政形式被朱允炆继承，黄子澄、方孝孺都是以翰林官身份参与议政。朱棣即位后，在恢复“祖制”的旗号下，改建文官制仍为洪武官制，其中包括翰林官制。不过朱棣改动的是翰林院的编制，至于用翰林官辅政的形式则不仅没有变更，反而制度化、固定化了。《明史》卷五《成祖本纪》云：“（建文四年）八月壬子，侍读解缙、编修黄淮入直文渊阁。寻命侍读胡广，修撰杨荣，编修杨士奇，检讨金幼孜、胡俨同入直，并预机务。”文渊阁在午门之内，文华殿南面，地处内廷，于是称内阁。值得注意的是解缙七人，都不是朱棣的藩邸旧人，而是忠于朱允炆的臣子，在朱棣攻下应天前，除杨荣外的六人，都曾誓言为朱允炆殉难，但不久就趋降迎附。[10]解缙七人又都是江南籍，朱棣将七人置于“密勿谟画”之地，在当时对争取建文朝臣、稳定

图 3–1　明成祖

局势、安抚江南士人都有影响。但是其中还有另意，那就是用建文臣子打“祖训”牌，为自己制造舆论更具有说服力。朱棣最初打算争取方孝孺为他草拟诏书而未能如愿，就说明了这个问题。

解缙等人入阁后做的第一件事，就是重修《明太祖实录》。初修《明太祖实录》在建文朝，由方孝孺任总裁。重修《明太祖实录》在永乐元年（1403）十月，以解缙为总裁。永乐九年至十六年，又以胡广、胡俨、黄淮、杨荣为总裁，三修《明太祖实录》。经过重修和三修，朱棣被说成“嫡出”，至于明太祖、马皇后褒扬燕王和曾欲立燕王为太子的话语，更是连篇累牍，而朱允炆则被写成嗜杀成性的暴君，朱棣的“篡逆”罪名被洗刷得干干净净。从此明朝历代皇帝的实录由内阁大学士领衔纂修成为制度。

七位阁臣中，胡俨任职一年即出为国子监祭酒，不参预机务；解缙在永乐五年被谪外任，后以私觐太子获罪，十三年被害死狱中；杨士奇、黄淮常命辅导皇太孙，朱棣北征，又命辅太子居守；胡广卒于永乐十六年；自始至终在朱棣左右的是杨荣和金幼孜。永乐二十二年七月，朱棣死于北征归途榆木川。当时决定“秘不发丧”的是内臣马荣（一作马云）、孟聘与阁臣杨荣、金幼孜。杨荣又和内臣海寿驰报皇太子，二十多天后，皇太孙赶至军中，才宣布发丧。[11]朱棣之死是突发事件，当时军中公、侯、伯甚多，内臣却只与内阁商议定策，说明内阁的地位在永乐后期已经举足轻重了。

朱棣对宦官的任用程度较洪武年间大为提高。宦官制度在中国传统社会中源远流长，在恪守“身体发肤受之父母，不敢毁伤”的观念下，宦官常为世人所不齿。其实对宦官与宦官制度的考评，都离不开皇帝与皇权。明朝始用宦官是在朱元璋称吴王时（1364），宦官机构的设置则始于吴元年（1367）九月。当时只有内使监。洪武年间，宦官机构不断增加，至洪武三十年已有十二监、二司、七局。永乐时调整为十二监、四司、八局。十二监是司礼监、内官监、御用监、司设监、神宫监、尚宝监、尚膳监、印绶监、御马监、直殿监、尚衣监、都知监。四司是惜薪司、钟鼓司、宝钞司、混堂司。八局是兵仗局、银作局、浣衣局、巾帽局、针工局、内织染局、酒醋面局、司苑局。这些监司局总称“二十四衙门”。不过朱元璋使用宦官，却对宦官控御很严，曾铸铁牌于宫门口，上刻“内臣不得干预政事，犯者斩”[12]。又规定不许宦官兼外朝文武职衔，不许穿戴外朝官员服饰，官阶不得超过四品，政府各部门不得与宦官文移往来，等等。朱元璋也曾自坏其法，如多次差派宦官出使，但不成制度。朱允炆对宦官管理极为严厉，于是有些宦官甘为燕王朱棣耳目。

朱棣即位后，宦官地位大升，不仅给予出使、专征、监军、分镇之权，而且在永乐十八年设立东厂。东厂是专门从事侦伺缉捕的特务机构。设钦差总督东厂官校办事一人，简称总督东厂或提督东厂。提督东厂之下，设掌刑千户、理刑百户各一人，又有掌班、领班、司房四十余人，统领档头百余名，番役千余名，皆由锦衣卫差拨。档头、番役在外分瞰官府，四出侦察，凡不利于皇帝的言论和行事都在东厂的侦缉之中。锦衣卫的设置比东厂要早。明朝设于京师的卫所称京卫，京卫中又有上直卫，亦称亲军卫，洪武时有亲军十二卫，锦衣卫即其中之一。锦衣卫与其他京卫在设置上有所不同。一般京卫下设镇抚司，掌管本卫刑名。而锦衣卫则在洪武十五年分设南、北镇抚司，南司掌本卫刑名，北

图 3–2　锦衣卫木印（成化十四年）

司专治诏狱。所谓诏狱，就是由皇帝直接过问的特殊刑案。洪武二十年，朱元璋罢北镇抚司刑狱，诏内外刑案送刑部审录。朱棣即位后恢复了北镇抚司，专典诏狱。北镇抚司往往凌驾于国家法司之上，具有法律之外缉捕、刑讯、定罪、行刑等权力，当时称作“人主私刑”。东厂与锦衣卫的职事同为侦探机密，办理大狱，二者常常结合办事，合称“厂卫”。朱棣重用宦官，又设置东厂和恢复诏狱，一方面是针对臣僚中的反对派，另一方面是针对迁都引发的社会矛盾，特别是以神道设教倡乱的“大奸大恶”。当时或事出一时权宜，但永乐后仍相沿不改，遂成有明一代制度。这一制度对国家正常的司法制度是一种破坏，各种腐败往往夤缘而生。

朱棣在位时期最重要的一项举措是将都城北迁。永乐元年正月，他改北平布政使司为北京。二月，改北平府为顺天府，与京师应天府相应。同时设北京行部。靖难之役后，朱棣把藩邸旧臣和最早归附的北平布政司官员多安排在北京，一方面有利于稳定建文遗留下来的朝臣，另一方面也流露出他根基在北，将有迁都之举。此后他不断从全国各地有组织地向北京地区移民，充实北京人口，发展北京经济。永乐四年闰七月，朱棣正式宣布营建北京。永乐七年二月，朱棣亲临北京，谋划营建其山陵（即长陵）。从首建山陵可以看出，靖难之役虽然已过七年，明太祖、建文帝的阴影还笼罩着他。雄才大略的朱棣同时也是一个迷信的皇帝，死后难以面对太祖，恐怕是他决心迁都的因素之一。另外朱棣都于北京，死后葬于北京，其子孙必然随之，这样他就成为明朝又一次开基创业的君主。“由此而观，定都北京是成祖肯定其历史地位，使其以篡弑夺得之政权合法化之最重要的工作。”[13] 永乐九年，有三十万人在工部尚书宋礼的指挥下，开始了南北大运河的疏浚工程。运河的贯通有助于解决南粮北调的问题，为国都北迁提供了物质上的保证。永乐十四年，朱棣再度下诏营建北京，第二年工程全面展开，从营建宫殿到重修城垣，历时三年半的时间。永乐十九年正月，朱棣正式定都北京，称京师，应天府为南京，称留都。两京制并非明朝创立，在中国历史上曾多次出现，明朝两京制的特点是在留都也设有一套完整的中央机构。这套中央机构以后经仁宗、宣宗两朝到英宗正统初年形成定制，对明朝政治格局产生深远影响。另外，北京是辽、金、元的故都，“地势雄伟，山川巩固，四方万国，道里适中”，建都于此，对巩固开发北疆极为有益。

第四节　仁宣致治

永乐二十二年（1424）七月，朱棣去世，太子朱高炽即位，是为明仁宗，次年改元洪熙。朱高炽在位仅十个月，洪熙元年（1425）五月去世，太子朱瞻基即位，是为明宣宗，次年改元宣德。从明朝建国到洪熙、宣德年间已历六十年，明太祖、明成祖开基创业为明朝的长治久安奠定了基础，但其中也有惨痛的教训，如何上承洪、永两朝开创局面，下启明代治平之象，是时代赋予仁、宣两帝的任务。

朱元璋完成了国家统一，改革了中央和地方官制，空前强化了君主专制体制。但是，在他身后也留下了一个不曾妥善解决的问题，即由于实行分封制度而导致君主专制政体出现危机。这一问题在永乐朝基本得到解决。永乐朝的国策及其举措，就其主要方面仍然是巩固国家统一和加强君主专制政体。在这方面朱棣与朱元璋是相通的。不过朱棣不是那种“斤斤克守故物”[14]的皇帝，迁都北京、五征漠北、郡县交阯、郑和下西洋等，无不赫赫煌煌，超迈前古。这中间又有许多措施与朱元璋的“祖训”相背反。由于朱棣的各种活动需要大量人力和物力的支撑，永乐后期已经出现了国库亏空、财政紧张和社会不稳定的征兆。于是要求改革朝政的呼声迭起。代表人物是户部尚书夏原吉。夏原吉曾历事三朝，均在户部任职，永乐时供亿转输，功绩显著。他向朱棣提出“专修内治，不事远略”[15]。永乐十九年冬，当朱棣筹划第四次北征时，夏原吉便以“比年师出无功，军马储蓄十丧八九，灾眚迭作，内外俱疲”[16]为由，谏止北征。朱棣大怒，夏原吉被逮，并籍其家。朱棣的去世无疑为仁、宣二帝政策调整提供了良好契机。

仁、宣二帝虽即位于承平之时，但不同于一般长于深宫的皇帝。靖难之役时，朱高炽就负责北京防守。永乐七年以后，朱棣因屡次北征和筹划迁都长期驻跸北京。当时“政本犹在南”，朱高炽以太子身份监国，已有长期处理政务的经验。朱瞻基在永乐九年被立为皇太孙，常伴朱棣左右，又曾随同北征，抚军历政，讲论治道。这样的经历对他们即位后实施合乎时宜的政策，大有裨益。另外，在仁、宣二帝身边有一个由阁部大臣组成的智囊团。内阁制度形成于永乐朝。朱棣曾对解缙等阁臣说：“天下事朕与若等共计之，非若六卿止分理。”[17]初步形成了皇帝决策、内阁议政、六部执行的权力分配模式。

当时阁臣又兼辅导太子、太孙，对储位的确定起了重要的作用。朱高炽的性格类似建文帝，又身体肥胖，行动迟缓，故一直不为朱棣所爱。次子朱高煦则以骁勇知名，在靖难之役中立有战功，深得朱棣赏识。淇国公丘福等将领也从旁劝立朱高煦。朱高煦更是有恃无恐，觊觎储位。所以朱棣即位后不召朱高炽入京，两年间也不立太子。阁臣则力主立长之议。永乐二年二月储位虽定，但朱棣本人仍是犹豫动摇，为此他甚至对一些阁臣产生怀疑。解缙终因朱高煦之谮，被害而死。黄淮、杨溥（当时官洗马）等人因太子迎驾迟缓，以辅导失职系狱十年。杨士奇也一度牵连被系。这段经历对朱高炽和阁臣来说都是刻骨铭心的。朱高炽即位后曾召杨士奇等说："朕监国二十年，为谗慝所构，心之艰危，吾三人共之。"[18]

阁臣品秩原本不高，至是升迁有加。如黄淮、金幼孜、杨士奇、杨荣都升殿阁大学士，加官尚书或侍郎，晋公孤衔。阁臣的职事也从过去比较空泛的"参预机务"，转化为固定的"票拟"，即代皇帝草拟对臣下章奏的批答意见，"用小票墨书，贴各疏面上进"，亦称"条旨"。票拟之辞经皇帝批准后，易红书批出，即成圣命，称"批红"。当时"纶言批答，裁决机宜，悉由票拟"，阁权始重。杨溥在朱瞻基即位后入阁。后黄淮、金幼孜乞归，阁臣遂有"三杨"之称。永乐时，六部尚书中吏部尚书蹇义、户部尚书夏原吉均为干济之臣，时称"蹇、夏"。夏原吉是朱棣死后才被释放出狱的，蹇义也曾因辅导监国受累系狱。仁、宣时，二人重新被起用，在六部中地位最尊，委寄优隆。宣德三年（1427）十月以后，宣宗以蹇、夏年事已高，"令辍所务"，朝夕侍左右。蹇、夏也同德协心，匡翼二主。当时蹇、夏也参预票拟，票拟并不专属内阁。

上述智囊团的组成反映出仁、宣时期政治上的一些新特点：一是他们均为永乐时保储有功的文臣，仁、宣二帝依赖甚殷，地位超越武将。明朝历经六十年，至此完成了从右武偃文到文官政治格局的转变。二是他们都有历政的实践经验，具有稳健明智的特点，志在守成。三是君臣关系和谐。"天子不独断"，内阁无"偏重之势"，六部大臣协力相资，议政、决策和执行三权分而有序。朱瞻基形容当时阁部大臣关系是“君子和而不同是已”[19]。正是有了这样的统治核心，“仁宣致治”的局面才有可能出现。

仁、宣二帝首要关注的自然是朱高煦问题。明成祖在立朱高炽为太子的同时，封朱高煦为汉王，封国云南，后改青州（今山东益都）。朱高煦与朝中武将联系较多。永乐七年（1409），淇国公丘福受命北征鞑靼，于胪朐河（今克鲁伦河）丧师败死。朱高煦失去朝中以丘福为代表的一批武臣的支持。以后朱高煦企图夺储的种种不轨行为逐渐败露，特别是在朱棣筹划迁都北京时，朱高煦谋国南京，引起朱棣的警觉，于是在永乐十四年做出削其两护卫就国乐安（今山东广饶）的决定。仁宗朱高炽即位后，朱高煦夺位之心不死。宣宗朱瞻基即位，朱高煦以为少主新立，企图重袭“靖难”故事，于宣德元年八月举兵反叛。朱瞻基在阁部大臣建议下，统军亲征乐安，朱高煦猝不及防，被迫出城投降，后被处死。成祖另一子赵王朱高燧在永乐时亦曾参与夺储，至此为形势所迫，上表自动献出护卫军。从此明初因封藩带来的政治动荡遂宣告结束，藩王在政治和军事上的特权被剥夺，逐渐演化成经济上的寄生阶层。

仁、宣二帝重视内治，首先是整顿吏治。当时吏治主要存在三个问题：一是额外添设官吏大增。明朝各级官府设置皆有定员，额外添设官员称为“添注官”。永乐朝多事兴作，内外各衙门官因各种差派大量增设，地方上添设尤多，到仁、宣之初，“藩、宪二司，府、州、县官，比之原设倍而又增”[20]，出现了官冗吏滥的现象。二是官吏利用朝廷各种兴作和差派的机会，贪赃枉法，中饱私囊，贪风日盛。三是各级官府之间遇事相互推诿，行政效率锐减。朱高炽在即位诏书中把惩贪裁冗作为内治中的首要大事。仁、宣之初，地方吏治整顿相当严厉，犯赃官员或戍边，或罢黜为民，不称职的官员则降用。为了裁汰冗员，当时还采用了“记名放回”的做法。史载，从永乐末至宣德二年五月，记名放回的官员就有四千余人。从宣德三年起，朱瞻基把整顿吏治的重点放在两京中央机构。在阁部大臣的推荐下，他起用顾佐为都察院都御史、邵玘为南京都察院左副都御史，负责整顿吏治。其中顾佐最为著名，时人比之“包孝肃”。顾、邵二人在宣宗和阁部大臣的支持下，用法严厉，贪风有所扼制。宣德五年，朱瞻基又把整顿重点推向地方，即由皇帝赐敕，委派廷臣出任地方重要府份的知府。所派知府多由中央部、院大臣推荐，是当时朝中办事干练、刚正廉明的官吏。如苏州知府况钟，《明史》本传说他“蠲烦苛，立条教”，“锄豪强，植良善，民奉之若神”。仅宣德五年，就有三十四名像况钟这样的廷臣被赐敕出任知府，对改良地方吏治有所作用。

宣宗在内治方面的另一重要举措是设置巡抚官。明初地方三司并立，互不统属，以防个人专擅，但也造成事权不一、效率迟缓之弊，遇有重大问题往往不能迅速处理。于是出现了中央派遣官员“巡抚”地方的制度。永乐十九年，诏遣尚书蹇义等二十六人分巡各地，安抚军民，询察利病。但这只是临时的差遣，“事毕复命，或即停遣”，不成制度。宣德时期，“巡抚”之名已经确立，并由临时差遣变为专门设置，首立于苏、松、两浙，随后江西、河南诸省渐次专立。宣德五年，命周忱、于谦等六人皆以侍郎衔出外为巡抚，自此周忱巡抚南直隶二十二年，于谦巡抚河南、山西十八年，余者也多是长驻久任。巡抚的任务因时因地而有不同侧重，如督理税粮、总治河道、抚恤流民、整饬边防等。但总体上又具有协调地方三司、监察官吏、抚军安民的共同职责，加强了中央对地方的监控，提高了行政效率。以后，巡抚逐渐固定统一以都察院正官系衔，与正统后出现的总督合称“督抚”，共同为位居三司之上的方面大员。不过终明一代，督抚一直具有中央钦差的身份，尚未发展为严格意义上的封疆大吏。

为了纾缓民困和撙节费用，仁、宣二帝及时调整了对蒙古和交阯的政策。经永乐五次北征后，蒙古各部力量已经削弱，朱高炽即位后对蒙古采取以严守备边为主的政策，并恢复鞑靼部阿鲁台岁修职贡的关系。宣德时北边偶有摩擦，主要还是来自阿鲁台的骚扰。朱瞻基也曾三次巡边，但未形成大的冲突。宣德九年八月，瓦剌部脱欢告捷，阿鲁台被其攻杀。次月，阿鲁台之子阿卜只俺来归。所以仁、宣时期北边总的来说比较安定。对于郡县交阯，朱高炽早有不同于朱棣的看法。宣德时杨士奇曾对朱瞻基说：“士奇侍仁宗皇帝久，圣心数数追憾此事。”朱瞻基也说：“皇考言吾亦闻之屡矣。”并言仁宗每谈到郡县交阯，则“形诸慨叹”。[21]朱瞻基与其父主张相同，即位后表示两三年内逐步放弃交阯。当时朝中一批大臣拘牵常见，认为不可“委弃祖宗之业”，反对放弃交阯。内阁赞同宣宗决策，对放弃交阯起了重要作用。宣德二年十月，黎利遣人进前安南国王陈日煃三世嫡孙陈暠表，请立为陈氏后，停战的契机出现了。朱瞻基因其求封之请，决定从安南撤兵。他说：“论者不达止戈之意，必谓之不武。但得民安，朕何恤人言。”[22]一场迁延岁月、徒耗国力的战争终于结束了。这是朱瞻基当时明智的抉择。

仁、宣二帝对国家大政也有不同的看法。朱瞻基自幼深得成祖宠爱，据说仁宗被立为太子，得益于朱瞻基。朱瞻基常伴成祖身边，自然对成祖的深谋远虑有更深的领悟。在迁都北京的问题上，朱高炽即位后出现反复，反对迁都的大臣以物资供应、运输耗费巨大为由，提出还都南京之议。洪熙元年（1425）三月，下诏复都南京，北京仍旧称“行在”。但其具体行动尚未全部实施，朱高炽即已去世。朱瞻基即位后，既不改变其父的两京称号，又维持其祖时业已形成的两京格局。实际上他常住北京，北京虽名为“行在”，而有“京师”之实。朱瞻基以这种舒缓的办法，把其祖迁都之举确定下来。又朱高炽在即位诏书中明令停罢下西洋宝船，并以下西洋诸军守备南京。朱瞻基则不同，他更欣羡其祖时远人“贡献臣服”的盛国气派，认为通番并非毫无意义。待到宣德五年，由于安南战事结束，“岁省军兴巨万”，便于六月命郑和、王景弘重下西洋。船队于次年十二月出海，宣德八年六月返回。郑和在回航途中病逝。

仁、宣时期曾被一些史家褒之为“仁宣致治”，其实仁、宣两朝诸多政策调整有不得不然之势。历史上不乏威武雄壮的辉煌篇章，但是翻过这些倏忽不再的篇章之后，人们发现的是一页页由盛而衰的写真。为了再现辉煌，改革、调整接踵而来。有的成效较大，有的成效甚微。当改革、调整毫无成效时，衰败之途也就不可逆转。所谓“仁宣致治”，正是永乐之后一次较有成效的调整。这次调整给明朝带来了十五六年的稳定。

但一些问题解决了，又有一些新的问题出现了。仁、宣时期也潜存着两个重要问题：

一是永乐后期三次北征及朱瞻基巡边，注意点都在鞑靼。鞑靼部的衰落给宣德时北方边境带来了相对安定的局面，但是也为瓦剌部脱欢力量崛起提供了机会。脱欢是马哈木之子，永乐十六年袭封顺宁王。他一方面与明朝维持着朝贡关系，另一方面加紧扩张势力，在攻杀阿鲁台后，又兼并了贤义王和安乐王的部众，成为瓦剌、鞑靼两部的实际主宰。朱瞻基对瓦剌的崛起失之警惕。在边防转为以守为主的策略之后，军政虽有整顿，但成效甚微。军伍空缺、屯政不理、边备松弛的状况日甚一日，导致北京防御潜伏着危机。

二是内政方面，宦官专权始见端倪。明代宦官出使、专征、分镇、刺探臣民隐事等重大事权，是从永乐时候开始的。不过明成祖可以自如地驾驭宦官，因此也成就了一批颇有作为的宦官，如郑和、王景弘、侯显、亦失哈等。仁、宣时期宦官进一步受到重用，朱瞻基还打破了太祖规定的不许宦官识字的祖训，设立内书堂，选择一批聪明伶俐的小宦者入学，由翰林学士执教，培养出一批通文墨的宦官。此时司礼监的地位提高，成为二十四衙门之首。司礼监设有提督太监、掌印太监、秉笔太监和随堂太监等。提督太监分管内廷事务，掌印、秉笔、随堂太监分管外廷事务。所谓“外廷事务”，主要是批红。批红本来是皇帝的事情，但从宣德后期起多由司礼监代行。司礼监还负责传宣谕旨，提督东厂。这一切都为日后宦官专权造成了可乘之机。由此观之，“仁宣致治”又具有很大的局限性。

第五节 正统初元

宣德十年（1435）正月，朱瞻基病故，其子朱祁镇即位，改次年年号为正统，是为明英宗。朱祁镇即位时只有九岁，按照宣宗遗诏，军国大政均要关白太皇太后（仁宗张皇后）。有些朝臣还请求太皇太后垂帘听政，张氏以“不能破坏祖宗成法”为由予以拒绝。她特召英国公张辅，大学士杨士奇、杨荣、杨溥，礼部尚书胡濙，对朱祁镇说：“此五人，先朝所简贻皇帝者，有行必与之计，非五人赞成，不可行也。”[23] 辅政五大臣中，张辅是一介武夫，不熟悉政务，胡濙虽自成祖以来就很受信任，但见识浅陋，发挥不了决策作用。真正处理军国大政的，是内阁中的杨士奇、杨荣、杨溥三人，时称“三杨”。太皇太后对他们推心倚任，“有事遣中使诣阁咨议，然后裁决”[24]。

在施政方针上，“三杨”基本上沿袭洪熙、宣德时代的政策，期望让“仁宣致治”局面延续下来。而对于宣德末年的弊政，则在一定程度上进行了清理革除。如宣德后期宫廷生活奢靡，朱祁镇即位后，释放教坊乐工三千八百余人为民，放还天财库夫役二千六百四十余人，并减省了一些冗费支出，停罢了一些采办项目。这期间最值得一提的大事，是最终解决了定都问题。前已提到，仁宗曾下令还都南京，北京改称“行在”，但因其骤然去世，迁都之举未能完成。宣宗即位后，中止了迁都活动，继续以北京为实际首都，但为了表示不违仁宗迁都之令，北京依然称“行在”。正统改元后，下令兴修北京城门工程，至正统四年（1439）完成。这是继永乐之后对北京又一次大规模营建，表明朝廷已决心以北京为都。正统五年春，又开始重建三大殿与乾清、坤宁二宫，至正统六年十一月竣工，于是诏北京诸衙门去“行在”二字，南京诸衙门加“南京”二字，北京作为正都的地位完全奠定。

在太皇太后和“三杨”等人的经营支撑下，“天下清平，朝无失政”[25]，“仁宣致治”的局面大体维持了下来。明人王锜曾评论说：“正统初，太皇太后张氏同听政，元老杨士奇、杨荣、杨溥居辅弼，凡朝廷大事，皆自三公处分。数年间，政治清明，为本朝之极盛。”[26]表面看来，正统初期朝政稳定，天下殷实，宇内升平，确实是一派太平气象。但是，在这表面繁荣的背后已潜藏着深刻的危机。总起来看，“三杨”适合做太平盛世的宰相，而缺乏扭转乾坤的才能和极言敢谏的气魄。在他们当政期间，政治、经济、军事方面的许多矛盾和问题已显露出来，然而他们身居高位，明哲保身，对于皇帝的过失不敢苦谏，更提不出解决各种矛盾和问题的方略，大明帝国实际上正在滑向危险的深渊。

第四章

边疆经营与对外交往

第一节 边疆经营

在明朝边疆经营中，漠北蒙古问题占有重要地位。明初，蒙古贵族在漠北虽然建立了北元政权，但是内部纷争不已，加之明朝的不断打击，到洪武后期已经面临分崩离析。游牧于漠北东部和辽东边外的兀良哈部最早归附明朝，明设朵颜、泰宁、福余三羁縻卫以统之。建文四年（1402），“非元裔”的鬼力赤夺得汗位，去元国号，仅称蒙古，明朝则称之为“鞑靼”。与此同时，漠西的蒙古别部瓦剌（蒙元时斡亦剌部后裔）崛起，与鞑靼互争雄长。在以后的历史中，鞑靼和瓦剌成为明朝主要的边患。朱棣对两部采取的是“招抚”与“打击”相结合的策略。永乐初，鞑靼知院阿鲁台杀鬼力赤，仍立元皇室后裔本雅失里为汗。明廷派使臣郭骥前往招谕，被杀。永乐七年（1409）十月，朱棣以淇国公丘福为征虏大将军总兵官，率精骑十万北征鞑靼。丘福孤军轻进，在胪朐河陷入重围，全军覆没。朱棣大怒，于次年亲统五十万大军北征，大败鞑靼军于斡难河（今鄂嫩河）上，本雅失里西奔瓦剌，后为瓦剌所杀。阿鲁台则向明廷称臣纳贡，明封之为和宁王。此前瓦剌向明朝贡马请封，明朝封其首领马哈木为顺宁王，太平为贤义王，把秃孛罗为安乐王。鞑靼败后，瓦剌转而强大。永乐十二年，朱棣第二次北征，在忽兰忽失温（今蒙古乌兰巴托东）击败马哈木等三部的军队，暂时抑制了瓦剌势力的膨胀。但不久鞑靼阿鲁台再度强大起来，又对明朝形成威胁。永乐二十年、二十一年、二十二年，朱棣又三次亲征漠北，希望与鞑靼部阿鲁台决战，一劳永逸地解决蒙古问题，但是没有实现，无功而返。朱棣本人也病死于最后一次北征途中。永乐北征应视为洪武建元以来统一战争的继续，虽然没有彻底解决问题，但仍然维持着强势的局面。经过洪武、永乐两朝，明朝北方军事防御体系逐渐形成，即沿长城一线设置九个边防重镇，自东向西分别是辽东（治今辽宁北镇）、蓟州（治今河北蓟州）、宣府（治今河北宣化）、大同、太原（治今山西偏关）、延绥（治今陕西榆林）、宁夏（治今银川）、固原、甘肃（治今张掖），统称“九边”。九边各驻重兵，设总兵、副总兵、参将等职，分区防守。洪武时在长城防线之外还设立过大宁（治今内蒙古宁城）、开平（治今内蒙古多伦西北）、东胜（治今内蒙古托克托）三卫，但永乐后随着“塞王”的内迁已逐渐放弃。长城最终成为明朝与蒙古势力范围的基本分界线。

东北地区的战略地位十分重要。洪武四年（1371），元辽阳行省平章刘益降附，明朝遂设立定辽都指挥使司，后改称辽东都指挥使司。但盘踞在金山地区的纳哈出，经常引兵攻扰辽阳、辽东等地。洪武二十年，纳哈出降明，明朝对黑龙江流域诸民族进行了一些招谕工作，但成效并不显著。朱棣即位后，更积极地经营东北。永乐元年，明朝政府在今东北地区设置建州卫和兀者卫。此后又不断派人前往黑龙江下游的奴儿干地区（今黑龙江下游特林地方）进行招抚，设置了一批卫所。永乐七年，下诏设立奴儿干都指挥使司，统辖奴儿干地区卫所。奴儿干都司设治于距黑龙江入海口约二百公里的特林地方，管辖区西至斡难河，北抵外兴安岭，东越海直达苦夷（今库页岛）。区内居民以女真人为主，具体又分为南部的建州女真、海西女真和北部的野人女真。此外还有吉里迷、苦夷、达斡尔等族，多以渔猎为生。都司西部也包括了兀良哈三卫等一些蒙古人。各族首领、酋长多被明朝委以都督、都指挥使、指挥使、千户、百户等官，称“附塞之官”。明廷还在元朝驿站的基础上，开通了奴儿干通往内地的驿路，其干线经由辽东都司直抵北京。明成祖、明宣宗曾数次派太监亦失哈等人前往奴儿干地区巡视，在特林建造了永宁寺，并先后建立两块《永宁寺记》石碑，记录了明朝经营和管理奴儿干都司的事实。

永宁寺碑

永宁寺碑，指《永宁寺记》碑和《重建永宁寺记》碑。永乐七年（1409），明成祖诏置奴儿干都指挥使司。永乐九年，派太监亦失哈赴奴儿干，立都司衙门，设都指挥、指挥等官，抚绥当地吉列迷及苦夷居民。永乐十一年，亦失哈再次奉旨巡视奴儿干地区，于特林北山上修建永宁寺，并刻石勒碑记事，即《永宁寺记》碑。宣德七年（1432），亦失哈复奉旨至奴儿干地区巡视，见永宁寺破毁，遂于次年重建并刻石立碑，即《重建永宁寺记》碑。两碑正面为汉文，阴面为女真文和蒙古文，记载了明朝创立奴儿干都司的经过，叙述了亦失哈巡视奴儿干地区的简要过程，是明朝管辖黑龙江、精奇里江、乌苏里江、松花江流域和库页岛的重要历史证据。

西北地区是明初与蒙古抗衡的一条重要战线。洪武时征伐北元，多次由西路出兵，在今甘肃西部、青海北部，直至新疆东部，设立了一系列的羁縻卫所。今新疆大部分地区在元朝处于察合台汗国控制之下，到明初，察合台汗国灭亡，其地“各自割据，不相统属”，“地大者称国，小者止称地面”[1]。各割据政权的头领多为蒙古人，居民则以畏兀儿人为主。明朝开创期主要以哈密为经营西北的据点。哈密地当“丝绸之路”要冲，在元末明初由蒙古贵族兀纳失里、安克帖木儿兄弟相继统治，朱棣即位后，安克帖木儿遣使进贡，明朝封其为忠顺王。不久，安克帖木儿被鞑靼鬼力赤毒死，明廷将其侄、已在明朝任职的脱脱送回袭爵，继而于永乐四年设立哈密卫，以忠顺王部下头目任卫指挥、千户、百户等职，又派汉人周安、刘行等人充任忠顺王府长史、纪善等官，协理府事。明朝政府希望通过对哈密的经营，巩固对蒙古的西侧防线，同时使其起到“西域之襟喉”的作用，“以通诸番之消息，凡有入贡夷使、方物，悉令至彼，译表以上”。[2]从此哈密及其以西地区，如亦力把里（今伊宁市）、于阗（今和田）等部，都与明朝建立了比较固定的朝贡关系。

西藏地区在明朝称为乌斯藏。明初，朱元璋派人入藏招抚，承认元朝对当地僧俗首领所加的称号。洪武四年，明廷设朵甘卫指挥使司，洪武六年设乌斯藏卫指挥使司，洪武七年升二卫为都指挥使司。乌斯藏都司管辖今西藏自治区的大部分，朵甘都司管辖今西藏自治区的昌都地区和青海、云南、甘肃、四川的藏族居住区。除二都司外，又设有宣慰司、招讨司、元帅府、万户府、千户所等羁縻机构。各级机构的官员例由藏族部落首领充任，但其任免权则归明朝中央政府。朱棣即位后，相继派司礼监宦官侯显等人持节入藏，与各部落、各教派的上层人物广泛接触，推行政教合一的僧官制度。僧官分法王、王、佛子、大国师、国师、禅师、都纲、喇嘛各等级。永乐朝共封授了大宝、大乘两大法王和阐化、护教、赞善、辅教、阐教五个地方之王。以后宣德朝又封大慈法王。他们各有封地，互不统属。当时每年都有大量的番僧来朝，甚至留居京师。大宝法王哈立麻是最早敕封的法王，曾奉永乐帝之命先后率僧徒在京师灵谷寺和五台山大显通寺举行法会，为朱元璋和马皇后荐福。哈立麻的三名弟子也被封为灌顶国师。大乘法王昆泽思巴在永乐十一年也被召至北京。明初，在乌斯藏喇嘛教中出现一个新兴的教派格鲁派，因其僧侣戴黄色僧帽，俗称“黄教”，创立者为宗喀巴。宗喀巴（1357—1419），本名罗桑札巴，宗喀（今青海湟中）人。幼时出家于甲琼寺（在今青海循化），十六岁进藏深造，先后在前后藏各地投师求法。当时喇嘛教各派戒律松弛，在社会上影响力下降，已有衰落趋势。宗喀巴因而进行宗教改革，要求僧人恪守戒律，禁止其娶妻生子和从事世俗活动，同时加强对佛教经典的研究，以其闻思理智服众。格鲁派的建立时间以永乐七年宗喀巴在拉萨大昭寺发起大祈愿法会为始，以后影响逐渐扩大。朱棣派钦差召宗喀巴入京，宗喀巴命其弟子释迦也失代行。释迦也失于永乐十二年进京，受到礼遇，两年后回藏，明廷赐予丰厚。此后黄教与明廷之间关系日益密切。永乐十六年，宗喀巴让释迦也失在拉萨北建色拉寺，供奉朝廷赐予的佛像。色拉寺与甘丹寺、哲蚌寺、札什伦布寺是黄教最早、最著名的四大寺庙。宣德九年，释迦也失又一次进京，被封为大慈法王，为藏地三大法王之一。在中央政府的支持下，黄教很快成为乌斯藏第一大教派。永乐时期，还开通了自雅州（今四川雅安）至乌斯藏的驿路，为内地与乌斯藏之间的往来提供了便利条件。

在明朝的云南、贵州两省和四川南部以及湖广、广西西部，居住着苗、瑶、彝、僮（壮）、傣、白、布依等许多少数民族。明朝经洪武、永乐两朝，对这些地区的管理体制基本确立。这些地区的省级机构与内地一样，设都、布、按三司。少数民族聚居区基层管理主要依靠土官，亦称土司。土司的名号，属武职系统者有宣慰（司）使、宣抚（司）使、安抚（司）使、招讨（司）使等，属文职系统的有土知府、土知州、土知县等。土官大多为当地民族首领，一般世袭其职，但形式上必须经过中央批准，武职土司隶兵部，都司领之，文职土司隶吏部，布政司领之。也有一部分土司衙门中的佐贰官、首领官由朝廷任命的流官担任，以对土司形成牵制。在西南土司中，女土司占有一定的数量，“大略诸蛮……多女子为政，其袭替多女土官，异于他族”[3]。如贵州宣慰使奢香，在洪武时期率所部建龙场九驿，畅通道路，是彝族著名的女政治家。土司的职责是谨守疆界，缴纳赋税，进贡土产，维护驿道，有事时则要出兵供朝廷调遣。这里特别一提的是永乐时贵州建省的问题。在元朝，贵州地区分属湖广、四川、云南三个行省。洪武十五年置贵州都司，其民职有司仍属湖广、四川、云南三布政司。永乐十一年贵州独立成省，建立布政司，形同内地。此事实为明朝最早“改土归流”之事例。明朝土司制度源于元朝，但管理力度比元朝要大。特别是洪、永时期，注意对西南各民族实施怀柔政策，在当地整肃吏治，减轻赋役，兴办学校，并移内地军民前往屯种，使西南民族聚居区的经济开发和文化发展取得了很大进步。

第二节　对外交往

自汉唐以来，中国与周边各国一直存在着友好关系，到了元朝，因一度四出用兵，使这种友好关系受到损害。明朝建立以后，朱元璋为了改善与周边国家的关系，对外推行睦邻政策。洪武元年（1368）十二月，朱元璋首先遣使前往高丽和安南，由此拉开了明朝对外关系的帷幕。洪武朝的三十一年间，明政府先后三十次派遣使者对周边的十二个国家进行访问，取得了积极的响应，有十七个国家的使者先后一百三十五次访问中国，友好往来相当频繁。朱元璋还总结了历史上对外关系的经验教训，把睦邻政策写入他所编定的《皇明祖训》中。他说：“四方诸夷皆限山隔海，僻在一隅，得其地不足以供给，得其民不足以使令。若其不自揣量来挠我边，则彼为不祥。彼既不为中国患，而我兴兵轻犯，亦不祥也。吾恐后世子孙倚中国富强，贪一时战功，无故兴兵，致伤人命，切记不可。”这条祖训以后成为有明一代对外关系的基本国策。

明朝在推行睦邻政策的同时，还努力恢复与周边国家传统的朝贡体系。明初对外经济活动基本被控制在朝贡体系的范畴之内，地点被限定在京师或明政府指定的港口。当时来京师朝贡的外国使者带有贡物，明廷“例不给价”，而是采用赏赐的形式回酬。一般说来，赏赐的物品要大大多于贡物。同时，明政府还允许朝贡使臣附带本国特产，或由政府给价收买，或在朝贡之后，由礼部主客司安排在会同馆（京师接待内外宾客及递运行李物品的处所）开市，与京师各铺行商人进行公平交易。使者也可以在明政府规定的港口贸易，由所在港口的市舶司负责。明初最先设置太仓黄渡（今上海市嘉定区南）市舶司，管理海外贸易，因此有“六国码头”之称。洪武三年，罢太仓黄渡市舶司，改设泉州、明州（今浙江宁波）、广州三个市舶司。《明史·食货志五》云：“海外诸国入贡，许附载方物，与中国贸易。因设市舶司，置提举官以领之。”可见港口贸易是京师贸易的一种补充，性质相同。洪武七年，明政府罢泉州等三市舶司。自罢市舶司后，官方贸易受到一定影响，但是朝贡关系一直没有间断。

至于民间海外贸易，洪武年间一直采取严厉的限制政策。朱元璋曾多次“申禁人民无得擅出海与外国互市”[4]。王圻对此评论说：“贡舶者，王法之所许，市舶之所司，乃贸易之公也；海商者，王法之所不许，市舶之所不经，乃贸易之私也。”[5]这里所说的“王法之所不许”就是指所谓的“海禁”政策。朱元璋实行海禁政策一是由于当时国内正致力于农村经济的复苏，发展海外贸易尚未提到日程上来；二是出于对国家的安全考虑，担心流亡海外的方国珍、张士诚的旧部与内地反抗势力结合，危及明朝的统治。

朱棣即位后基本上继承了洪武年间的对外政策，不同的是他对发展与各国政府的关系和海外贸易具有更大的热情。在发展与各国的关系中，明朝最重视的是与朝鲜的关系。明建国之初，朝鲜尚称高丽。当时明朝最先向高丽派出使臣，建立外交关系。由于退居沙漠的北元也极力争取高丽，高丽国王王颛态度暧昧。其子辛禑继位后更是亲近北元，与明廷疏远，并于洪武二十一年四月发兵侵略辽东。辛禑的做法不得人心，五月，主张与明朝友好的都统使李成桂发动兵变，废辛禑，立王瑶。洪武二十五年李成桂又废王瑶，自立为王，迁国都于汉城，国号朝鲜。此后李氏朝鲜延续了四百三十多年。靖难之役期间，李朝采取中立态度。朱棣即位后，立即遣使以即位诏告谕朝鲜。他曾对朝鲜使臣说："外邦虽多，你朝鲜不比别处。"[6]表明了两国的特殊关系。迨至永乐皇帝迁都北京后，两国关系更为密切，使臣往来频繁。两国之间的经贸活动在实际运作中也已突破了朝贡体系，发展到民间贸易往来。

明朝与日本关系比较复杂。元末明初，日本正处于南北朝时期。南朝是指后醍醐天皇在吉野设立的朝廷，北朝则指征夷大将军足利尊氏在京都开设的幕府。除两个对立的朝廷外，各地还有许多割据的地方势力守护大名。南北朝历经五十余年的战乱，在战乱中各大名为了掠夺财富，除互相争战外，还组织武士、浪人和商人，结成武装集团，到中国沿海地区劫掠骚扰，被称作"倭寇"。朱元璋原希望和日本建立睦邻友好关系，开展官方贸易，因而屡次遣使至日本，要求严禁倭寇来侵，但这些外交努力均不得结果。后来胡惟庸

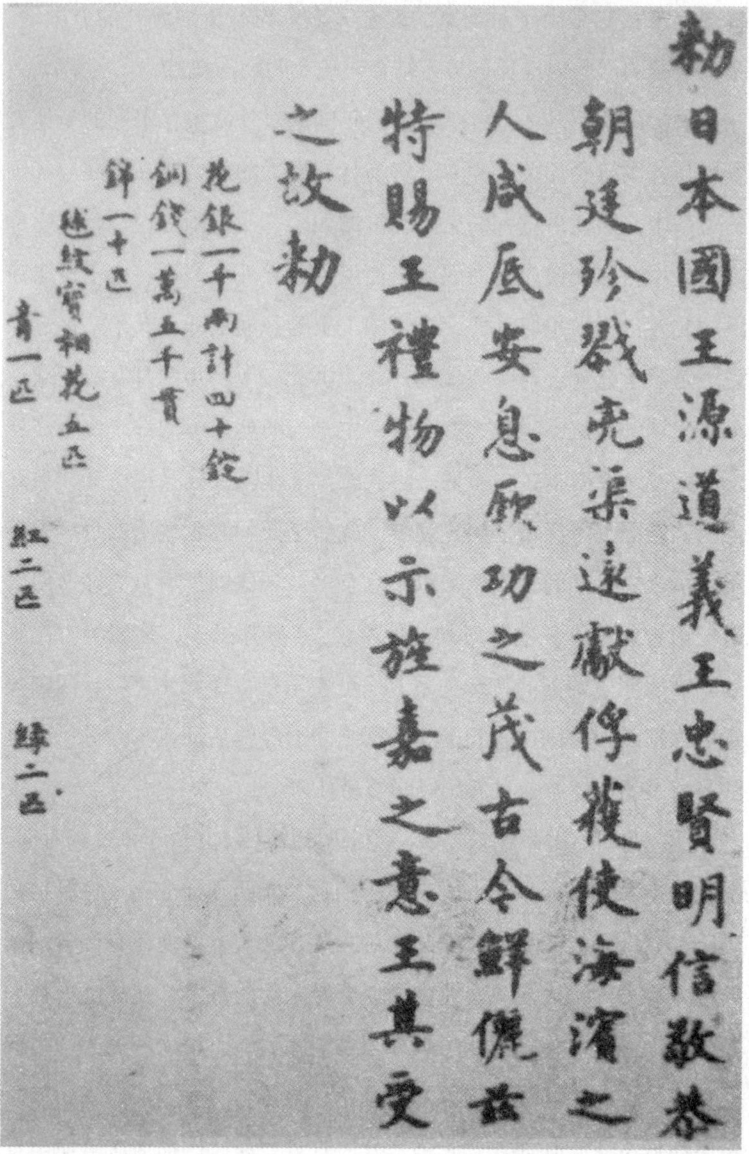
勅日本國王源道義王忠賢明信敬恭
朝廷殄戮寇渠遠獻俘獲使海濱之
人咸底安息厥功之茂古今鮮儷茲
特賜王禮物以示旌嘉之意王其受
之故勅
花銀一千兩計四十錠
銅錢一萬五千貫
錦一十匹
織紋寶相花五匹
青一匹　紅二匹　綠二匹

图 4–1　明成祖赐日本国王源道义敕书

党案又牵连日本，致使两国关系更是矛盾重重。洪武二十五年，日本南北统一。建文三年（1401），足利幕府第三代将军足利义满（中国史料中多称源道义）派遣使臣来中国，至此两国恢复邦交，建立正常的睦邻关系。朱棣即位后，两国使臣频繁往来，并建立了勘合贸易关系，即明朝政府给予足利幕府贸易勘合（凭证）百道，约定十年进贡一次，每次限二百人、船两艘，不得携带军器。虽然勘合约定十年一贡，但实际上并未受此约束，日本往往以朝贺、谢恩、献俘、告讣等各种名义遣使问聘。足利义满也能配合明朝抑制倭寇的侵扰。永乐二年（1404）发生了日本壹岐、对马诸岛侵扰中国沿海的事件。明廷派太监郑和交涉，足利义满即发兵剿捕对马诸岛海寇，并派使臣“献渠魁二十人于阙下”。以后足利义满又两次遣使“献所获倭寇”。明朝每次都赐给义满丰厚礼品，朱棣也称赞：“日本王之有源道义，又自古以来未之有也。”[7]足利义满死后，其子足利义持继为幕府将军，最初尚能遵守其父对明朝的政策，永乐九年以后，则受一部分朝臣影响，认为向明朝进贡是国之耻辱，遂切断了与明朝政府的关系。此后日本虽有使臣持勘合来朝，但大多是由地方官员派遣。在这种形式下，倭寇问题也就不可能彻底解决。永乐十七年，倭寇两千余人攻掠辽东望海埚（距今大连市金州区七十里），被辽东总兵刘荣（即刘江）指挥的军队全部歼灭。至此倭寇大惧，不敢轻易来犯，海上也较为平静。永乐年间朱棣对日政策既以礼怀柔之，又以武备防御之，从而取得对日关系的主动权。中日关系切断后，真正受影响的是日本，所以到宣德七年（1432），日本当国者足利义教开始改变足利义持的对明政策，两国恢复了中断二十二年的关系。至此，勘合贸易关系稳定下来，明朝对来华人数、船数及其各种限制也有所放宽。

明成祖即位之初，在今新疆以西的中亚地区崛起了一支新的势力，即由突厥化的蒙古巴鲁剌思部贵族帖木儿建立的帖木儿帝国。帖木儿帝国首都在撒马尔罕（今乌兹别克斯坦撒马尔罕州首府）。帖木儿终其生没有称“汗”，而是选用伊斯兰教“苏丹”的称号。帖木儿野心很大，企图效法成吉思汗建立庞大的帝国。他不断向外扩张，不仅占领原察合台全境，还征服了波斯、花剌子模等地，并先后攻入伊拉克、俄罗斯、印度、土耳其境内，大加焚掠，土耳其的苏丹也被他俘获。由于帝国盛极一时，帖木儿晚年企图东侵明朝。明朝与帖木儿的交往当始于洪武二十年。《明太祖实录》卷一八五记，这年九月壬辰，“撒马儿罕驸马帖木儿遣回回满剌哈非思等来朝，贡马十五匹，驼二只”。诏赐白金十五锭。以后贡使不断。洪武二十五年，朱元璋遣傅安出使撒马尔罕，被帖木儿扣留。朱棣即位后，曾遣使诏谕，帖木儿则声称要朱棣“称臣纳贡于帖木儿”[8]。永乐二年冬，帖木儿欲率十万大军攻明。朱棣闻讯后即敕谕甘肃总兵官左都督宋晟“练士马，谨斥堠，计粮储，预为之备”[9]。由于帖木儿死于征途，其侵明计划也就未能实现。帖木儿死后，其孙哈里继承其位。哈里不愿与明朝为敌，于永乐五年遣使贡献方物，并送傅安回国。傅安在帖木儿汗国被扣十三年，“艰辛备尝，志节益励”，维护了明朝的尊严。此后哈里不断遣使入明，朝贡关系逐渐稳定下来。帖木儿第四子沙哈鲁领有哈烈（今阿富汗西北部），与哈里不和，双方战争不断。朱棣曾遣使往谕，表示对沙哈鲁与哈里“一视同仁”，希望他们“休兵息民，保全骨肉，共享太平之福”。在明成祖的劝谕下，双方停止了战争。从此哈烈和其他诸部也不断遣使来贡。永乐时，除傅安再度出使撒马尔罕外，著名的使者还有陈诚。陈诚三次出使中亚，著有《西域行程记》《西域番国志》等书。沙哈鲁也在永乐十七年至十八年间向明朝派遣过一支庞大的使团，使团成员也著有《沙哈鲁遣使中国记》。此后明朝一直与中亚各国维系着睦邻友好关系。

在明朝时期，今越南分为两个部分，北部称安南，南部称占城。洪武年间，安南、占城都与明朝保持着朝贡关系。当时安南国王系陈氏。洪武后期，安南国相黎季犛专权，擅自废立国王。建文元年，黎季犛杀戮陈氏宗族，改名胡一元，称太上皇，其子黎苍改名胡奃，为安南国王。永乐元年四月，胡奃派遣贡使朝贺朱棣即位，并称安南王陈日焜早死，家族绝嗣，自己是陈氏外孙，为众所推，权理安南国事，并请求明廷赐封他为安南国王。朱棣"不逆其诈"，封胡奃为安南国王。第二年，老挝军民宣慰使送陈日焜之弟陈天平至京，诉其实情，真相大白。朱棣命御史李琦等赴安南，责胡奃篡逆之罪。胡奃上表，请迎陈天平还国，"以君事之"。永乐四年春，朱棣遣使者以兵五千人护送陈天平还国。进入安南境，胡奃设伏兵劫杀陈天平。朱棣闻之大怒，遂命成国公朱能为征夷大将军充总兵官，平西侯沐晟、新城侯张辅为左右征夷副将军，讨伐安南。朱能未入安南而病卒，遂以张辅为总兵官。在攻打安南中，明军运用了强大的宣传攻势，即张贴榜文，安抚民心。榜文宣布黎氏二十大罪，主要有两杀其主，灭绝陈氏，背祖更姓，侵轶占城，掠夺云南、广西地界等。榜文末则称："待黎贼父子就擒之后，选求陈氏立之。"[10] 永乐五年五月，明军擒获黎季犛父子，安南尽平。史载当时诏令访求陈氏子孙而无可继立者，群臣遂请开设郡县。六月，朱棣正式颁布“平安南诏”，改安南为交阯，设布政司、都司、按察司，统辖十七个府、四十七个州、一百五十七个县。其要冲处又设十一个卫、三个守御千户所。军队隶属广西，民政归属交阯。安南自唐末独立以来，至此又复入明朝版图。工部尚书黄福被任命为布、按两司长官。张辅在交阯驻守一年后还京，进封英国公。张辅回京后，陈氏旧官简定反叛，明军征讨不利。永乐七年，张辅再次领军进入交阯，生擒简定。第二年张辅还朝，简定从子陈季扩复叛。永乐九年，张辅督师交阯，两年后擒获陈季扩，第二年班师回京。“说者谓王（张辅）此役较之前平定之功为难云。”[11] 此后，张辅于永乐十三年再次驻镇交阯两年。永乐十五年张辅被召还京师后，交阯又爆发了以黎利为首的反抗明朝的斗争。以后明军虽然控制了交阯局面，但剿捕黎利不果。这种局面一直延续到宣德时，明宣宗决定放弃交阯，从此两国又恢复了正常的朝贡关系。张辅第一次用兵安南，从当时宗藩关系看，尚有道义可言，安南臣民心理上也可以承受，故军事行动较为顺利。“郡县交阯”则性质不同，尽管张辅用兵颇有谋略，黄福也抚治有方，但安南毕竟有四百多年独立的历史，复入明朝版图，仅仅是朱棣的一厢情愿，简定、陈季扩、黎利等人连续不断的反明斗争，表现出鲜明的民族自发性。在这方面朱元璋似乎又胜朱棣一筹。朱元璋曾把安南定为“不征之国”，又说“得其地不足以供给，得其民不足以使令”，并告诫后世子孙不可“倚中国富强，贪一时战功，无故兴兵”，不到八年，朱棣就把这些教诲丢置脑后。经过二十多年血的代价，明朝对安南的政策才又重新回到《皇明祖训》的起点。

第三节　郑和下西洋

朱棣重视发展与海外各国政治、经贸关系，永乐三年（1405）恢复了罢置近三十年的泉州、宁波、广州三个市舶司，同时派遣郑和进行海外远航。这是中国历史的宏伟篇章。郑和（1371—1435），原姓马，云南昆阳州（今云南晋宁）人，回族，世代信奉伊斯兰教。其祖父和父亲都曾到过伊斯兰教圣地天方（今沙特阿拉伯麦加）朝圣，因此被尊称为“哈只”。“哈只”是“巡礼人”、“朝圣者”的意思。明军攻占云南消灭梁王政权时，郑和被俘受阉入宫。明太祖把他赐给燕王朱棣做侍童。郑和仪表堂堂，“才负经纬，文通孔孟”，办事“公勤明敏，谦恭谨密，不避劳勚”，深得朱棣赏识。[12] 在靖难之役中，郑和随侍朱棣，屡立战功，朱棣称帝后升为内官监太监，并赐姓郑（因郑和曾立功于郑村坝）。郑和又号三保太监。“三保”，即三宝，与佛教有关，指佛、法、僧三宝。今留存有他捐钱在永乐十八年刻印的《大藏尊经》中署名“大明国奉佛信官郑和法名福吉祥”的字样。可知郑和跟随朱棣以后又皈依佛门。明廷选用郑和下西洋，授以统率庞大舟师和出使各国的重任，是经过缜密的考虑和慎重的选择的，除了他的忠诚和才干之外，伊斯兰教和佛教背景显然也是他入选的重要条件。郑和远航始于永乐三年六月，止于宣德八年（1433）七月，凡七次，历时二十八年，到达亚、非三十多个国家和地区。明朝人对海洋的概念是以婆罗洲（今加里曼丹岛）的文莱划界，文莱以东称东洋，文莱以西称西洋。郑和下西洋，就是指到今天的南海和印度洋，最远到达红海海口和非洲东岸。

郑和在 15 世纪初能够进行规模巨大的远航，绝非偶然，是有其历史条件和原因的。第一，中国古代传统社会并不是封闭的，对外政策的主流是开放。历代王朝大都致力于发展与邻国的关系，鼓励人们向世界未知地域积极探索。宋元以来更是注重发展海上交通和海外贸易，中国乘船出海的人日渐多了起来，海船建造技术与航海技术大为提高，海外地理知识也日益丰富，这就为郑和的海外航行创造了十分有利的条件。第二，明朝经过洪武年间经济的恢复和发展，到了永乐时代已进入极盛时期，这时国力雄厚，武力强大，库藏充实，这就为郑和的海外航行提供了物质条件。第三，明太祖时国家初建，人民需要休养生息，社会经济亟待恢复和发展。所以明太祖主要致力于国内的励精图治。明成祖即位以后，随着国内形势的转变，眼光开始移向海外，要求扩大对外关系，以远播明朝声威，并招致各国来朝来贡。正是有了这种比较开放的政策，才有了郑和的海外航行。

郑和下西洋是人类征服海洋的壮举。它发生在地理大发现之前，比哥伦布到达美洲早八十七年，比迪亚士发现好望角早八十二年，比达·伽马到达印度卡里库特早九十三年，比麦哲伦到达菲律宾早一百一十六年。郑和下西洋的规模是无与伦比的。如第一次下西洋时，有大型宝船六十二艘，官兵二万七千八百余人。郑和的船队以宝船为主，此外，还有马船、粮船、坐船、战船等多种船只，这是当时世界上最大的船队。郑和的宝船大者长四十四丈四尺（合一百三十八米多），宽十八丈（合五十六米）。有九桅十二帆，“体势巍然，巨无与比，篷帆锚舵非二三百人莫能举动”[13]。这是当时世界上最大的船只。而达·伽马去印度仅有四船，约一百六十人，哥伦布去美洲仅有三船，八十余人，麦哲伦去菲律宾仅有五船，二百六十余人，皆与郑和的船队无法相比。郑和七下西洋的结果，打通了从中国到东非的航路，把亚、非的广大海域连成一气，这是地理大发现之前人类航海史上的伟大成就。

郑和下西洋的结果，扩大了中国同亚、非各国的和平交往，发展了中国同亚、非各国的经济文化交流。郑和下西洋是和平进行的，没有征讨和杀伐；若有之，完全是出于自卫。如旧港王陈祖义是华侨，经常劫掠过往船只，又谋劫郑和的船，郑和即擒陈祖义携归，陈祖义伏诛。又郑和至锡兰山，国王亚烈苦奈儿发兵前来劫船，郑和即生擒亚烈苦奈儿并携至北京，明成祖又放其归国。郑和的船队在所到之处，首先向国王、头人等进行礼节性的访问，宣读皇帝诏书，赠送大量物品，然后即展开贸易活动。如在古里（今印度喀拉拉邦的科泽科德一带），按当地习惯交易，货物议价以拍掌为定，自后价有贵贱，再不改悔。又在祖法儿（在阿拉伯半岛南岸），其国王遣头目遍谕国人，皆以乳香、苏合油之类来交换丝绸、瓷器等物。郑和的船队总是满载货物往返，主要以中国的手工业品换取各国的土特产品，携出的手工业品有丝绸、瓷器、铁器、铜钱等。携归的土特产品应有尽有，其中不少是奇货重宝及珍禽异兽等，如珍珠、珊瑚、宝石、香料、麒麟（长颈鹿）、狮子、鸵鸟之类。与郑和同行的马欢在《纪行诗》中说："归到京华觐紫宸，龙墀献纳皆奇珍。"[14] 所以郑和的船有"取宝"之名，被称为"宝船"。

郑和开始下西洋后，亚非各国多遣使来中国建交及进行贸易，络绎不绝于途。如永乐十三年（1415），东非麻林国遣使来献麒麟，一时轰动京师。麒麟被中国视为吉祥之物，永乐皇帝亲御奉天门受礼，文武大臣莫不称贺。永乐十五年，苏禄东王、西王和峒王三王各率人抵京，凡三百四十余人，受到永乐皇帝隆重接待。永乐二十一年，忽鲁谟斯等十六国使者来京，凡一千二百人，一时朝廷使者盈满。据不完全统计，在永乐年间，有六十个国家共二百四十五次访问中国，其中浡泥、满剌加、尼八剌（今尼泊尔）、苏禄（今菲律宾群岛）、锡兰（今斯里兰卡）、古麻剌朗（今菲律宾棉兰老岛）等六个国家的八位国王九人次访问中国。其中浡泥国王、苏禄国东王和古麻剌朗国王在访问中国时不幸病故，分别葬于南京安德门外、山东德州北郊、福建福州西湖南面茶园山。他们的墓葬是中国与上述国家关系的历史见证。自郑和下西洋后，中国到南洋去的人日益增多，不少人侨居国外，把中国进步的生产技术和手工业品带到南洋各地，对南洋的开发起了巨大作用。

郑和下西洋也开拓了中国人的眼界。随从郑和航行的马欢著有《瀛涯胜览》，费信著有《星槎胜览》，巩珍著有《西洋番国志》，记载了所经各国的情况，丰富了中国人的海外地理知识。又郑和下西洋时绘有航海图，原名“自宝船厂开船从龙江关出水直抵外国诸番图”（简称“郑和航海图”），此图蜚声中外，在世界海图史上也有重要地位。

第五章

社会经济的恢复与发展

第一节　生产关系的调整

明朝初年，最高统治者在土地关系和生产关系方面进行了一些调整，这对于提高贫苦农民的劳动积极性，促进社会经济的恢复和发展，维护社会安定，保证国家税收，发挥了积极作用。

元朝时期，土地兼并始终是一个严重的社会问题，而且越演越烈，到元朝后期，“大家收粟至数百万斛，而小民皆无盖藏”[1]的现象所在多有，在沉重的地租压榨下，佃农生活极端困苦。元末农民起事使旧有的地主经济结构受到很大冲击。以江南为例，元朝后期，“江南富户侵占民田，以致贫者流离转徙”[2]，而经过农民战争的涤荡后，“江南巨姓右族，不死沟壑，则奔窜散处”[3]。明朝建立后，朱元璋利用地主经济受到削弱、抛荒土地大量存在的有利时机，大力扶植自耕农经济，发展个体农民的小土地所有制。洪武元年（1368），朱元璋下诏规定："各处荒闲田地，许令诸人开垦，永为己业。"为了防止旧地主回乡后发生地权纠纷，朱元璋在诏书中还特别申明："各处人民，曩因兵燹抛下田土，已被有力之家开荒成熟者，听为己业，其业主回还，仰有司于附近荒田内，验数拨付耕作。"[4] 洪武五年，朱元璋再次重申："兵兴以来，所在人民抛下产业逃避他方，天下既定，乃归乡里，中间若有丁力少而旧田多者，不许依然占护，止许尽力耕种到顷亩，以为己业。若有去时丁少、归则丁多而旧产少者，许令于附近荒田内，官为验其丁力，拨付耕种。敢有以旧业多余占护者，论罪如律。"[5] 洪武二十四年，朱元璋又"令公侯大官以及民人，不问何处，惟犁到熟田，方许为主，但是荒田，俱系在官之数，若有余力，听其再开"[6]。这些法令否定了旧地主对抛荒田地的所有权，把丁口多少和开荒能力作为占垦荒田的唯一指标，鼓励农民尽其所能多垦田地，使大量过去无地的农民获得了土地所有权，大大提高了自耕农的数量。

在明朝初期，佃农对地主的人身依附关系也有所松解。作为明代最基本的社会关系之一的地主与佃农之间的关系，与前代相比，法律地位有了明显上升。在宋、元时代，佃客在法令中虽然具有"良人"的地位，但与地主之间则有严格的人身依附关系，国家法令对这种依附关系是加以维护的。如元朝主佃关系"贵贱等分甚严"，佃农对地主"拱侍如承官府"[7]，路遇地主"不敢施揖，伺其过而复行"[8]，法律还明确规定，地主打死佃农，只杖一百七，征烧埋银五十两，而不需抵命。明朝建立后，朱元璋限于历史条件，尽管不可能赋予地主与佃农绝对的平等地位，但对两者之间不平等的法律关系还是做了很大调整，国家不再承认佃农对地主的人身依附关系。他规定：“佃见田主，不论齿序，并如少事长之礼；若在亲属，不分主佃，则以亲属之礼行之。”[9]

在元朝，大批手工业者被佥编为世袭性匠户，他们终年在官府手工作坊从事繁重的劳动，形同工奴。明朝沿袭了元朝的世袭匠户制度，但对他们的服役方式做了一些改革。洪武十一年，朱元璋下令“凡在京工匠赴工者，月给薪米盐蔬，休工者停给，听其营生勿拘”；洪武十九年又制定了工匠轮班制度，规定各地匠户三年一班，每班三个月，轮流赴京服役。[10]后又按各工种的实际需要对轮班期限做了调整，有五年一班、四年一班、三年一班、两年一班、一年一班几种方式。这样，与元代相比，匠户不仅获得了在非服役期自行营业的自由，而且服役时间也大为缩短，既有利于提高劳动积极性，又促进了民间手工业的发展。

元朝蓄奴风气盛行，许多贫苦农民沦为贵族地主的奴婢，失去人身自由，无法独立地从事生产活动。朱元璋对这种风气深恶痛绝，于洪武五年宣布“诸遭乱为人奴隶者，复为民”[11]，后来又规定，非勋贵、官僚不得蓄养奴婢，“若庶民之家存养为奴婢者，杖一百，即放为良”[12]。朱元璋还拨出资金，赎还因饥荒典卖为奴婢者。对于王朝新贵，朱元璋也对他们役使奴婢的数额做出具体规定：公、侯家不得超过二十人，一品官不得超过十二人，二品官不得超过十人，三品官不得超过八人。

元朝时期，地主富户千方百计隐瞒丁田，逃避赋役，加重了下层农民的负担，加剧了贫富分化和社会矛盾，元末农民战争的爆发，即与此大有关联。朱元璋对这一问题十分重视，建国前就曾在占领区进行土地清理，编造图籍，据以确定赋税和徭役。大明王朝

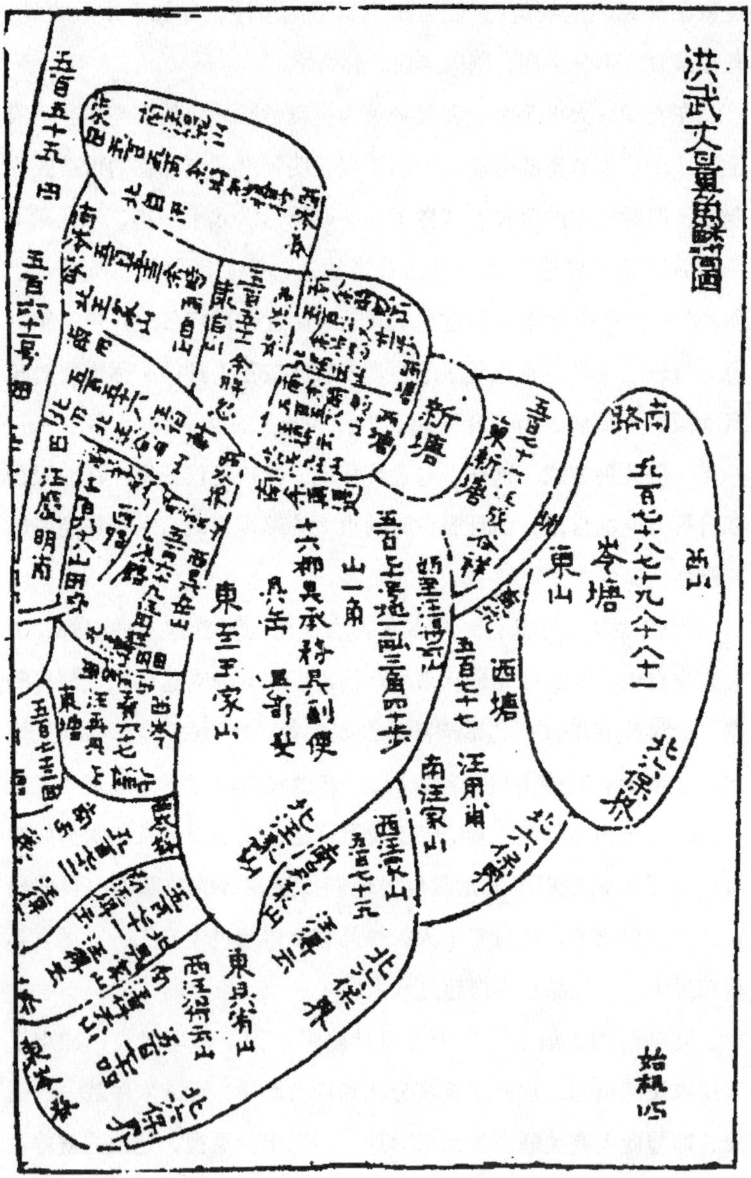

图 5–1　洪武丈量鱼鳞图册

刚刚建立，朱元璋就派遣国子监生到土地隐瞒现象最为严重的浙西地区核实田亩。不久，朱元璋又命中书省议定役法，决定每田一顷，出丁夫一人，不到一顷的，用别的田补足，称为“均工夫”。洪武三年，又下令进行大规模的户籍清理，推行户帖制度。到洪武十四年，又在户帖制度基础上建立了黄册制度，政府把户帖发给各户，让他们详细填写籍贯、姓名、年龄、丁口、田宅、资产等内容，政府每年都要派人核查，每十年一次，根据户帖编制黄册。此制推行后，朱元璋觉得还不够严密，地主富户仍有可能隐瞒田丁，所以到洪武二十年，又下令进行大规模的土地普查，并将普查结果编制成鱼鳞图册，图册中详细载明每块田地的亩数、质量、方圆四至以及田主姓名等。黄册以户为主，以人为经，以田地为纬，鱼鳞图册则以田地为主，以地域为经，以人为纬，两种册籍相互配合，相互补充，相互核对，相互牵制，构成一套完备严密的户口、田地和赋役管理制度。在进行户口和田地清理的同时，朱元璋还采取严厉措施，打击豪强地主隐瞒田产、逃避赋役、转嫁负担的行为。他曾规定，对于转嫁负担、行为不法的豪强地主，受害人和当地耿直豪杰可以不必告知地方官府，而将他们捉拿起来，直接送到京师，被拿者的罪行查实后，全家都要迁发到荒凉的边境地区，其田产赏给受害人。在雷厉风行地清理整顿下，明初对田地、户口的管理趋于规范化，地主富户隐瞒田产、逃避赋役的现象大为减少，普通百姓的负担得以减轻。

与元朝相比，明初百姓所需承担的赋役额也有所降低。元代赋役名目繁多，且日趋沉重，元中叶与元初相较即已增加二十倍，到元末更甚，地方官府在征收时又往往额外多收，至有“州县征之加十倍”[13]者，百姓苦不堪言。明朝建立后，朱元璋推行“藏富于民”的治国政策，本着“赋民而民不困，役民而民不劳”[14]的原则，尽量减轻百姓的赋役负担。由于田地有官田、民田的区别，各处田地的肥瘠程度也大不相同，因而各地的田赋征收额颇为参差，但就总体情况而言，明初民田一般是每亩征收三升三合五勺，田赋额是比较轻的。明初徭役分为里甲正役和杂泛差役两类，“凡百差科，悉由此出，无复前代纷更之扰”[15]，比元末也大为减轻。朱棣登上皇位后，也曾宣布“擅役一军一民者，处重法”，“诛不宥”。[16]对遭受战乱破坏和发生自然灾害的地区，明初政府多次下令蠲免部分或全部赋税，灾害严重的地方，还调拨米、布、钞等加以赈济。朱元璋曾规定：“旱伤州县，有司不奏，许耆民申诉，处以极刑。”[17]后又谕户部：“自今遇岁饥，先贷后闻，著为令。”[18]据统计，在朱元璋统治的三十一年时间里，他下诏减免赋税和赈济灾民达七十多次。永乐年间，朱棣也多次下令蠲免赋税，赈济灾民，并要求各地官员“遇有饥荒，即加赈济”[19]。

第二节　荒田的垦辟

鉴于荒田太多，仅靠流民回籍耕垦速度太慢，许多边远地方民力也难以顾及，朱元璋遂采取屯田的办法，进行大规模垦荒。当时的屯田有三种类型，这就是军屯、民屯和商屯，其中以军屯规模最大。

据《明史·食货志》记载："移民就宽乡，或召募，或罪徙者为民屯。"可见民屯分为移民屯田、募民屯田和徙罪人屯田三类。移民屯田就是把地少人多地区的一部分人民强制迁移到地多人少的地区定居耕垦。被迁移者的情况，又可分为三种：一是没有田地的穷苦农民，这类人往往是全家迁移。如洪武三年（1370），从苏州、松江、嘉兴、湖州、杭州迁徙无田产者四千户到临濠屯种；洪武二十一年，从山西泽州和潞州迁徙无田农民到彰德、真定、临清、归德、太康诸处闲旷之地，自便置屯耕种。二是从丁多地少的家庭抽调部分丁口迁移。如洪武二十八年，令山东青州、兖州、登州、莱州、济南五府民家，有五丁以上田不及一顷，十丁以上田不及二顷，十五丁以上田不及三顷，以及无田可耕者，都要分丁到东昌编籍屯种。洪武三十五年（即建文四年，1402），命山西太原、平阳二府，泽、潞、辽、沁、汾五州，丁多田少及无田之家，分其丁口以实北平各府州县。三是边民、降民和降卒。如洪武四年，魏国公徐达令徙顺宁、宜兴州沿边之民，皆入北平州县屯戍，计一万七千二百七十四户，九万三千八百七十八口；又以沙漠遗民三万二千八百六十户屯田北平府管内之地，共置屯二百五十四处。洪武六年，徙山西弘州、蔚州、定安、武朔、天城、白登、东胜、澧州、云内等州县北边沙漠居民于临濠，共计八千二百三十八户，三万九千三百四十九人。

募民屯田就是通过召募的方式征集农民到荒闲之处定居耕垦。召募的对象主要是地少人多地区的农民，如洪武二十二年，命杭、湖、温、台、苏、松诸郡民无田者，允许往淮河迤南滁、和等处就耕；同年，山西沁州民张从整等一百一十六户告愿应募屯田，命送后军都督佥事徐礼分田给之，仍令回沁州召募居民。总的说来，与移民屯田相比，募民屯田的规模要小得多。

徙罪人屯田就是把犯罪的百姓或官吏发配到荒旷之地屯田。如洪武五年，诏令后犯死罪当谪两广充军者，俱发临濠屯田；洪武八年，令官吏受赃及杂犯私罪当罢职役者谪凤阳屯种，民犯流罪者，凤阳输作一年，然后屯种。洪武二十三年，奏准以迁谪之人开耕成都附近荒田。洪武三十五年规定："自今凡人命、十恶死罪、强盗伤人者依律处决，其余死罪及流罪，令挈家赴北平种田。"[20] 因此永乐年间有许多罪人被发配到北京附近屯种。

明初对民屯的管理是比较重视的。洪武三年，在河南设置司农司，专掌迁民分屯事。后来各级行政机构趋于完善，民屯事宜便由各地方政府管理。为了鼓励人民移徙垦荒，政府宣布移民对开垦出来的田地拥有所有权，并享受一定时间的免税优惠，有时还给予耕牛、种子等资助。如洪武三年迁苏、松等地无田贫民到临濠，规定"就以所种田为己业，官给牛、种、舟、粮以资遣之，仍三年不征其税"。同年，济南知府及司农官题准："北方郡县近城之地多荒芜，宜召乡民无田者垦辟。户率十五亩，又给地二亩与之种蔬，有余力者不限顷亩，皆免三年租税。"[21] 永乐九年（1411），接受抚按山东给事中王铎的建议，“籍青州等三府逃民，官给牛具、种子，命就彼耕种，俟三年后科征税粮”[22]。

商屯是一种特殊的民屯。它是由于实行“开中”的食盐销售方法而兴起的由盐商经营的农业生产组织。明王朝在北部边境地区驻扎了大量军队，军饷耗费额十分巨大，单靠军士在驻防地区的屯田收入，不能满足需求，而由民户长途运输粮饷补给，也是一项十分艰巨的任务。为了合理地解决军饷问题，明朝政府便利用国家掌握的食盐专卖权，刺激商人到边境纳粮上仓，以换取作为贩盐许可证的“盐引”，这就是被赞为“转输之费省而军储之用充”的开中法。由于贩盐能获得极高的利润，“富商大贾悉于三边自出财力，自招游民，自垦边地，自艺菽粟，自筑墩台，自立堡伍，岁时屡丰，菽粟屡盈”[23]。商屯的土地是属于国家的官田，当时沿边一带荒地极多，国家欢迎商人们“自垦边地”。商屯土地上收获的粮食，除生产者自己消费的部分外，基本上都用来换取盐引。从成化时期开始，由于豪族大量插手盐业等，造成盐法壅滞，商人报中的越来越少。到弘治五年（1492），在户部尚书叶淇的主持下，对盐法进行了变革，由商人纳粮于边改为商人到盐运司纳银买盐，然后再将所卖之银分解各边。这样，商人便无须到边境纳粮，商屯遂日趋消亡。

明代有一支数量庞大的常备军，要使这支军队发挥攘外安内的功效，就必须使其经济生活有所保障。军屯的开展在这方面起到了很大作用。早在明朝立国之前，为了解决军饷供应问题，朱元璋在其统治区就曾推行屯田。明朝建立之后，朱元璋更加深刻地认识到让军士“坐食民之租税”不是长策，而以兵屯田“无事则耕，有事则战，兵得所养而民力不劳”[24]，遂大规模地开展军屯。大体说来，屯守比例是边地三分守城、七分屯田，内地二分守城、八分屯田，但各地因田地肥瘠、地方缓冲有异，又有二八、四六、一九、中半等例。每名军士的屯田数，大致是“以五十亩为中”[25]，实际上各地相差很大，多则百亩，少则二十亩。屯军的生产资料仰给于政府，政府则向屯军征收屯田子粒。征收的数额，洪武年间大致是每亩征收一斗。朱棣即位后，始定科则，规定每军田一分，纳正粮十二石、余粮十二石。这一标准实际上很难达到，政府不得不屡次下调，到宣德十年（1435）规定，屯军只需缴纳余粮六石上仓。

军屯的广泛开展，大大提高了沿边地区的农业开发程度。例如，在拥有广阔肥沃土地的辽东，元明之际，由于迭经战火，原有的农业经济受到破坏，“居民散亡，辽阳州郡鞠为榛莽”[26]。明军在进入这一地区后，将十几万军士投入屯垦，军屯土地面积迅速增加，到洪武三十年，明朝政府宣布辽东全部官军的食粮都已“屯田自给”[27]。永乐年间，辽东屯田继续得以维持和发展。屯田最高额达到二万五千三百余顷，屯粮达到七十余万石。又如宁夏，明朝初年由于以察罕帖木儿为代表的元朝残余势力凭借宁夏和贺兰山后这片基地与明对抗，于是明廷尽其所能将宁夏及所属灵州、鸣沙州等城居民迁徙到关中，宁夏遂成空城。到明朝驱逐了残元势力，在宁夏立稳脚跟后，便陆续设立宁夏卫和宁夏前卫、宁夏左屯、右屯、中屯，“徙五方之人实之”，宁夏开始了新一轮的开发过程。到洪武二十二年，宁夏与河州、洮州等八卫因屯土增广，粮食充足，每石只折钞二贯五百文。甘肃在元末明初亦极残破，而依靠屯田恢复了生机。到洪武后期，庄浪、河州、洮州、岷州、凉州、临洮等地因荒地垦辟、粟麦丰收，出现了“米价日减，每石至五百文”[28]的景象。据洪武三十一年统计，凉州等十一卫已有屯地一万六千三百余顷，不仅可以自给，还有余粮接济甘州、山丹等卫军饷。西南地区的农业经济在明初也取得了很大进步。如在云南，明朝平定此地后，建立云南都司，广置卫所，从外地大量调派驻防军人，使云南的人口迅速增长，军屯也随之开展起来。如洪武十八年，云南“诸蛮”平，增置卫所，开屯戍守。次年，沐英奏准置屯，令军士开垦荒地，不久朱元璋又令沐英自永宁至大理每六十里设一堡，置军屯田。朱元璋还曾直接调军队到云南开展屯田，如命长兴侯耿炳文率陕西土军三万三千人到云南屯种。

经过各种方式的垦田开荒，明初田地增长很快。《明太祖实录》记有从洪武元年至洪武十六年（1368—1383）大多数年份的耕地增辟数，列表如下：

年　份	增辟耕地数	备　注
洪武元年	770 余顷	
洪武二年	898 顷	
洪武三年	2135 顷 20 亩	山东、河南、江西三省数字
洪武四年	106622 顷 42 亩	
洪武六年	353980 余顷	
洪武七年	921124 顷	
洪武八年	62308 顷 20 亩	
洪武九年	27564 顷 27 亩	
洪武十年	1513 顷	
洪武十二年	273104 顷 33 亩	
洪武十三年	53931 顷	
洪武十六年	1265 顷	

如果扣除洪武十六年不计，表中所余列十一个年份，累计增辟耕地一百八十余万顷，几乎占了洪武十四年全国官民田总数三百六十六万余顷的一半，充分说明了垦荒成绩之大。

第三节　水利的兴修

明初不仅大力鼓励垦辟荒田，还兴修水利，以提高土地的质量和生产能力。在中国这样一个气候旱涝无常的农业大国，建设和维护一个良好的水利系统，是提高粮食产量、减少自然灾害的重要途径。对于水利的巨大作用，农民出身的朱元璋比中国历史上其他任何一位帝王的认识都要深刻得多，所以他始终重视农田水利建设，把兴修水利当作大事来做。

早在建国前的龙凤四年（1358），朱元璋就设立了督水营田司，迁升在屯田方面成绩卓著的康茂才为营田使，专门掌管疏浚湖塘，修筑堤防。明朝建立后，他把水利工程的兴修列为地方官的一项重要职责，并下令，如果有百姓提出水利方面的建议，当地政府要迅速向中央汇报。对于不重视水利事业的官吏，则予以惩罚。在确定各部门职责范围的《诸司职掌》中，他要求各地官员对于本地可以引水灌田、有利百姓的闸坝陂堰等，务必要时常修理疏浚；如有河水泛滥，损坏房屋、田地、禾稼者，必须设法筑堤防护。到晚年，他还告谕工部说："陂塘湖堰可蓄泄以备旱潦者，皆因其地势修治之。"[29]

在朝廷的督导之下，各地政府组织大量人力物力，修建了许多水利工程。其中规模较大的有：洪武元年（1368），修筑和州铜城堰闸，周围二百余里。洪武四年，修复广西兴安县灵渠三十六陡，可以灌溉农田上万顷。洪武八年，命长兴侯耿炳文督率疏浚陕西泾阳洪渠堰，可以灌溉泾阳、三原、醴泉、高陵、临潼等县田二百余里。洪武十九年，修筑福建长乐县海堤，防止了海潮侵淹农田，人民大受其利。洪武二十三年，调发淮安、扬州、苏州、常州四府民工二十五万人，修筑崇明、海门溃决海堤二万三千九百余丈。洪武二十四年，疏浚定海、鄞县东钱湖，灌溉农田数万顷。洪武二十五年，征发嘉兴等州民工近三十六万人，开凿江南溧阳县银墅东坝河道四千三百余丈。

尽管各地已兴修了不少水利工程，但朱元璋并不满意，他认为各地方官员本应有更大作为。于是，洪武二十七年，他派出大批国子监的学生到各地督修水利，在全国掀起一次兴修水利的高潮。临行前，他教导这些国子监生说："耕稼衣食之原，民生之所资，而时有旱涝，故不可以无备……朕尝令天下修治水利，有司不以时奉行，至令民受其患。今遣尔等往各郡县，集吏民，乘农隙，相度其宜，凡陂塘湖堰可潴蓄以备旱暵、宣泄以防霖潦者，皆宜因其地势修治之。毋妄兴工役，掊克吾民。"[30]这次水利建设成绩斐然，到次年年底，全国共开凿修筑塘堰四万零九百八十七处，修河四千一百六十二处，修筑陂渠堤岸五千零四十八处。[31]

永乐至正统初年，朝廷仍很重视水利建设，兴修了不少水利工程。如永乐元年（1403），命户部尚书夏原吉疏浚吴淞江，动员了十余万人，"度地为闸，以时蓄泄"，竣工后"苏、松农田大利"。[32]正统五年（1440），还曾遣官"修备荒之政"，诏令"各处闸坝陂堰圩田，滨江近河，堤岸有损坏当修筑者，先计工程多寡，于农隙之时，量起人夫用工”，并申明“各处陂塘圩岸，果有实利及众，比先有司失于开报，许令开陈利民之实，踏勘明白，画图贴说，具申工部定夺”。[33] 水利工程的广泛兴修，增强了抵御自然灾害的能力，改善了土壤质量，提高了农作物的产量。

第四节　手工业的进步

明朝建立后，手工业生产也很快得到恢复和发展。当时的手工业既有官营的，也有民营的，但官营手工业占绝对主导地位。比较发达的手工业部门有矿冶、造船、纺织、陶瓷等。

明初官营矿冶业比较发达，矿产品有金、银、铜、铁、铅、汞、朱砂、青绿、锡、银朱、煤炭、矾、石青、宝石等多种，其中铁矿规模最大。洪武六年（1373），在江西进贤、新喻、分宜，湖广兴国、黄梅，山东莱芜，广东阳山，陕西巩昌，山西太原、泽州、潞州，各设铁冶所一个；在山西吉州，设铁冶所两个。后在河南、四川和湖广茶陵也设置了铁冶所。各处官铁冶每年炼铁总额为一千八百四十七万余斤。洪武十八年，因官府存铁已多，朱元璋下令停闭各处铁冶，后因需要，又陆续恢复一些铁矿。洪武二十八年，经查点，内库贮铁三千四百七十三万余斤，遂又命停罢各处官冶，并允许人民自由采炼，按十五分之一的比例抽取税课。到洪武三十一年，内府存铁无多，又命重开铁冶。永乐年间，先后在四川龙州、顺天府遵化和辽东三万卫设置了官铁冶。

民营矿冶业也获得一定程度的发展。特别是洪武二十八年“令民得自采炼”后，民营矿业的发展速度更快。从铁课来看，永乐元年（1403）为七万九千八百零六斤，永乐十三年增为三十八万五千六百零五斤，到宣德九年（1434）达到五十五万五千二百六十七斤。如按官定十五分之一的税率折算，则永乐元年产铁量为一百一十九万七千余斤，宣德九年为八百三十二万九千余斤，三十年间增加了近七倍。宣德十年宣宗去世，英宗即位，解除民间交易用银的禁令，并停罢各处金、银、铜、铁等官矿，听民自由开采。从此，矿冶业进入民营占主导地位的时期。官营矿冶业虽旋即恢复，并且一直维持到明末，但生产量日渐萎缩。

明初的冶炼水平比前代有所提高。遵化铁冶厂使用的炼铁炉，深一丈二尺，前宽二尺五寸，后宽二尺七寸，每日可炼铁四次。根据冶炼次数的不同，产品分生铁、熟铁和钢铁三种，“生铁之炼凡三时而成，熟铁由生铁五六炼而成，钢铁由熟铁九炼而成”[34]。明初铜的冶铸技术已达到很高水平。现保存于北京大钟寺的华严钟，系永乐年间采用地坑造型表面陶范的泥范法铸成，铜钟通高六点七五米，口沿外径三点三米，重约四十六吨，钟声和谐洪亮，钟体内外遍铸经文，共二十二万七千字，字体端正清晰，历时数百年而仍然清晰可辨。

明初官营造船业分布很广，海运交通口岸、对外贸易基地以及海防驻军卫所，都设有规模不等的造船厂，其中著名的造船基地有南直隶的龙江、太仓、清江、仪征，山东的临清、登州，北直隶的直沽（天津），辽东的金州、海州，广东的广州、潮州，福建的漳州、泉州、福州，浙江的明州（宁波）等。在官营造船厂中，集中了大批技术高超的工匠，他们各专其能，生产上有明确细致的分工，加之不需计较成本，因而所造船只质量较高。

郑和下西洋所用的庞大船只，最能反映官营造船业的成就。从《明太宗实录》的有关记载来看，在郑和出使前两年，明廷开始大造海船。其方式分为创制与改造。在创制方面，如永乐元年命福建都司造海船一百三十七艘；永乐二年命京卫造海船五十艘，命福建造海船五艘；永乐三年命浙江等都司造海船一千一百八十艘；永乐七年命江西、湖广、浙江及苏州、扬州等府卫造海船四十艘；永乐九年命浙江临山、观海、定海、宁波、昌国等卫造海船四十八艘。在海道运粮船的改造方面，如永乐五年命都指挥汪浩改造海运船二百四十九艘以备使西洋，命浙江、湖广、江西改造海运船十六艘；永乐六年命浙江金乡等卫改造海运船三十三艘。到永乐十八年，还在南京设宝船厂，专造下西洋所用宝船。明成祖死后，仁宗曾下令停止制造宝船。宣宗继位后，又命恢复宝船制造工作。郑和下西洋使用的宝船，最大的长四十四丈四尺，宽十八丈，规制远远超过前代。郑和下西洋是人类航海史上的壮举，而为这一壮举打下基础的，则是空前鼎盛的造船事业。英宗即位以后，复禁制造宝船，官府造船业开始走下坡路。与此同时，民间造船业却日益发达起来。

明初鼓励农民种植桑、麻和木棉，为纺织业的发展奠定了基础。早在建国前，朱元璋就规定："农民田五至十亩者，栽桑、麻、木棉各半亩，十亩以上者倍之。其田多者，率以是为差。有司亲临督劝，惰不如令者有罚。"[35] 建国之后，朱元璋迅速把这一法令推行于全国，并规定凡种桑、麻者，“四年始征其税，不种桑者输绢，不种麻者输布”[36]。在此种政策的激励下，纺织原料作物的种植日趋普遍和扩大。据统计，洪武十一年以前，苏州府吴江、吴县、常熟、昆山、崇明等县种植桑树就达十五万余株。洪武二十五年，彰德、卫辉、广平、大名、东昌、开封、怀庆七府棉花获得丰收，产量高达一千多万斤。

这些作物种植面积的扩大，为纺织业提供了丰富的原料。明初广设官营纺织作坊，除两京设有内外织染局、神帛堂等机构外，还在苏州、镇江、松江、杭州、嘉兴、湖州以及福州、泉州、江西、四川、山东等地设立了数十个织染局，以织造丝织品为主。东南地区是官府丝织业的中心，尤以南京、苏州、杭州三处为重，自永乐时期开始差遣宦官督管织造。官营丝织作坊的年生产量有定额，大体上是北京外织染局每年造解五万五千匹，南京内织染局和神帛堂造解三千三百六十九匹，各地方织染局二万八千六百八十四匹。棉织业在明初也很发达，这从政府每年使用的大量棉布上就可略见一斑。据统计，明廷每年在内廷宗室的消费、廷臣藩属的赏赐和边卫军士的饷给等各方面消费的棉布，总数不少于一千五百万匹。棉纺织业主要以家庭副业的方式进行，因此朝廷有时通过赋税折色从民间获取棉布。如洪武三年，朱元璋批准户部的奏请，命令棉花种植广泛、棉纺织业发达的松江府可以以棉布代替秋粮。洪武六年，诏令直隶各府州县以及浙江、江西二省本年的秋粮可以改纳棉布。

陶瓷业在继承宋元传统的基础上，又向前大大跨进了一步。洪武二年，在江西浮梁县景德镇建立御器厂，设大龙缸窑、青窑、色窑等二十座，景德镇很快发展成为全国陶瓷业中心。明代前期，以

图 5-2　宣德青花海水云龙纹扁瓶

单色釉瓷的制作为主，但比宋元制品要艳丽得多。特别是宣德年间景德镇烧造的青花瓷器，成就很高。它采用景德镇东乡麻仓山出产的陶土作瓷胎质料，洁白细腻；青花原料用的是南洋输入的苏泥勃青，色调幽雅；绘画大都先用细线描轮廓，再加以渲染。除青花瓷之外，还有红、蓝、翠青、绿、黄等单色釉瓷，其中尤以鲜红色的最为著名，因用于宫廷祭祀，故称“祭红”（亦称“霁红”）。祭红亦以宣德年间烧制者最为绝品，釉色红中稍带黯黑，静穆凝重。

第五节　商业的初兴

明太祖朱元璋对商业的态度具有二重性：一方面，他继承了历代的重农抑商政策，主张“崇本而祛末”，将“不务耕种，专事末作者”划为“游民”，要予以逮捕[37]，并规定商贾之家不许穿绸纱，在社会地位上予以贬抑；另一方面，他又认为商人可以“通有无”，不仅民间需要，就是官府也需要商人为其服务，因而反对“工商技艺之子不预士伍”[38]的看法，主张给予商人一定的社会地位。这种二重性特点贯穿在明初的一系列商业管理措施之中：既建立了一整套制度，以图把商业置于政府的全面控制之下，又废弃了宋元时代“颇繁琐”的“关市之征”，在商税方面“务简约”[39]，并对官吏额外苛求、留难的行为严加惩处。

明初政府对商人和市场的管理比较严格。法令规定，凡外出经商，必须先经过官府批准，领取官府签发的“商引”（也叫“关券”“路引”“物引”）。“商本有巨微，货有重轻，所趋远近水路，明于引间”[40]，即商引上要写明货物种类、数量以及道里远近等项。供商人停宿的客店也要置有官府签发的“店历”，由店主“逐日附写到店客商姓名人数，起程月日，月终各赴所司查照”[41]。如不申请商引私自经商，一经拿获，便要“治以游食，重则杀身，轻则黥窜化外”[42]。不过，从另一方面看，政府虽然对商人的限制较多，管理较严，但商业政策的完备使商人有法可依，朝廷对各级官吏勒索骚扰商人的行为也约束较严。如洪武八年（1375），广东南雄商人载货入京货卖，“至长淮，关吏留而税之，既阅月而货不售，商人讼于官”，朱元璋“命杖其吏，追其俸以偿商人”。[43]这些措施对于战乱之后商业的恢复和发展是有利的。洪武以后，官府对商人的控制就逐渐松弛，商引、店历等制很快就废格不行，商业经营获得越来越大的自由。

商税征收机构在吴元年（1367）前就曾“设官店以征商”，税率十五分之一，后又改为二十分之一。吴元年以后，在京的官店改称宣课司，在府县的官店改称通课司。建国后，又将府通课司改为税课司，州县通课司改为税课局，另在商业发达的市镇设立分司、分局。在各水域关津去处还设立竹木抽分局，负责向过境竹木抽税。据统计，明初全国共设税课司局四百多处。商税分为营业税和通过税两种，前者税率三十分之一，后者根据物品不同自十分之一至十五分之一不等。在初期，各税课司局根据设立后第一年的征收数立有固定税额，征不及额者由负责具体征收的巡拦和当地商民赔纳。洪武十三年，鉴于赔纳制累民过甚，朱元璋裁撤了征收不及课额米五百石的三百六十四处税课司局和所有竹木抽分局。洪武二十年，又明令改定额制为实征制，并扩大免税范围。但自洪武二十六年后，又恢复或新设立了一些竹木抽分局。宣德年间开始，还增设了浙江杭州北新关，南直隶无锡浒墅关、淮安两淮关、扬州关，江西九江关，山东临清关和北直隶河西务等七个钞关，专门负责征收运载商货的车船税，起初每船一百料征钞一百贯，后因估料困难，改为按梁头广狭征收，每五尺纳钞二十贯五百五十文、钱四十文有奇。总起来看，明初商税征收务求简约，税额比较适当。

明初大力发展驿递系统，促进了交通线的开辟和扩展，也有利于商业发展。万历《大明会典》卷一四五记载："自京师达于四方，设有驿传。在京曰会同馆，在外曰水马驿并递运所，以便公差往来。"洪武年间，驿递网以首都南京为中心，仅连接南京与东南西北八个边陲重镇的驿道就有十二条，加上浙江、福建等十三布政司管辖的水陆驿道，共达十四万三千七百余里，设有驿站一千九百三十六处。永乐迁都北京后，经过调整，北京成为全国驿递网的中心。驿递系统的功用虽在于政治和军事，但亦有利于商品经济发展和各地经济往来。如从贵州通往四川，四川内地通向松潘，以及由四川延伸到西藏的驿道，是明廷借助于少数民族力量开凿的，在加强内地与边疆政治联系的同时，也促进了经济关系的发展。再如由赣江翻越大庾岭直达两广的线路，既是驿道干线，也是江南商品运输的必经之路。

明初政府积极开展民族贸易，建立起以茶市、马市为主的贸易体系，加强了边境少数民族地区与内地的联系。居住在西部地区的藏、维吾尔、回、蒙古等民族，生活中离不开茶，本地却不产茶，而明政府在军事上非常需要他们的马，于是便开设茶市同他们交易。从洪武到永乐时期，政府陆续设立了秦州（后改为西宁）、河州、洮州等茶马司，铸造了四十一枚金牌，“上号藏内府，下号降各番族，三年一差官来往对勘，以茶易马，上马八十斤，中马六十斤，下马四十斤”[44]。为了在政府的控制下顺利进行茶马贸易，对茶的生产和流通实行严格的垄断政策，对于私茶买卖惩处甚严。明初茶马贸易额是很大的，如洪武三十一年一次就用茶五十余万斤，换取马一万三千五百一十八匹。永乐以后，除茶马交换外，也用布帛绢等物易马。

对于北部和东北地区的蒙古、女真等民族，明政府则开设马市，以便商品交换。从洪武三年开始，明政府在辽东设立军事机构，辽东和内地的贸易就在进行。永乐三年（1405），蒙古兀良哈部福余卫指挥喃不花要求允许他们到北京卖马，明成祖考虑到其居地离北京较远，便命令辽东地方官员允许他们“就广宁、开原择水草便处互市”[45]。次年，因前来卖马的蒙古和女真族人很多，明政府便命在开原城南和城东各开一处马市，后在广宁团山堡又开一市。开原城南一市与海西女真交易，其余二市与蒙古朵颜、泰宁、福余三卫交易。宣德四年（1429）又建宣府广全右卫张家口堡马市，宣德九年还建立了山西水泉堡马市。马市分为官市和民市两种。官市是政府与各族的交易市场，商品种类和价格均由政府确定；民市是各族人民之间的交易市场，作为官市的补充形式而存在，交易额较小，且要受管理马市官员的监督控制。马市的开市日期有严格限制，如开原马市每月初一至初五开一次，广宁马市每月两次，一在初一至初五,一在十六至二十日。至期各少数民族首领必须持有明政府颁发的敕书才能前来交易，没有敕书或不按照敕书内规定的人数不得入市。

除茶市、马市外，各少数民族首领向明廷的朝贡也带有官方贸易性质。每隔一定时期，各少数民族首领就遣使或亲自携带贡品到京师朝见，他们的进贡物品主要是马匹和其他本地特产。明政府则按照贡品的价值给予回赐。同时，朝贡往往还伴有大规模的商品交易活动。如永乐元年，“哈密安克帖木儿遣使臣马哈木沙浑都思来朝，贡马一百九十匹……其市易马四千七百四十匹”，明成祖命“悉官偿其直”。[46]明前期蒙古阿鲁台多次遣使贡马，“俱厚报之”，瓦剌及朵颜、泰宁、福余三卫亦“朝贡不绝”。[47]西藏僧俗官员也与明廷保持着密切的朝贡关系，如永乐四年哈立麻入朝，“赐黄金百，白金千，钞二万，彩币四十五表里，法器、裀褥、鞍马、香果、茶米诸物毕备”[48]。

此外，明代前期，在宋元时期奠定的基础上，海外贸易也出现了新的局面。关于这方面情况，上节已经叙及，兹不赘言。

第六章

专制统治下的社会与文化

第一节　循礼守俭的生活风尚

在明代中叶以后的士大夫笔下，明朝初期常被描绘为“风俗淳美”的黄金时代。因意在批判穷奢极侈、僭礼逾制的社会现实，这种描绘当然含有理想化的成分，但也并非全无事实根据。明太祖朱元璋登上皇帝宝座后，把“明礼义，正人心，厚风俗”当作治国的根本，大力推行“教化”之道，对社会生活进行了全方位的整顿和规范，力图创立“望其服而知贵贱，睹其用而明等威”[1]的生活秩序，从而形成了循礼守俭的社会风气。

朱元璋整顿和规范社会生活的重要内容之一，是试图清除蒙古族对内地生活风习的影响。

经过元朝一百多年的统治，蒙古族的风俗习惯在内地产生了深刻影响。明初著名儒家学者方孝孺曾谈到，江南被元朝占据后，文雅的礼仪风俗受到蒙古人粗豪风气的浸染，不过几十年的时间，宋朝的遗风就荡然无存；一些知识分子为了得到一官半职，辫起头发，穿上短衣，学说蒙古语，而很少有人能够坚守本族的风俗习惯。饱读诗书的江南士人群体尚且如此，文化程度相对较低的地域和阶层，当然更容易接受蒙古风习的影响。对于这种“先王衣冠礼义之教混为夷狄”的状况，以“驱逐胡虏，恢复中华”为己任的朱元璋当然深为不满，陆续颁布了一系列法令予以禁绝清除。

服饰、姓氏、语言是民族特色的重要标识。蒙古统治时期，从士大夫到普通百姓，无不辫发椎髻，头上戴的是深檐胡帽，身上穿的是裤褶窄袖的衣服，妇女们则上身穿着窄袖短衣，下身穿着裙裳，与中国传统的衣着打扮大相径庭。还有不少人用蒙古名，说蒙古语，从他们身上已不容易辨识出本民族的色彩。朱元璋君临天下后，下令“复衣冠如唐制”，不准内地人民继续穿着蒙古式服装，不准辫发椎髻，也不准说蒙古语言，用蒙古姓名。儒家文化讲究慎终追远，对丧葬事宜一向十分重视。但明初一些地方的居民，仍沿袭元朝时的习俗，遇丧事时大宴亲友，作乐娱尸，只计较酒肴厚薄，对死者却毫无哀戚之情，甚至有人采用蒙古习俗，将死者焚化后投于水中。朱元璋认为这是极其严重的“伤恩败俗”行为，诏令予以严禁。对当时蒙古族流行的收继婚风俗，朱元璋也很是看不惯，他指责“弟收兄妻、兄据弟妇”的习俗导致“夫妇无别，纲常大坏”，是“古今大变，中国之不幸”，屡次严令彻底禁绝，并申明凡不遵教令者，“罪不容诛”。[2]对于其他不合乎中国传统的社会习俗和文化因素，包括音乐中的“胡虏之声”，朱元璋也下令“悉屏弃之”。[3]

朱元璋整顿和规范社会生活的另一个方面，是对他认为不健康的生活方式和民间陋习加以禁止。

或许是自身就是从游民阶层脱颖而出的缘故，朱元璋特别希望全体臣民都能各守本业，勤勉工作，对不务生理的游手好闲之徒深感憎恶。他推行的为政方针，是让农民、士人、商贾、工匠都各守本业，对于四处游荡、不事生业的“游民”采取严厉打击的措施，一经发现就要迁徙到边远地区安置。据说，朱元璋还在南京淮清桥以北特地建造了一座逍遥楼，凡是赌博的、下棋的、养鸟的，以及游手好闲的，都被拘禁在楼中，名为“逍遥”，实际上是把他们活活饿死。为了防止军人沉溺于娱乐，荒怠武艺，朱元璋甚至颁下这样一道圣旨：“在京但有军官军人学唱者割了舌头，下棋、打双陆的断手。”[4] 对于官吏嫖妓，朱元璋也很是不满，除对娼妓业进行整顿外，还颁布了官吏狎妓禁制令，规定“官吏宿娼，罪亚杀人一等”[5]，就是遇赦免除了本罪，也终身不许再担任官职。此外，对于被视为“淫祠”、有悖于正统文化理念的民间信仰，朱元璋也不能容忍，下令取缔白莲社、明尊教、白云宗等民间教派，禁止民众进行巫觋、扶鸾、祷圣、书符、咒水之类的活动。

朱元璋整顿和规范社会生活的再一个方面，是为各种身份的人们制定了严格、细致、明确的生活标准。

元朝时期，由于蒙古统治者推行民族歧视政策，江南士大夫不太容易步入仕途，但官府对他们的控制也比较宽松，征收的赋税也不算太沉重。积聚了丰厚钱财的江南富民，往往称雄一乡，被心怀畏惧的小民们称为“野皇帝”，他们争相追求奢华的生活，不仅住房、器具极尽奢靡，甚至连脚下的皂靴也要镶嵌上金饰。对于这种违礼逾制的行为，热衷于强化皇权的朱元璋当然无法容忍，他除采取迁徙、抄家、诛杀等手段打击江南富民外，还为官员以至庶民硬性规定了各种生活用品标准，以求形成贵贱有别、上下有等的社会生活秩序。

服饰最能显示人们的生活方式和身份等级。朱元璋在礼臣们的协助下，订出一套极其繁琐的服饰标准，皇帝、后妃、亲王、公主、官员以至士庶人等，其冠服的式样、图案、颜色都有很大差别。按照规定，玄、黄、紫三种颜色以及龙凤图案属于皇室专用，其他人等，不论官吏、军民、僧道，一律不得穿着；官僚们的日常服装可以使用杂色纻丝、绫罗、彩绣，而庶民则只能穿用绸、绢、纱、布；庶民的首饰、钏、镯只能用银，而不得用金、玉、珠、翠制作，也不得用金、玉、玛瑙、珊瑚、琥珀制作巾环。为了让服饰也能昭示朝廷重农抑商的意向，朱元璋还特别下令：农民之家可以穿绸、纱、绢、布，而商贾之家只许穿绢、布；农民之家只要有一人为商，就不许穿绸、纱。对于供人消遣的妓乐，还做出歧视性的规定，例如乐艺要头戴青卍字顶巾，乐妓要头戴明角冠，伶人要头戴绿色巾等，这样可以使人一望便知道他（她）们是从事“贱业”的贱民。

住宅是能够显示人的社会等级的另一种重要生活资料。朝廷在这方面也做出了琐细而严格的规定。按照规定，像公、侯这样的最高等级的勋贵家庭的住宅，应有前厅、中堂和后堂，其中前厅面阔七间或五间、两厦九架，中堂七间九架，后堂七间七架；门屋三间五架，大门可以用金漆涂刷，并使用兽面锡环。一品和二品的高级官员家庭，厅堂的标准是五间九架，屋脊上可以装置瓦兽，梁栋、

图 6-1 《明宣宗行乐图》(局部)

斗栱、檐桷都要绘饰成青碧色，门屋三间五架，大门上也可以用兽面锡环，但门板只能用绿油涂刷。三至五品的中级官员家庭，厅堂限用五间七架，屋脊上可以装置瓦兽，梁栋、檐桷可以用青碧绘饰，正门三间三架，大门只能用黑油涂刷，可以使用锡环，但不能用兽面；六至九品的下级官员家庭，厅堂限用三间七架，梁栋只能用土黄刷饰，正门一间三架，门板只能涂成黑色，而且只能使用铁环而不能使用锡环。至于一般老百姓居住的房舍，不能超过三间五架，也不许使用斗拱，不能用彩色进行装饰。

明初的礼仪特别注重区分上下等级，身份低的人在路上遇到比自己身份高的人，必须主动让路。为了能够准确标识出路行者的等级身份，朝廷对他们乘坐的车、轿的装饰做出限定：一至三品的官员，可以使用间金装饰、银螭、绣带、青幔；四、五品的官员，可以使用素狮头、绣带、青幔；六至九品的官员，可以使用素云头、素带、青幔；而平民百姓只能使用黑油、齐头平顶、皂幔，不许使用云头。此外，从路行者使用的伞盖，也可以大致看出他们的身份高低：一、二品的官员使用的伞盖是银浮屠顶、茶褐罗表、红绢里，三檐；三、四品的官员使用的伞盖是红浮屠顶、茶褐罗表、红绢里，三檐；五品所用为红浮屠顶、青罗表、红绢里，两檐；六至九品所用为红浮屠顶、青绢表、红绢里，两檐；庶民则不许使用罗绢凉伞，只许用油纸雨伞。

对于居家使用的物品，明初也做出许多限制。例如，在帐幔、被褥方面，一至五品的官员，帐幔允许使用绫、罗、纱，被褥允许使用纻丝、锦绣；六至九品的官员，帐幔允许使用纱、绢，被褥允许使用绫、罗、绸、绢；一般老百姓家的帐幔、被褥，则只能使用绸、绢、布。又如，在酒具方面，公、侯和一、二品官员家，酒注、酒盏可以用金制作，其余的酒具用银制作；三至五品官员家，酒注可以用银制作，酒盏可以用金制作；六至九品官员家，酒注、酒盏都只能用银制作，其余的酒具只能用瓷、漆、木器；平民百姓家的酒注只能用锡制作，酒盏只能用银制作，其余的酒具只能用瓷器、漆器。

除对生活用品做出许多限制外，明初还制定了冠、婚、丧、祭以及相见礼等各种礼仪，试图革除一些流传已久的陋习，为人生礼仪和社交礼仪提供一套规范化的仪礼程序。比如，在民间婚姻方面，禁止指腹以及割衫襟为婚的习俗，规定男子十六岁以上、女子十四岁以上可以婚嫁，婚礼应当以宋代大儒朱熹制定的《家礼》为标准，先由媒人通言，女家同意后，命媒人依次纳采、纳币，至期新郎要盛服亲迎，次日新妇先祭祖祢，次见公婆，新郎则要盛服往拜岳父母。又如，在民间丧葬方面，提倡根据家庭经济条件量力而行，严禁富裕家庭超越礼制规定办理丧事，也禁止为了求得“风水宝地”而长期将棺柩停置不葬的行为，并对初终、小殓、大殓、成服、吊奠赙、择地、葬、虞、卒哭、祔、小祥、大祥、禫等各个丧葬环节的程序都做出了细致而明确的规定。再如，在相见礼仪方面，规定官员之间以品秩的高下区分尊卑高下，百姓之间则以长幼辈分区分尊卑高下；特别重视官员与百姓之间的区别，在举办宴会时，退休居乡的官员必须单坐一席，具有官员身份者绝对不允许坐在无官者之下；百姓对于退休居乡的官员，都要以官礼谒见，官员则不需向百姓答礼。

在古代中国，朝廷颁布的许多法令和规定往往只是一纸空文，没有多少实际作用。不过，在明朝初年，虽然朱元璋颁布的一系列禁令和标准也不可能被不折不扣地完全遵行，但敢于公然违反的人恐怕也为数不多。这是因为朱元璋的“教化”绝不是只停留在口头上，而是依靠极其严酷的惩治措施来推行和维护。在以“重刑”为特征的《大诰》中，朱元璋特地谈到“民有不安分者，僭用居处、器皿、服色、首饰之类，以致祸生远近，有不可逃者”，并宣布：“诰至，一切臣民所用居处、器皿、服色、首饰之类，毋得僭分。敢有违者，本用银而用金，本用布绢而用绫锦纻丝纱罗，房舍栋梁不应彩色而彩色，不应重锦而重锦，民床勿敢有暖阁而雕镂者，违诰而为之，事发到官，工技之人与物主，各各坐以重罪。”[6]这种法令并非只是停留在纸面上，而是确曾付诸实施。一部地方志谈到，明初百姓“或奢侈逾度，犯科条，辄籍没其家”[7]。

在这种严苛的法制环境下，无论是勋贵、官僚，还是平民百姓，基本上都不太敢逾越国家法令和礼制为其设定的生活标准；再加上当时商品经济尚不发达，奢侈品的制作和流通相对较少，明朝初期的社会生活，确实表现出循礼守分、尚朴崇俭的特色。晚明张瀚曾指出：“国朝士女服饰，皆有定制。洪武时，律令严明，人遵画一之法。”[8]在各种地方志中，几乎都可以见到明初风尚淳朴的记载。例如，位于富饶的长江三角洲的苏州府吴江县，明初“风尚诚朴”，只有少数世家才建造高大的厅堂，身上穿戴的衣服和首饰，家中使用的器皿，都不敢奢侈；至于小户人家，大多住在茅草屋内，以布为裙，以荆为钗。[9]位于皖南山区的泾县，明初“人尚俭朴”，男子努力耕稼，女子努力纺织，按时为官府提供徭役，衣服均用土布做成，只有达官贵人才用纻丝，所有住宅都没有较大的厅堂，建筑标准全都符合国家规定。[10]明末清初的著名学者顾炎武，曾摘录《歙县志》关于风土的一段议论，赞誉明初“诈伪未萌，讦争未起，纷华未染，靡汰未臻”，认为当时风俗的淳美，超过了汉文景、唐贞观、宋太平等历史上著名的治世，完全可以与“三代”盛世相媲美。[11]这样的评价虽然含有虚誉的成分，但确实也在一定程度上反映了明初的社会现实。当然，我们也应明白，风尚淳朴的时代并不一定就是黄金时代，它也可能是人们的自由度狭小和社会生活缺乏色彩的反映。

第二节　理学统治的强化

儒家产生于先秦时代，“礼治”、“教化”是其治世理想中的重要概念，然其时列国纷争，各国皆讲求富国强兵之术，儒家的治道不受重视。秦朝以法家立国，汉初则黄老是尚。从汉武帝开始，儒家取得“独尊”的地位，然汉家治道实王、霸兼杂。汉代以后的几百年中，儒家思想虽未失去主导地位，但受到佛教、道教思想的强烈冲击，儒家的治世理想无从发挥。唐代后期开始，伴随着门阀世族社会向士大夫社会的过渡，儒学出现了复兴的趋势；至两宋，经程颢、程颐、朱熹等人阐释发挥，儒学成为一种新的思想形态，称为“理学”。蒙古入主中原后，在中原士人的努力下，理学的影响不仅没有下降，反而大有提高，并导致了制度层面上的变化，而制度层面上的这些变化，又进一步促进了理学的普及。其一，元朝开科取士，明令“《四书》《五经》以程子、朱晦庵注释为主”[12]，理学取得了官学的地位，这必然促使士人以讲诵理学为务。其二，元朝曾据《朱子家礼》制定婚姻礼制，试图以理学家的构想礼化社会，扩大理学在基层社会的影响。

朱元璋崛起的时代，理学已成为整个社会的主导性意识形态，他征辟、任用的儒士，大多是当时著名的理学代表人物。这些人遭逢乱世，期望有王者起，把他们的治世理想付诸实施。如范祖幹初见朱元璋，即持《大学》以进，并据此敷陈治国平天下之道。在这些儒士的熏陶下，朱元璋的治国思想打上理学的深刻烙印。建国前，他与刘基、王祎讨论治道时指出：“丧乱之后，法度纵弛，当在更张，使纪纲正而条目举。然必明礼义，正人心，厚风俗，以为本也。”[13] 从这段对话可以看出，朱元璋对治道的理解，已浸透着理学的教化精神。明朝建立后，朱元璋便开始全面地以理学思想规范士林和社会，正如何乔远所说：“明兴，高皇帝立教著政，因文见道，使天下之士，一尊朱氏为功令。”[14] 他沿袭元代以程朱注疏作为科举取士标准的做法，并进一步加以规范化、制度化，使理学获得至高无上的正统官学地位。

朱棣夺取皇位后，更加尊崇程朱理学。为了“俾人皆由于正路，而学不惑于他歧，家孔孟而户程朱”[15]，朱棣命翰林院学士胡广等人编纂了《五经大全》《四书大全》《性理大全》。其中《四书大全》基本上是朱熹《四书集注》的放大，《五经大全》亦以程朱传注为主，《性理大全》则是辑录程朱学者阐释性理方面的言论。三部《大全》“悉去汉儒之说，而专以程朱传注为的”[16]，标志着程朱理学官学化的完成和确立。由于内容皆是抄袭成说，《大全》在学术上无甚价值，顾炎武曾批评说：“当日儒臣奉旨修《四书五经大全》，颁餐钱，给笔札，书成之日，赐金迁秩，所费于国家者不知凡几。将谓此书既成，可以章一代教学之功，启百世儒林之绪。而仅取已成之书抄誊一过，上欺朝廷，下诳士子，唐宋之时有是事乎？”但朱棣将《大全》视为金科玉律，不准人们提出丝毫异议。据记载，当时有一位名叫朱季友的饶州儒士，曾“诣阙上书，专诋周、程、张、朱之说”，朱棣怒曰：“此儒之贼也。”他认为“愚民若不治之，将邪说有误后学”，派人将朱季友“押还乡里，会布政司、按察司及府县官，杖之一百，就其家搜检所著文字，悉毁之，仍不许称儒教学”。[17]

在这种政治环境和学术气氛下，明初学者大多谨守师说而无所

永樂大典卷之一萬四千三百八十　四霽

寄　詩十三

劉眘虛詩　寄閻防　時在終南山豐德寺讀書　青暝南山邑君與緇錫鄰深路入古寺亂花隨暮春紛紛對寂寞往往落衣巾松色空照水經聲時有人晚心復南望山遠情獨親應以修往業亦唯立此身深林度空夜煙月資清真莫歎文明日彌年從隱淪　辛愿詩　寄裕之　青雲一別阮家郎甚欲題詩遠寄將好句眼前常蹉過佳人心上不曾忘誰家秋月茅亭底何處春風錦瑟旁昌谷烟霞久寂寞歎遊還肯到三鄉　次王無競見寄　客中重倚仲宣樓白草黃雲塞上秋山色不隨塵世改水聲還抱故城流際中畏景邪堪玩鏡裏衰顏只自羞多愧詩人苦相憶遠傳佳句弔清愁　毛達可詩　寄陳子高　秋來日送雁南飛不似春風雁却歸慚愧宜興老居士一生只在釣魚磯　何應龍詩　寄胡雪江　借得官亭小似船六橋風月友三賢芙蓉未發荷花老一點詩情若箇邊　李濤詩　寄范稅院倚衡　清敏當年宰寶唐至今遺愛在甘棠稅苗有例分三等吏卒無因下六鄉時

图 6–2 《永乐大典》书影

发明,《明史·儒林传》概括说:“明初诸儒,皆朱子门人之支流余裔,师承有自,矩矱秩然。”明朝第一代儒学者都是元朝遗留下来的,较有影响者有宋濂、王袆、胡翰、苏伯衡、许元、吴沉、章溢等人,他们大多出自浙东,入明之后,仍承继其乡辈传统,学宗程朱,而且从“道统”角度将金华朱学奉为嫡传,因此可以说金华朱学是洪武儒学的主流。这些学者基本上是“经义一本朱子,排斥异论”[18],在学术思想上没有多少贡献。但有两点应当予以肯定:其一,这些学者反对空谈性理,强调经世致用。如宋濂曾指出:“学经而止为文章之美,亦何用于经乎?以文章视诸经,宜乎陷溺彼者之众也。吾所谓学经者，上可以为圣，次可以为贤，以临大敌则断，以处富贵则富，以行贫贱则乐，以居患难则安，穷足以为世法，达足以为生民准，岂特学其文章而已乎？”[19] 其二，这些学者承继宋元之学风，知识比较渊博，视野也比较开阔。以影响最大的宋濂为例，他虽然学宗朱熹，但又不拘泥于朱学，他特别重视“吾心”，认为“吾心”就是“天地万物之心”，明显带有折中程朱理学和陆九渊心学的色彩。他对佛教也比较宽容，一再强调“儒释一贯”，认为佛教“明心见性”的修养方法“有裨治化”。

在明朝成长起来的儒家学者，与他们的前辈相比，思想观念更加保守。如宋濂的学生方孝孺，因“靖难之变”后不肯降附，被朱棣磔杀并诛其十族，而成为明代历史上最著名的气节之士，也是一位大力维护程朱理学的思想家，时人有“程朱复出”之说。黄宗羲《明儒学案》引其师刘宗周之言，盛赞方孝孺“扶持世教”、“千秋正学”，黄宗羲自己也称誉方孝孺为“有明之学祖”。与乃师宋濂一样，方孝孺也极力提倡“经世宰物”，他对空谈性命者提出批评说：“谈性命则或入玄秘而不能措之行事，攻文辞或离于实德而滞于记问，扣之以辅世治民之术则冥昧而莫知所为。”[20] 在对佛教的态度上，他与宋濂则大异其趣，将佛教视为异端邪说，认为“用之修身则德隳，用之治家则伦乱，用之于国于天下则毒乎生民，是犹稊稗之农也，学之蠹也”[21]。比方孝儒稍晚的曹端，亦被尊为明初一大儒，刘宗周谓“方正学而后，斯道之绝而复续者，实赖有先生一人”[22]。《四库全书总目提要》也称誉说：“明初儒学，以端为冠。”但曹端在学术上并无创见，只是强调道德修养和躬行实践，所以《明史·儒林传》称其“笃践履，谨绳墨，守儒先之正传，无敢改错”。可以说，在学术思想的广博性和包容性方面，方孝孺、曹端等新生代学者，要比由元入明的那些学者更加狭隘。这也是明初强化理学统治的必然结果。

第三节 《永乐大典》的编纂

尽管明初的学术思想乏善可陈，在典籍编纂方面却取得一项重要成就，这就是组织人力编纂了《永乐大典》。朱棣夺取皇位后，深知“靖难之举，不平之气遍于海宇”，于是“借文墨以销垒块”[23]，于永乐元年（1403），命解缙等将“书契以来经、史、子、集，百家之书，至于天文、地志、阴阳、医卜、僧道、技艺之言，备辑为一书，毋厌浩繁”[24]。书成，赐名《文献大成》，但由于“采择不广”，朱棣又命太子少师姚广孝同解缙等重修。当时参加编辑、缮写、圈点工作的有三千多人，至永乐五年完成，赐名《永乐大典》。

《永乐大典》全书二万二千八百七十七卷，另有凡例、目录六十卷，装成一万一千九十五册，约三亿七千万字。全书所采古书达七八千种，包括经、史、子、集、天文、地志、阴阳、医卜、僧道、戏剧小说、农艺、工技等。全书编辑方法是以《洪武正韵》为纲，分类依次收载。所收书籍一字不易，完全按照原著整段、整篇乃至整部抄入。原书书名和作者名，均用红字写出，极为醒目。由于工程浩大，编纂人员众多，全书在体例上不够统一，“或以一字一句分韵，或析取一篇，以篇名分韵，或全录一书，以书名分韵”。但正因如此，“元以前佚文秘典，世所不传者，转赖其全部全篇收入”。[25]《永乐大典》是中国历史上最大的一部百科全书式的类书，文献价值极高。清乾隆年间纂修《四库全书》，从业已残缺不全的《永乐大典》中，竟辑出佚书多达五百多种，许多古代文献赖其得以流传下来。

由于篇幅浩繁，《永乐大典》修成后，未能刻版付印，只是清抄了一部，庋藏于文渊阁。永乐迁都后，《永乐大典》也随之北迁，藏于宫中三大殿附近的文楼内。嘉靖年间，明世宗朱厚熜又命人重录副本，原正本藏于文渊阁，副本藏于皇史宬。明末，正本散佚，仅存副本。入清后，副本亦有散佚，至乾隆年间已短缺二千四百多卷。1900 年，八国联军入侵北京，副本部分毁于火，余被劫走。目前存于世界各地的仅有八百一十卷。

第四节　平淡无奇的诗文

黄宗羲《明文案序》指出：“有明之文，莫盛于国初。”明初文学兴盛的原因，是元代遗留下一批颇有造诣的文章家，入明后继续活跃于文坛，虽未留下多少值得传诵的名篇，却也给明代文学增添了不少光彩。在这些文章名家中，以宋濂、刘基的成就较为突出。

宋濂主张文章应“明道致用”，反对佶屈聱牙、晦涩难懂的文风，他的作品体现出丰厚的知识素养，具有一种雍容温润、闲雅醇正的气度。作为“开国文臣之首”，明初许多庙堂典册文字都出自宋濂之手，语言虽然典雅浑穆，内容却比较空洞。宋濂的作品中现实意义较强的部分是一些传记文，这些文章的语言质朴简洁，善于运用不同艺术手法塑造人物，具有较强的感染力。如《秦士录》描写壮士邓弼文武兼长却怀才不遇，其豪爽奔放的个性跃然纸上。《王冕传》对元末“狂士”王冕狂痴豪放、高洁孤傲之形象的刻画栩栩如生，开头描写王冕少年读书情形一节颇有情趣。《记李歌》则成功刻画一位生长娼门而不失人格尊严的女性形象。

刘基亦以文名，《明史》本传称其“所为文章，气昌而奇，与宋濂并为一代之宗”。刘基强调文章的讽谏作用，所作《郁离子》，就是“矫元室之弊，有激而言”[26]。该书共一百九十五篇，用寓言和郁离子的议论相间写成，每篇皆可独立，而又由郁离子的议论贯穿，言简意赅，短小精悍，揭露了现实生活中的弊端，抒发了愤世嫉俗的情怀，表达了救世济民的志向。刘基还撰写了不少浅近优美的散文，《卖柑者言》就是广为传诵的名篇，它假借卖柑者之口，嘲讽了那些“金玉其外，败絮其中”的文武官员，笔法犀利生动。刘基撰写的游记，或辞采秀丽，或清新秀美，有些作品还将景观描写与人生哲理交融起来，很有特色。

明初的诗坛也比较兴旺，活跃着一批由元入明的诗人。陈田《明诗纪事序》曾评论说：“明初诗家，各抒心得，隽旨名篇，自在流出。”当时诗派纷呈，主要有以刘基为代表的越派，以高启为代表的吴派，以林鸿为代表的闽派，以孙蕡为代表的岭南派，以刘崧为代表的江右派。其中高启的诗歌成就最为人称道。高启才思俊逸，善于摹拟古人，其诗的内容和风格多种多样。他长期隐居乡里，撰写了一批描写农民生活的诗篇，如《牧牛词》《田家行》《养蚕词》等，语言质朴真切，在一定程度上反映了农民疾苦的现实。高启抒情写景一类的七言歌行，最有艺术特色，其吊古诗风格雄

图 6–3 刘基像

劲，气势壮阔，其抒情诗含蓄蕴藉，韵味深长，充分展示了他的才华。但高启的诗歌模仿多而独创少，再加上壮年即被诛杀，未能熔铸融会，自成一家。

由元入明的诗文家陆续去世后，明初文坛一度陷于静寂状态。到永乐、宣德年间，出现了以内阁大学士“三杨”（杨士奇、杨荣、杨溥）为代表的“台阁体”诗文。台阁体崇尚皇家气派和宫廷风致，作品大多数都是应制、唱和之作，语言风格讲求“从容安闲”、“雅正平和”，内容则空洞无物，既缺乏对自我情感的切入，也缺乏对社会生活的关怀。由于“三杨”长期执政，台阁体受到广泛模仿，“余波所衍，渐流为肤廓冗长，千篇一律”[27]，越来越缺乏趣味和生气，因而受到后人严厉批评，许多人都指责其“粉饰太平”。但应当指出的是，“三杨”所处的时代，的确是明朝历史上少有的一个太平时代，这种文体的出现和流传，也有一定的现实基础。

第五节 《三国演义》与《水浒传》

明初的诗文虽然平庸无奇，小说创作成就却斐然可观。宋元以来，民间说话人（说书人）经过长期的艺术加工，留下了许多讲史话本。元末明初，一些文人在这些话本的基础上进行再创作，产生了《三国演义》《水浒传》等优秀的鸿篇巨制，标志着章回小说这种体裁最终定型化。

《三国演义》的作者为罗贯中，其生平事迹难以确考。根据较通行的说法，罗贯中名本，号湖海散人，原籍太原，后徙居杭州，生活年代约在1310—1385年间。罗贯中是一位多产作家，《西湖浏览志余》称其“编撰小说数十种”，现存归其名下的作品，除《三国演义》外，尚有《隋唐两朝志传》《残唐五代史演传》《三遂平妖传》等。

《三国演义》的成书经历了一个漫长过程。至迟在晚唐时，三国故事就以杂戏和说话的形式在民间流传，到宋代更是出现了专门“说三分”的说话人，元代则出现了刻本《全相三国志平话》，其内容和结构已粗具《三国演义》的规模，当然描写要粗略得多，文辞也很朴陋。罗贯中正是在民间传说以及前人创作的话本、戏曲的基础上，结合陈寿《三国志》和裴松之为之作注的史料，精心创作了《三国演义》。现存最早的版本是弘治七年（1494）金华蒋大器作序、嘉靖元年（1522）刊刻的二十四卷本，每卷十目，共二百四十目，各用七言单句为题。此后该书屡次刊刻，至明末被合编成为一百二十回本，名《李卓吾先生批评三国志》。清初毛宗岗又对明刊本加以修订，使全书情节更加紧凑，遂成为流行至今的通行版本。

《三国演义》以“分久必合，合久必分”为总体框架，以汉末三国一百余年的历史为线索，生动地再现了这一时期群雄纷起与角逐的动荡局面。书中尽可能地取材于真实的历史事件和人物，故有“七分事实，三分虚构”之说，但作者又不为历史事实所囿，在故事情节和人物性格上充分发挥艺术想象力，成功地塑造了众多人物形象。毛宗岗曾评论说，《三国演义》中有“三绝”，即诸葛亮“智绝”，关羽“义绝”，曹操“奸绝”。其他人物，如刘备、张飞、吕布、周瑜、鲁肃等，也无不性格鲜明，栩栩如生。毛宗岗还谈道：“三国者，乃古今争天下之一大奇局，而演三国者，又古今为小说之一大奇手也。”《三国演义》确实是一部战争奇书，共描写大小战役四十余次，尤其是对官渡之战、赤壁之战、彝陵之战等较大战役的描写，堪称绘声绘色，气势磅礴。书中还不惜笔墨，详述双方备战过程和计谋运用，因而后人常从中领略古代兵法之奇妙。

《水浒传》的成书时间与《三国演义》大体相当，其作者或说为施耐庵，或说为罗贯中，或说是施、罗二人共同完成，现今通常将其著作权归于施耐庵名下。施耐庵生平事迹不详，有人说他是兴化白驹场（今属江苏大丰）人，曾入张士诚幕下，但并无确切证据。

《水浒传》的成书时间

在嘉靖年间纂成的高儒《百川书志》中，最早著录了《水浒传》，所署撰者为“钱塘施耐庵的本，罗贯中编次”。根据这一重要记载，并参考其他史料，学术界普遍认为，《水浒传》成书于元末明初，主要作者为施耐庵。但也有学者认为，在嘉靖以前的文献中，没有发现有关《水浒传》的任何踪迹，《水浒传》的故事情节和主题思想，与元末明初的历史环境也不合拍，书中提到的“子母炮”、“腰刀”、“广泛使用白银”等，都是明中叶才出现的物品或事件，因而《水浒传》的成书应在嘉靖初年，而不是元末明初。《水浒传》究竟成书于何时，有待于进一步考证，或许元末明初即已成书，但经后人加工润色，所以掺入了明中叶才出现的物品或事件。

宋元时代流行的《大宋宣和遗事》《癸辛杂识》和《瓮天脞语》等书，已有关于宋江起事的记述。因此，《水浒传》也是以广泛流传的民间故事、话本、戏曲为基础，加工创作而成。《水浒传》的版本情况比较复杂，今天可知的版本有三种，即百回本、百二十回本和七十回本，均为明万历以后刊本。百回本比百二十回本少征田虎、王庆之故事，其余文字略同；七十回本则由明末金圣叹删节而成。

《水浒传》是一部长篇英雄传奇小说，讲述了北宋末年宋江起义的故事。农民起义军在中国历史上一向被视为“犯上作乱”的“盗贼”，《水浒传》则在一定程度上颠覆了这种传统观念，它通过对北宋末年黑暗社会的描写，揭示出“官逼民反”的深层根源，并热情讴歌梁山泊好汉们“替天行道”的侠义精神。书中成功塑造了一批江湖英雄形象，很多故事情节，如智取生辰纲、拳打镇关西、火烧草料场、武松打虎、江州劫法场等，都充满浓郁的传奇色彩。作者在描述这些英雄好汉被逼上梁山的不同经历时，不仅写了他们见义勇为、除暴安良、慷慨任侠的诸多义举，而且赋予他们舍身报国、立功沙场的理想与抱负。作者在构思结局时用心良苦。梁山好汉虽然接受招安，得以立功边陲，但他们当年被逼上梁山的社会环境并没有改善，他们处处受到掣肘和迫害，最终落得生离死别、“魂聚蓼儿洼”的结局。

第二篇

明朝的腐化期（1442—1521）

导　言

从明英宗正统七年（1442）至明武宗正德十六年（1521），是明朝的腐化期。

本期的皇帝，有英宗、景帝、宪宗、孝宗和武宗五位。尽管他们并非都无所作为，如景帝有安定社稷之功，孝宗有清除积弊之举，但总体看来，他们的治国能力明显逊于开创期的几位君主，王朝统治正在走下坡路，深受各种矛盾和危机的困扰。体现皇帝治国能力衰弱的最明显标志，是屡次出现宦官擅权现象，正统年间的王振、成化年间的汪直、正德年间的刘瑾，都曾成为只手遮天的政治独裁者。以皇帝为首的统治集团，掀起土地兼并的狂潮，社会矛盾空前激化，农民暴动多次爆发。作为基层秩序之基础的里甲体系，逐渐趋于解体，乡绅的力量日益增强，成为地方社会的支配阶层。经济发展虽然受到腐朽统治的阻碍，但仍有所进步，最值得一提的是货币制度发生重大变化，白银成为主要的流通货币。由于政治控制放松、经济有所发展，生活风尚也开始变化，出现了奢靡化的迹象。在思想文化方面，本期开始阶段仍然缺乏创新，但后来焕发了生机，心学思潮蔚然兴起，文学复古运动蓬勃开展，绘画和书法风格大变，打破了僵化、沉寂的气氛，对后来思想文化的发展有很大影响。

第七章

土木之变与保卫京师

第一节　王振攀上权力顶峰

英宗即位初期，中央决策大权掌握在太皇太后张氏和内阁大臣杨士奇、杨荣、杨溥（三杨）等人手中，英宗的职责主要是接受教育。但随着年龄增长，英宗对政务亦日渐熟悉。正统六年（1441）十一月初一，英宗御奉天殿，颁诏大赦天下，这可以视为他亲政的开端。次年五月，举行了大婚礼，标志着他已是一个成年人了。大婚之后五个月，太皇太后张氏溘然长逝，“三杨”在此前后也从政治舞台上先后消失，政治决策权力发生重大转移，宦官王振成为朝廷中举足轻重的实权人物。

王振（？—1449），山西蔚州（今河北蔚县）人，本是儒士，以后晋身为教官，执教九年，没有成绩，例当谪戍。时值永乐末年，成祖下令教官考满乏功绩者，如有子嗣，可净身入大内教授女

图 7–1　明太监塑像

官。于是王振自阉入宫，先教授女官，以后被授予五品局郎衔，入东宫侍奉太子朱祁镇讲读，受到朱祁镇敬重。在宫里众多宦官中，王振是文化程度较高的，因而也受到宣宗重视，让他替不识字的司礼监太监刘宁代笔。朱祁镇即位后，委任王振为司礼监秉笔太监，使其具备了攫取大权的条件。

王振能够成为明朝历史上第一位专权宦官，是明初以来宦官职权逐步增长的必然结果。洪武年间，就设立了很多宦官机构，永乐年间又有所增加，形成宦官二十四衙门。不过，太祖虽使用宦官，但对宦官控御极严，曾铸铁牌置于宫门口，上刻："内臣不得干预政事，犯者斩。"[1]除严禁宦官干预政事外，还制定了其他各种限制，如宦官不许兼外朝的文武职衔，不许穿外朝官员的服装，品级不得超过四品，甚至规定宦官不得识字读书。太祖也曾自坏禁令，委派宦官出使行事，但未成常制。成祖在"靖难之变"中，曾得到建文朝中宦官秘透军情之助，认为此辈忠心可用，即位后相继授予宦官出使、专征、监军、分镇等项大权，还建立了东厂这个特务机构，专刺臣民隐事，由宦官提督。宣宗打破了太祖规定不准宦官识字的祖训，在大内设立内书堂，选拔十岁上下聪明伶俐的小内使数十乃至二三百人入学，由翰林学士执教，培养了一批通文墨的宦官。此时，司礼监代内官监而起，成为二十四衙门之首。司礼监秉笔太监享有"批红"的权力，代替皇帝批答数量繁多的奏章。这样，司礼监太监每每成为皇权的代理人，再加上掌握着东厂和锦衣卫，也就为日后宦官专权造成了可乘之机。不过，成祖、仁宗、宣宗都是有才干的皇帝，并且都于成年后御宇，政治经验丰富，能够自如地驾驭宦官，使其成为皇权的得力工具。英宗幼年即位，缺乏主见，王振遂将宦官权力向前推进一步，成为朝政的实际主宰者。

王振为人乖巧，善于察言观色。他知道太皇太后张氏和“三杨”是执掌权力的核心人物，便设法讨他们的喜欢。张氏笃信佛教，时常携英宗到紫禁城外的功德寺拜佛诵经，三四日不归，朝臣颇有非议。王振便让英宗向张氏提出设佛堂以求冥福，这样既方便了张氏做佛事，又可免去朝臣非议，自然受到张氏赏识。英宗活泼好动，常踢球玩耍。一次，他正兴致勃勃地与小内使踢球，王振突然走来，他只好停止玩耍。次日清晨，王振又特地跪奏说：“先皇帝为一球子，几误天下，陛下复踵其好，如社稷何？”[2]“三杨”见此情景，也为王振忠君爱国之心所感动，大加赞叹。

其实，这是王振故意做给人看的，在他忠诚正派的面具后面，是一颗极度迷恋权力的奸诈之心。他时刻窥伺着机会，借用皇帝手中的无上权力，建立自己的权威，培植自己的势力。正统元年十二月，他唆使皇帝以会议边情迟延为由，将兵部尚书王骥、侍郎邝埜下狱，虽很快就被释放，但无疑给群臣敲了一记警钟。不久，右都御史陈智弹劾英国公张辅回奏稽迟，并弹劾科道官不能举奏，王振遂借机唆使皇帝将监察御史和给事中们各廷杖二十。这一下科道官们都知道了王振的厉害，纷纷秉承王振风旨，摭拾大臣过失，自公、侯、驸马、伯以及尚书、都御史以下，无不被劾，或下狱，或荷校，甚至谴谪。如正统三年中，户部尚书刘中敷、侍郎吴玺，刑部尚书魏源、侍郎何文渊，都御史陈智都曾下狱，连辅政大臣之一的礼部尚书胡濙也未能幸免。

对于王振权势的膨胀，太皇太后张氏自然不会不知晓。一日，张氏御便殿，召辅政五大臣入朝，宣王振至，斥责说：“汝侍皇帝起居，多不律，今当赐汝死。”左右女官立即把刀剑架在王振脖颈上，英宗急忙跪地求情，五大臣也跪请免王振一死。张氏说：“皇帝年幼，岂知此辈自古祸人家国？我听帝暨诸大臣留振，此后不得令干国事也。”[3]很明显，张氏虽然看到了王振的跋扈，但未真正认识到宦官专权的危害性，她只是想警告一下王振，并未想置他于死地。“三杨”本就是明哲保身的人，况且杨荣贪财纳贿，杨士奇纵子为恶，有把柄在王振手中，不敢与王振抗争，只能眼睁睁地看着王振坐大。有一天，王振竟大模大样走入内阁，提醒“三杨”年事已高，应选后继者。“三杨”虽怒火中烧，亦无可奈何，只能顺水推舟，推荐新阁员。正统六年年底，英宗大宴百官，庆贺三殿二宫落成。按照惯例，宦官虽贵宠，不得与宴。英宗时刻记挂着王振，宴会中间派人去探视，使臣至王振宅，王振正在生气，说：“周公辅成王，我独不可一坐乎！”使臣回奏，英宗竟不惜公开违背祖制，开东华中门，召王振入席，王振行至门外，百官望风而拜，王振才面露喜色。[4]可见，在太皇太后张氏去世前，王振就已权势熏天了。

太皇太后去世后，对王振最后一点约束也解除了，王振更加肆无忌惮地招权纳贿，网罗党羽，打击异己。国子监祭酒李时勉德高望重，在王振过生日时不肯前去祝贺，王振便寻找借口将李时勉以百斤重枷荷校国子监门外，十六日始放回。大理寺卿薛瑄与王振是同乡，王振想拉拢他，但这位著名理学家不肯买王振的账，王振便唆使御史构陷薛瑄，下狱论死，经大臣力救，才免死罢官。翰林侍讲刘球上疏劝皇帝亲理政务，任贤德大臣，触怒王振，遂将刘球下锦衣卫狱，最后将刘球杀死肢解。就连宣宗长女、英宗长姐顺德公主的丈夫驸马都尉石璟因骂了府中小宦官几句，王振认为这是伤其同类，竟把石璟关进锦衣卫监狱。在这种局势下，一些希望飞黄腾达的官员也就把礼义廉耻抛在一边，纷纷投附到王振门下。工部郎中王佑谄媚有术，被破格提升为侍郎。一日，王振见王佑美而无须，便与他打诨："王侍郎何以无须？"他竟回答："老爷所无，儿安敢有！"[5]甚至一些很有才干的官员，或许是受当时风气的影响，或许是为了顺利施展抱负，也不得不与王振结交。江南巡抚周忱即是一例。王振一座私宅刚刚落成，周忱马上进献松江地毯，铺地一试，分毫不爽。王振佞佛，周忱就铸一尊金观音奉送。周忱博得王振欢心，所上奏章，朝廷批答无不如意，这倒使他顺利做了一些有利于国计民生的事情。王振门庭若市，户限为穿，进见礼也不断升值，馈赠百金者得见一面，千金者可受一餐，一时官员们纷纷攘攘，四处伸手攫取财货，贪风大炽。

而英宗这位少年皇帝，在深宫之中逍遥自在，对外面的事情他知道的不多，大概也不想多知道。皇帝无上的尊严和权力并未激发起他对政治的热情，而他自幼年就建立起来的对王振的依赖之情，如今依然强烈地影响着他。他认为王振富有才干，忠诚勤恳，能有这样一个人替他处理冗杂的政务，他感到很满意，很放心。正统十一年正月，他下令赐王振白金、宝楮、彩币诸物，并任命王振的侄子王林为锦衣卫世袭指挥佥事。在赐王振的敕书中说："朕自在春宫，至登大位，几二十年。尔夙夜在侧，寝食弗违。保护赞辅，克尽乃心。正言忠告，裨益实至。"[6]这是朱祁镇感情的真实流露，而正是这种源自幼年的深厚感情，为王振的权力大厦奠定了坚实的基础。

第二节 东南农民起事与麓川叛乱

正统年间，明王朝开始由兴盛转向衰败。此时，明朝立国已七十余年，明初建立起来的各项制度日趋崩坏，社会矛盾逐渐显露，再加上王振逐渐揽取大权，朝政日非，大大加速了统治危机的爆发。

当时最突出的问题是土地兼并日趋剧烈，而平民百姓赋役负担却与日俱增。拥有大量田土的势豪权贵千方百计逃避赋役，把负担转嫁到小民头上。小民无法生存下去，只得背井离乡，流移他方。而逃亡者的赋役不能免除，官府总是强迫留存者代纳，这又把留存者逼上逃亡之路，形成一个恶性循环。正如一位官员所说："逃民既皆因贫困，不得已流移外境，其户下税粮，有司不恤民难，责令见在里老、亲邻人等代纳。其见在之民，被累艰苦，以致逃走者众。"[7] 深重的社会矛盾终于以农民起事的激烈方式表现出来。

明朝推行矿禁政策，私开银矿者要受死刑处罚。但无以为生的小民为了糊口，只能不顾禁令，铤而走险。浙江、福建、江西三省交界地区的仙霞岭是银矿产区，虽被政府列为禁区，但前来盗采者大有人在，这些人常用武力抵抗官军的剿捕。正统十年（1445），浙江庆元人叶宗留等率矿工起事，但被镇压。他率余众逃出，于正统十二年又在福建政和、浙江庆元起事，转战于闽、浙、赣三省交界地区，许多矿工和周围地区的农民起而响应，众至数万人。次年，福建沙县佃农邓茂七号召农民不给地主送租谷，不向地主缴纳鸡鸭等"冬牲"，地主向县里告状，县里派巡检来逮捕邓茂七，邓茂七遂率人民起事，称"铲平王"，队伍很快即达数万人，攻占二十余县。

叶宗留、邓茂七两支队伍“互为声援”，共同对抗政府军。明政府派遣都御史张楷前去镇压邓茂七军，在浙江遭到叶宗留军袭击。正统十三年十一月，叶宗留中流矢身亡，部众在叶希八率领下继续战斗，杀死都督陈荣等人，张楷逃往福建。在张楷军被拦截于浙江期间，邓茂七抓紧时机，积极向外扩展。正统十四年年初，明政府增派宁阳侯陈懋为征南将军，保定伯梁瑶、平江伯陈豫为左右副总兵，刑部尚书金濂总督军务，太监曹吉祥监军，率领京营及江西、浙江诸处大军前来镇压，农民军寡不敌众，招致失败，邓茂七中箭身亡。

与叶宗留、邓茂七起事的同时，广东南海县人黄萧养也领导了一次农民起事，他自称东阳王，建立了初步的政权组织。由于农民在沙田上耕种的田地和庄稼常被势家地主公开抢夺过去，广东沿海社会矛盾很尖锐，因此黄萧养起事吸引了众多的追随者，在水上居住的“疍民”、从事沿海贸易的商人、小手工业者，以及居住在山区的苗族和瑶族民众，也有不少参加进来，最盛时达十万人以上，拥有战船三千余艘。政府派兵镇压，屡被击败，遂采用镇压与招抚并用的策略，以削弱农民军的斗志。景泰元年（1450），黄萧养中箭身亡，起事失败，但其余部坚持战斗一直到成化年间。这几次起事及其失败说明明王朝已陷入深刻的危机之中，但又未到溃烂不堪的地步，其统治尚能维持下去。

东南不靖，西南也不安宁，麓川宣慰司（今云南瑞丽县等地）出现了叛乱。这里与缅甸毗邻，元朝时被征服，设置宣慰司，明朝因袭未改，由部族首领担任宣慰使之职。永乐十一年（1413），思任发继任宣慰使，他野心勃勃，逐步扩展自己的地盘。朝廷虽然注意到了他的动向，但认为征剿费用太大，迟迟没有采取行动。正统二年，他正式举起叛乱旗帜，朝廷派兵镇压，起初军事行动受到一些挫折，但到正统五年，黔国公沐昂与都指挥方瑛、柳英率领的部队终于获得优势，思任发表示愿意向朝廷进贡谢罪。在廷议时，有些人认为最大的边境威胁还是来自蒙古，对思任发应以招抚和防守为主，不要兴师动众。

但王振“欲示威荒服”，以提高自己的威望。兵部尚书王骥极力附和王振，力主用兵，“遂诎廷议，于是麓川之役起”[8]。正统六年年初，原在西北防御蒙古的定西伯蒋贵被调任征蛮将军，兵部尚书王骥提督军务，太监曹吉祥监督军务，从四川、贵州、湖广等地调集士兵十五万，前往征讨麓川。但用兵一年没有结果，只得班师。正统七年，蒋贵、王骥再次征剿麓川，这次虽然也遭受了严重损失，但深入高黎贡山，占领了思任发的大本营，思任发逃入缅甸，几年后被缅甸人交付明军。思任发的儿子思机发屡次遣使入贡谢罪，王振却要“尽灭其种类”，于正统十三年，命王骥率十三万大军再次进攻。王骥虽然击溃了思机发的部队，但并未能真正平定这一地区，思任发的少子思禄被推举为首领，继续作乱，王骥只能承认思禄事实上的统治地位。对麓川的用兵使朝廷对这一地区的控制有所巩固，但代价也极高，“老师费财，以一隅骚动天下”[9]，国力耗费巨大。

第三节　土木之变

王振在朝中飞扬跋扈，在处理与蒙古贵族的关系上也随心所欲，最终导致土木惨败，皇帝被俘，他自己也在混乱中被杀。

明朝建立后，蒙古贵族对中原的统治结束，但他们在退回草原后，不断南下侵扰明朝边境，令明朝统治者深感头痛，不得不在北边部署大量军队，屡次派兵深入沙漠远征。永乐年间，明成祖亲率大军，五次亲征，削弱了蒙古军队的力量，加剧了部落领袖之间的对立以及瓦剌部与鞑靼部之间的争战；但另一方面，明成祖把设在长城以外的几个前沿卫所撤到长城以南，这样做尽管有充足的理由，却也增加了边防线的压力。总起来说，直到宣德末期，由于蒙古人忙于内部争战，对边防线的冲击较少，明军尚易应付。但是，力量对比正悄悄发生变化：明朝的军事力量逐渐衰败，而蒙古人则逐步向着统一的方向迈进，实力越来越强。

永乐六年（1408），瓦剌部的三位首领马哈木、太平、把秃孛罗分别被封为顺宁王、贤义王、安乐王。后瓦剌势力渐盛，侵扰边境，扣留使臣，明成祖于永乐十二年亲征，马哈木战败逃走，不久死去。永乐十六年，马哈木之子脱欢袭封顺宁王，积极扩张势力，于宣德九年（1434）袭杀鞑靼部的阿鲁台，拥有其众，正统初又兼并了贤义王和安乐王的部众，成为瓦剌、鞑靼各部的实际主宰。正统四年（1439），脱欢死，其子也先继位，自称太师淮王。也先继续与明廷保持朝贡关系，并突破明廷规定朝贡使团最多不得超过五十人的限制，人数不断增多，正统七年朝贡使团竟达两千余人，“邀索中国贵重难得之物”。与此同时，也先极力扩充自己对各部蒙古人的控制力。他的手首先伸向西方，与沙州、赤斤蒙古诸卫建立联姻关系。到正统九年，竟设置甘肃行省，任命罕东诸卫都督喃哥等为平章。次年，又裹胁沙州、罕东及赤斤蒙古等围攻哈密卫，哈密的首领忠顺王倒瓦塔失里数次派人求救，明廷不发一兵一卒，倒瓦塔失里只好臣服于也先。平定西方后，也先的矛头又转向东方，率兵攻打兀良哈三卫，明廷依然坐视不顾，兀良哈亦被也先征服。这样，也先控制了东到朝鲜边境、西到今新疆的辽阔地域，势力臻于极盛。朝廷中的有识之士已意识到，也先的南侵只不过是早晚问题了。

正统十三年十二月，也先又派遣了一个有二千五百二十四人的庞大使团至京，诈称三千五百九十八人，以冒领赏品。王振命礼部查核贡使实际人数赏赐，见所贡马匹瘦小，又命削减马价。也先数年来一直有意挑衅，得知此情，勃然大怒，便借口明廷曾答应将公主嫁其子，此次所贡马匹系定亲聘礼，明廷却失信赖婚，又侮辱贡使，不可容忍，决计起兵。正统十四年入夏以来，京城就流传着也先正集结兵马准备进犯的消息。朝廷虽已派出要员前往宣府、大同整饬军备，但朝官中仍有人暗中南遣家眷，以备不虞。王振倒未把此事放在心上。多年来他一直私下以武器换取也先的良马，自此相处尚好，只是这次一时愤怒，才核实贡使，削减马价。他或者是认为也先虚张声势，不会真的入侵，或者是觉着以自己的才干，即使也先大举入侵，也足以将其击退，因而并未认真进行战备。进入七月，传言变成事实，也先倾兵南下，分为四路进攻：东路由可汗脱脱不花率所部与兀良哈部进攻辽东；西路由别将率兵进攻甘州；也先亲率大军由中部进攻，又兵分两路，一路由阿剌知院统率，进攻宣府，另一路由也先亲统，进攻大同。也先一路兵锋甚锐，七月十一日，大同参将吴浩与也先在猫儿庄遭遇，战败而死。接着，英宗命驸马都尉井源等率领四万大军出击，全军覆没。军情吃紧的消息不时传向京城。

王振对敌我双方的情况都不甚了解，又不认真进行战争准备，便想当然地认为这是一次扬威远方的机会，怂恿英宗出征。英宗久处深宫，对战争从无亲身感受，只知道他的曾祖永乐皇帝和父亲宣德皇帝曾多次亲征漠北，大展天威。据说，永乐皇帝御用的长矛佩以号带，一直奉挂在午门的五凤楼，英宗曾多次登楼，抚摸着长矛，幻想那“金钟鼍鼓大十围，震击元来闻百里，紫电清霜森武库，高幢大纛纷无数”的征战场面。现在，王振的怂恿唤起了他心中的激情，他决定仿效祖宗，亲提六师，扫荡漠北，做出一番动人心魄的伟绩，于是下诏命京军准备出征。群臣对英宗的草率决定大为惊愕，吏部尚书王直率领百官上疏，力劝英宗不要“以天子至尊而躬履险地”。此时英宗哪里还听得进劝谏的话，他诏谕百官说：“卿等所言，皆忠君爱国之意。但虏贼逆天悖恩，已犯边境，杀掠军民，边将累请兵救援，朕不得不亲率大兵以剿之。”[10]

七月十五日，英宗正式下诏亲征，命其弟郕王朱祁钰留守京师，驸马都尉焦敬辅政。这一天，前方战况更加吃紧，宣府总兵官奏称瓦剌军队围攻马营已经三日，敌军断绝河水，明军营中无水，难以支撑。大同情况更坏，总督军务西宁侯宋瑛、总兵官武进伯朱冕、左参将都督石亨与瓦剌骑兵战于阳和口，在监军太监郭敬节制下，军队漫无纪律，一经交战，便全军覆没，宋瑛、朱冕战死，石亨奔还大同，仅以身免。

败报频传，王振仍一意孤行，不肯罢亲征之举。七月十六日，英宗偕王振率领各中央机构官员及五十万大军仓促出发，是晚，车驾驻磨家岭。十七日，驻龙虎台，夜间军中自相惊乱。十九日出居庸关，二十日抵榆林，二十一日至怀来，二十二日至雷家站，二十三日抵宣府。时值连日风雨，人情汹汹，粮饷不足，士卒疲惫，群臣请求暂停前进，王振大怒，俱令略阵。二十四日，抵鸡鸣山。英宗将指挥大权尽付王振，王振越加作威作福。"靖难"功臣成国公朱勇"有所建白，膝行而前"[11]。户部尚书王佑、兵部尚书邝埜稍违其意，便被罚跪于草丛之中，至暮方释。钦天监监正彭德清虽是王振党羽，见军情凶险，也以天象示警为名劝王振回师，王振不听。大军在王振威严的号令下，只好战战兢兢前行。

七月二十五日，车驾至万全峪。二十六日，至怀安城西。二十七日，至天城西。二十八日，至阳和城南。驻守大同的明军，曾在这里与瓦剌骑兵发生一场战斗，伏尸遍野，将士见之，无不心惊。二十九日，至聚落驿。八月初一，抵达大同。这时也先已主动北撤，等待时机。王振仍欲北进，但其亲信太监郭敬密报了阳和等处的惨败状况，王振这才感到惊惧，决计班师。八月初二，大军开始东还。起初决定取道紫荆关，这样可以经过王振的故乡蔚州，王振很想让家乡人瞧瞧他这个当年潦倒的穷儒现如今的赫赫威势。从兵法上说，取道紫荆关倒不是一个错误的决定，这是返回塞内的最便捷的路径，可以减少遭瓦剌攻击的可能性。可惜的是，大军刚走了四十里，王振忽然想到五十万大军过处，必然践踏家乡的庄稼，顿时改变主意，决定队伍由东南行改为向东北行，折归原路，取道宣府返京。行军路线的突然改变，既耽误了时间，又在军队中引起极大疑虑。

八月初三，车驾至滴滴水。初四，至洪州方城。初五，至白登。初六，至怀安城西。初七，抵达宣府。瓦剌兵在后面追来，兵部尚书邝埜请求派精兵殿后，车驾疾驱入关，遭王振痛斥。初十，行至宣府东南。十一日，抵雷家站。十二日，车驾将要起行，接到瓦剌兵迫近的报告，遂下令原地扎营，派恭顺侯吴克忠与其弟吴克勤统兵断后，吴氏兄弟力战而死。是日傍晚，得到吴氏兄弟战殁的消息，又派成国公朱勇、永顺伯薛绶带领四万士兵赴战，结果在鹞儿峪遇伏，全军覆没。十三日，车驾行至土木堡，东距当时怀来城仅二十里，时天色尚早，群臣建议入保怀来，但王振以千余车辎重未至，下令军队在土木堡驻扎等待。明军择高地扎营，旁无水泉，亦无险可守。十四日，瓦剌骑兵追至，将明军包围，明军惊慌不安，又缺乏饮水，掘井二丈仍不得水脉，将士饥渴。十五日是中秋节，由于瓦剌军切断明军营地南方十五里的溪流，明军更是人饥马渴，附近的麻峪口激战终夜，大队敌兵还在源源开来。因为摸不清四下有多少敌人，王振不敢下令启行，几十万大军只能眼睁睁坐困，形势危急，人心惶惶。忽然，瓦剌遣使臣前来议和，做出撤军的姿态，英宗不知其中有诈，马上命令学士曹鼐草诏议和，并遣通事偕瓦剌使臣去见也先。王振则抓紧时机，下令移营就水，回旋之间，行列已乱，瓦剌骑兵突杀入阵，“大呼解甲投刀者不杀”，明军奔逃无路，“裸袒相蹈藉死，蔽野塞川”，“英国公张辅，尚书邝埜、王佐，学士曹鼐、张益而下数百人皆死”。[12] 王振则在混乱中被护卫将军樊忠以棰击杀，说：“吾为天下诛此贼！”[13] 英宗突围不出，被瓦剌军俘获。这次战役史称“土木之变”，是明王朝由盛趋衰的一个转折点。

第四节　整顿军备与景帝登基

英宗被俘后，在瓦剌人的要求下，写信索要金帛赎身。此信连夜送到朝廷。皇太后孙氏、皇后钱氏打算先封锁消息，尽力筹措金银珠宝、文绮彩缎，把皇帝赎回来。但坏消息总是传得很快，朝臣们次日就听到战败的风声，齐集阙下，“私相告语，愁叹惊惧”；土木之役中侥幸逃脱的士卒也陆续奔回京师，“疮残被体，血污狼藉”，更增添了京城的恐惧气氛。[14] 孙太后知道难以隐瞒，遂于十八日召集百官，宣布了败报，命英宗之弟郕王朱祁钰监国，旋又下诏立英宗之子朱见深为皇太子。

当时“京师戒严，羸马疲卒不满十万，人心恟恟，群臣聚哭于朝”[15]。在商议战守事宜时，翰林院侍讲徐珵（后改名徐有贞）力倡迁都南京，说：“验之星象，稽之历数，天命已去，惟南迁可以纾难。”[16] 徐珵是苏州吴县人，因仕途不顺，便常谈术数天命之说以炫耀自己，博得不少人的信任。本年夏，因有瓦剌人将要入侵的传闻，他便借解释荧惑入南斗的天象，宣传祸将不远，并让妻子携家眷南归。现在他力倡南迁，很容易动摇人心。礼部尚书胡濙首先起而反对南迁，指出：“文皇定陵寝于此，示子孙以不拔之计。”兵部侍郎于谦则厉声说：“欲迁者，可斩。为今之计，速召天下勤王兵以死守之。”此言得到学士陈循的响应，其他朝臣也都表示赞成。徐珵不敢复言，被太监金英叱出。但孙太后等人仍心怀疑惧，询问太监刘永昌，刘永昌回答说：“陵庙宫阙在兹，仓廪、府库、百官、万姓在兹，一或播迁，大事去矣！独不监南宋乎？”孙太后明白过来，“由是中外始有固志”。[17] 孙太后和朱祁钰将战守重任交付于谦，任命他为兵部尚书。

于谦（1398—1457），字廷益，浙江钱塘（今浙江杭州）人。永乐十九年（1421）进士，宣德初授御史，雪冤囚，除民害，颇得宣宗赏识。宣德五年（1430）设立巡抚，宣宗手书于谦之名，授吏部右侍郎，巡抚河南、山西。前后在任十九年，甚得民心。正统十三年（1448），召入京任兵部左侍郎。于谦在青少年时代就怀有救国救民之志，曾为文天祥画像题写赞词，颂扬其“殉国忘身，舍生取义”[18]的精神。现在明朝处于危急关头，大任骤降，于谦“以社稷安危为己任”，毅然受命，全力备战。在于谦等人的建议下，短短十几天中，朱祁钰发布了一系列命令：调集外地部队赴京防守；任命政府各机构的主要负责人；派遣武将分镇宣府、居庸关、紫荆关等要隘；发动京师百姓、军士及文武官员有运输工具的前往通州，将存放在官仓中的储粮运进京城。经过悉心整顿，京城防卫力量迅速增强，粮食储备充足，各地勤王军队陆续开到，人心逐渐安定下来。

需要说明一下，就明朝的政治体制而言，本应由内阁发挥中枢决策作用。但在王振崛起后，阁权逐渐被侵夺，“三杨”之后入阁的曹鼐、马愉等人资浅望轻，发挥不了决策作用。土木之变中，曹鼐等死于乱军中，内阁几成空白。在六部首脑中，向以吏部尚书最尊，称为六卿之首。但此时任吏部尚书的王直年已老迈，又赞赏于谦才干，遂极力推许，于谦成为决策群体的核心。孙太后和朱祁钰倚信于谦，也是势之必然。有些人心怀嫉妒，谓任用于谦太过，太监兴安辩护说：“为国分忧如于公者，宁有二人！”[19]

局势趋稳后，人们开始思考土木惨败的原因，怨气自然就集中到王振及其党羽身上。八月二十四日晨，朱祁钰临御午门左门，听朝议政。右都御史陈镒代表群臣上奏说：“王振倾危社稷，构陷乘舆，请族诛以安人心。”[20] 朱祁钰此时只是以亲王的身份监国，只要英宗回来，他就得把权力上交，而王振是英宗最宠信的人，处理不当，英宗回来后不好交代。因此，陈镒上奏后，朱祁钰并未给予明确答复，只是敷衍说：“汝等所言皆是，朝廷自有处置。”朝臣见朱祁钰态度暧昧，群情激愤，跪地恸哭不已，痛陈王振之恶，要求速做决断。锦衣卫指挥马顺喝逐百官，给事中王竑奋臂向前，揪住马顺头发啮咬其肉，说：“顺倚振肆强，今犹若此，诚奸党也！”百官争相捶击，将马顺打死，并要求籍没王振家产，朱祁钰只得应允。众人仍哭泣不退，朱祁钰令太监金英询问，大家说宦官毛贵、王长随也是王振死党，应该伏法。金英急忙让人把毛、王二人从门缝中推出，群臣又是一顿暴打，二人也被击毙。[21] 望着两眼冒火的朝臣和血迹斑斑的殿庭，朱祁钰颇感恐慌，便想抽身而去。于谦急忙上前拦住，请他宣布马顺罪当死，击毙马顺者概不追究。朱祁钰得到于谦提示，心神安定下来，也悟出其中道理，遂照此宣告。不久，王振之侄、锦衣卫千户王山又被人捆绑而来，跪于庭中，众人争相唾骂。朱祁钰命将王山押赴西市，凌迟处死。王振家族不分老幼，都被斩首。籍没王振家产，所获甚多，有金银六十库，玉盘一百个，高六七尺的珊瑚树二十余株，马数万匹。二十九日，朱祁钰又命将从大同逃回的王振党羽郭敬、彭德清下狱抄家。经过一系列打击，宦官势力有所削弱，于谦等主战派的正气得到伸张。

为了加强京城防守，八月二十五日，于谦推荐石亨掌五军大营。石亨（？—1460），渭南（今属陕西）人，善骑射。嗣父职为宽河卫指挥佥事，正统中积功升指挥同知，佐武进伯朱冕守大同，迁都督佥事，再迁都督同知。也先进犯大同，石亨与西宁侯宋瑛、武进伯朱冕等战阳和口，宋瑛、朱冕皆战殁，石亨单骑奔还，受到降职处分，募兵自效。在当时的边将中，石亨的军事才能算是比较突出的，所以于谦才委以重任，并进其职位为右都督，不久封武清伯。

在明代的政治架构中，皇帝是绝对核心，缺少了这个核心，政令的制定和贯彻就会受到阻碍。朱祁钰虽奉皇太后命以监国身份总理国政，但毕竟不是真皇帝，也难以像真皇帝那样发挥作用。而且，英宗还掌握在也先手中，也先借此要挟，对明廷也很不利。朝臣们普遍感到，君位不可久虚，当下最急迫的事务是另立新君。英宗之子朱见深虽然已被册立为太子，但年方三岁，显然无法担当军国重任。九月初二，群臣联合上奏孙太后，谓“国有长君，社稷之福”，请立正在履行监国之职的朱祁钰为皇帝。孙太后审时度势，觉得也只能这样做，才利于国家安定，遂下旨批准。朱祁钰接奉懿旨，再三逊让，还退避到郕王府邸。于谦正色对朱祁钰说：“臣等诚忧国家，非为私计。”[22]朱祁钰遂于九月初六祭告天地、社稷、宗庙，正式即皇帝位，史称景帝。仍在瓦剌人手中的英宗，则被遥尊为太上皇。在国家危难之际，朱祁钰被扶上皇位，明朝又有了一位年富力强的君主，坚定了军民抗战的信心，也使也先无法利用英宗进行要挟。

景帝即位的次日，于谦又荐举辽东都指挥范广为副总兵，协助石亨佐理京营。九月二十二日，管三千营的忻城伯赵荣因“不赴营操练，以致军容不整，纪律全无，士卒喧哗，行伍错乱”[23]，受到于谦弹劾，景帝命将其下法司禁锢，以都督佥事孙镗代领其职。经过一番人事调整，京营军纪颇有改观，战斗力有所增强。

宣府、大同是京师屏障，防务必须加强。土木之变猝然发生，宣府人心惊慌，有人建议弃城而去，官吏军民纷然争出，镇守总兵官杨洪和巡抚罗亨信等下令“出城者斩”，率军民全力防守，保住孤城。事后，于谦建议朝廷封杨洪为伯爵，仍让他全权负责宣府防务，并奖谕了罗亨信。大同战略地位尤为重要，在土木之变后的危急局面下，都督佥事郭登誓死坚守，力保危城，而镇守大同总兵官、广宁伯刘安却不顾军务，于九月初五擅回京师，并说英宗已升他为侯。刘安受到廷臣弹劾，下狱禁锢，于谦举荐郭登佩征西将军印，为总兵官，代刘安镇守大同。居庸关、紫荆关等关隘是京师咽喉，也都派遣得力人选前去防守。此外，还命监察御史白圭、李宾等十五人到直隶、山东、山西、河南各府县招募民壮操练，听调策应。

第五节　京师保卫战

正当明廷整饬内政、加强战备之际，瓦剌军队在也先率领下果然卷土重来。十月初一，也先率领部众拥挟英宗来到大同，声称要送还英宗。大同守将郭登派人告诉也先：“赖天地宗社之灵，国有君矣！”[24] 也先见大同守备严密，知郭登早有准备，不敢贸然进攻，便绕过大同，向南进发。郭登将军情驰报朝廷。初三，瓦剌军前哨精骑二万余人已抵紫荆关北口，另一路瓦剌军则从古北口内犯。初四，瓦剌军三万人过洪州堡进攻居庸关，见居庸关险要难攻，便转而去攻居庸关西南的白羊口。初八，白羊口守将谢泽战死，白羊口被攻破。初九，也先率精兵攻紫荆关，投降瓦剌的明朝宦官喜宁引导瓦剌军由山间小路翻越山岭，紫荆关腹背受敌，亦告陷落，守备副都御史孙祥、都指挥韩清战死。

明廷接到郭登战报后，即在京师实行戒严，进行战争准备。初五，景帝致书宗室诸王，令急遣兵入卫。初八，诏命于谦提督各营军马，将士皆受其节制。又召集文武大臣商议战守之策。成山侯王通主张挑筑北京外城壕以阻挡敌军；总督京营总兵官石亨则主张军队不可出城，应关闭城门，坚壁而守，以待敌军疲劳。于谦不同意他们的主张，认为此时敌军势盛，如果明军显得软弱，则敌军士气更盛。他提出把部队部署在城外以迎击敌人。景帝对于谦的计划也表示支持，于是“固守之议始决”。议既定，立即分遣诸将率兵二十二万列阵于京师九门外：总兵官石亨与副总兵范广、武兴阵于德胜门，都督陶瑾阵于安定门，广宁伯刘安阵于东直门，武进伯朱瑛阵于朝阳门，都督刘聚阵于西直门，副总兵顾兴祖阵于阜成门，都指挥李端阵于正阳门，都督刘德新阵于崇文门，都指挥杨节阵于宣武门。各门守将皆听石亨节制。于谦把兵部的日常事务交侍郎吴宁处理，自己亲披甲胄，至德胜门外石亨军营，主持前敌军务。初九，下令“有盔甲军士但今日不出城者斩”[25]，督促各军尽快出城布阵。各军出城部署完毕，即下令将各城门关闭，以示背城死战的决心。又发布军令：“临阵将不顾军先退者，斩其将；军不顾将先退者，后队斩前队。”[26]于谦还泣以忠义劝谕将士，将士人人感奋，勇气倍增。

十一日，瓦剌军抵北京城下，列阵西直门外。也先原以为明廷京军精锐尽丧土木，北京旦夕可下，没想到明军严阵以待，早已做好战争准备。在彰义门外的一路瓦剌军刚驻扎停当，就遭到明都督高礼、毛福寿的袭击，死伤数百,一路上劫掠来的千余名民众也被明军夺去。也先不敢贸然发动进攻，便拥英宗来到德胜门外土城上，邀明廷派大臣出迎，借以试探明廷的态度和虚实。景帝暂升通政司左参议王复为右通政，中书舍人赵荣为太常寺少卿，让他们出城去见也先和英宗。也先听从喜宁之言，对王复等说："尔小官，可令胡濙、于谦、王直、石亨、杨善等来。"[27] 并索要大量金帛财物。王复、赵荣回报，景帝颇为动摇，打算议和。派人去问于谦，于谦回答说："今日止知有军旅，它非所敢闻。"[28] 景帝打消议和念头，也先索要的金帛财物也拒绝送去。也先一无所得，盛怒之下，纵马队在北京四周大肆抢掠，伺机进攻。明军则固守军营，准备厮杀。

十三日，也先发动总攻，明军与瓦剌军在德胜门外展开一场惊心动魄的战斗。这天天寒降雪，又起大风，接着雷电交加，转为降雨。清晨，也先派出一哨人马，侦察明军虚实。这时，从明军营中也走出一支马队。原来，瓦剌军抵达北京城下后，曾派散骑来德胜门窥探明军阵势，于谦判断瓦剌军可能要从这里进攻，预先让石亨领兵埋伏于道路两边的空房中，并派一支马队前去诱敌。两队人马相遇，刚一交锋明军就佯装败退。也先认为明军不堪一击，挥动万余骑追来。瓦剌军刚要逼近明军营地，突然一声炮响，明军神机营的火炮、火铳一齐发射，石亨所领伏兵也起而夹攻。副总兵范广身先士卒，跃马陷阵，部下人人奋勇，瓦剌军抵御不住。素有"铁颈元帅"之称的也先之弟孛罗、平章卯那孩，也在战斗中被火炮击毙。

也先攻击德胜门失利，又移师西直门。守将孙镗率军迎战，斩杀瓦剌前锋数人，敌军稍向北退却，孙镗率军追击，被瓦剌援军围在核心。孙镗尽力拼杀，但因兵力单薄，支撑不住，退到城边。给事中程信等在城上发炮轰击瓦剌军，高礼、毛福寿率兵前来助战，石亨也派兵前来增援，瓦剌军三面受敌，只得退兵，无功而还。

这次战斗暴露出了明军防务中的一些问题，于谦及时调整，派佥都御史王竑往毛福寿、高礼处提督军务，与孙镗屯兵一处，让他们与彰义门守军加强联系，一遇情况，相互应援，不得自分彼此，贻误军机。十四日，瓦剌军果然向彰义门发动进攻，于谦命副总兵武兴、都督王敬、都指挥王勇率军往彰义门迎敌。明军把火铳放在前面，弓矢短兵在后相随，挫败了瓦剌军前锋。不想明军中有百余名骑兵急于争功，见瓦剌军稍却，遂从后阵跃马而出，冲乱了己方阵脚，明军火器也不敢乱放，怕伤及己方士卒。瓦剌军乘机反击，明军败退，副总兵武兴中流矢死于阵前。瓦剌军追至土城，当地居民不惧危险，纷纷爬上屋顶，投掷砖石打击敌人，喊声惊天动地，阻遏住了瓦剌军的攻势。王竑、毛福寿闻讯赶来助战，瓦剌军见援军已到，不敢恋战，急忙撤退。

也先这次率大军直逼京师，原以为明军不堪一击，不想连日作战，皆遭败绩，借英宗向明廷要挟也未能得逞，这使也先颇为沮丧。对北京城的进攻没有结果，对居庸关的进攻也未能得手。守将罗通利用天气寒冷的气候条件，汲水灌城，利用坚冰阻遏敌人，多次击退瓦剌军的攻击，还三次出关追击敌人，颇有斩获。也先前阻坚城，又听说明朝勤王军队将至，恐怕归路被截断，于是在十五日夜拔营挟英宗北返，沿途大掠，并焚毁了昌平天寿山

图 7-2　铜火铳（景泰元年制造）

明长陵、献陵、景陵的寝殿。杨洪等率军追击，二十四日在霸州击败瓦剌军，俘虏敌军四十八人，夺回被掠人口万余。次日，孙镗、范广也追败瓦剌军于固安。沿途民众也自发组织起来，袭击瓦剌军。如真定府安平县老人郭弘、生员郭清等十六人袭击斩杀瓦剌军七人，并缴获一批盔甲器械，朝廷予以嘉奖，授郭弘为判官，郭清等为正、副巡检。

十一月初八，瓦剌军退回塞外，京师保卫战胜利结束。这次战斗的胜利使明王朝度过了一场严重的政治危机。

第八章

天顺与成化年间的政治变乱

第一节　英宗之幽禁与复辟

瓦剌部首领也先俘获英宗后，本以为奇货可居，可用来诱破明朝城隘，向明廷索要金帛。由于明朝坚持抗战，也先除最初勒索到一些财物之外，再也得不到实惠，英宗在他手里成了个无用的“空质”。而由于与明廷处于战争状态，原先通过朝贡和互市可以得到的物品，现在也无法得到，这使在经济生活上对内地依赖很多的瓦剌部损失颇重。也先逐渐感到，与明朝继续对立下去，实在是得不偿失，便动了把英宗送回的念头。

在明朝方面，上至文武大臣，下至草野村夫，对皇帝被蒙古人俘去，无不觉得是奇耻大辱，希望英宗能尽快返回。但此时坐在皇帝宝座上的景帝对此并不热心。一次廷议，吏部尚书王直奏言：“上皇蒙尘，理宜迎复。乞必遣使，勿使有他日悔。”景帝不高兴地说：

“我非贪此位，而卿等强树焉，今复作纷纭何！”于谦看透了景帝的心思，从容言道：“天位已定，孰敢他议？答使者，冀以舒边患，得为备耳！”[1]景帝这才放心应允。经过几次遣使往复，也先决定送英宗南归。景泰元年（1450）八月初二，英宗踏上返回故国的路途，于十五日抵达北京。景帝与其兄经过一番礼仪性的逊让后，便将英宗送入南宫（今北京南池子缎库胡同内），并命靖远伯王骥守护，实际上是将英宗软禁起来。在礼数上，景帝对英宗也甚薄。每逢英宗生日，礼部都奏请让群臣到南宫行朝贺礼，景帝一概拒绝。

景帝还一心想废掉太子朱见深，改立自己的独子朱见济为太子，但一直找不到合适的机会。景泰三年，发生了广西土官黄玹上疏事件，遂使易储问题公开化了。黄玹是广西思明州土知府黄堈之庶兄，守备浔州。景泰二年八月，黄堈致仕，其子黄钧袭职。黄玹想为自己的儿子谋取知府之位，便伪称要在思明征兵，让其子黄灏纠众在府城三十里外结营，到深夜突然进入府城，袭杀黄堈一家，将黄堈、黄钧父子肢解，用瓮装盛，埋于后花园中。事毕，黄灏率众回到营地。次日，他重新入城，假装发现黄堈一家遇害，于是为其发丧，并假惺惺地派人缉捕凶手。在黄灏行凶时，黄堈家一名仆人躲了起来，后逃到按察司报案，并出具了黄玹的征兵檄文为证。广西巡抚李棠得知此事，一面申报朝廷，一面派人将黄玹父子逮捕下狱。黄玹见事情败露，便派千户袁洪到北京活动。袁洪到京后，探听到皇上想改换太子，便以黄玹的名义进呈一本奏疏，声称为了“永固国本”，必须改立太子。景帝得疏大喜，称赞说：“万里之外，乃有此忠臣！”[2]他不顾是非，令将黄玹父子释放，擢黄玹为都督同知，并诏令廷臣集议。廷议时，有人不同意改换太子，太监兴安厉声说："此事今不可已，不肯者不用签名，尚何迟疑之有！"于是朝臣联名合奏："父有天下，必传于子，此三代所以享国长久也。惟陛下膺天明命，中兴邦家，统绪之传，宜归圣子。今黄玹所奏，宜允所言。"[3] 景帝终于实现了立己子朱见济为太子的愿望，原太子朱见深改封沂王。但次年朱见济即夭亡，不少朝臣对储位空虚感到担忧。御史钟同上疏，谓"沂王天资厚重，足令宗社有托"，请求"蠲吉具仪，建复储位"，礼部郎中章纶也疏请"还沂王于储位，定天下之大本"，景帝暴怒，将二人下狱，严刑拷掠，钟同被杖死，章纶则长系锦衣卫狱中。[4]

对于英宗的一举一动，景帝都严加防范。御用监少监阮浪侍英宗于南宫，英宗赐予他一个镶金绣袋和一把镀金刀，阮浪又转赠给好友王瑶。此事被洞隐烛微的锦衣卫发现，遂诬告阮浪密奉上皇之命，以袋、刀潜结王瑶，谋复帝位。对于这类消息，景帝从不怀疑，遂将阮浪、王瑶下狱拷讯。虽然最终也没有确实的口供和证据，仍将王瑶磔死，阮浪则在狱瘐死。严密的防范仍不能使景帝放心，景泰六年夏天，他竟接受太监高平的建议，将南宫的树木尽皆砍伐，以防有人逾越高墙，与英宗取得联系。

景泰七年十二月下旬，景帝身染沉痾，卧床不起。元旦在即，他自知难以应付烦琐的礼仪，便于二十八日下令，罢元旦庆贺礼。他不想让廷臣知道自己病重，所以公开宣布的理由是近来星变不断，上天示警，故而减损礼仪以答天戒。而群臣猜测，其中必另有隐情，一时议论纷纷，人心不安。礼科给事中张宁上疏指出：皇帝忽然宣布罢元旦庆贺礼，虽说是恭谨敬慎，诚奉天命，但朝廷内外岂能尽知陛下之心？必致讹言相传，有所惊讶。他请求皇帝"勉顺旧章，俯全大礼”。景帝览疏不悦，下旨斥责张宁“不识大体”。[5]已经从各种渠道听说皇帝患病消息的大臣们，推测皇帝已病得不轻，否则是不会轻易罢免朝贺大典的。于是，人们又开始暗中议论立储事，只是鉴于钟同、章纶之祸，谁也不敢明言。

三十日岁暮，应享太庙，景帝为保省体力，遣武清侯石亨代祭。次日，是景泰八年元旦，他强撑病体，御奉天殿，百官按朔望礼朝参。初六是孟春，又当祭宗庙，仍命石亨代行。十三日，应在南郊大祀天地。十二日，景帝勉强支撑病体，出宿于南郊斋宫。他本想亲行郊祀大礼，但病势沉重，开始咯血，只得召石亨至榻前，命他摄行祀事。祭毕，返回皇宫，令文武百官免行庆成礼。在京各衙门官员纷纷前往左顺门问安，都察院左都御史萧维桢、左副都御史徐有贞，也率僚属前往。太监兴安以手做十字形，暗示皇帝病重，拖不过十天。他还对众人说：“公等皆朝廷股肱耳目，不能为社稷计，徒日日问安何益？”[6]大家明白了兴安的意思，回去商议奏稿，准备请求皇帝尽快立储。

十四日，百官齐集于左顺门，商议奏请立储事，并拿出各自的疏稿。大多数官员认为应复立沂王朱见深为皇太子，但大学士王文、陈循、萧镃等不同意。萧镃说：“沂王既退，不可再也。”王文则说：“今具请立东宫，安知上意谁属？”于是，萧维桢把胡濙等拟好的疏稿中的“早建元良”改为“早择元良”，各衙门长官依次签名上奏。次日，景帝传旨说：“朕偶有寒疾，十七日当早朝，所请不允。”[7]十六日，王直、胡濙、于谦会诸大臣，准备再次请求立储，推学士商辂主草。商辂写道：“陛下宣宗章皇帝之子，当立章皇帝子孙。”[8]大家都称赞此语精妙。因为宣宗只有英宗朱祁镇和景帝朱祁钰二子，景帝既然无子，宣宗裔孙也就只有英宗诸子。商辂这样写虽未明确提出复立沂王，实已暗含其意。况且当时人十分看重血缘关系，这样写也容易感动人心。奏疏起草完毕，天色已晚，也就没有上呈，准备次日早朝时奏上。谁能想到，就在这天夜里，变生萧墙，英宗重新登上皇位。

原来，景帝十二日在南郊斋宫召见石亨时，石亨亲眼看到他的病况，估计行将不起，便与都督张軏、左都御史杨善、太监曹吉祥秘密策划，准备迎请英宗复辟。他们感到心里没底，便去请教以谋略著称的太常卿许彬。许彬认为这是“不世功”，但又觉得自己“年老无能为”，让他们去找“善奇策”的徐有贞商议。[9]石亨等遣人伺机向英宗通报了情况，并于景泰八年正月十四日夜聚于徐有贞家，徐有贞看出这是一个飞黄腾达的好机会，坚决支持，制定了详细行动计划，并让曹吉祥密禀皇太后孙氏，取得了她的允准。十六日晚，石亨告诉徐有贞，英宗已回信，对他们的行动表示赞同。

十七日凌晨三更，石亨等人会合右都御史罗通，领军向南城进发。四更时分，开长安门，纳兵千余入宫城，然后将门反锁，以阻遏外兵。接着，迅速赶到南宫。南宫宫门之锁都被铁汁灌死，十分牢固。徐有贞让军士用巨木撞门，又命勇士翻墙入内，内外合力，墙坏门开，众人拥入。英宗听到喧闹声，燃烛出见，徐有贞、石亨等伏地请复登大位。呼军士举辇，军士惊慌不能举，徐有贞等帮着一起推挽，扶英宗登辇以行。英宗询问诸人职官姓名，各人纷纷报上。到东华门，守门卫士大声呵止，英宗高喊：“朕太上皇帝也！”东华门随声而开。众人拥英宗到奉天殿，升御座。

几天前，景帝曾传出谕旨，定于十七日早朝。这天按照惯例，百官于五更前在午门外朝房等待。忽然，宫中钟鼓齐鸣，宫门大开，徐有贞出来高声宣布："太上皇帝复位矣！"目瞪口呆的公卿百官在徐有贞的催促下，匆匆整队入宫拜贺。为了安定人心，英宗传谕百官说："卿等以景泰皇帝有疾，迎朕复位，众卿仍旧用心办事，共享太平！"[10]百官齐呼"万岁"，人心稍定。这一事件，史称"夺门之变"，也称"南宫复辟"。

卧病在床的景帝听到钟鼓声和奉天殿传来的喧杂声，知事情有变。他问身边的人："是于谦吗？"不一会儿，有人报说是太上皇帝复位了。朱祁钰闻听此语，连声说："好，好！"数年来他一直严加防范、唯恐发生的事还是发生了。但他此时病体缠绵，自知行将不起，听说兄长复位，心下倒有些释然，毕竟皇位未落入他人之手。

复辟当日，英宗命徐有贞以原官兼翰林学士入内阁参预机务。次日，逮捕了兵部尚书于谦、大学士王文，并将一批大臣、太监下狱。二十一日，颁布复位诏书，改景泰八年为天顺元年（1457）。据说，复位诏书起初是由内阁诸学士集体起草的，但诸学士依次签名后，唯独徐有贞不肯签，英宗召他询问缘故，他阐述了自己的见解，英宗遂命他重新起草，经三宿才最后完成。徐有贞所草诏书，内有"岂期监国之人，遽攘当宁之位"[11]等语，将景帝登基定性为篡位。二月初一，又以孙太后名义发布制谕，宣布废"景泰僭子仍为郕王"。制谕对英宗大加称赞，谓其"敬天勤民，无怠无荒"，对土木之变也粉饰说："比因虏寇犯边，生灵荼毒，为恐祸延宗社，不得已亲率六师以御之，此实安天下之大计也。"而对于景帝，则痛加诋毁，内中云：

戮败纲常，变乱彝典。纵肆淫酗，信任奸回。毁奉先傍殿，建宫以居妖妓；污缉熙便殿，受戒以礼胡僧。滥赏妄费而无经，急征暴敛而无艺。府藏空虚，海内穷困。不孝不悌，不仁不义。秽德彰闻，神人共怒。上天震威，屡垂明象，祁钰恬不知省，拒谏饰非，造罪愈甚。既绝其子，又殃其身，疾病弥留，朝政遂废。[12]

此谕用词颇似泼妇骂街，混淆是非，颠倒黑白，将朱祁钰临危受命、奠安社稷之功一笔抹杀。二月十九日，朱祁钰凄凉辞世，究竟是自己病死，还是被宦官勒死，已成历史之谜。朱祁钰死后获谥号曰“戾”，其义为“知过不改”。到成化年间，又被恢复了帝号。

于谦等人下狱后，徐有贞、石亨必欲置其死地而后快。他们唆使党羽，弹劾于谦、王文等人，谓其图谋迎立襄王朱瞻墡之子入京即位。在廷审时，王文辩白说：“召亲王须用金牌信符，遣人必有马牌，内府、兵部可验也。”[13] 于谦则冷笑着说：“（石）亨等意耳，辩何益。”[14] 经过查对，金牌信符都在内府，徐有贞却说：“虽无显迹，意有之。”主持审讯的官员阿附徐有贞、石亨，竟以“意欲”定案，判处于谦、王文谋逆，当凌迟处死，籍没家产。[15] 案子上奏后，英宗有些迟疑，说：“于谦实有功。”徐有贞说：“不杀于谦，此举为无名。”英宗决心遂下。大理寺卿薛瑄奏请从轻处置，英宗令将二人处斩。于谦赤心为国，当国家危急存亡之际，力定大计，使社稷转危为安，一代功臣，竟惨死刀下。抄其家时，家无余赀，只有正室门锁牢固，打开一看，都是景帝所赐蟒衣剑器。于谦无辜被杀，天下冤之。可以说，杀害于谦是英宗复辟后最大的一个失误。此后军备废弛，边警不断。一天，英宗忧形于色，在一旁的恭顺侯吴瑾说："使于谦在，当不令寇至此。"[16]

第二节　曹石之变

英宗对帮助自己复辟之人心存感激，大行封赏。石亨在景泰时已封侯，晋封为忠国公。张軏封为太平侯，其兄张輗封为文安侯。曹吉祥升为司礼监太监，总督京军，其嗣子曹钦得授都督同知。杨善封为兴济伯。徐有贞于"夺门之变"当天即入阁，次日晋升兵部尚书，仍不满足，石亨将他的心意转告英宗，遂封为武功伯。这些人还纷纷为自己的亲属和手下邀取官爵，以致未过多久，以"夺门"功晋升者已达三千余人。与此同时，景泰朝大臣横遭排陷打击，大学士陈循、刑部尚书俞士悦、工部尚书江渊、吏部左侍郎项文曜等被发配到辽东铁岭卫充军，大学士萧镃、商辂，兵部右侍郎王传等被罢职为民，吏部尚书王直、礼部尚书胡濙、大学士高谷等致仕，户部尚书张凤、左都御史萧维桢等改任南京，一时阁部为空。而这些空出来的职位很多都被徐有贞、石亨的亲信占据。

英宗认为徐有贞富有才干，对他十分信任。经过几番折腾，政治局面总算安定下来，应该集中精力解决那些困扰着朝廷的经济、军事问题了。然而，"夺门"功臣们并不把国家大事放在心上，只为自己的功名利禄着想。没过多久，他们中间就为争夺权力展开一系列钩心斗角的斗争。

徐有贞柄政以后，开始与曹吉祥、石亨拉开距离。一是因为曹、石招权纳贿过于露骨，与他们搞在一起影响自己的威信；二是徐有贞想独揽大权，曹、石成为他的竞争对手。不久，徐有贞就窥伺到英宗对曹、石已有些厌恶，于是就向英宗密言他们的贪横行为，试图动摇英宗对他们的信任。天顺元年（1457）五月，御史杨瑄上疏弹劾曹、石强夺民田、冒功滥职等罪。英宗召徐有贞和另一名阁臣李贤询问情况，二人说："瑄所言公正，不避权幸，宜从其请。"英宗遂下诏褒奖杨瑄，并命巡按御史覆勘侵夺民田事。[17]曹吉祥和石亨因争权夺利，本来相互之间也有矛盾，这时却联合起来，策划倾陷徐有贞。英宗经常召徐有贞到深宫密谈，曹吉祥密令小宦官窃听，再故意泄露给英宗，并声称徐有贞已在外广为散布，促使英宗衔恨徐有贞。

由于英宗褒奖了杨瑄，御史们以为皇上对曹吉祥、石亨已失去信任。恰巧天象出现异常，彗星见于危宿，色青白，状如粉絮。古人一般都很迷信，认为这是凶兆，而且根据占星术理论，这是上天对奸臣当朝的警告。于是，一些言官便起草奏章，准备联名弹劾曹、石。不料给事中王铉向石亨密报了相关情况。石亨、曹吉祥立即入宫，哭哭啼啼向英宗表白自己万死一生拥戴复辟的功劳，声称内阁正唆使御史排陷"夺门"功臣。英宗果然被二人说动，次日言官们进奏弹章时，英宗下令将他们都逮下锦衣卫狱，拷问主使者，但他们均无所招。锦衣卫于是上奏说，御史们是受了右都御史耿九畴和副都御史罗绮的指使，耿、罗二人企图借此阿附阁臣徐有贞和李贤。英宗令将耿、罗下狱，又令科道官弹劾徐有贞、李贤"欲独专擅威权，排斥勋旧"[18]。徐有贞、李贤很快也被逮捕入狱，因天变不断，英宗不免有所惊惧，遂从轻发落，降徐有贞为广东右参政，李贤为福建右参政。弹劾曹、石的言官也尽被谪戍。李贤在英宗心中并未留下不良印象，又得到吏部尚书王翱保护，因此尚未离京，即得以复职；徐有贞则遭到曹、石进一步陷害，被发往云南金齿卫为民，直到天顺四年，才被释放回原籍苏州。

曹吉祥、石亨在这次与徐有贞的较量中，获得全胜，于是更加肆无忌惮地专权乱政。二人一掌外朝，一掌内廷，权倾天下，朝野侧目。虽然复辟时动用的全部军人不足一千，可石亨弟侄家人，部曲亲故，以“夺门”功升迁者已多达四千余人。石亨又公开卖官鬻爵，“以货之多寡为授职美恶，入之先后为得官迟早”，嗜进者纷纷奔走其门，行贿钻营，当时有“朱三千，龙八百”的民谣，说的就是郎中朱铨和龙文行贿升官之事。[19] 渐渐地，石亨对英宗也缺乏人臣应有的恭谨，每日进宫，肆意干预政事，英宗对他所请之事偶然加以拒绝，他就立即怫然不悦。

曹吉祥、石亨的专权跋扈使英宗越来越感到难堪和不安，但他为人优柔寡断，不知道如何应付。一天，英宗私下问李贤：“此辈干政，四方奏事者先造其门，为之奈何？”李贤回答：“陛下惟独断，则趋附自息。”英宗又说：“向尝不用其言，乃怫然见辞色。”李贤建议“制之以渐”。[20] 于是英宗就采用李贤的办法来对付曹、石。曹、石经常因为小事私情，甚至没有什么事情，就要求觐见英宗，这时英宗向左顺门卫士下令：不经宣召，不许总兵官入宫。后来，兵部尚书陈汝言受到科道官弹劾，英宗下令将其禁锢；吏部左侍郎孙弘闻丧，英宗命其回家守孝。这二人都是石亨的心腹，英宗这样做是有意去其臂膀。

石亨之侄石彪骁勇善战，景泰年间积功升至都督佥事。英宗复辟后，升都督同知，以游击将军赴大同备敌，因屡立战功，先封定远伯，晋为定远侯。石彪自恃功高，对部下骄横，连大同总兵官李文也不放在眼里，李文等人便传播流言，说石彪在大同拥精兵，怀异志。英宗果然对石亨、石彪内外掌握重兵产生疑心。天顺三年三月，因黄河解冻，蒙古军不易越河内犯，英宗召石彪回京，但石彪直到七月才抵达京城。他还指使千户杨斌等五十余人来京，向皇帝乞请让石彪镇守大同。英宗产生怀疑，将杨斌等下狱，他们供出是受石彪指使，这更增加了英宗的猜疑。在英宗授意下，科道官们纷纷弹劾石彪欺君罔上，罪大恶极，英宗便于八月初一下令将石彪逮捕，命令锦衣卫、兵部、都察院、刑部等衙门严加审讯。石彪私置绣蟒龙衣和违禁寝床、强奸良家妇女、欺侮藩王、禁死军士等一系列罪状逐步被揭露出来。在审讯的同时，还对石氏党羽进行了清查，因阿附石氏得以升迁的文武官员，分别受到革职、贬官、充军等惩罚。

石彪下狱，朝臣们也就摸清了英宗对石亨的态度，于是陆续上章弹劾石亨。锦衣卫指挥逯杲本来也阿附石亨，后见皇帝疏远石亨，就转变态度，伺察石亨阴事密奏，得到英宗信用，这时就更加卖力地摭拾石亨罪状。天顺四年正月，逯杲奏称石亨怨恨朝廷，蓄养无赖二十余人，专门伺察朝廷动静，图谋不轨。同时，石亨的家仆也诣阙告变，说石亨怨谤朝廷，有不轨之谋。英宗这时也就相信石亨确有谋反之心，遂将逯杲的奏章出示给群臣，群臣异口同声，皆言石亨罪大，不可宽宥，于是英宗下令逮捕石亨。石亨下狱二十一天便瘐死，几天后石彪亦被处决。在这期间，英宗还革除了“夺门”之功，下令以后凡有章奏，一律不许用“夺门”二字。他想对冒“夺门”功升职者进行彻底清查，李贤怕这样做会使人心惊惧，甚至激成祸变，建议英宗下令自首者免罪，隐瞒不报者定罪降调。冒功升官相继自首改正者达四千余人。

石亨、石彪败亡，曹吉祥、曹钦叔侄惊惧不安。自英宗复辟后，曹氏飞黄腾达，此时曹钦已被封为昭武伯，曹吉祥则一直总督三大营，军权在握。曹吉祥其他几个侄子也都官至都督，掌握重兵。曹家藏有大量器械甲杖，门下斯养着上千名精悍的蒙古族军人。石亨一败，曹吉祥就觉着同样的命运也快降临到自己头上，决定孤注一掷，发动军事政变。他向门客冯益询问："自古有宦官子弟为天子者乎？"冯益回答："君家魏武（即曹操）其人也。"[21]曹吉祥听说有先例，心头大喜。他每日厚赏门下军夫，激励他们为自己效力。天顺五年六月，蒙古孛来部频频犯边，朝廷决定派遣兵部尚书马昂、怀宁伯孙镗率京军前往陕西征讨，并定于七月初二早朝陛辞。曹吉祥与曹钦决定七月初二黎明前起事，这样可以利用西征将士出发之机，蒙混调动军队。叔侄二人还进行了分工，曹钦自外拥兵入宫，曹吉祥率禁兵在内接应。计议已定，曹钦便与其党羽都督伯颜也先部署好士卒五百人，然后与党徒数十人夜饮，等待起事时刻的到来。酒吃到一半，蒙古族军官马亮怕事情失败，便从酒席上悄悄溜出来，到皇宫报告。是夜，怀宁伯孙镗因次日晨将陛辞，与恭顺侯吴瑾俱宿于朝房。马亮将有关情况报告吴瑾，吴瑾急忙告诉孙镗。二人急忙草疏告变，因都是武臣，短于写作，疏中只写着："曹钦反，曹钦反！"[22]奏疏从长安右门门缝投入，英宗立即借故召见曹吉祥，将其逮捕，并命令紧闭皇城与京城诸门。

曹钦发现马亮溜走，知事情有变，不待凌晨，便率众提前行动，首先向锦衣卫指挥同知逯杲家奔去。逯杲正出门准备去朝房，曹钦上前将其头颅砍下，并让部下将他碎尸万段。接着，又冲向西朝房，杀死都御史寇深。然后，又往东朝房去寻大学士李贤。李贤听到外面喧杂声，还以为是西征将士，突然听到有人呼其官名，便出门去看，被曹钦部下砍伤。曹钦赶到，将部下斥退，称受到逯杲谗害，不得不起而自卫，让李贤写疏上奏。李贤只得照曹钦之意草疏，从东长安门门缝投进。曹钦见门不开，便纵火焚烧，不得入，又转攻西长安门，仍不得入，于是又转攻东安门，途中与恭顺侯吴瑾相遇，吴瑾战死。孙镗投疏告变后，便去召集军士，至太平侯张瑾家，张瑾恐惧不敢出。孙镗又奔至宣武街，派两个儿子孙辅、孙轨帮他召集西征士卒，得二千人，遂率众去攻打曹钦。工部尚书赵荣也召集到数百人，前来助战。此时天色渐渐放明，叛军士气随之瓦解。各城门早已紧闭，曹钦冲突不得出，只能率余众奔回家中拒战。孙镗督兵攻入，曹钦投井自尽，满门皆被斩杀。三天后，曹吉祥也被处以磔刑。

英宗又度过了一场惊心动魄的政治危机。通过这场危机，他对李贤的信任有所增加，以李贤为首的阁臣们也尽心辅佐，朝政很快就恢复了正常。此后直到英宗去世，最高权力机构一直运转得比较平稳。

第三节　宪宗的统治风格与弊政

天顺八年（1464）正月，英宗去世，皇太子朱见深继位，是为明宪宗。在明朝历史上，朱见深是唯一一位两度正位东宫的太子。

先是正统十四年（1449）土木之变后，为稳定局势，命郕王监国，同时立朱见深为太子；郕王登基后，于景泰三年（1452）废黜朱见深太子之位，改封沂王；景泰八年英宗复辟后，朱见深再次被立为储君。

宪宗的性格比较宽厚，据说每有死刑案件上奏，“多所宽宥，或不得已而行刑”[23]。即位之后，曾平反前朝一些冤狱。尤其是为于谦平反，恢复景泰帝号，为他博得良好声誉。

于谦于土木之变后临危受命，赤心报国，立下丰功伟绩。但英宗复辟后，听信谗言，将于谦处死，天下无不冤之。成化元年（1465）二月，御史赵敔上疏，指出正统时蒙古进犯京城，“赖于谦一人保固，其功不小”，却被石亨等人诬陷害死，“冤抑无伸”，请求为其平反。宪宗读罢此疏，感慨地说：“御史言是。自昔奸凶之徒，不诬人以恶，则不能甚人之罪；不甚人之罪，则不能大己之功。朕在青宫，稔闻谦冤。盖谦实有安社稷之功，而滥受无辜之惨，比之同时骈首就戮者，其冤尤甚。所司其悉如御史言，亟行之。”[24]次年八月，于谦子于冕请予祭祀，宪宗命翰林院撰文，遣人到于谦墓前祭祀，祭文中说：“卿以俊伟之器，经济之才，历事先朝，茂著劳绩。当国家之多难，保社稷以无虞；惟公道以自持，为权奸之所害。先帝已知其枉，而朕心实怜其忠。”祭文给予于谦高度评价，一时天下传颂。

与平反冤案相比，为景泰恢复帝号则要敏感得多。此事由湖广荆门州训导高瑶率先提出。他于成化三年五月上疏指出，土木之变后，“宗社危如一发，使非郕王继统，国有长君，则祸乱何由而平？黠虏何由而服？銮舆何由而还？六七年间，海宇宁谧，年谷屡

图 8-1 《宪宗元宵行乐图》

丰，元元乐业，其功不小”。请求为郕王追加庙号。[25] 宪宗将奏疏交廷臣讨论，大家都觉得此事关系重大，不敢多嘴，拖了半年多，才回奏说：“郕王继位六七年间，行事具在《实录》，其庙号非臣下所敢轻议，请自上裁。”这等于什么也没说，推给宪宗自己决定。状元出身的左庶子黎淳，上疏极言郕王过失，反对追加庙号，宪宗在其疏上批下“献谄希恩”四字，并说：“景泰已往过失，朕不介意，岂臣下所当言！”[26] 成化六年八月，御史杨守随上疏，谓郕王“受命艰危时，削平祸乱，功甚大”[27]。此时宪宗正被他事烦扰，未明确表态。成化十一年十二月，宪宗思及郕王功绩，下旨肯定郕王有“戡难保邦，奠安宗社”之功，并称英宗在世时已知郕王诬枉，欲为其平反，未及举行而去世，自己继承父志，决定恢复郕王帝号。[28]礼部召集廷臣会议，拟上谥号“恭仁康定景皇帝”。宪宗此举颇得人心，有人赞誉说：“大哉宪皇，追称景帝，所挽回元气多矣！”[29]

宪宗的统治风格，可用庸碌无为加以概括。《明宪宗实录》的编纂者曾为其下了这样一个定论：“上以守成之君，值重熙之运，垂衣拱手，不动声色，而天下大治。”所谓“天下大治”，无疑是溢美之词。宪宗禀受明初以来之余泽，国家虽未出现大乱子，但危机日深，矛盾丛生，显然与“大治”局面大不相侔。但说宪宗“垂衣拱手”，则是实情。他缺乏雄心，怠于临政，在位二十三年，仅在成化七年召见过阁臣一次，性格上也有点优柔寡断，很容易受到他人左右。他的宠妃万氏就对朝政有很大影响。

万氏（1430—1487），小字贞儿，山东诸城人。宣德八年（1433）入宫，一直随侍在皇后孙氏身边。天顺年间，到东宫侍奉朱见深，朱见深对其依恋日深。宪宗即位时，年方十六，而万氏年已三十有五，但宪宗对她宠爱有加，成化二年封贵妃。对于宪宗专宠万贵妃，许多人都难以理解，皇太后周氏也曾询问：“彼有何美，而承恩多？”宪宗回答说：“彼抚摩，吾安之，不在貌也。”[30]由此可见，对于宪宗来说，万氏实际上是亦妻亦母，起着精神慰藉的作用；也正因如此，宪宗对万氏之爱终生不渝。由于万氏可以察言观色，左右宪宗，于是佞幸钱能、覃勤、汪直、梁芳、韦兴等，“皆假贡献，苛敛民财，倾竭府库，以结贵妃欢，奇技淫巧，祷祠宫观，糜费无算”[31]。大学士万安与万贵妃本无亲戚关系，却腆颜攀为族侄，以邀宠固位。可以说，成化朝的许多弊政都有万贵妃插手其间。

汪直就是靠侍奉万氏而得宠的一位宦官。汪直，广西大藤峡瑶族人，幼年净身入宫，后充昭德宫内使，侍奉万贵妃。因年少黠谲，颇得宪宗宠信，升为御马监太监。成化十二年，“以左道惑众”的“妖人”李子龙与宦官相结，经常到万岁山观望，被锦衣卫发现，伏诛。此事使宪宗深感不安，他“锐欲知外事”，遂令汪直易服化装，经常带领校尉密出伺察。成化十三年，设立西厂，以汪直提督，权势远远超过另一特务机构东厂。西厂可以不俟奏请先行逮捕，侦伺的范围，“自诸王府、边镇及南北河道，所在校尉罗列，民间斗詈鸡狗琐事，辄置重法”，制造了很多冤案。如建宁卫指挥杨晔，是已故大学士杨荣的曾孙，与父杨泰为仇家所告，逃往京城，藏匿在姐夫董玙家。董玙向汪直的心腹锦衣卫百户韦瑛求情，韦瑛假意应允，暗中却报告汪直，将杨晔、董玙逮捕，用酷刑拷掠。杨晔受刑不过，妄言寄金于其叔父兵部主事杨士伟所，汪直不奏请，便将杨士伟下狱，并拷掠其妻孥，最后杨晔死于狱中，杨泰论斩，杨士伟等皆谪官。汪直还借此案诬大臣多得杨晔贿赂，除大学士商辂外，并及刑部尚书董方、都御史李宾等。高级官员和官宦之家尚且如此，普通百姓更难自保，一时“冤死相属，无敢言者”[32]。商辂等上疏，极言汪直之害，谓“自直用事，士大夫不安其职，商贾不安于途，庶民不安于业，若不亟去，天下安危未可知也”[33]，宪宗竟怒言：“用一内竖，何遽危天下？”经商辂等力争，宪宗暂罢西厂，但不久复开，汪直权势更盛，“士大夫益俯首事直，无敢与抗者”。[34]

重开西厂后，汪直倚重的心腹有王越、陈钺等人。王越为人不修小节，与其他官员关系不睦，后通过结识汪直心腹韦瑛，攀附上汪直，遂官运亨通，擢兵部尚书兼左都御史。陈钺也靠谄附汪直，擢右副都御史，巡抚辽东。汪直“年少喜兵”，宪宗遂令他巡边，汪直摆足派头，“率飞骑日驰数百里，御史、主事等官迎拜马首，棰挞守令。各边都御史畏直，服櫜鞬迎谒，供张百里外”。时在辽东的兵部侍郎马文升不肯逢迎汪直，遂被谗害，罢职谪戍。就连一些无赖，竟也利用汪直的权势进行诈骗。江西人杨福与汪直容貌相似，遂诈称汪直，自芜湖至浙、闽，历常州、苏州、杭州、绍兴、宁波、温州等地，到达福州，一路上作威作福，官府皆奉承恐后，足见汪直气焰之盛。汪直的专权跋扈引起广泛不满。善于诙谐表演的小宦官阿丑，一次在宪宗面前做戏，佯醉谩骂。左右称圣驾至，仍谩骂如故；称汪公来，立即惊走。问其故，答曰：“今人但知汪太监也。”又一次演戏，扮作汪直模样，手执两钺而行，左右问其何故持钺，答曰：“吾将兵，仗此两钺耳。”问为何钺，又答曰：“王越、陈钺也。”[35]不过平情而论，王越、陈钺二人在北边多有作为。

汪直的倒台起因于与另一宦官尚铭争功。尚铭本因依附汪直而得进用，得掌东厂。时有盗窃西内物品者，东厂捕获奏报，尚铭得到奖赏。汪直认为这是尚铭与自己争功，大不悦。尚铭惧怕汪直倾陷自己，遂先发制人，密奏汪直向外泄露禁中秘事，并揭发王越勾结汪直诸多不法事，宪宗于是开始疏远汪直。成化十七年，命汪直和王越往宣府御敌，敌退，汪直请班师回京，宪宗不许，命其徙镇大同。汪直久在外镇，其宠更衰。给事中、御史纷纷弹劾汪直苛扰，大学士万安等人也请罢西厂。成化十八年三月，西厂最终停罢。次年六月，汪直被调到南京御马监，不久降为奉御，其党羽王越等亦先后被褫逐。

汪直之外，宪宗信用的宦官还有梁芳、钱能、韦兴、陈喜、王敬等人。这些宦官的权势虽未达到汪直那样的地步，但亦皆招权纳贿，恣纵专横。此外，也应看到，并非所有宦官都是朝政败坏者。如怀恩就是一位正直的宦官。他掌司礼监，“性忠鲠无所挠，诸阉咸敬惮之”。员外郎林俊因直谏触怒宪宗，宪宗欲诛之，怀恩不顾个人安危，极力谏止，使林俊免于一死。后怀恩被斥居凤阳，孝宗即位后召回，力劝孝宗黜奸佞，进正直，“一时正人汇进，恩之力也”[36]。

除宠信宦官外，宪宗还崇佛溺道，以致妖人、佞幸飞扬跋扈，给朝政造成很大损害。其中名声最大、劣迹最著者，有李孜省、继晓等。

李孜省（？—1487），江西南昌人。原为江西布政司吏，玩法受赃。后赴京考选，受赃事发，当罢黜为民，潜匿京师不归。因宪宗溺好方术，李孜省便学五雷术，厚结宦官梁芳、钱义，以符箓进，果然得到宪宗宠幸。成化十五年，特旨授太常寺丞。御史杨守随、给事中李俊等力谏，宪宗不得已，改授上林苑监副，然宠幸日甚，赐以“忠贞和直”、“妙悟通微”二印，许密封奏事。李孜省与梁芳等表里为奸，干预政事。成化十七年，擢右通政，大臣交劾，多遭贬黜。后又进左通政，益作威福。他利用扶乩术，言江西人赤心报国，于是致仕副都御史刘敷、礼部郎中黄景、南京兵部侍郎尹直、工部尚书李裕、礼部侍郎谢一夔，皆因之以进，就连内阁大学士万安、刘吉、彭华也“从而附丽之”；而江西巡抚闵珪、洗马罗璟、兵部尚书马文升、顺天府丞杨守随等，则遭其排斥，皆被谴逐，以致朝野侧目。后擢礼部右侍郎，仍掌通政司如故。[37]

继晓，原为湖广江夏（今湖北武昌）僧人，亦攀附梁芳，以秘术进，授僧录司左觉义，进右善世，命为通玄翊教广善国师。日诱宪宗为佛事，“建大永昌寺于西市，逼徙民居数百家，费国帑数十万”。员外郎林俊请斩梁芳、继晓以谢天下，几得重谴。继晓自知受人憎恶，唯恐祸及己身，遂乞归养母，奏讨空名度牒五百道，宪宗悉从之。继晓为人奸黠，窃弄权柄，成化二十一年发生星变，言官极论其罪，继晓才被黜为民。此外，宪宗宠溺番僧，封法王、西天佛子、大国师、国师、禅师者，不可胜计。道士在宪宗朝也大受宠信，“羽流加号真人、高士者，亦盈都下”[38]。在宪宗的纵容下，一些僧道或横行于朝廷，或作乱于地方，百姓深受其害。如被封为“大真人”的张元吉，私设监牢，滥用酷刑，先后杀害无辜四十余人，事发，朝臣一致要求处以极刑，宪宗却一再减刑，使其逍遥法外。

由于奸佞竞进，宪宗率酬以官职，一时名爵大滥。宪宗即位仅一个多月，就命中官传旨授司礼监工匠姚旺为文思院副使，此为“以内批授官”之始。“自后相继不绝，一传旨姓名至百十人，时谓之传奉官，文武、僧道滥恩者数千。”[39]根据《明宪宗实录》统计，仅在成化十九年至二十三年间（1483—1487），传奉官至少有一千一百多名。这也是成化朝屡受诟病的弊政之一。

传奉官

传奉官，指不经铨选、由皇帝传旨所授之官。天顺八年（1464）二月十七日，刚即位二十六天的明宪宗派司礼监太监牛玉“传奉圣旨”，升工匠姚旺为文思院副使，此为明朝传奉官之始。此后相继不绝，日趋泛滥，有一次传旨授官至百十人者，总数达四五千人。孝宗即位初期，曾清汰部分传奉官，但后复以旨传升，延及正德年间。传奉官主要由以下人等构成：擅长书法、通达文字的士人，热衷文学、爱好词曲的艺人，精于医术、通晓药理的医生，能够制作精美器物的工匠，能够识别并采买古董玩物的鉴赏家，具有一定造诣并能交流技艺心得的书画家，善观天象、谙熟地理特别是能驱神捉鬼并精通房中术的术士，以祛病消灾、修炼来世、祈祷太平自诩的番汉僧道，以及其他能够证实自己有特殊技能的各色人等。

第四节　大藤峡用兵与荆襄起事

成化年间不但朝政庸暗，地方上也不安宁。在北部边境地区，出现了蒙古鞑靼诸部进入河套、骚扰明边的新情况。土木之变后不久，蒙古瓦剌部内部发生矛盾。景泰四年（1453），太师也先杀脱脱不花，自立为可汗。景泰六年，也先又被阿剌知院杀死，致使瓦剌内部分裂，势力逐渐衰落。而蒙古鞑靼部却日益强盛，并逐步深入河套地区。河套是指今内蒙古南部和宁夏东部贺兰山以东、狼山和大青山以南的黄河沿岸地区，因黄河在此流成一个大弯，犹如一个巨大的套子，故称河套，蒙古语则称其为鄂尔多斯，延袤二千里，水草丰美，久为蒙古各部所垂涎。天顺年间，有位叫阿罗出的部落首领，率部进入河套地区，自此长驻不去。成化初，孛来、毛里孩诸部也相继到来，河套遂成鞑靼诸部越冬之地。鞑靼诸部入据河套，骤然缩短了蒙古本土与中原内地的距离，明朝陕西、延绥、宁夏、甘肃、宣府、大同诸边，直接暴露于蒙古人面前，从此“边事以棘”。明廷曾多次派兵进剿，但蒙古人“去辄复来，讫成化末无宁岁”[40]，甚至还常深入内地，成为明朝之大患。

北边让朝廷忧心，南部广西的大藤峡地区也陷入混乱状态。大藤峡在浔州府和柳州府之间，浔江由此流过，在这一段特别曲折，两岸都是森林覆盖的陡峭山岭，悬崖绝壁，峡谷深隘，只有粗壮的大藤把两岸连接起来，故称大藤峡。人们若想来往于峡谷两边，只能攀缘大藤而过。这一地区东西长数百里，南北宽上百里，是瑶族和壮族的居住地。自唐宋以来，这里就是羁縻州县，由大大小小的酋长头目充任土司土官。一方面由于内部阶级压迫导致的阶级矛盾激化，另一方面由于汉官汉军欺压当地原住民导致的民族矛盾激化，这一地区一向多事，入明以后，也很少有安宁的时候。朝廷除派兵弹压外，还陆续增设卫所和土司衙门，试图把当地原住民限制围困在深山之中。景泰七年，瑶族人侯大苟起事，聚众至万人，修仁、荔浦、力山、平乐等地的瑶民、壮民纷起回应，并逐步波及广东高、廉、雷诸州。天顺七年（1463），七百余名起事者攻入梧州城，当时总兵官、镇守太监、巡按御史以及三司官，俱拥重兵驻城中，皆不敢动。成化元年（1465），根据兵部尚书王竑的建议，宪宗派右佥都御史韩雍率十六万大军前往征讨。位于大藤峡地区北部的修仁、荔浦二县，是进攻大藤峡的必经之路，韩雍首先驱兵攻取二县，擒斩上万人。然后分兵几路，发动总攻，血洗大藤峡，侯大苟亦被俘杀。韩雍还命人砍掉厚达数尺的大藤，将大藤峡更名为

“断藤峡”。不过，明军的胜利是暂时的。成化二年，侯郑昂又率余部起事，直到成化八年才被压制下去。但刚过一年，柳州、浔州等地又出现动乱，这一地区长期不得安宁。

大藤峡用兵方酣，荆襄地区又发生了流民起事。荆襄是指湖广西北的荆州府和襄阳府，与河南、陕西、四川接壤，山深地广，延蔓数千里。唐宋时期，此地人烟稠密，后来由于长期战乱的破坏，到明朝建国时，已是基本无人居住的荒芜之地。从明初开始，一些生活无着的贫苦农民，便向这一地区流移，但政府总是采取措施迫使流民返回原籍。到明代中期，由于赋役负担加重，土地兼并加剧，出现了大规模的流民潮，至成化年间，聚集在荆襄地区的流民已达一百五十万人。有一个名叫刘通的人，在河南西华县老家时曾举起重达千斤的石狻猊，人称“刘千斤”，成为流民中的一个领袖人物。成化元年，他联合石龙（又名石和尚）、冯子龙等人在房县（今属湖北）大石城起事，自称汉王，队伍很快发展到四万余人。朝廷派遣抚宁伯朱勇、工部尚书白圭率军前往镇压，并命在贵州用兵的湖广总兵李震也会合作战。李震在梅溪附近惨败，损失都指挥以下军官三十八名。白圭分兵四路，从南漳、远安、房县、谷城进逼梅溪。刘通转移到寿阳，在古口山被俘身亡，部众及家属一万余人被杀。石龙一路队伍转移到四川，也被击败。

但是，严重的流民问题并未随着军事镇压的成功而得到解决。由于一些地区连续干旱，荆襄地区在短时期内又涌入近百万难民。成化六年，原刘通的部下李原（又称李胡子）、小王洪等再次起事，李原自称太平王。起事队伍活动于南漳（今属湖北）、内乡（今属河南）、渭南（今属陕西）一带，大批流民附和回应，荆襄再次震动。朝廷派都御史项忠总督河南、湖广、荆襄军务，集结兵力二十五万。成化七年，李原和小王洪先后被俘身亡。项忠不管流入时间长短，是否参与起事，对流民一概驱逐屠杀，“刀兵之加，无分玉石，驱迫不前，即草薙之，死者枕藉山谷”，当时未死被解往湖广、贵州充军者，“舟行多疫死，弃尸江浒，臭不可闻”。[41] 据估计，被项忠驱散的流民多达一百五十万人，究竟有多少人死于非命，已难以确知了。

为了防止流民复入，朝廷一方面使用严刑恫吓，一方面筑堡戍守阻拦，但无济于事，到成化十二年，聚集到此地的流民又达数十万人。很明显，仅仅依靠驱逐和镇压的手段，是无法真正解决流民问题的。朝廷不得不改弦更张，变镇压为安抚，派遣左副都御史原杰前往经略荆襄。原杰干练务实，到荆襄后，一面增设防御力量，一面遍历深山穷谷，向流民宣讲德政，陈说利害，很快就树立起威信。他对流民进行全面调查，并造册登记，根据流民的自愿，分别遣返原籍或就地入籍。在会同地方军政官员实地踏勘的基础上，他建议开设郧阳府，以郧县县城为府治，下辖郧、房、竹山、竹溪、上津、郧西、保康、白河八县，并在郧阳府设置湖广行都司，立郧阳卫，辖前、左、右三千户所。经过原杰的一番经心处置，困扰明朝政府多年的荆襄流民问题终获解决。由此也可看出，以前采取的驱逐和镇压措施是完全错误的；这种错误政策加剧了荆襄地区的动乱，使流民遭受了很大的伤亡和痛苦。

第九章

从弘治中兴到正德乱局

第一节　弘治中兴的亮点与暗影

成化二十三年（1487）八月，明宪宗去世，皇太子朱祐樘即位，是为明孝宗。明代中后期诸帝，无不大受诟病，唯独孝宗得到高度赞誉。《明史·孝宗本纪赞》云：

> 明有天下，传世十六，太祖、成祖而外，可称者仁宗、宣宗、孝宗而已。仁、宣之际，国势初张，纲纪修立，淳朴未漓。至成化以来，号为太平无事，而晏安则易耽怠玩，富盛则渐启骄奢。孝宗独能恭俭有制，勤政爱民，兢兢于保泰持盈之道，用使朝序清宁，民物康阜。

还有些史书给孝宗的历史定位是"中兴之令主"[1]。与明代中后期其他皇帝相比，孝宗确实比较贤明、勤政、爱民，其治政有不少“亮点”。但也应看到，孝宗不具备大刀阔斧推行改革的气质，他只是在有限的程度上缓解了统治危机，而不能消除危机，而且在他统治后期，各种弊政又重新出现，因而弘治一朝的治政也存在许多“暗影”。

孝宗从其父那里继承的政治遗产之一，是大批恃宠骄纵的宦官和奸佞。为了刷新政治，孝宗把清除这些人作为首务。即位第六天，他就将飞扬跋扈的宦官梁芳贬居南京，将奸佞李孜省谪戍陕西。不久，他又下令逮捕梁芳、李孜省下狱，李孜省被拷掠致死。弘治元年（1488），僧继晓也被“逮治弃市”。成化年间出现了大批传奉官，“文武僧道滥恩泽者数千”，孝宗即位后，下令清汰传奉官，不出两月，罢黜右通政任杰等二千余人，并罢遣禅师、国师、真人等一千数百人。这样，前朝留下的权阉、奸佞以及形形色色的传奉官，基本上都被清除出去。对于高级官员队伍，孝宗也进行了一番清理整顿。内阁首辅万安谄附万贵妃，只知献媚邀宠，在政务上却庸碌无为。孝宗即位时，他领头起草登极诏书，为阻遏舆论，竟禁止言官风闻言事，一时舆论大哗。孝宗早就“稔闻其恶”，即位后在宫中发现一箧奏疏，内容竟然都是谈论房中术，疏尾皆署有“臣安进”字样。孝宗令人持疏到内阁，当面指责说：“是大臣所为乎？”万安惶愧出汗，无言以对，科道官遂纷起弹劾，孝宗令罢其职。

在罢斥奸邪之人的同时，孝宗大力选拔贤才，充实官僚队伍，其中王恕、马文升、刘大夏、刘健、李东阳、谢迁等，皆为一时名臣。王恕一向以直言敢谏，受到宪宗厌恶，成化末年被迫致仕。孝宗即位后，召王恕为吏部尚书，他竭诚任事，条陈时弊，引荐了一大批贤才，“弘治二十年间，众正盈朝，职业修理，号为极盛者，恕力也”[2]。马文升是一位文武全才型人物，长于应变，成化时曾任兵部尚书，因受到李孜省谗害，调任南京闲差。孝宗即位后，召拜左都御史，不久改任兵部尚书，兼提督团营。他严格考核将校，罢黜贪懦者三十余人。任兵部尚书十三年，“尽心戎务，于屯田、马政、边备、守御，数条上便宜，国家事当言者，即非职守，亦言无不尽”[3]。王恕致仕后，又改任吏部尚书。刘大夏“明习兵事”，弘治初任广东右布政使，弘治六年因王恕荐，擢右副都御史，弘治十五年任兵部尚书，为人方正严直，练达政事，而且敢于反映民间疾苦，孝宗对他非常信任，屡次召见议事。刘健、李东阳、谢迁在孝宗为太子时皆曾充任讲官，孝宗即位后加以重用，陆续入阁。三人各有特点，时人谓“李公谋，刘公断，谢公尤侃侃”。他们“同心辅政，竭情尽虑，知无不言”。[4]正是由于“明于任人”，才成就了“弘治中兴”的政治局面。

为了保持官僚队伍的效率和廉洁，孝宗十分重视对官员进行考核审察。弘治以前，各处参将等武官不在考察之列，以致有些人贪赃枉法却无人过问。弘治元年，孝宗令考察武职镇守等官，“凡有疾者、戴罪待问者、年老政声无闻者、不惬人望者，皆罢之，年及六十者，令致仕”[5]。他还令吏、兵二部录呈文武大臣以及中外四品官员姓名，贴于文华殿壁上，以便随时省览，并将各官为官事迹记录在其姓名之下，以备升迁罢黜。弘治八年，他要求吏部、都察院在考核时注意掌握实情，“今后考察黜退官员，各从公询访，必得实迹，不可轻信偏听，以致枉人”[6]。京官的考察原是十年进行一次，南京吏部尚书认为间隔太长，孝宗采纳其建议，改为每六年进行一次。过去各衙门正官与佐贰官不和，互相攻击，则不论曲直，一概免职，孝宗令具体情况具体对待：如系佐贰官贪暴殃民、倚强恃老欺压正官，允许正官具奏斥退；如系正官赃滥不法，允许佐贰官申禀，将正官治罪；如系双方因愤致争，方以同僚不和惩治。

宪宗时，言路阻塞，直言敢谏之人多遭谪罚。孝宗即位后，广开言路，一时官员们纷纷上疏，或进谏，或献策，孝宗多虚心接纳。一次，孝宗在万岁山建一棕棚，以便登临眺望，太学生虎臣得知，上疏切谏，国子监祭酒费訚恐受牵连，将虎臣上枷锁系于树下，不久孝宗将虎臣传唤左顺门，慰谕说："若言是，棕棚已毁矣。"虎臣名闻京城，不久得授七品官，赴云南任知县。还有一次，孝宗在后苑游玩之后，御经筵听讲，侍讲学士王鏊遂讲"文王不敢盘于游畋"，反复规谏，孝宗不但未生气，事后还对陪他游玩的宦官李广说："讲官所指，殆为若辈，好为之！"此后"遂罢游猎"。[7]

明代中后期皇帝多不上朝，孝宗则比较勤政，除早朝外，又增加了午朝，还经常在便殿召见大臣，与他们讲论治道，谋议政事。对于民生疾苦，孝宗也比较关心。他见刘大夏奏疏中提到"天下民穷财尽"，便召见询问说："祖宗以来征敛有常，何以今日至此？"刘大夏对曰："正谓不尽有常耳。如广西岁取铎木，广东取香药，费固以万计，他可知矣。"孝宗又询问士兵情形，对曰："穷与民等。"孝宗不解地问："居有月粮，出有行粮，何故穷？"对曰："其帅侵克过半，安得不穷？"孝宗叹息说："朕临御久，乃不知天下军民困，何以为人主！"遂下诏严禁。[8]各地发生自然灾害，孝宗一般都减免赋税，有时还拨发帑金赈济灾民。由于采取了一些有利于民生的措施，弘治时期社会矛盾相对缓和，农民起事也较前后朝代为少。

尽管弘治朝政确有许多值得肯定之处，但也应看到，弘治年间的政治改良是很不彻底的，存在着不少弊病和隐忧。

就孝宗本人而言，他对政务的兴趣与日俱减，特别是弘治八年以后，在宦官李广等人的引诱下，他越来越热衷于斋醮烧炼，而出来视朝的时间越来越晚，批复章奏的间隔越来越长。大学士刘健在一份奏疏中，曾尖锐地指出：

> 陛下即位之初，百度一新，远近钦戴。迩来勤励之志，渐异于前。每日早朝，不过数刻，而起鼓或至日高；宫中奏事，止得一次，而散本或至昏黑。侍卫接本之人，筋力疲惫，不得休息；百司庶府之事，文书壅滞，不得施行。一事之决，动经旬月；一令之出，随辄废弛。[9]

不但处理政务日见懈怠，原来革除的一些弊政又逐渐出现。如孝宗即位初，曾大力清汰僧道和传奉官，但到弘治九年，孝宗下令升灌顶大国师札巴坚为西天佛子，并恢复了道录司左正一王应琦三人之“真人”、“高士”原职。孝宗还踵袭其父故习，以中旨大量升授官职。弘治十二年，因出现彗星，五府六部疏言：“近年传升乞升文职至八百四十余员，武职至二百六十余员，比成化末年增一倍。”[10] 再如宪宗朝宫廷用度浩繁，财政匮乏，孝宗即位后，马文升疏言：“一应供应之物，陛下量减一分，则民受一分之赐。”孝宗

“嘉纳之，悉施行”。[11] 随着统治时间的增加，孝宗在节俭方面渐不如初，“兴作相继，费出无经，民困于科派，军困于力役”，“民困财竭”的状况重又出现。[12]

在对待宦官方面，有鉴于成化年间宦官专权乱政之害，约束稍严，后则逐渐放纵。孝宗最宠信的宦官李广，以符箓祷祀得幸，权倾中外，就连驸马贵戚亦事之如父，总兵镇守皆呼之为公。李广夺民田，专盐利，官员争进贿赂。李广死后，孝宗怀疑他藏有异书，遣人到其家索取，得一册簿，上面记有很多文武大臣姓名，名下还注明馈送黄白米各若干石。孝宗看了很奇怪，问：“广食几何，乃受米如许？”左右告诉他说：“隐语耳，黄者金，白者银也。”[13] 皇后张氏及其兄弟为人皆贪婪，孝宗一味宽纵，赏赐大量田地和官店，任其胡作非为，亦为弘治朝一大秕政。

第二节　刘瑾专权

弘治十八年（1505）五月，孝宗去世，十四岁的皇太子朱厚照继位，是为明武宗。孝宗去世前，对太子感到有点担心，他召见内阁大学士刘健、李东阳、谢迁，嘱托说：“东宫年幼，好逸乐，卿等当教之读书，辅导成德。”[14]

孝宗去世后，刘健等利用起草遗诏的机会，宣布革除一些弊政，如蠲免弘治十六年以前逋赋，裁减部分马房、仓库管事内官，停罢礼部拣选宦官和乐工，禁止皇亲勋臣势要之家奏讨盐引，侵占土地，鼓励官员进言，等等。但初登皇位的武宗，对此则不加措意。他极力张扬其“好逸乐”的个性，根本不接受顾命大臣们的辅导规劝。武宗经常寻找各种理由停罢经筵，每日的朝参或迟迟不到，或借故传免，根本无心理政，天天与一帮宦官厮混在一起，尤以刘瑾、马永成、高凤、罗祥、魏彬、丘聚、谷大用、张永八人最受宠信，时称“八党”或“八虎”。很快刘瑾就成为“八虎”之首领。

刘瑾（约 1451—1510），陕西兴平人，本姓谈。幼年入宫，依刘姓宦官得用，乃冒其姓。弘治时在东宫侍奉太子，武宗即位，掌钟鼓司，后晋升为内官监太监，总督团营。“八虎”以狗马鹰犬、歌舞角觝引导武宗游戏娱乐，孝宗遗诏中的各项革弊布新事宜，全都废格不行。

武宗的所作所为令朝臣们大失所望。户部尚书韩文退朝后常与属吏谈到宦官乱政，“辄泪数行下”。顾命大臣不断上疏要求减少游乐，专心朝政，武宗总是表面答应，却并不真正采纳。他们认为武宗醉心于游猎，都是“八虎”诱导所致，决心合力将“八虎”除去。正德元年（1506）十月，刘健、谢迁等联疏请诛刘瑾等为恶宦官，户部尚书韩文率诸大臣继之，要求武宗“奋乾纲，割私爱，上告两宫，下谕百僚，明正典刑”[15]。司礼监太监王岳、范亨、徐智等也厌恶刘瑾等人的为人行事，赞成清除“八虎”。武宗见到这些奏疏，“惊泣不食”，他打算采取一种折中的办法处理此事，将刘瑾等安置到南京闲住。兵部尚书许进劝刘健等适可而止，以免过激生变，但刘健等不想就此罢手。在他们看来，自己是先朝老臣，武宗会顾及他们的影响力，况且武宗与刘瑾等感情深厚，安置南京，随时都有可能再召回来。他们决心奋力一搏，除恶务尽。刘健见武宗舍不得诛杀刘瑾等，在内阁推案大哭曰：“先帝临崩，执老臣手，付以大事。今陵土未干，使若辈败坏至此，臣何面目见先帝！”王岳将刘健之言报告武宗，并说：“阁臣议是。”[16]刘健、韩文等还与九卿相约，次日伏阙力争。

吏部尚书焦芳素与刘瑾交结，将廷臣的动向迅速密报刘瑾。刘瑾大惧，连夜率“八虎”去见武宗，他们环跪在武宗周围，伏地痛哭。刘瑾还倒打一耙，挑拨说：“害奴等者王岳。岳结阁臣，欲制上出入，故先去所忌耳。且鹰犬何损万几？若司礼监得人，左班官安敢如是！”[17]武宗被刘瑾说动了心，立即命刘瑾掌司礼监，马永成掌东厂，并复设西厂，由谷大用掌管；赞成外廷意见的王岳、范亨、徐智等，当夜即被逮捕，发落到南京充净军。第二天，朝臣准备伏阙面争，发现一夜之间，刘瑾等已化解危急，掌握主动。刘健、谢迁、李东阳知事情无可挽回，皆上疏求去。武宗令刘健、谢迁致仕，因争论时李东阳语气稍缓和，得以独留。王岳、范亨等赴南京途中，刘瑾派人追至临清，将他们缢杀。在朝臣与“八虎”的较量中，“八虎”取得绝对胜利。

刘瑾得势后更加肆无忌惮地排斥异己。对于带头反对自己的户部尚书韩文，必欲除之而后快，每日派人窥视过失，一日有人将假银输入内库，遂归罪韩文，将其罢职。正德二年三月，刘瑾矫旨召群臣到金水桥南，跪听宣示奸党，刘健、谢迁、韩文等五十三人都被列入奸臣榜中。同时，刘瑾又大力安置自己的亲信。吏部尚书焦芳在刘健、谢迁被逐后，旋即入阁。他与刘瑾表里为奸，杜塞言路，一手把持内阁大权；李东阳虽以旧阁臣留任，不敢与之抗，阁事全任焦芳处理。后来刘瑾的私党刘宇、曹元等也陆续入阁，内阁大权被刘瑾牢牢控制。一时外廷大僚纷纷投附刘瑾，仅六部正副堂官中就有二十多人成为刘瑾党徒。

为了揽权专政，刘瑾利用武宗贪玩好逸的个性，故意在武宗玩兴正浓时，抱来一大堆奏章让他处理。遇到这种情况，武宗总是说："吾用尔何为？乃以此一一烦朕耶！"于是以后刘瑾"不复奏，事无大小，任意剖断，悉传旨行之"。[18] 正德二年四月，刘瑾矫诏令内阁撰写敕书，令"天下镇守太监得预刑名政事"，正式授予宦官干预地方司法和政务活动的权力。刘瑾口衔天宪，势倾中外，就连公侯勋戚也不敢与之抗礼，私谒刘瑾时相率跪拜。官员题奏，都要先具红色揭帖投送刘瑾，称为"红本"，然后再送通政司，称为"白本"，皆只称刘太监而不敢称其名。一次都察院奏事失察，竟称其名，刘瑾怒詈，都御史屠滽率僚属跪谢，刘瑾才算罢休。大小官员奉命出外及还京，朝见皇帝毕，都要赴刘瑾处见辞。当时京城内外都说有两个皇帝：一个坐皇帝，一个立皇帝；一个朱皇帝，一个刘皇帝。

刘瑾还常借事立威，正德三年六月二十六日早朝，在丹墀发现一封匿名信，内容是揭发刘瑾的各种不法行径。刘瑾大怒，令百官跪在奉天门下听候发落。当时正值暑天，朝臣不耐暴晒，竟有昏迷至死者。因无人承认，晚上刘瑾又将五品以下官员全部关进监狱，共有三百多人。次日，大学士李东阳上疏申救，刘瑾也听说此信是宦官所写，才将官员们释放。为了强化侦察和控制能力，刘瑾在东厂、西厂之外，又设立内行厂，自己亲自掌管。内行厂为害"尤为酷烈，中人以微法，无得全者。凡所逮捕，一家有犯，邻里皆坐，或瞰河居者，以河外居民坐之。屡起大狱，冤号相属"[19]。地方官员入京朝觐，畏惧刘瑾虐焰，遂敛银贿赂以免祸，每省至二万两，银不够者向京城富豪借贷，复任之日，从官库中取银偿还，称为“京债”，这在当时成为一种惯例。

当然，对于刘瑾用事期间的所作所为也不能完全否定。他也推行了一些改革措施，如堵塞了盐法、屯政中的一些漏洞，对势要之家的特权有所裁抑，对宦官们的行为也有所约束，这些都是有积极意义的。刘瑾对吏治颇为重视，采取了一些整顿措施，如对官员特行考察，遣旗校巡察，加重对不合格官员的惩罚，而最有特色的是针对“事多未完”的现状设立稽考法：“抚、按自接管日为始，一切勘合俟报完，乃许交代。如有互为挪移及迁延后期者，新旧抚、按俱降二级别用。其三司掌印及守巡官升调，事故勘合未完辄离任者，降级亦如之。”此法实行后，“诸司以勘合未完多获罪者”。[20]可惜的是，刘瑾倒台后，他所进行的制度变更，包括那些有积极意义的变革，皆被废止。

刘瑾的专权成为安化王朱寘鐇叛乱之口实；而朱寘鐇之叛乱，又成为刘瑾倒台之导火线。朱寘鐇是朱元璋第十六子庆靖王朱㮵之曾孙，于弘治五年嗣安化王位。他相貌魁梧，女巫王九儿使用经过训练的鹦鹉，妄言祸福，每次见到朱寘鐇，辄呼“老天子”，朱寘鐇也以为自己有帝王之相，图谋造反。正德四年八月，刘瑾派人赴边清理屯田，大理寺少卿周东为了向刘瑾献贿，度田时以五十亩为一顷，多征亩银，并严刑逼收屯租，以致民怨沸腾。正德五年四月，朱寘鐇遂起兵反叛，袭杀了周东、总兵姜汉等，颁布“清君侧”檄文云：

刘瑾蛊惑朝廷，变乱祖法，屏弃忠良，收集凶狡，阻塞言路，括敛民财。籍没公卿，封拜侯伯。数兴大狱，罗织无辜。肆遣官校，胁持远近。张彩、刘玑、曹雄、毛伦，文臣武将，内外交结，意谋不轨。[21]

陕西守臣将朱寘𫓹发布的檄文、告示驰报朝廷，刘瑾命将檄文压下，只将叛乱事奏报。武宗颁诏天下，宣布减轻刑罚，撤回各地清理屯田的差官，蠲免历年拖欠的租粮，等等，以稳定人心。命令泾阳伯神英充总兵官，起用前右都御史杨一清提督军务，太监张永监军。但大军尚未到，朱寘𫓹就被游击将军仇钺设计擒获，叛乱失败，仅持续十八天。杨一清驰赴宁夏处理善后事宜，不久张永也来到宁夏，杨一清主动与他结交。张永本为“八虎”之一，刘瑾得势后，欲对宦官稍加约束，张永等有所请托，刘瑾多不应，因此颇有怨言，还曾与刘瑾发生冲突。杨一清了解到张永与刘瑾存有嫌隙，力劝张永揭发刘瑾罪恶，并说刘瑾被诛，张永必得大用。八月十五日，张永回到北京报捷献俘，武宗置酒慰劳。待刘瑾退席后，张永便向武宗出示了朱寘𫓹之檄文，并陈奏刘瑾诸不法事，武宗被说动，当夜即逮捕刘瑾，朝臣纷纷疏劾其罪，最后将刘瑾处以磔刑，族人、同党皆受到严惩。

第三节　豹房政治与嬉游生活

武宗性好嬉游，正德二年（1507），在宦官诱导下，令于西华门外太液池南岸别构院籞，建造宫殿，并造密室于两厢，勾连栉列，称为“豹房”。是年八月，武宗撇开历朝皇帝居住的乾清宫，搬到豹房居住。他还不惜财力，不断增修豹房。正德七年十月，工部奏报：“豹房之造，迄今五年，所费白金二十四万余两。今又增修二百余间，国乏民贫，何以为继？乞即停止，或量减其半。”[22]武宗不听，仍令建造。

武宗之所以舍弃乾清宫，住进豹房，有这样几个原因：第一，明代宫廷严格，住在乾清宫受到的约束较多，而豹房为游幸之所，在豹房的活动也不属于宫廷礼仪范围，可以不受宫廷礼制的拘束；第二，豹房不是一般朝臣进谒皇帝的地方，武宗在此可以天天与亲近宠臣厮混在一起，而尽量避开朝臣的干扰；第三，豹房是武宗取乐的场所，他在此广置女嬖，恣行淫乐，为所欲为，自然乐此不疲，流连不返。

活动于豹房的政治势力主要有三种：第一种是宦官。正德前期以刘瑾为首的“八虎”是宦官集团的核心，他们分掌司礼监、东厂、西厂、京营，几乎包揽了一切军政大权，在豹房诸种政治势力中地位最为显赫，其他势力都是以他们为依托。第二种是边军将领。边军在明代专指北方防御蒙古的九边镇所属部队，按照祖制，“京军所以卫内，不以无故而外出，恐有四方窥伺之虞；边兵所以捍外，不以无事而弛备，恐有一旦仓卒之患”，将京军调外、边军调内，便有可能出现“边兵弱则夷狄为患，畿兵弱则边兵为患”之局面。[23]正德四年至七年，畿内发生刘六、刘七起事，武宗调宣府、大同、延绥、辽东四镇兵入内参与镇压。事后武宗传旨，令兑调京营、宣府官军，往来操习备御。这样四镇兵便长期留京而不再

图 9–1　豹房勇士铜牌

返镇，称为“外四家”，边军将领江彬、许泰等被任命为统帅，边帅遂也成为豹房中的实力人物。豹房中的第三种势力便是大管家钱宁和依附宦官的朝臣。钱宁是前朝太监钱能的养子，正德初投靠刘瑾，被荐入豹房，得到武宗宠信，言无不听，赐姓朱，累迁至左都督，掌锦衣卫事，典诏狱，名刺上自署“皇庶子”，其子钱永安，年方六岁即封为都督，养子钱杰、钱靖等也都冒姓朱，授锦衣卫官。依附宦官的朝臣主要为焦芳、张彩、王琼等。焦芳在刘瑾得势后即被擢入内阁，张彩由吏部主事很快升为吏部尚书，王琼则从工部郎中很快升为户部尚书、兵部尚书。他们出入豹房，不少事情都不经内阁票拟，直接取旨施行。

武宗在豹房怠于理政，诛除刘瑾后，不但不接受教训，反而荒嬉更甚，朝政悉由江彬、钱宁等一班奸佞把持。武宗每天召教坊司乐工入内承应，犹嫌人数不足，下令河间府乐户技艺精湛者悉遣入京。他听说锦衣卫都督同知于永是色目人，“善阴道秘术”，立即召入豹房密谈，十分投机。于永也竭力献媚取宠，称说回族女子肌肤洁白如玉，貌美非凡，并从别人那里索取“回女善西域舞者”十六人进献，供武宗玩乐。延绥总兵官马昂因奸贪骄横被罢职，有妹善歌舞骑射，已嫁指挥毕春，马昂竟夺归献于武宗，武宗遂擢马昂右都督，其弟马炅、马昹也获赐蟒衣，并赐一大宅院，宦官们皆呼之为舅。一次武宗到马昂家饮酒，看中其爱妾，马昂托故拒绝，武宗大怒而去，马昂急忙将爱妾进献，武宗擢升马炅为都指挥，马昹为仪真守备，马昂大喜，复进美女四人。正由于武宗极好美色，一次京城流言四起，说皇帝将大选女子以充后宫，弄得人心惶惶，不少有女儿的人家，恐怕被选中，竟随便寻一男子，将女儿草草嫁了。

除在豹房享乐外，武宗还常出外游玩，有时数日不归。当时在京的朝鲜使节朴荣曾记载说：“阙外有西湖，皇帝日事游衍，每车驾出，尽闭宫门，或三四日，或五六日，如是者殆无虚月。又皇帝视朝，月不过二度，本国使留皇都五十日，皇帝视朝只正朝及庆成宴日而已。”[24] 正德九年，武宗开始微服外出，夜里常到教坊观乐，“见高屋大房，即驰入，或索饮，或搜其妇女，居民苦之”。从正德十二年开始，在江彬等人的引诱下，武宗频繁到外地游玩，先后到过昌平、密云、居庸关、宣府、阳和（今山西阳高）、大同、太原、榆林等地。去阳和时，武宗想改变一下身份，自署为“总督军务威武大将军总兵官”，驻跸之处称“军门”，凡调发军队，皆以威武大将军钧帖行之。在大同，他又降敕加封自己为镇国公，岁支禄米五千石。武宗每到一处，“近侍先掠良家女以充幸御，至数十车在道，日有死者。左右不敢闻，且令有司饩廪之，别具女衣首饰为赏赉费。远近骚动，所经多逃亡”。[25]武宗对宣府尤为留恋，称为“家里”，不仅数次前往，还在此建镇国府第，辇豹房珍玩、美女于府中，纵情玩乐，并经常夜间闯入民家索要妇女。

在北方玩腻了，武宗又想到南方走一走。正德十四年，他下诏南巡，内阁大臣力谏不听，于是两京给事中、御史皆上疏谏阻，群臣也纷纷上疏劝谏。武宗与诸佞幸大怒，将兵部郎中黄巩等六人逮下锦衣卫狱，翰林修撰舒芬等一百零七人罚跪午门五日。诸臣晨入暮出，身被桎梏，累累若重囚，观者无不叹息。金吾卫都指挥佥事张英自刃以谏，卫士夺刃，得不死，下诏狱鞫治，被杖杀。不久又分两批，杖舒芬等一百四十六人于阙下，其中十一人惨死杖下。经过这番折腾，武宗也暂时失去兴致，南巡之事作罢。但时隔不久，封地在南昌的宁王朱宸濠叛乱，武宗遂假亲征之名，实现了南巡的愿望。回途中，在淮安清江浦泛舟落水，自此患病，正德十六年三月死于豹房。武宗死前还想保护他所宠信的宦官，对司礼监太监说：“朕疾不可为矣。其以朕意达皇太后，天下事重，与阁臣审处之。前事皆由朕误，非汝曹所能预也。”[25]

第四节　京畿农民起事与宁王叛乱

由于统治集团腐败，社会矛盾激化，正德年间是农民起事的多发期。其中四川、江西、北直隶等地都发生了规模较大的农民起事。四川的农民起事发生于正德四年（1509），其领袖蓝廷瑞、鄢本恕、廖惠分别自称“顺天王”、“刮地王”、“扫地王”，民众纷起回应，众至十余万，势力扩展到陕西、湖广等地。在明军的镇压下，起事领袖相继被俘，但其余众转战于陕西、贵州等地，直到正德九年才被彻底扑灭。江西自正德六年以来，农民起事此起彼伏，持续不断，几乎波及全省。正德十二年，江西南部的农民起事趋于激烈，起事队伍转战在江西、福建、广东、湖广的交界地带，攻州县，杀官吏，声势浩大。后来朝廷派右佥都御史王守仁为南赣巡抚，提督军务。王守仁剿抚并用，南赣几支农民队伍相继被镇压。

最使朝廷感到震惊的，还是京畿地区爆发了大规模农民起事。明朝自天顺以来，皇庄及各类庄田不断扩展，这些庄田大多分布在京畿地区。武宗即位一个月内，就在大兴县建立皇庄七所，后又陆续建苏家口等处皇庄二十四处，勋戚、宦官之庄田更是星罗棋布。庄头豪佃侵占民田，抢夺人口，为害甚烈。除庄田之害外，明朝为选马备边，强迫北直隶、山东、河南等地人民养马，养马户须按规定数额缴纳马驹，若马匹死亡或生驹不够数，则要赔偿，因此破家者多，当时有“江南之患粮为最，河北之患马为最”[27]之说。正是在这种背景下，正德五年十月，文安县人刘六、刘七在霸县起事。他们推举交河人杨虎为首，京南固安、永清、文安等县“诸穷民回应之，旬日有众数千人，屡败官兵”[28]。不久，文安生员赵鐩与其弟也率五百人起而响应。正德六年春，起事队伍攻入山东，以后又由山东回攻京畿，来去倏忽，势如风雨。随着队伍的壮大，起事队伍兵分两路，一路由刘六、刘七、齐彦名率领，一路由杨虎、刘惠、赵鐩率领。两路时分时合，往来接应，转战于京畿、山东等地。

图 9–2　周臣《流民图》(局部)

起事队伍所到之处，人民“乐于供给，粮草器械，皆因于民，弃家从乱者，比比皆是”[29]。是年八月，两支起事队伍联合进逼京师，遭到明军阻击，于是转而南下。

正德六年九月，杨虎一路起事队伍连破兴济、沧州，进至山东，攻破不少郡县。明朝命太监谷大用总督军务，兵部侍郎陆完提督军务，加派京营军，并增调宣府、大同、延绥边兵，前往镇压。杨虎率军突破包围，南向攻徐州不克，十一月至宿迁渡小黄河(黄河故道），不幸落水身亡。杨虎死后，众推刘惠为首、赵鐩为副，杨虎妻崔氏亦勇敢善战，所率部称“杨寡妇军”。刘惠率军进入南直隶霍丘（今属安徽），大败明军，杀都指挥王保。“当是时，河、淮南北官吏望风遁。”起事队伍势力日盛，遂重新整合，共推刘惠为奉天征讨大元帅，赵鐩为副元帅，下设前、后、左、右、中五个都督，分二十八营，各树大旗为号。旗上大书“虎贲三千，直抵幽燕之地；龙飞九五，重开混沌之天”，把矛头直指明朝最高统治者。朝廷派人招抚，赵鐩复书说：“群奸在朝，浊乱海内，诛杀谏臣，屏斥元老。乞皇上独断，枭群奸之首以谢天下，斩臣之首以谢群奸。”[30] 正德七年，赵鐩在江夏被俘，并被押送京师处死。刘惠转战河南桐柏、南召，在战斗中负伤自杀。

刘六、刘七率领的起事队伍，于正德六年秋攻入山东，连破日照、海丰、寿张、阳谷、曲阜等十城。次年，明军十万合围起事队伍，刘六、刘七率精骑突围，明军难以抵御。他们由山东再攻回京畿，进抵香河、宝坻、玉田诸县，转攻武清，屡败明军，杀参政王杲，对京师构成严重威胁。明朝发重兵堵截，刘六、刘七率众南下，经冠县、平原、邳州，渡河到固始。由于刘惠、赵鐩部已被镇压，刘六、刘七只得孤军奋战。他们转战湖广，在黄州团风镇兵败，刘六与其子投水自杀。刘七和齐彦名夺得船只，率众顺江而下，直至南通，活跃在九江、安庆到南通的长江沿岸，“凡三过南京，往来如入无人之境”[31]。但起事队伍不适应舟居，欲登岸趋淮安，复还山东，为扬州官军所拒，遂以狼山为根据地。明朝调集大军，汇聚于长江南北。正德七年八月，狼山突遭强台风袭击，明军趁机发动总攻击，刘七中箭投水自杀，齐彦名战死，起事最终失败。

除农民起事外，正德年间还发生了两次藩王叛乱：一次是安化王朱寘鐇之叛，如前所述，这次叛乱仅持续十八天，对王朝统治影响不大，但它产生了一个意外结果，即促成了刘瑾的倒台。另一次叛乱由宁王朱宸濠在南昌发动，其声势要比朱寘鐇大得多。

朱宸濠的高祖是明太祖朱元璋第十七子朱权，封地原在位于北方边境的大宁。明成祖朱棣夺取皇位后将他改封在南昌。朱权死，世子朱盘烒先卒，孙朱奠培嗣位，是为朱宸濠之祖父，天顺年间因罪削去护卫。朱奠培死，朱宸濠之父朱觐钧嗣位。弘治十七年（1497），朱觐钧死，朱宸濠继为宁王。朱宸濠是一个奸诈而有野心的人，与朱寘鐇一样，他的野心得到术士们胡言乱语的助长。为了积蓄军事力量，他重金贿赂当权宦官刘瑾，因而在正德二年得以恢复护卫军。刘瑾被杀后，他的护卫又被裁撤，但他不怕挫折，通过结交兵部尚书陆完和武宗幸臣臧贤、钱宁，在正德九年再次达到恢复护卫的目的，更加积极地策划谋反。因武宗无子，朱宸濠试图以己子入嗣，故谋反行动隐忍不发。正德十四年，边将江彬、太监张忠在与朱宸濠之靠山臧贤、钱宁的相互倾轧中占了上风，受他们影响，武宗改变了对朱宸濠的态度，把他派到京城的人驱逐回去，还派勋戚大臣带着圣旨前往南昌诫谕朱宸濠，收其护卫。

朱宸濠知道以己子入嗣皇位已然无望，决定发动叛乱。正德十四年六月十三日，他以庆祝生日为名，设宴招待地方文武官员。次日一早，与宴官员前来道谢，朱宸濠命令侍卫把地方官员包围起来，声称奉太后密旨，将起兵入朝。江西巡抚孙遂、按察司副使许逵不从，被杀。其他官员均表示归顺。朱宸濠留下一些人防守南昌，自己率军前去攻打安庆。南赣巡抚王守仁得到消息，急忙召集附近各府州县兵力，直捣南昌，并将这座城池攻克。围攻安庆尚未得手的朱宸濠，听到南昌失陷，急忙回军解救，途中与朝廷军发生激战，兵败被俘。叛乱前后持续了四十三天。武宗得知叛乱消息，决定以此作为南巡借口，传旨令总督军务、威武大将军、镇国公朱寿，也就是他自己统领各镇兵征剿。亲征队伍刚到涿州，就接到王守仁擒获朱宸濠的战报。武宗竟令秘而不宣，继续南下，在南京搞了非常滑稽的献俘仪式：武宗身着戎服，竖起大纛，派军士环立四周，将朱宸濠释放，然后伐鼓鸣金，指挥将士再将朱宸濠擒获。朱宸濠本想从武宗手里夺取皇位，最后竟成为武宗大过其好武之瘾的玩偶。

第十章

经济与社会的变动

第一节　土地兼并的剧烈化

元朝末年，土地集中化程度很高，社会矛盾激烈，成为农民起事的重要原因之一。明朝建立后，自耕农阶层获得大发展，其原因是：第一，元末农民起事过程中，“民皆相挺为变，杀掠巨室”[1]，豪强地主受到沉重打击。明朝建立后，继续打击豪强地主，如三吴巨姓“或死或徙，无一存者”[2]。这样，地主阶级的势力一时间大为削弱，而且慑于政府严酷政策的威力，残存和新兴的地主亦不敢肆无忌惮地兼并土地，这为自耕农经济创造了发展机会。第二，大规模垦荒为自耕农提供了发展良机。明初南北各地都存在着大量荒芜的田地，政府为了尽快使社会经济得到恢复，采取了一系列鼓励垦荒的措施，并用行政力量从狭乡向宽乡移民。当时规定，民间荒闲田土，“许尽力开垦，有司毋得起科”[3]；同时又严禁豪富兼并多占，规定“若兼并之徒多占田以为已业，而转令贫民佃种者，罪之”[4]。制定这些政策的目的就是为了造就一个强大的自耕农阶层。第三，明初的赋役整顿有利于自耕农维持自己的经济地位。明朝建立后，朱元璋派人丈量土地，清理户口，编制赋役黄册和鱼鳞图册，让人民按“丁口多寡，事产厚薄”承担赋役，严禁飞洒、诡寄等宿弊，在一定程度上杜绝了地主向小农身上转嫁赋役负担，这对自耕农壮大和维护自己的经济利益是大有好处的。

洪武以后，统治政策逐渐从严酷趋向和缓，地主阶级的力量逐步回升，到明代中期，遂出现了严重的土地兼并浪潮。

对于土地过分集中的现象，皇权未能发挥应有的抑制作用，反而大力扩充皇庄，加入到兼并队伍中。皇庄可追溯到永乐年间，当时曾将原燕王府所属王庄改称皇庄，后划归宛平县管业。皇庄的正式出现，始于宪宗，《明史·食货志》云：“宪宗即位，以没入曹吉祥地为宫中庄田，皇庄之名由此始。”到弘治二年（1489），畿内之地已有五处皇庄，共有田地一万二千八百余顷。武宗即位后，皇庄进入快速膨胀期，到正德九年（1514）已增至三十一处，占地三万七千五百九十五顷。已经建立的皇庄还不断侵吞周围田地。如没收曹吉祥土地所建皇庄，原为三十五顷，但到正德末年已增加到七十五顷，比初建时扩大一倍有余。世宗入继皇位后，迫于舆论，令将各宫庄田均改为官地，皇庄之名被正式取消。

王府庄田的扩张速度也很快。明代实行分封制度，皇帝子孙皆有相应封爵。各级宗室成员，特别是地位高、权势重的亲王、郡王，除按规定领取岁禄外，还都拥有大量庄田。皇帝循例或额外赏赐给王府田土，是王府庄田的重要来源之一。钦赐的事例明初已有所见，正统以降日渐增多。如正统间，以湖广襄阳府所属各县无税田地三百九十六顷、山二所赐襄王。成化间，赐吉王河间府地土一百顷，赐徽王宝坻县闲田一百零二顷，赐赵王汤阴县地七百余顷、水碱地七十余顷，赐徽王安阳县地七十八顷余，彰德卫未纳粮地二百三十四顷余。王府庄田的另一重要来源是奏讨，即由各王府向皇帝奏请某处田地，而获得皇帝允准。如景泰间，从襄王之请，给其襄阳等县无粮空闲山地一百顷。成化间，德王奏讨直隶广平府清河县田土七百余顷，襄王奏讨襄阳县闲田一百六十二顷，命给三十顷，唐王奏讨河南南阳府闲地一百四十顷。投献与占夺也是王府获得土地的重要手段。投献有两种：一是把自己的土地献给王府，二是诬指他人田产为官田、无主田或己产以献给王府。其中以后者占绝大多数，许多民田就是通过这种途径转移到王府。如成化四年（1468）德王所请广平府清河县地七百余顷，“中间多系民人开垦成熟并办纳粮差地亩，被奸民妄作河滩空地，投献本府，奏准管业”[5]。占夺是依靠权势赤裸裸地掠夺军民田地，比投献更猖狂。正统五年（1440）户部检视，仅各王府刍牧地就侵占百姓庄宅田地共三千余顷。对于侵占行为，朝廷往往加以纵容。如庆王于鸣沙州等处垦种无征田一千余顷，有人告其占种军田，英宗置不问。正德时，宁王“于民田地山塘房屋等项，或用势强占，或减价贱卖，或因官本准折，或摭别事抄收。有中人之家者，一遭其毒，即无栖身之所。有上农之田者，一中其奸，即无用锄之地”[6]。

公主也都拥有一定数量的庄田。洪武九年（1376）规定，公主“已受封，赐庄田一所，岁收粮千五百石，钞二千贯”[7]。洪武十九年，寿春公主下嫁，赐予吴江县上腴田一百二十余顷。洪熙元年（1425），从咸宁公主之请，给予长洲县没官田地山场一百零四顷余。宣德九年（1434）和正统十四年，分别赐真定公主武强县退滩田土九十四顷和五十余顷。总的说来，成化以前，赐予公主的庄田数量一般都不太大，成化以降，则数目剧增。如成化四年，从嘉善长公主请，给予顺天府文安县退滩空地三百六十五顷余。成化九年，赐广德、宜兴二长公主任丘县地九百余顷。成化十年，隆庆长公主先已奏讨武清县草场三百余顷，至此又奏讨栾州、玉田、丰润等处闲田四千顷，命给一千顷二十亩。成化十七年，赐宜兴长公主武清县塌河水甸地一千零八十顷。弘治时，淳安公主已赐田三百顷，又想把任丘民田据为己有。除皇帝赏赐田土外，有些公主也像诸王一样侵夺民田。

很多勋贵也是大土地所有者。勋贵是指勋臣和贵戚，他们分别是因有战伐之功或因有椒房之亲而获得封爵的，成为宗室贵族之外的另一类贵族，即异姓贵族。早在明朝初期，朱元璋就赏赐勋贵田地以酬报他们为明朝建立所做出的贡献，其时“勋臣、公侯、丞相以下庄田，多者百顷”[8]。洪武以后，赏赐勋贵田地事例亦不绝于史，到明朝中期，赏赐极滥。仅以弘治朝为例，见于《明孝宗实录》的赐田记录，就有赐锦衣卫指挥纪贵永清县田二百九十八顷，赐锦衣卫千户杨玺田三百顷，赐瑞安伯王源固安县田二百二十五顷，赐庆云侯周寿宝坻县田五百顷，赐瑞安侯母段氏高阳、肃宁县田三百顷，赐庆云侯周寿宝坻县田七百顷，赐寿宁侯张鹤龄北直隶田一千二百一十一顷，赐建昌侯张延龄涿州田七百五十一顷，赐锦衣卫指挥邵英三河等处田四百一十五顷等。这还不包括向勋贵集体赏赐或赏赐数额不明的事例。除奏讨钦赐的田地外，勋贵的庄田还有侵夺、买卖、开垦等其他来源，其中以各种名目和手段进行的侵夺是扩张地产的一条极重要的途径，即在奏讨钦赐的田地中，也有许多是朦胧强占的。

宦官占有的庄田数量也很庞大。明朝初年，鉴于前代宦官专权之祸，曾采取措施限制宦官权力。但永乐以降，宦官的权势不断增长，终至酿成了与汉、唐并称的宦官专权局面。与权势上升同步，宦官开始大力扩充庄田。景泰年间，南京锦衣卫官华敏上疏论宦官之害，内言宦官“广置田庄，不纳粮刍，寄户府县，不当差徭，彼则田连阡陌，民则无立锥之地”；天顺以后，宦官庄田发展更快，南京科道官李钧谓其“訾货万余，田连千顷”。[9] 与其他庄田一样，宦官庄田也主要是通过钦赐、奏讨得来的。如正统六年，已故御用监太监刘顺家人奏其生前钦赐并自置庄田、塌房、果园、草场共二十六所，其中仅蓟州草场等十所就有地四百六十八顷。正统十二年，御用监太监喜宁奏讨河间府青县地四百一十五顷，命赐予七十九顷八十亩。景泰七年（1456），赐尚膳监左少监刘祥真定府冀州、宁晋田地五百八十余顷。天顺元年（1457），赐太监刘家林真定府深州田一百顷。天顺三年，赐太监张辉保定府新城县空地一百五十余顷。成化十七年，赐内官陈显定兴县庄地三百九十八顷余。弘治年间，先后三次赐神宫监太监陆恺田地三百四十余顷。除钦赐、奏讨外，宦官也大量占夺官民田。如九门外苜蓿地一百余顷，大多被太监李良等占种。保定府黑洋淀地一百余顷，为本营太监廖屏、指挥万通等占种。不过，由于宦官无后，所得田地又多出于皇帝一时宠幸，故与其他类型庄田相比，宦官庄田具有变易频繁、骤起骤落的特点。像上举弘治时太监陆恺后两次所得地，皆为已故太监庄田。

在明代中叶的土地兼并狂潮中，缙绅地主也不甘落后。所谓缙绅，包括现任官员、致仕官员和虽未入仕但获有进士、举人、监生、贡生、生员等资格的人员。明太祖朱元璋认为，“贤人君子，既贵其身而复役其家，则君子野人无所分别”[10]，遂制定优免制度，官员之家有田土者除输租税外，悉免其徭役，生员则本人免役并优免户内二丁差役。其后随着时间推移，优免制度屡有变化，总体趋势是越来越优厚。缙绅利用自己的政治和经济特权，“多倚势恃强，视细民为弱肉”[11]，大肆扩充自家的地产。据何良俊记载：“宪、孝两朝以前，士大夫尚未积聚……至正德间，诸公竞营产，谋利一时。”[12] 有些缙绅为占夺田地，穷凶极恶，不择手段。如大学士梁储之子梁次摅，在广东顺德原籍为争夺一百余顷田地，竟不惜杀害二百余人。可以说，到明代中叶，“富强兼并，至有田连阡陌者，贫民无可耕，故往往租耕富民之田”[13]，已成为普遍的社会现象，明初朱元璋努力维持的以自耕农为主的社会结构遭到严重破坏。

第二节　乡绅阶层的崛起

明朝建立后，朱元璋在全国推行里甲制度。里甲虽然是自上而下赋予地方社会统一的行政性组织，但具有很大的包容性，可以容纳基于地缘和血缘而形成的各种关系和组织。可以说，朱元璋的目的并不是抛弃或打破原有的社会组织原则和秩序，而是试图在现存的社会结构的基础上，形成人口居住、土地占有和赋役责任高度结合的机制，实现基层社会控制的一元化格局。从《教民榜文》等文献中可以明显看出，在朱元璋的政治蓝图中，里甲的功能绝非仅限于赋役的科派和征收，每个里甲都应当是一个对地方各种公共事务统一管理的行政组织，同时也应当是一个相对封闭且有很强集体认同感的合作社区。社区中的成员要相互帮助，也要相互监督；本社区的成员未经批准不能擅自离去，外来的成员也不能在本社区随意活动和居留。

作为一位从社会最底层崛起的政治家，朱元璋深知只有得到地方精英的支持与合作才能建立一个稳固的统治基础，同时又对地方精英的过度压迫与肆意掠夺所造成的社会危害保持着高度警惕。他推行里甲制度的政策意图，就是希望形成以安分守法的地主富民为地方领导层的乡村等级秩序，造成一个“以良民治良民”的社会控制模式，实现“富者得以保其富，贫者得以全其生”的理想社会目标。因而，财富的多寡，特别是土地占有的数量，便成为选择里甲组织首领的首要标准。不仅里长、粮长是从拥有土地最多的人户中佥派的，就是负责教化、劝农以及民间轻微案件审理的里老人，朝廷的诏令虽然强调“公平正直”等品德方面的因素，但实际上也大都由富户担任。著名学者顾炎武曾评论说：“里甲之编，均其户口，可举纲以知目；首长之役，择其望族，如以臂而运指。意甚善也。”[14]

事实上，明初政府任用地主富民担任粮长和基层组织的首领，可以起到两方面的作用：一方面是可以发挥他们作为民间权威的固有作用，以顺利地实现社会控制的目标；另一方面是通过将他们纳入由官府主导的组织框架，以加强对他们的制约和控制。粮长、里长都是根据人丁田粮的多少自然产生的，这种职位既是一种权利，也是一种义务，既是一种荣耀，也是一种负担。粮长、里长等人可以利用征派赋役的权利从中渔利，但也要承担税粮征收不足时垫赔的风险；他们可以凭借自己的职位管理和支配民众，但当本里内出现违法乱纪的游民逸夫时，他们也要承担管理不善的连带责任。在里甲体制之外，明朝政府不希望有其他任何类型的地方权威存在。比如，针对以武装组织或秘密宗教为依托的掠夺性的和非正统的地方权势人物，颁布了严厉的法令予以取缔和打击。对于生活于地方社会的学校生员，一方面给予他们优免特权，另一方面又严格约束他们的行为，不准生员干预地方公务。

经过一段时间的运行之后，里甲制越来越难以正常地发挥其职能。第一，里甲之间的赋役负担越来越轻重不均。里甲制是以标准户数为单位编成的基层组织，各甲、各里之间承担的徭役额是大致均等的。但是，由于各户的经济状况千差万别，还要考虑地理上的相互联属，里甲编制之初，各甲、各里的人丁事产就不可能达到完全均等的状态。随着时间的推移，各甲、各里的人丁事产“消长不齐”，相互之间的徭役承担能力相差越来越悬殊。第二，户口与土地在空间上的分离现象越来越严重。明朝政府推行里甲制的目的，是试图在地方社会造成一个个以人口和土地的结合为基础的相对封闭的社区，这是里甲制有效行使其赋役征收和社会控制机能的前提条件。但是，在社会经济的发展、土地兼并的加剧和赋役负担的加重等因素的促动和冲击下，人口和土地的流动必然日趋频繁和活跃，里甲内的人户和土地的分布自然会在空间上发生分离，致使里甲首领越来越难以确切地掌握本里人户的人丁和事产状况。第三，里甲框架越来越难以包容日趋分化的社会现实。里甲制的建立虽然没有也不可能消除现存的贫富分化和阶级关系，却是以分化不太严重的社会政治生态为基础的。但是，这种相对均衡的社会现实不可能长久维持下去，乡村社会很快就出现了越来越严重的社会分化现象，形成“奸豪吞并，单弱流亡，里或止二三甲，甲或止一二户，甚至里无一甲、甲无一户者有之”[15]的局面。在大量占有土地却又因享有优免权而恣意逃避赋役负担的官绅地主挤压下，构成里甲制核心的乡村中小地主阶层日趋没落，从根本上动摇了里甲统治的基础。

随着里甲制的衰弱，粮长、里长的社会地位日趋下降。洪武至永乐年间，里长“皆岁更”，大体上能维持由丁粮最多的人户充当里长的局面。宣德初年，“用户部建言，择丁产之尤殷者充之，自是非有大故者不更”[16]，里长逐渐成为一项终身性的和世袭性的职役，除非其家庭经济彻底没落才允许告脱。既然里长职位已沦为一项极其沉重的差役，自然不可能在地方社会中继续发挥领导者的作用。如在北直隶南宫县，“成化、弘治间，必有行义者，众共推为长，人亦以得与里长为荣”，其后里长地位日降，“皆苦于诛求，辄受棰笞榜械之辱，微知自爱者，必百计祈解”。[17]粮长的社会地位也经历了同样的变化过程。明初粮长皆由大户充当，享有准官僚的地位，“父兄之训其子弟，以能充粮长者为贤，而不慕科第之荣”；其后粮长负担日重，“不独任大家，以中户轮充，已而冗费不支，往往破家，则轮充又改为朋充，多者或至八九人，役并及于下户，而粮长乃为大害”。[18]这样，以粮长、里长、老人等职役为主干的地方权威体系陷于崩溃的境地，“无论里排与粮长不相上下，即甲下花民亦与里排抗礼，毫无尊卑矣”[19]，过去那种“民徙不出乡，事咸统于里长”[20]的局面一去不复返了。

一些新兴起的地方精英逐步取代了里甲领导层的地位和作用，在地方社会中形成了新的非正式的权力结构。在形形色色的新型地方精英中，最为显眼的无疑是享有广泛的政治、经济和社会特权的绅士。绅士阶层是依托于学校制度、科举制度和官僚制度而成立的社会阶层。明朝开国后，很快就建立起一套比较完备的学校与科举制度。这套制度的直接目标是为官僚机构培养和选拔人才，但它带来一个极其重要的副产品，就是使大量拥有“功名”的人士“沉淀”于地方社会，在地方社会结构中形成一个相对稳定的权威系统。在宋代，绅士主要限于那些曾经担任官职的人，这些人的家乡概念并不强烈，许多官员退职后也不返回乡里，而是在他乡寄居；至于学校的生员并无什么特权地位，举人也并非终身性的头衔。到了明代，绅士不限于有过任官经历的人士，还包括只有“功名”而未曾担任过任何官职的人，而且后者因其人数众多，实际上构成了地方精英的主体力量。与宋朝相比，明朝给予士人的社会政治地位要优越得多，举人、生员都成了终身性的头衔，即使没有任何在官僚机构工作的经历，也会享有一定的经济和社会特权，这就使得滞留于地方社会的绅士人数大大增加。明朝初期，尽管在地方社会中已有一些绅士存在，但由于他们人数还比较少，朝廷法令又对他们的活动限制极严，因此他们尚且融合在里甲制秩序之中，而未形成一个独立的社会阶层。15 世纪中叶以后，乡村社会在商品经济和土地兼并的混合作用下急剧分化，里甲制秩序趋于解体。而在此时，监生以至举人的入仕途径日趋狭窄，大量持有功名的人沉滞于地方社会，逐步固定成为一个独立的社会阶层。他们在地方社会的权力网络中占据了核心地位，成为社会控制的主体力量。

绅士阶层的兴起给地方政府的管理职能带来很多阻碍和限制。在里甲体制下，里长与各级官府构成了一个井然有序的等级序列，此即所谓“天下之势，自下而上，甲首上有里长，里长上有县令，县令上有郡守，郡守上有藩司，藩司上有六卿，而天子加焉”[21]。相对于地方官员来说，里长一类的职役性地方精英无疑处于弱势地位，他们的影响力基本局限在本社区的范围之内，只能听凭地方政府的役使和摆布。绅士阶层的地位与里长迥然有异，他们不是里甲组织的首领，并无为地方政府服务的法定义务；更重要的，他们与地方官员享有大致相同的社会地位，可以利用自己的身份特权干预地方政府的政务活动，给地方官员造成很大的压力和约束。对于曾经担任高级官职的上层绅士，地方官员无不诚惶诚恐，加意奉承，“显宦居乡，县送门皂吏书承应，比于亲临上司”[22]。明代中叶以降，地方官员在做出重要的决策和行动时，一般都要与绅士集团进行交流和沟通；那些不能与当地绅士建立合作关系的官员，不但难以真正推行自己的各项政策，还往往受到地方绅士在朝中的代言人的攻击而失掉职位。

第三节　白银成为主要货币

明代前期，官定货币为铜钱和纸币；进入明中叶以后，原被禁用的白银异军突起，成为主币，铜币仍在铸造，但已是辅助性货币，纸币则逐渐废弃。

明朝建立前，朱元璋就曾铸造“大中通宝”钱在辖区发行。洪武元年（1368），颁布钱制，铸造“洪武通宝”铜钱，形制分小平、折二、折三、折五、当十钱五种，小平钱一文重一钱，其他依次递增，至当十钱重一两。但是，实行统一的铜钱制度必须有充足的币材供应，而刚刚建立的明王朝却极端缺乏铜料。政府不得不严令人民将私铸钱当作废铜输官，甚至要求人民缴纳铜制器皿。这样，铜钱制度很难顺利运行起来。

洪武八年，朱元璋借鉴元代实行的纸币制度，命令印制发行“大明宝钞”，与铜钱并行，以纸币为主，铜钱为辅。洪武十年还进一步规定，百文以下的交易用钱，商税输纳以钞七钱三为率。纸币的面额以钱文计，分一贯、五百文、四百文、三百文、二百文、一百文六等，后来又增加了一种面额五十文的小钞。这种纸币没有和金、银储备挂钩，一开始就是不兑换纸币，人民可以持金、银按照钞一贯值银一两、四贯值金一两的比价向政府兑换宝钞，但不能用宝钞换取金、银。民间用金、银交易，在法律上是严格禁止的。宝钞用久昏烂，可以到行用库兑换成新钞，政府量收工墨费。

毫无疑问，新建立的纸币制度需要用“信用”加以维持和巩固，而控制货币发行量又是建立信用的重要方法。但正是在这一点上，统治者缺乏应有的认识。“洪武宝钞”自一开始就陷入超量发行的境地，并很快导致了宝钞贬值以及新旧钞差价。洪武十三年刚一宣布实施“倒钞法”，就有人到行用库用还可使用的旧钞易换新钞。洪武二十三年，两浙地区有将一贯钞折钱二百五十文使用的。到洪武二十七年，两浙、福建、两广、江西这些经济较发达的省份，普遍将一贯宝钞贬值为一百六十文铜钱使用。但是，政府并没有从纸币发行方面考虑补救之策，而是推行户口食盐法、赃罚输钞、增征杂税等措施，以图扩大纸币的使用范围，还再次申明禁用金、银的法令，并决定连铜钱也禁止使用。

尽管禁令严厉，仍不能完全阻止民间使用金、银。如杭州诸郡商贾交易，就“不论货物贵贱，一以金银定价”[23]。私铸铜钱之风也很盛行，屡禁不止。就连中央政府本身也不能真正贯彻禁令。永乐六年（1408）、宣德八年（1433），曾分别铸造“永乐通宝”和“宣德通宝”，一些商税和鱼课也明令征收银两。因而，在实际上，纸币的使用范围越来越小。正统元年（1436），政府适应民间对交易用银的强烈需求，“弛用银之禁”，并将江南、湖广等地的四百多万石田赋米麦改折成一百余万两银征收，称为“金花银”，意即成色上好之银。随着对使用白银的解禁，宝钞币值跌落更快。正统十三年，新钞一贯时价不过十钱，旧钞只值一二钱，甚至到了“积之市肆，过者不顾”[24]的地步。到了孝宗时期，政府也对纸币完全丧失了信心，各钞关的钱、钞一律折银，钱七文折银一分，钞一贯折银三厘。这样，宝钞之名虽然到明末还存在，但从中期开始已是名存实亡。

在钞关折银的同时，明孝宗还于弘治十六年（1503）正式放弃钱禁，恢复了铜钱铸造，此后历代嗣君均有以新年号为名的铜钱。为与前朝杂钱相区别，本朝所铸者称“制钱”。但是，明初遭遇到的铜材不足问题仍未解决。随着时间的推移，明代新辟的采铜点虽然续有增加，但产量上升并不太多。在有资料可查的永乐元年至宣德九年间（1403—1434），铜课额一直在二千斤至三千斤之间徘

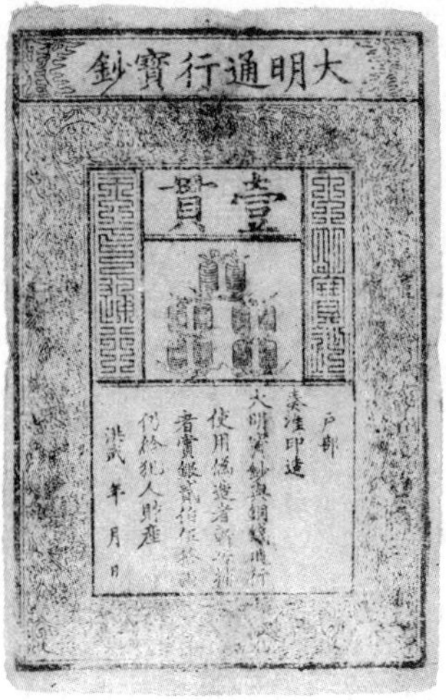

图 10-1　大明宝钞

图 10-2　金花银五十两银锭

徊。正德九年（1514）以后，虽然云南诸处铜场次第开采，但仍满足不了实际需要。丘浚所说的“我朝坑冶之利，比前代不及什之一二”[25]，可以视为有明一代采铜业的概括。币材的缺乏限制了官钱铸造的数量。官钱不敷需要，私铸钱币的行业自然就发展起来，并造成了无法解决的钱价跌落问题。弘治十六年，钱禁刚一解除，就出现了“伪钱盛行”的局面，京师钱价从银一钱值八十文一下子跌至值一百三十文，其后随着私钱铸造掺杂铅、锡越来越多，钱价跌落更甚。

可以说，明代货币制度的最大变化，是白银代替宝钞、铜钱成为主要货币，对社会经济各方面产生了深远影响。而白银的社会化过程，基本上是在正统到正德年间完成的。万明曾对徽州地区四百多件土地交易契约中的通货使用情况进行统计，结果如下[26]：

年代	契约件数	交易媒介及所占百分比					
		宝钞	百分比（%）	白银	百分比（%）	谷物和绢布	百分比（%）
洪武年间	50	39	78.0	6	12.0	5	10.0
建文年间	22	7	31.8	11	050.0	4	18.2
永乐年间	103	85	82.5	1	001.0	17	16.5
洪熙年间	6	4	66.7	0	000.0	2	33.3
宣德年间	40	9	22.5	1	002.5	30	75.0
正统年间	54	0	00.0	35	064.8	19	35.2
景泰年间	30	0	00.0	27	090.0	3	10.0
天顺年间	33	0	00.0	31	093.9	2	06.1
成化年间	90	0	00.0	90	100.0	0	00.0

说明：1. 洪武年间契约数应为四十九件，但有一例系钞、布兼支，作两契分计。
2. 洪武年间有两例、永乐年间有一例系用元钞交易，计入宝钞类。

上述情况说明，从明朝初年开始，民间一直存在着使用白银的动力和欲望，虽然洪武后期到宣德年间，政府采取措施强力推行宝钞，禁止用银，但并不能保持宝钞币值的稳定，反而促使许多交易以谷物或绢布作为媒介。到正统年间，解除用银禁令，白银货币化得以迅速发展，天顺以降，白银已奠定了主体货币的地位。

第四节 社会生活初现奢靡之风

明朝初年出现的循礼守分、尚朴崇俭的社会生活风尚，是在法律威慑力比较强大、商品经济相对不发达的条件下形成的。但是，这些条件不可能长期保持下去。明太祖推行的严刑峻法，在继之为君的建文帝统治时期就明显缓解，明成祖夺取皇位后，虽曾大肆屠戮忠于建文帝的朝臣，但对于一般士大夫和民众则远不似洪武朝那样严苛，到仁、宣之后，法制日趋松弛更成为不可逆转的趋势。与此同时，明初比较凋敝的社会经济也逐渐得到恢复，弃农经商或兼营工商业的人数迅速增长，人们的活动地域和视野范围不断扩大。在这种情况下，人们的物质欲望以及追求物质欲望的胆量和能力，就必然要日益膨胀起来，明初加之于社会生活的种种限制，很难继续维持下去。

根据《明史》的概括，“仁、宣之际，国势初张，纲纪修立，淳朴未漓。至成化以来，号为太平无事，而晏安则易耽怠玩，富盛则渐启骄奢”[27]。也就是说，明代社会生活风尚由淳朴到骄奢的转折点，是在成化年间。但实际上，这种转变的苗头在正统后期就已经比较明显。正统十二年（1447），英宗曾两次发布禁令：年初的一次是针对服饰违制，当时官民服饰多有违例使用蟒、龙、斗牛及其他违禁花样者，英宗特别诏谕工部官员通令禁止，“此后敢有仍蹈前非者，工匠处斩，家口充边军，服用者亦重罪不宥”；年末的一次是针对器用违禁，当时制瓷业中心江西饶州府为了满足社会需求，私自烧造黄、紫、红、绿、青、蓝、白地青花等瓷器，英宗命令都察院在该地张榜通谕：“有敢仍冒前禁者，首犯凌迟处死，籍其家赀，丁男充军边卫，知而不以告者连坐。”[28] 英宗屡次颁布禁令，正说明社会生活方面的僭礼逾制，在当时已是不容忽视的现象。禁令虽然对违制行为规定了非常严厉的处罚措施，但由于当时法制纵弛的局面已经积重难返，这些措施很难落到实处，并起到应有的震慑作用。

景泰以降，服饰、住宅和器用的违禁趋奢，越来越成为一种不可遏制的生活风尚。景泰五年（1454），监察御史周清指出，“风俗侈靡，所在当禁”，建议由礼部再次张榜公布关于丧葬、婚嫁、服饰、房舍的礼制规定。天顺二年（1458），针对服饰僭越现象日益泛滥的情况，英宗曾再次下诏申明服饰之禁，令官民不得穿用姜黄、柳黄、明黄、玄色绿等衣服，衣服上也不得使用蟒龙、飞鱼、斗牛、大鹏、狮子、四宝相花、大西番莲、大云之类的花样。成化二年（1466），给事中丘弘上疏指出：“近年民俗日事奢侈，富贵之族，食禄之家，穷奢极巧，骄肆无度，至有一服器价值千金，一筵宴用费万钱。军民僧道，皆得以服锦绣之服、金线之靴；倡优下贱，皆得以用宝石首饰、金织衣袍。床帷屋壁拟于宫阙，饮食器皿僭以金玉。惟事斗丽而夸多，不顾逾礼以僭分。”[29] 礼部提请申明禁例，对违礼逾分者严加惩治。成化六年，丘弘再次指出：“近来京城内外，风俗尚侈。不拘贵贱，概用织金、宝石服饰，僭拟无度。一切酒席，皆用簇盘、糖缠等物。上下仿效，习以成风。”建议对这些现象“严加禁革”。[30] 朝廷不断发布禁令，试图把人们的消费活动拉回到法定框架之中，正说明突破朝廷设定的礼法规范，已是社会生活中的普遍现象。

除了违法逾制，人们在社会生活方面还越来越追求新奇、时髦。成化年间，北京忽然出现了一种式样新颖的裙子，据说是从

图 10-3　成化五彩罐

图 10-4　成化提梁壶

朝鲜传进来的。这种裙子是用马尾毛织成的，所以被称为“马尾裙”，也有人称之为“发裙”。由于穿着这种裙子看起来比较美观，所以它首先博得富商、贵公子、歌妓的青睐，并很快成为北京的流行服装，“无贵无贱，服者日盛”，甚至连朝廷官员也争相穿服，内阁大学士万安竟然“冬夏不脱”。[31] 由于衣料不敷使用，不少京营军马的鬃毛和尾毛都被人偷偷拔去。最令人可笑的是，身负整顿风俗之责的礼部尚书周洪谟，一方面上疏建议“承平日久，俗尚靡丽，宜禁止服用违越者，治之如律”[32]；另一方面却紧追时风，不但穿着马尾裙，而且还“重服二腰”[33]，特意比别人多穿一层。连礼部尚书都如此热衷于赶时髦，追新潮，世风变化之剧烈，可想而知。

正德元年（1506），皇帝谕令礼部、都察院查禁奢侈僭越的行为。两衙门在覆奏题本中，罗列了不少违禁现象。如庶民的房舍，按规定不得超过三间五架，不得使用斗拱和彩绘，但近年庶民建造的房屋尽力追求高大，装饰过于华丽；无论官民还是庶民家庭，按规定都不得使用金酒爵以及金、银等器皿，也不得使用龙凤纹，桌、椅以及其他木器一律不得使用朱红、金饰，近来却多有逾分僭用者；举行冠、婚等礼仪时，本应酒席从俭，近年却过于丰厚，暴殄天物；民间婚嫁竞为丰盛，帐幔、被褥违例使用大红、销金，器具滥用金、银；在丧事方面，严重违反礼制，初丧时扮戏唱词，出殡时又剪制纱罗人物、幡幢之类，排列于道路之上，并用鼓乐、戏舞导送，到墓地则陈设荤酒，大吃大喝，再加上扬幡设坛，修斋追荐，浪费了大量钱物。尤其是在服饰方面，僭礼、奢侈现象更是十分严重。因此，礼部和都察院要求重申旧制，以后军民僧道常服禁止使用纻丝、绫罗、纱锦、彩绣，妇女衣服、帐幔禁止使用浑金，首饰镯钏禁止使用宝石，娼妓禁止使用金首饰、银镯钏，商贩、吏卒、仆从、妇女、倡优皆不许服用貂裘，所用鞍辔也要符合身份，不许僭用盛饰。从这份题本中可以看出，当时在社会生活的各个方面都出现了僭礼逾制和奢侈浪费的现象。

通过仔细考察可以发现，违禁趋奢的社会生活风尚，有一个从中心向边缘、从上层向下层的传播蔓延过程。

作为全国政治中心的首都北京，是勋贵、官僚、商人以及其他各种形形色色的人物汇聚的地方，也是僭越、奢侈现象出现得最早、表现得最明显的地方。曾经游历四方的张瀚曾深刻指出："京师者，四方之所观赴；天子者，又京师之所视效也。九重贵壮丽，则下趋营建；尚方侈服御，则下趋组绘；法宫珍奇异，则下趋雕刻。上有好者，下必甚焉。"[34] 的确，追根溯源，皇室生活的奢靡化，对京师奢侈风气的蔓延产生了很大影响。比如，成化年间，宪宗"颇尚玩好"，太监梁芳、韦兴、张轩、莫英、陈喜等"先后以献珍珠得宠，一时后宫器用，以珍宝相尚，京师上下亦然"[35]。正德年间，也有官员上疏指出："风俗之坏，自上导之，虽有禁令，亦徒为文具耳。"[36] 北京作为五方杂凑、四海通达的大都会，与全国各地都保持着比较密切的联系，因而其社会风尚的变化也比较容易对其他地区产生影响。例如，弘治末年，社会上流行开一种新式的帽子和靴子：帽子的特点是帽顶又平又圆，像一面小镜子；靴子的特点是靴尖又宽又扁，像是鲶鱼的嘴。这种新式帽、靴就是从北京流传到四方各地的，曾经风靡一时，特别是富家子弟更喜欢穿戴。到正德年间，京城居民忽然又抛弃了帽子，而改戴头巾，其他地方的人们又群起仿效，就连地位低下的贩夫走卒，也有顶戴这种头巾者。

北京之外另一个引领潮流变化的风尚源，是以苏州为中心的江南地区。在元末战乱中，江南地区遭到很大破坏，再加上明朝建立后，曾将大量江南富民迁徙到凤阳等地，致使这一地区的社会经济陷于凋敝状态。如一向以富庶著称的苏州，竟然是“历代繁华，可怜焦土，遂使燕巢再毁，麛鹿重游”[37]。随着政治秩序趋于稳定，江南的社会经济逐渐得到恢复和发展。据王锜《寓圃杂记》卷五记述，明朝初期，苏州城的景象是“邑里萧然，生计鲜薄”；到正统、天顺年间，苏州的社会经济已得到初步恢复，但是“犹未盛”；而成化以来，苏州“迥若异境”、“愈益繁盛”，社会生活也变得奢华铺张起来。在写于成化末年的一篇文章中，赵宽也指出，“吴俗尚侈，古则然也，而今为尤甚”。据他描述，在当时的苏州一带，出现了“庶人之家而拟诸尊之饰”的普遍性行为：“凡居室、服御、器用之物，婚姻丧葬之礼，交接、饷馈、问遗、饔飧、燕享之事，竞为繁丽，以容冶淫佚相高，而不恤其费。”[38]逐渐繁荣起来的苏州成为全国重要的经济、文化中心，其风俗好尚对其他地区的影响越来越大。一位士大夫曾评论说：“自昔吴俗习奢华，乐奇异，人情皆观赴焉。吴制服而华，以为非是弗文也；吴制器而美，以为非是弗珍也。四方重吴服，而吴益工于服；四方贵吴器，而吴益工于器。”[39]

江南其他各府以及邻近地区的社会生活风尚，也出现了与苏州相似的变化趋势。如在松江府，自成化以来，风俗逐渐侈靡化，到正德年间更加奢华。松江府下属的上海县，居民崇尚奢华，嗤笑朴素，特别是那些财产雄厚的豪族大姓，更是把生活的奢侈当作互相争胜的手段，而对于他们逾越法定生活标准的种种行为，其他人却认为是理所当然的。常州府江阴县的住宅，明朝初年都很俭朴，不超过三间五架的标准，居民穿的都是用布做成的素色衣服，只有老年人才穿紫花长衫，但到成化以后，富裕家庭的住宅可以与官衙相比，衣服务求华丽，饮食务求丰美。在浙江绍兴府，成化以前，平民不论贫富，都遵守国家规定的标准，头戴平定巾，身穿青色的直身衣，鞋子也很朴素；后来逐渐奢侈，士大夫们无不峨冠博带，就是稍微读过一点书的儒童，也头戴方巾，足登彩履，身穿色衣，富室子弟竞相仿效，只有贫穷的小民才仍然穿着粗布衣服。在江西建昌府，习俗日趋浮华，妇女衣饰僭拟妃嫔，倡优隶卒之妇亦有黄金横带者。在宁国府太平县，明初因法度严密，人们的生活都比较简朴，到正统年间，法网逐渐疏阔，生活稍奢，再到成化、弘治间，随着社会经济的日益繁华，人们的生活也变得奢靡起来：不少普通人家的住宅建有高大的厅堂，与官僚家庭毫无二致；男子穿着精致的绣衣，里面的衬衣使用的也是青绢、青绸，脚下的鞋子也用丝绸做成，出门时骑着高头大马；女子则身穿五彩绣衣，上面点缀着金、珠饰品。

在这种社会生活普遍奢靡化的情况下，一些家境不太富裕的人，特别是那些比较好面子而家境又不够富足的人士，往往不得不靠虚张声势来维护自己的社会声誉和地位。南京张允怀就是一个有代表性的例子。张允怀擅画梅花，常年在苏州、杭州之间活动。他为人极好修饰，旅行时总是带着很多行装，各种用品都要携带齐全。一天晚上，他泛江而下，见月明风静，便将小船停在金山脚下，取出酒器，对月独酌，还吹洞箫自娱，被盗贼发现。夜深后，盗贼杀害了张允怀，将酒器全部拿走，仔细一看，才发现酒器都是用铜做的，只是表面涂了一层金粉。与张允怀类似的虚夸之人，在当时以奢华相尚的社会氛围中，恐怕还有很多。

从成化到正德年间，江南之外的其他地区，社会风尚也逐渐发生了由俭朴到奢侈、由守礼到逾制的转变，只是变化幅度不像江南那样大。例如，在湖南长沙府茶陵州，明朝初年，居民的穿着很少有锦绮，女子的簪钗往往用骨齿制作，住的房子都很俭朴，不超过三间五架的标准，用的器皿都是陶瓦做成；但到成化以后，人们往往身着锦绮之服，头戴金珠之饰，富户们的住宅又高大又华丽，可以和王侯的宫室相比，用的多是金银器皿或高级陶瓷。在河南陈州府太康县，明初城内只有六七家草房，后人烟渐增，陆续出现了瓦房；到成化以后，瓦房大量出现，稍微富裕的人家还盖起楼房；到弘治年间，甚至乡村地区也是瓦房楼宇相望。太康县居民的衣服在明初也很朴素，其后逐渐变化："弘治间，妇女衣衫仅掩裙腰，富者用罗绫纱绢，织金彩通袖，裙用金彩膝裥，髻高寸余；正德间衣衫渐大，裙褶渐多，衫惟用金彩补子，髻渐高；嘉靖初衣衫大至膝，裙短褶少，髻高如宫帽，皆铁丝胎，高六七寸，口周尺二三寸余。"[40]在山东兖州府定陶县，"国初宫室尚朴，服不锦绮，器用陶瓦，成化以后，富居华丽，器用金银，陶以翠白，市井有十金之产，辄矜耀者有之"[41]。

第十一章

思想文化的转折变化

第一节　南北两大儒

明初厉行文化专制政策，将程朱理学奉为官学，科举考试只能“代圣贤立言”，不能随意发挥。由此直到明代中叶，儒家学者大多讲求躬行实践，而在学术思想方面甚少发挥创造。当时最受推崇的理学家，是创立了“河东之学”的薛瑄和创立了“崇仁之学”的吴与弼，并称南北两大儒。

薛瑄（1389—1464），字德温，号敬轩，山西河津人。他天资聪明，书史过目成诵。永乐十九年（1421）中进士，宣德初授监察御史。内阁大学士“三杨”欲识其面，派人邀请，薛瑄认为监察官员不宜私谒公卿，加以拒绝。正统初，出为山东提学佥事。当时王振势力渐强，欲拔擢山西老乡以自固，问“三杨”：“吾乡谁可大用？”“三杨”深知王振用意，于是向其推荐薛瑄，遂召为大理寺少卿。薛瑄果然耿介不阿，一次集议于东阁，王振至，百官皆跪，独薛瑄长揖不拜，王振大恨。在审理一件冤案时，薛瑄欲为之平反，王振遂授意都御史王文弹劾薛瑄故出人罪，下狱论死，改戍边，不久释放还家。景帝即位，得起用。天顺初，升礼部右侍郎兼翰林学士，入内阁。因学行老成，英宗甚器重之，一日奏对误称“学生”，眷注遂衰。当时正值曹吉祥、石亨用事，薛瑄自知其道难行，遂致仕回乡，专心从事著述和讲学，形成“河东之学”。

在政治思想上，薛瑄继承儒家传统的民本观，强调要重视民心。他指出：“自古未有不遂民心而得天下者”，“为政临民，岂可视民为愚且贱，而加慢易之心哉！”[1]他自己居官期间，也能为百姓着想。景泰初，任南京大理寺卿，当时苏州发生饥荒，百姓向富家借贷粮食不得，于是有贫民起而抢掠，并焚烧富家室庐。曾阿从王振弹劾薛瑄的王文，此时已经成为内阁大臣，到苏州巡视，决定以叛乱罪处罚抢粟饥民，当死者二百余人。薛瑄力辩其诬，王文恚怒说：“此老倔强犹昔。”饥民遂得减死。

关于薛瑄之学术，《明儒学案》评论说：“河东之学，悃愊无华，恪守宋人矩矱。”其意是说薛瑄谨守程朱之绳墨，在学术上缺乏创见。《明史·儒林传》亦言：“英宗之世，河东薛瑄以醇儒预机政，虽弗究于用，其清修笃学，海内宗焉。”薛瑄最重要的著作《读书录》《读书续录》，都是一些零零碎碎的读书札记，“多重复杂出，未经删削”，难以构成完整的理论体系。从其内容看，薛瑄确实非常推崇朱熹，认为“孔子之后，有大功于圣学者，朱子也”。[2]当然，他对程朱学说也不是全盘照搬，而是有所修正。比如，他提出“理不离气”、“理气无缝隙”和“理只在气中，决不可分先后”的观点，就修正了朱熹“理在气先”的说法。薛瑄最大的特点，是强调笃行践履，认为“为学于应事接物处，尤当详审，每日不问大事小事，处置悉使其宜，积久则业广矣”[3]。《四库全书总目》称誉“明代醇儒，瑄为第一”，主要就是因为“其书皆躬行心得之言”。

薛瑄的为学风格，对其后学影响很大，《明儒学案》谓：“数传之后，其议论设施，不问而可知其出于河东也。”就连极度推崇薛瑄的《四库全书总目》，也不得不肯定其弟子“大抵皆掇拾旧说”。从“河东之学”演化而出的“关中之学”和“三原之学”，也同样保持了因循守旧的学风。《明儒学案》评论“三原之学”创始人王恕之学术，“大抵推之事为之际，以得其心安者，故随地可以自见，至于大本之所在，或未之及也”。

吴与弼（1391—1469），字子傅，号康斋，江西崇仁人。他自幼聪颖，十九岁到北京探望父亲，从洗马杨溥读《伊洛渊源录》，遂慨然有志于道，从此放弃科举，专心研读《四书》《五经》及诸儒语录，据说两年中竟未下楼。既然不参加科举，也就无缘入仕，因此吴与弼一生居乡讲学，躬耕食力，前来从学者甚众，形成“崇仁之学”。天顺初，英宗闻其名，征召入京，授以谕德之职，坚辞不就，英宗遣人送归。

吴与弼认为，“宋末以来，笺注之繁，率皆支离之说，眩目惑心，非徒无益，而反有害焉”[4]，故平生不轻易著述，论学之作仅有《日录》一卷，记录日常学习之所得。他非常推崇朱熹，《日录》中屡有梦见朱熹之记载，晚年还专程去福建拜谒朱熹墓。吴与弼为学之要旨，是倡导循序渐进的涵养工夫。在他看来，“圣贤所言，无非存天理，去人欲，圣贤所行亦然”，欲学圣贤者，此乃唯一途径。他主张“学者践履工夫，从至难至危处试验过，方始无往不利”，“人须于贫贱患难上立得脚住，克治粗暴，使心性纯然，上不怨天，下不尤人，物我两忘，惟知有理而已”。[5]

尽管总体上谨守程朱之学，吴与弼也受到陆九渊心学的一些影响。比如，他十分重视“主静”的涵养工夫，提倡“静坐”、“夜思”的冥悟。在一首题为《道中作》的诗中，他写道：“寸心含宇宙，不乐复何如。”表达了寸心包含宇宙的心学思想。陆九渊与朱熹在鹅湖之会上，曾相互辩难，陆九渊批评朱熹太过“支离”，朱熹则批评陆九渊太过“简易”。吴与弼反对传注之支离烦琐，实与陆九渊之宗旨相合。他这方面的思想，为其弟子陈献章发扬光大，遂成心学之发端。

第二节　心学的兴起

心学这一思想流派，早在宋代就已出现。北宋程颐的思想中已包含着心学的萌芽；南宋陆九渊则提出比较完整的心学体系，并曾与朱熹激烈辩论。但总体而言，自南宋末年直到明代中叶，由于程朱理学成为官方意识形态，心学思想虽然不绝如缕，但始终隐而不彰，在学术界和社会上都影响不大。明代中叶，心学崛起，很快就成为一股强大的思想潮流，对社会文化影响至深。

明代心学的先驱人物是陈献章。陈献章（1428—1500），字公甫，别号石斋，广东新会白沙里人，学者称之为“白沙先生”。因白沙里濒临西江入海之江门，故其学被称为“江门之学”。陈献章的青少年时代，整个思想界都被程朱理学所笼罩，他自然也深受其影响，曾锐意科举，但屡考未中。二十七岁时，他跋涉至江西，受教于名儒吴与弼。吴与弼“于古圣贤垂训之书，盖无所不讲”，陈献章听后却“未知入处”。半年后返回家乡，杜门不出，发愤苦读，试图从书册中寻出一条“用力之方”，然而“忘寐忘食，如是者亦累年，而卒未得焉”。所谓“未得”，“谓吾此心与此理未有凑泊吻合处也”，亦即书中之理与自己之心未能融会合一。于是他改变用功方向，“舍彼之繁，求吾之约，惟在静坐”，时间一久，“见吾此心之体，隐然呈露”。以后有人求学，他便“教之静坐”。他声明说，静坐是他历经艰苦体验出来的有效方法，绝非故弄玄虚以误人子弟。[6]

陈献章的心学是从理学转化而来，因而还保留着理学的一些观点。他认为“道为天地之本”，就与朱熹“理”为“生物之本”的观点十分相近。但陈献章并未像朱熹那样给予“理”（道）以绝对主体的地位，而是进一步提出万物万理具于“一心”的观点，认为“君子一心，万理完具，事物虽多，莫非在我”[7]。他强调要“收拾此理”，“此理干涉至大，无内外，无终始，无一处不到，无一息不运，会此则天地我立，万化我出，而宇宙在我矣”。从“天地我立，万化我出”的心本论出发，陈献章提倡“为学须从静坐中养出个端倪来”，反对向外求道，认为“学劳攘，则无由见道，故观书博识，不如静坐”。他还进而提出“以自然为宗”的为学宗旨，指出：“人与天地同体，四时以行，百物以生，若滞在一处，安能为造化之主耶？”他提倡人要顺乎自然，“出处语默，咸率乎自然，不受变于俗，斯可矣”。顺乎自然，率性而为，才能体味自然之乐，“自然之乐，乃真乐也，宇宙间复有何事！”[8]

陈献章的学术主张对于明初以来“守先儒之正传，无敢改错”的陈腐学风，无疑是有益的矫正。他在当时也产生了较大影响，有“真儒复出”之誉。陈献章收纳了不少弟子，再传弟子为数更多，这些人大多“不尽守师说”，以致相互之间思想倾向差别很大。这种为学宗旨应当说是继承了陈献章的真衣钵，但由此也影响了此派学术之传承，故《明史·儒林传序》说：“宗献章者曰江门之学，孤行独诣，其传不远。”

真正竖起心学之大纛，使心学成为不可阻挡、披靡一时之思想浪潮的，是著名政治家、思想家王守仁。

王守仁（1472—1529），字伯安，浙江余姚人。因曾隐居会稽阳明洞，又创办过阳明书院，故世称“阳明先生”。他于弘治十二年（1499）中进士，授刑部主事，改兵部。正德初，刘瑾矫旨逮捕南京科道官，王守仁抗疏论救，下狱廷杖四十，谪为贵州龙场驿丞。刘瑾诛，起为庐陵知县，累擢右佥都御史，巡抚南赣汀漳等处，平定当地农民起事。进右副都御史，世袭锦衣卫副千户。正德末，平定宁王朱宸濠叛乱。嘉靖中，擢南京兵部尚书，封新建伯，又总督两广军务，平定大藤峡瑶壮人民起事。

王阳明之学，“凡三变而始得其门”。青少年时代，他尊崇朱学，遍读朱熹著作。他曾将朱熹“格物”之说付诸实践，“穷格竹子”七日而未有得，反而“以劳思致疾”，遂对朱学产生怀疑。此后“出入于佛、老者久之”，但从佛、道二教中，也未能寻得出路。三十七岁那年，被贬到贵州龙场驿，在这荒烟深菁、狸鼯豺虎

图 11–1　王守仁像

之区，经过冥思苦想和神秘体验，他最终“大悟”，逐渐形成一套完整的心学体系。这一思想体系主要包括“心即理”、“知行合一”和“致良知”三个方面。

在本体论上，王阳明反对程朱理学“心与理为二”的观点，继承了陆九渊的“宇宙便是吾心”、“心即理”之说。他提出“心外无物”的命题，把人心视为世界万物的本源。一次与朋友出游，有人指着山中花树问道：“天下无心外之物，如此花树在深山中自开自落，于我心亦何相关？”他回答说：“你未看此花时，此花与汝心同归于寂；你来看此花时，则此花颜色一时明白起来，便知此花不在你的心外。”[9]不仅花树如此，他认为“充塞天地之间，只有这个灵明”，“天地鬼神万物离却我的灵明，便没有天地鬼神万物了”。所谓“灵明”即心，天地万物之存在与否，完全是以人的感觉为转移的。与“心外无物”相联系，他又提出“心外无理”的命题，认为事物的“理”不存在于客观事物之中，而是存在于人心之中。他说：“夫物理不外于吾心，外吾心而求物理，无物理矣。”[10]

在知行问题上，程朱一派主张“知先行后”，造成知行脱节、空谈性命而不躬行实践的流弊。为了纠正这种流弊，王阳明提出“知行合一”的观点。他解释说：“知行合一之说，专为近世学者分知行为两事，必欲先用知之之功而后行，遂致终身不行，故不得已而为此补偏救弊之言。”对于“知行合一”之旨，他曾解释说：“知是行的主意，行是知的工夫；知是行之始，行是知之成。若会得时，只说一个知，已自有行在；只说一个行，已自有知在。”[11]需要指出的是，王阳明提出“知行合一”，本是为了纠正“终身不行”之弊，但他过分强调“知”与“行”的统一性，完全泯灭了

“知”与“行”的界限，这样做的结果，却很容易滑入以“知”代“行”的轨道。

“致良知”是王阳明晚年提出的一个概念，他对这三个字看得很重，曾标榜说：“吾平生讲学，只是致良知三字。”[12] 还曾说“致良知”是“孔门正法眼藏”、“圣人教人第一义”。从理论渊源上看，“致良知”是把《大学》中的“致知”和《孟子》中的“良知”相结合，熔铸成一个新的思想范畴。所谓“良知”，就是人性固有的至善的道德意识，“见父自然知孝，见兄自然知悌，见孺子入井自然知恻隐，此便是良知”[13]。王阳明还进一步将这种先验道德意识抬高到宇宙本体的地位，认为“良知者，心之本体”[14]，“夫心之本体，即天理也，天理之昭明灵觉，所谓良知也”[15]。既然“良知”与生俱有，为何还要“致”呢？这是因为“良知”往往会“昏蔽于物欲”，必须痛下一番“致”的功夫，才能去掉物欲，恢复良知之本性。所谓“致良知”，就是要不断进行道德修养，以达到“存天理，去人欲”的境界。王阳明也提到“格物”，但他反对像朱熹那样把“格物”解释成“即物”，他认为“格者，正也，正其不正以归于正之谓也”[15]，而“天下物本无可格者，其格物之功只在身心上做”[17]。因此，所谓“格物”也就等于“正心”，成为体认“良知”、实现“良知”的修养工夫。

明朝中叶，人们对陈腐的程朱理学早就感到厌烦。王阳明学说一出，令人耳目一新，原来“桎梏于训诂词章之间”的士人们，“骤而闻良知之说，一时心目俱醒，犹若拨云雾而见白日”。[18] 许多人抛弃程朱理学，转而追从王氏心学，王学遂出现“门徒遍天下，流传逾百年”[19] 之盛况。

第三节　文学复古运动的初兴

当语言典雅、内容空洞的台阁体风靡文坛之时，也有人起而反对，主张诗文应当表达自然之情。而若想与在政治上占据优势的主流观念相抗衡，最好的途径便是高扬复古旗帜，借助具有典范意义的古代文本，批评、扭转当世的文风。

最早试图突破台阁体之樊篱的是李东阳。李东阳（1447—1516），字宾之，号西涯，湖广茶陵（今属湖南）人，天顺中进士。从弘治八年（1495）到正德七年（1512），他担任内阁大学士，但在政治上作为不大。李东阳工诗，在成化、弘治间，主持诗坛数十年，形成一个以他为首的茶陵诗派，成员还包括谢铎、张泰、陆钝、邵宝、何景明等。李东阳试图借助拟古变化诗风，主张学诗唯唐可法，强调宗法杜甫。他撰写的一些反映社会真实和民间疾苦的诗作，深厚含蓄，感情悲怆，较有新意。不过，李东阳“历官馆阁，四十年不出国门”，作品多应酬之作，难脱台阁体之影响。因此，茶陵派只能算是从台阁体到复古派之间的一个过渡流派。

真正的文学复古运动，是在弘治年间由“前七子”倡导起来的。所谓“前七子”，包括李梦阳、何景明、徐祯卿、边贡、王九思、王廷相、康海。他们都是弘治年间的进士，以才气自负，崇尚气节，傲睨当世。他们力求矫正台阁体庸弱的文风，提出“文自西京，诗自中唐而下，一切吐弃”[20]，这一主张又被概括为“文必秦汉，诗必盛唐”八字。他们的主张提出后，文人学士纷起响应，取代台阁体成为争相效仿的文坛主流。

“前七子”的核心人物李梦阳（1473—1529），字献吉，陕西庆阳（今属甘肃）人。弘治七年进士，历官户部主事、郎中、江西提学副使等职，因忤上司，罢职闲住，居家益放纵不羁，治园池，招宾客，以诗文自娱，自号“空同子”，名震海内。李梦阳最瞧不上宋人之诗，在《缶音序》中曾批评说：“宋人主理，作理语，于是薄风云月露，一切铲去不为，又作诗话教人，人不复知诗矣。”也就是说，宋代“无诗”的原因，是将理学渗入诗歌，从而导致诗歌之本质的丧失。李梦阳自己的诗作刻意模仿唐人，他最擅长七言诗，清人沈德潜评论其五言古体诗“过于雕刻，未极自然”，而其“七言古诗雄浑悲壮，纵横变化，七言近体诗开合动荡，不拘故方”，“故当雄视一代”。李梦阳的散文也树立了一种新模式，记事述情，洗练逼真，感情真挚。

另一位核心人物何景明（1484—1522），字仲默，号大复山人，河南信阳人。弘治十五年进士，历官中书舍人、吏部员外郎、陕西提学副使等职。在提倡文学复古的基本立场上，何景明与李梦阳并无不同，但他不像李梦阳那样主张“尺寸古法”，而提出“舍筏登岸”，强调以学古为手段，以独创为目的，所以《明史·何景明传》有“梦阳主摹仿，景明则主创造”之说。何景明志操耿介，崇尚节义，其诗对时政之昏暗多有揭露。他的诗风俊逸秀丽，并不一味拘守“古法”，得到后人很高评价。朱庭珍《筱园诗话》云：“有明前七子中，以何信阳为最。以信阳秀骨天成，笔意俊爽，其雅洁圆健处，非李空同所及。”何景明的散文不避时忌，纵横恣肆，颇有秦汉文章之雄健风骨。

由于“前七子”的崛起，弘治、正德年间出现了一个诗文创作高潮。他们以复古相号召，反对台阁体，希望恢复汉文唐诗的优良传统，打破了文坛的沉闷气氛，拉开了诗文革新运动的序幕，无疑具有重要的积极意义。但“前七子”模拟有余，创新不足，缺少陶冶熔铸之功，也产生了不少流弊。

与“前七子”约略同时，在江南的苏州也出现了一个文学集团，成员包括祝允明、唐寅、文徵明、徐祯卿，被称为“吴中四才子”。祝允明、唐寅、文徵明三人，都是著名画家，所以诗中常有画意。他们在生活上狂放不羁，赋诗作文也率性而为，以抒写性情为第一义，常杂用俗言俚语。他们的诗风清新平易，潇洒俊逸，不依傍门户而卓然自立，但有时过于绮靡，或过于戏谑。徐祯卿诗初仿白居易、刘禹锡，他于弘治末中进士，在京师为官，加入李梦阳、何景明为首的文学群体，成为“前七子”之一，诗风也改而模仿汉魏盛唐。总起来看，“吴中四才子”或无缘入仕，或担任过低级官职，政治地位都不高，影响范围也比“前七子”小得多，但他们生活于城市经济特别繁盛的苏州，与市民阶层息息相通，不少作品的内容和形式都很新颖，成为明代中叶文学复兴的一个重要组成部分。

第四节　绘画与书法风格的转变

明代各种类别的绘画，以山水画最为发达。明初的山水画流派复杂，其中较有影响的风格，是延续“元四家”（黄公望、王蒙、倪瓒、吴镇）的流风余韵，注重笔墨技巧，讲究意境神韵，画面偏于淡远、萧疏、冷寂、幽深，充满文人隐士的荒率趣味。对于这种绘画风格，明代上层社会不太欣赏，他们喜欢的是工细、典雅的南宋院体画。在上层社会品味好尚的影响下，宫廷画家大多取法于南宋院体山水之代表马远、夏圭，流风所及，民间画家也竞相仿效。

这种画风的著名代表人物是戴进。戴进（1388—1462），字文进，号静庵，又号玉泉山人，浙江钱塘（今杭州）人。关于其出身有二说：一说其父系职业画家，戴进继承家学，于永乐末年随父应诏入京，成为宫廷画家；一说其原为金银器工匠，因不为世俗所重，愤而学画，赴京卖画为生，宣德年间被召入宫廷。后因同行进谗言，被放归，穷老以死。戴进工山水、人物、花卉，无一不精。其山水画能吸收众家之长，但主要是继承南宋院体的工细、雄健和水墨淋漓的画风，代表作有《春山积翠图》《风雨归舟图》等。戴进生前和死后，都有很多追随者。因他是浙江人，故所开创的画派被称为“浙派”。戴进之后，“浙派”的代表人物为吴伟（1459—1508），代表作有《渔乐图》《松风高士图》等。因吴伟是湖广江夏（今湖北武汉）人，故他与传人亦有“江夏派”之称。其他“浙派”传人，还有张路、蒋嵩、汪肇、郑文林、朱邦、史文等。

到明代中叶以后，山水画风格大变，“吴派”取代“浙派”成为画坛主流。“吴派”亦称“吴门画派”，其代表人物沈周、文徵明、唐寅、仇英，合称“吴门四家”。因他们都是苏州人，而苏州为古吴都城，有吴门之称，故名。“吴派”强调“画有士气”，其山水画法上探北宋董源、巨然诸家，近追“元四家”，讲求文人的风韵与情调，与“浙派”风格迥异。

吴派的创始人沈周（1427—1509），字启南，号石田，晚号白石翁，亦作玉田翁，长洲（今江苏苏州）人。他出身于书香门第，

图 11–2　戴进《春山积翠图》

图 11–3　沈周《虎丘送客图》

终身未仕，家居读书、吟诗、作画，优游林泉。沈周先辈皆以诗文书画闻名乡里，书画乃家学渊源。沈周精于各种形式的绘画，尤以山水为工。其山水画早年承继家学，后出入于宋元各家，主要继承北宋董源、巨然以及“元四家”中的黄公望、王蒙、吴镇的水墨浅绛体系，并参以南宋李唐、刘松年、马远、夏青四家劲健的笔墨，融会贯通，刚柔并用，卓然自成一家，形成粗笔水墨的新风格。沈周早年多作小幅，画法严谨细秀，“所为率盈尺小景”，因得“细沈”之称；四十岁以后多作大幅，“粗枝大叶，草草而成”，粗简豪放，清新雅逸，气势雄强。传世作品有《仿董巨山水图》《仿黄公望富春山居图》《沧州趣图》等。

文徵明（1470—1559），初名璧，以字行，更字徵仲，号衡山、衡山居士，长洲（今江苏苏州）人。早年专心诗文书画，正德末始以岁贡生荐试吏部，授翰林待诏，时已年过五十，数年后力请还乡。文徵明学画于沈周，但又不为沈周所囿，而是广学宋元诸家，并能融会贯通，形成自己的艺术风格。其画风早年细致清丽，中年用笔粗放，晚年则粗细兼具，而得清润自然之致。后人对其粗放之作尤为推崇，故有“粗文”之说。传世作品有《山雨图》《古木寒泉图》《万壑争流图》《真赏斋图》等。

唐寅（1470—1523），字伯虎，又字子畏，号六如居士、桃花庵主、鲁国唐生、逃禅仙吏等，吴县（今江苏苏州）人。弘治十一年（1498）参加应天乡试，中头名解元。次年赴京会试，被牵连进科场案，下狱，旋谪为吏，于是放浪形骸，玩世不恭，漫游山川，以诗酒书画为事。唐寅山水、花鸟、人物皆精，工笔写意俱佳。其山水画师承南宋画风，但不墨守成规，自成一路。造景不分雄伟险峻、平远清幽，都是小中见大，粗中有细，行笔秀润缜密，具潇洒清逸的韵度。代表作有《山路松声图》《骑驴归思图》等。

仇英（约1493—1560），字实父，号十洲，太仓（今江苏太仓）人，寄居苏州。初为漆匠，后学画，山水、人物、仕女皆精，设色清丽，构图繁密，意境深邃。其山水画以青绿山水见长，无论大幅小幅，无不结构谨严，笔墨细润，色彩浓丽，风骨劲峭。代表作有《剑阁图》《观瀑图》等。

“吴门画派”推崇的绘画风格很快风靡于世，取代“浙派”成为画坛主流。由于追随者众多，相互之间的画风差异越来越大，嘉靖以后分成许多小流派，如盛时泰的“江宁派”、赵左的“苏松派”、沈士充的“云间派”、萧云从的“姑孰派”、蓝瑛的“武林派”、项圣谟的“嘉兴派”等。影响最大的一个流派，是晚明以董其昌为代表的“华亭派”。董其昌（1555—1636），字玄宰，号思白、思翁，别号香光，松江华亭（今上海松江）人，官至南京礼部尚书。专长山水，融董源、巨然、倪瓒、黄公望诸家于一体，讲究笔致墨韵，所作山川树石，清隽雅逸，烟云流动，平淡自然。除了用作品体现文人画的韵致外，董其昌还借用唐代禅宗南北二宗之分，提出“南北宗”的说法，将水墨渲淡画法的文人画家比作“南宗”，将以青绿勾填画法的职业画家视为“北宗”，并极力推崇南宗为画家正统，贬斥北宗为行家画。这种说法存在一些偏颇之处，但对明末、清代乃至当代的中国画创作都产生了重大影响。

在绘画风格发生转变的同时，明代书法风格也出现了类似的风格变化。明朝开国之初，继承了元代的书法风格，被称为“三宋”的宋克（1327—1387）、宋璲（1344—1380）、宋广（生卒年不详），

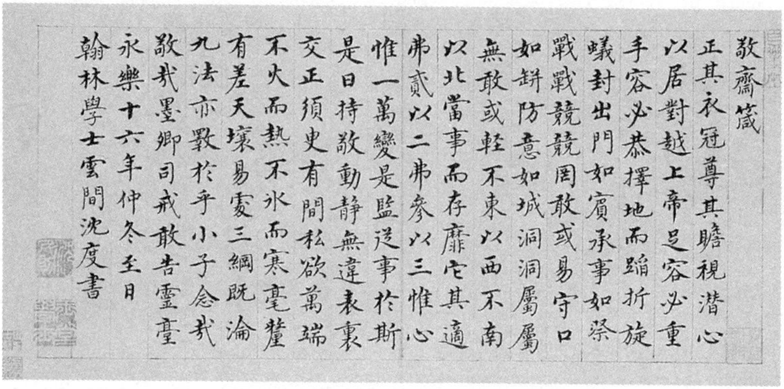

图 11–4 沈度《敬斋箴》

都是由元入明的人物，他们的书法虽然有所创新，但基本上还是元代风貌。

永乐以后，国势承平，统治者留意翰墨，曾征召大批善书者入宫。因他们的职责是书写制诰，要求字体方正、光洁、均匀、美观，从而形成被称为“台阁体”的书法，一时间影响很大。台阁体书法的代表人物是“二沈”，即沈度和沈粲。沈度（1357—1434），字民则，号自乐，松江华亭（今上海松江）人。洪武时以文学优长被荐举，未肯出仕，永乐时以善书选为翰林典籍，深为成祖喜爱，擢中书舍人、侍讲学士。擅长篆、隶、真、行诸体书，代表作有楷书《敬斋箴》、楷隶书《四箴》、行书《诗页》等。沈粲（生卒年不详），字民望，号简庵，为沈度之弟。永乐时，以善书被选入宫，历翰林待诏、中书舍人、侍读学士、大理少卿等职，与沈度并称“大小学士”。善楷、行、草诸体书，尤以草书见长，代表作有楷行书《应制诗》《草书千字文》等。沈氏兄弟的书法风格不尽相同，沈度“以婉丽胜”，沈粲则“以遒逸胜”，但他们都很重视法度，讲究书体的外在美态，体现了“雍容矩度”的台阁风尚。

随着时间推移，台阁体书法日益僵化，成化、弘治以后，遂呈现没落之势。许多书法家厌弃台阁体的陈腐面貌，纷纷探索书法艺术的新风格。在这些领风气之先的书法家中，名气和影响最大的，是以祝允明、文徵明、陈道复、王宠为代表的吴门书法。祝允明（1460—1526），字希哲，号枝山，长洲（今江苏苏州）人。他广泛师法历代书法名家，楷书风格早年精谨浑朴，晚年则不注重点画的形似，而结构疏密，转运遒逸，神韵益足；草书功力深厚，尤其晚年作品，重视变化，风骨烂漫，天真纵逸，奔放不羁。文徵明的书法亦博取前人精华，为集古之大成者，楷、行、草、隶诸体皆佳，尤精小楷，人称有“二王”风骨。陈道复（1483—1544），原名淳，字道复，后以字行，更字复甫，号白阳山人，长洲人。他是著名的花鸟画家，尤擅大写意花卉。其楷书初学文徵明，行草书学杨凝式、米芾等人，融合变化，自成风貌。所作草书苍劲朴茂，酣畅纵逸，领晚明狂草之先声。王宠（1494—1533），字履仁，后改履吉，长洲人。擅长楷、行、草书，广泛取法前人，而能融会贯通，书品神韵超逸，简远空灵。

吴门书法兴起后，取代台阁体成为书坛主流。其后书法家代不乏人，风格多样，出现百花齐放的活跃局面。

第三篇

明朝的整顿期（1521—1582）

导　言

从明武宗正德十六年（1521）至明神宗万历十年（1582），是明朝的整顿期。

武宗猝然早逝，为政治改良与革新创造了机会。自武宗去世到世宗入承大位，有三十七天皇位空缺期，内阁首辅杨廷和总揽朝政，推出一系列改革措施。世宗即位后继续推行改革。但为时不久，就发生了“大礼议”风波。世宗斥逐旧臣，大权独揽，而其求治之心却日益消弭，越来越深地沉迷于方术和斋醮之中。终嘉靖之世，虽未像前代那样出现宦官专权的局面，但内阁中的混斗持续不断。“南倭北虏”问题在嘉靖朝也空前严重，所幸戚继光等名将奋勇抗击，将倭寇势力击溃。穆宗至神宗初年，在内阁首辅高拱、张居正等人主持下，澄清吏治，加强边防，整顿赋役，推行了一系列改革措施，并实现了俺答封贡和开放海禁，创造了难得的和平局面。本期经济发展十分迅速，农业、手工业和商业空前繁荣，以江南为中心兴起了一大批工商业市镇，当然随着经济的繁华，社会生活也出现侈靡的风气。思想方面，王阳明心学继续传衍，并依师承和地域关系分化为几大学派。与此同时，出现了一些对心学和理学进行反思和批评的思想家。本期的文坛也比较活跃，先是有唐宋派起而反对“前七子”的复古文风，而复古派也不甘示弱，在“后七子”的鼓动下又掀起一个高潮。戏曲和小说创作进入繁荣期，出现了《宝剑记》《浣纱记》《鸣凤记》三大传奇和《西游记》这样一部神魔小说杰作。科技方面也有所进步，最突出的成就是李时珍完成了药物学巨著《本草纲目》。

第十二章

嘉靖初政与大礼纷争

第一节　世宗即位前后的革故鼎新

正德十六年（1521）三月十二日，明武宗猝然死于豹房。他既无儿子，又无同父兄弟，生前也未选立皇储，因此摆在朝廷面前最急迫的事务，便是挑选一位皇位继承人。此时朝堂上较有威望的大臣，是内阁大学士杨廷和。杨廷和（1459—1529），字介夫，四川新都（今属成都）人，成化十四年（1478）进士，正德二年以文渊阁大学士入阁参预机务。对于武宗的荒唐举措，杨廷和屡加劝谏，在士大夫中赢得不少声誉。在讨论继位人选时，杨廷和援引《皇明祖训》“兄终弟及”之条，提出：“兴献王长子，宪宗之孙，孝宗之从子，大行皇帝之从弟，序当立。”此议得到大学士梁储、蒋冕、毛纪以及其他朝臣的广泛赞同，遂令内监入启皇太后张氏，“顷之，中官奉遗诏及太后懿旨，宣谕群臣，一如廷和请，事乃定”[1]。

杨廷和所说兴献王长子，名叫朱厚熜。明宪宗共有十四子。其中长子未名而殇；次子朱祐极，成化七年十一月立为皇太子，十二月病故；三子即明孝宗；四子朱祐杬，成化二十三年封兴王，藩国在湖广安陆州（今湖北钟祥），正德十四年去世，谥献，所以被称为兴献王。朱厚熜是兴献王的独子，作为宪宗之孙、孝宗之侄、武宗之从弟，看起来确是“伦序当立”。但实际上，杨廷和等人的这一决策存在很大疏失：第一，《皇明祖训》设计的“兄终弟及”的继统方案是针对同父兄弟而言，武宗去世后，恰当的做法是从近支宗室中挑选一个辈分相当的人以武宗嗣子的身份继承皇位，杨廷和实际上是错误地理解了“兄终弟及”的含义；第二，杨廷和想当然地认为继统和继嗣是一件事情不可分割的两个方面，而未在武宗遗诏中说明新君应承继孝宗的宗系。正是这些疏失，为大礼纷争的兴起埋下了导火线，并最终导致杨廷和等人遭到政治迫害。

安陆距北京较远，朱厚熜四月二十二日才抵达京城，即皇帝位，史称明世宗。从武宗去世到世宗即位，出现了三十七天的皇位空缺期。武宗时期，皇帝行为怪诞，宦官和佞臣当道，杨廷和空有救时之心，却难收匡救之效。现在，他充分利用皇位空缺这一时机，大力革除武宗弊政。

武宗甫一去世，杨廷和在张太后支持下，就以遗旨和遗诏的形式发出许多指令。有些指令属于军事性的安排，目的是保证朝廷对军事指挥权的绝对控制和消除京师发生兵变的可能性；另一些指令的目的是通过革除几种“中外素称不便”的秕政以树立“新政”形象，这包括革除大为民害的皇店，遣返长期居留京师的藩属和外国贡使，遣散豹房里的僧人，放还滞留京师的工匠、水手、教坊司乐人，放遣四方进献的女子，停止京师的各种不急工程，等等。此外，武宗去世后的第四天，杨廷和等人在张太后和几名太监的帮助下，顺利逮捕了手握重兵的武宗佞臣江彬，消除了一大隐患。这些遗旨和遗诏起到安定和振奋人心的作用，但在革除秕政方面做得很不够。这一方面是由于当时的权力格局错综复杂，宦官集团的势力十分强大，杨廷和受到诸多牵制；另一方面是因为遗旨的主要目标是稳定局势，不适合过多地推出革弊条款。

这一缺憾通过起草世宗登极诏部分地得到弥补。明朝从成祖到熹宗诸帝的登极诏，除世宗外，款数最多者不过四十余条，唯独世宗登极诏多达八十款，充分反映了杨廷和"革故鼎新"的愿望和决心。登极诏对武宗时期的荒乱政局提出含蓄的批评，宣布了一系列"与民更始"的除弊措施：如正德年间因上疏言事被治罪的官员，死者予以优恤，生者予以录用；通过传升、乞升等非正常程序获得官职的人员全部革职；冒籍、投充、私自顶补以及额外招收的官军、旗校、勇士、军匠人等全部清退；正德十五年十二月以前各处实征税粮等项，凡未征者一律蠲免，已征在官者照旧起解，用以抵充本户以后年份应该缴纳的数额；免除还籍复业的流民一年的赋役；等等。

在起草登极诏的过程中，杨廷和受到宦官集团的很大压力，他们要求删去一些对他们不利的条款。杨廷和坚决拒绝了这种要求，并表示若强迫更改诏草，他将向新天子辞职，并奏请新天子解释更改诏书的理由。虽然如此，诏书在涉及宦官问题时仍很谨慎：此前的宪、孝、武三位皇帝的登极诏，都有关于召还、裁减或严格管理镇守中官的条款，但世宗登极诏对这一在武宗时期变得空前严重的政治问题竟然未提出解决办法。尽管如此，登极诏还是得到朝野的广泛认可，“中外称新天子圣人，且颂廷和功”；但也有一些既得利益受到损害的人对杨廷和极为痛恨，甚至有人想对他行刺。[2]世宗即位后与杨廷和一样具有“革故鼎新”的强烈愿望，这保证了这份登极诏未像此前某些皇帝的登极诏那样沦为具文。正如谈迁所说：“凡新主之诏，多旋行旋格，美意不终；惟世宗初所兴除，靡不力也。”[3]

嘉靖新政对前代积弊进行了比较全面的清除。针对那些引起广泛非议和民愤的政治弊端，更是推出一系列强有力的整顿和限制措施。例如，从英宗以来，宦官擅权成为长期困扰着王朝统治的一大政治痼疾。由于武宗时期宦官的势力极盛，所以在杨廷和主持朝政的皇位空缺期，只是对宦官稍加裁抑，并未过分触动他们的利益。等到世宗即位后的次月，政治局势基本稳定下来，于是接受朝臣们的强烈呼吁，下令逮治“性皆凶悖”的宦官“三张”（张锐、张雄、张忠）以及吴经、刘允等，但谷大用、魏彬等宦官则得到皇帝的优容。对于世宗惩治宦官的不彻底态度，一些朝臣提出尖锐批评。在朝廷舆论的促动下，世宗加强了对宦官的限制和惩治力度，并“尽撤天下镇守内臣及典京营、仓场者，终四十余年不复设，故内臣之势，惟嘉靖朝少杀”[4]。

冗官冗员问题是明中叶的另一大政治痼疾。如在正德年间，武宗打破正常的铨选程序委任了大量文武官员，在京官军、旗校、勇士、军匠等的人数也空前膨胀，不但严重影响了官僚队伍和京卫官军的素质，还给国家财政造成很大负担。据统计，正德十六年四月以前，在京官军、旗校、勇士、军匠等的在册人数已达三十七万余人，每年需要支取食米近四百万石。当时漕运总额只有四百万石，其中还要海运三十五万石供给边军，因此运到北京的全部漕米都不够支付食米。世宗即位后，很快落实了登极诏的有关条款，查革清退各类冗滥人员十四万八千七百余人，每年可节省漕米一百五十余万石。

明中叶庄田的恶性膨胀以及管庄人员对佃户和周边百姓的残酷掠夺，受到朝野上下的广泛诟病，并引起尖锐的社会矛盾。世宗即位后曾下令“各宫仍置皇庄，遣官校分督”，署理部务的户部左侍郎秦金上疏劝谏，要求“勘正德间额外侵占者，悉归其主，而尽撤管庄之人”，世宗欣然采纳。[5] 嘉靖元年（1522）十月，派遣兵科给事中夏言等人查勘北直隶八府庄田，规定“凡侵占者，尽数查出，给主召佃，还官归民”[6]。经过数月清查，八府共有各项庄田二十万余顷，其中二万余顷属于侵占来的民田，予以退还。嘉靖六年十一月，世宗接受大学士杨一清等人的建议，又令推选侍郎及御史、给事中各一员前去查勘庄田，敕令“不问皇亲势要，凡系冒滥请乞及额外多占，侵夺民业，曾经奏诉者，查册勘还”[7]。

除上述几项外，嘉靖初期还有其他一些值得称道的新举措。比如，明中期内苑饲养了许多禽兽供皇帝赏玩（据记载，弘治年间这些禽兽每年至少需要食用猪、羊肉和皮骨三万五千九百余斤，肝三百六十副，绿豆、粟米等四千四百八十余石），世宗即位后下令将这些禽兽纵放或处理掉，并严令以后不得再进献；为了减轻百姓负担，谕令停罢各种“额外之征”；鼓励官员们上疏陈说民间利病；等等。

第二节 大礼议

世宗即位不久，围绕其生父兴献王的尊称和祀典问题，就掀起一场倾动朝野的“大礼议”，在一定程度上影响了“革故鼎新”的展开和深入，并对此后明朝政治的演进造成很大的负面影响。

杨廷和等人在确定皇位继承人方面的疏失，很快被世宗抓住和利用。刚一抵达京师，他就坚持以皇帝应享用的礼仪入城和登基，而不肯接受杨廷和为他预定的相当于太子的身份。登基后的第四天，他就派使臣去安陆州迎接母亲蒋氏。又过两天，下诏书命礼部召集大臣商议兴献王祀典和尊称。“大礼议”从此开始。

正德十六年（1521）五月七日，礼部尚书毛澄在杨廷和的支持下，召文武群臣集议，并疏请效法汉定陶王子嗣成帝、宋濮王子嗣仁宗的故事，“宜称孝宗为皇考，改称兴献王为皇叔父兴献大王，妃为皇叔母兴献王妃，凡祭告兴献王及上笺于妃，俱自称侄”[8]。这种变易父母的做法，世宗当然不能接受，气愤地说：“父母可更易若是邪！”命令再议。杨廷和、毛澄等坚持初议，世宗则屡次拒绝这种建议，但苦于提不出有力的反驳根据。他试图把杨廷和一派拉拢过来，“每召廷和，从容赐茶慰谕，欲有所更定，廷和卒不肯顺帝指”[9]。世宗还曾遣中官向毛澄谕意，中官甚至“长跪稽首”，传世宗之言曰：“人孰无父母，奈何使我不获伸，必祈公易议。”毛澄愤然曰：“老臣悖耄，不能隳典礼，独有一去，不与议已耳。”[10]

七月三日，观政进士张璁上疏，世宗终于找到了有力的理论武器。张璁（1475—1539），字秉用，浙江永嘉人，正德十六年进士。此前，他曾七试不第，举进士时年已四十七岁。张璁是一个有抱负的人，如果依附杨廷和一派，循序渐升，恐怕很难致身高位。他洞察到世宗的意图，很想通过议礼骤贵。经过深思熟虑，张璁提出一套崭新的礼仪主张。他上奏说："廷议执汉定陶、宋濮王故事，谓为人后者为之子，不得顾私亲。"但汉成帝、宋仁宗是先将定陶、濮王子"预立为嗣，养之宫中，其为人后之义甚明"。当今情况却较然不同，陛下是因"伦序当立而迎立之"，遗诏中也直言"兴献王长子"，"未尝著为人后之义"。因此，"陛下谓入继祖后，而得不废其尊亲则可；谓为人后，以自绝其亲则不可"。他还解释说，"夫统与嗣不同，非必父死子立也"，不能强行"夺此父子之亲，建彼父子之号"，并建议"别立圣考庙于京师，使得隆尊亲之孝"。世宗看到这个奏疏，如获至宝，高兴地说："此论出，吾父子获全矣。"[11] 当即下诏，要尊父为兴献皇帝，母为兴献皇后。可是杨廷和等封还手诏，拒不受命，并且指使言官弹劾张璁。

九月二十五日，世宗生母兴献王妃蒋氏从安陆抵达通州（今属北京），以尊号未定，不肯入国门。世宗闻讯，遂提出"避位奉母归藩"，以要挟朝臣和张太后。于是张璁又著《大礼或问》，声称"议礼立制，权出天子"，建议世宗"应奋独断，揭父子大伦，明告中外"。迫于形势，张太后只得同意尊兴献王为帝，兴献王妃为兴献后。蒋氏见到这个决定才同意入京。但杨廷和也授意吏部，把张璁调任南京刑部主事，并寄语张璁说："子不应南官，第静处之，勿复以大礼说难我耳。"[12]

十二月十一日，世宗又提出兴献帝后宜加称"皇"字。内阁杨廷和封还手敕，尚书毛澄等据理力争，又偕同九卿劝谏。嘉靖元年（1522）正月十一日，清宁宫发生火灾，杨廷和等遂以天变进言，称火灾系因废礼失言所致。世宗只得暂时接受他们的意见，称孝宗为皇考，张太后为圣母，兴献帝后为本生父母，不加“皇”字。不过，张璁的主张也得到桂萼、方献夫、席书、霍韬等人的赞同，其中除带有右副都御史头衔的湖广巡抚席书外，其他都是低级官员。这些人纷纷上疏或写信支持张璁的见解，并进一步完善了他的论证逻辑。

杨廷和凭借内阁权势极力阻挠世宗意图的实现，并对与自己意见相左的官员进行排挤和打击，但这只能激化他与世宗之间的矛盾。官僚集团分裂成壁垒分明的两派：杨廷和派在人数上占有绝对优势；张璁派人数虽少，但拥有政治天平上最重的砝码皇帝。因而，随着斗争日趋白热化，皇帝和张璁派的观点必然会逐渐占据上风。丝毫不肯妥协的杨廷和于嘉靖三年正月黯然离职，而席书于三月被任命为礼部尚书，多数派阵营呈现出明显的颓势。四月，追尊兴献帝为本生皇考恭穆献皇帝，上兴国太后尊号为本生皇母章圣太后。五月，张璁、桂萼联合上疏，提出去掉世宗生母尊称中“本生”二字。护礼派朝臣得知此事，群情激昂，准备效仿景泰时朝臣打死马顺的故事，将二人在朝廷上击毙。张璁得到武定侯郭勋的庇护。郭勋是开国功臣郭英的曾孙，在勋贵中颇有影响。另外宗室楚王、枣阳王也先后上疏附和议礼。七月十二日，世宗在左顺门召见群臣，宣诏生母章圣皇太后去“本生”二字。

为了扭转被动局面和维护纲常伦理，七月十五日，护礼派举行了一次声势浩大的伏阙请愿运动，杨廷和之子修撰杨慎鼓动说：“国家养士一百五十年，仗义死节，正在今日！”当日共有二百二十九名官员跪伏左顺门，包括九卿二十三人、翰林二十二人、给事中二十一人、御史三十人，诸司郎官吏部十二人、户部三十六人、礼部十二人、兵部二十人、刑部二十七人、工部十五人，大理寺属十一人。群臣不停地高呼：“高皇帝！孝宗皇帝！”在朝臣的影响下，内阁大学士毛纪、石宝也跪伏左顺门。世宗多次令内官宣谕群臣退出，但百官跪伏不起，从辰时跪至午时，大有不达目的誓不休之势。在劝说无效后，世宗决定采用镇压手段平息这场运动。他下令锦衣卫把为首的丰熙、张翀、余宽、黄侍显、陶滋、相世芳、毋德纯等八人下狱。但此举未能制止群臣继续伏谏，杨慎等更撼门大哭，百官也伏哭不止，哭声震动阙廷。世宗怒不可遏，命内臣将跪伏官员名字全部录下，马理等一百九十三人被下诏狱，从而弹压了左顺门跪伏事件。几天后，世宗开始处理此事。丰熙等八人严加拷讯，充军边疆。四品以上官员夺去俸禄，五品以下官员一百八十余人被廷杖，结果编修王相等十七人被杖死。

左顺门跪伏事件可谓大礼议的转折点，皇帝和张璁派取得决定性胜利。张璁和他的主要支持者都获得有实权的高级职位，而他的主要反对者们则被清除出官场。九月，世宗决定称孝宗为皇伯考，张太后为皇伯母，献皇帝为皇考，章圣皇太后为圣母，并诏示天下。不过，两派的斗争并未完全结束，此后“议礼新贵”张璁等人仍经常利用“大礼议”作为打击和排斥异己的工具，嘉靖五年发生的故意颠倒黑白的“李福达狱”，就是典型事例之一。李福达，山西代州人，曾参加弥勒教起事，败后改名张寅，入京师“用黄白术干武定侯郭勋，勋大信幸”。后踪迹显露，返回山西，因仇家告发被捕。巡按山西御史马录经审讯，确定张寅即李福达。郭勋写信向马录求情，马录遂弹劾郭勋“庇奸乱法”，许多官员上疏响应，谓郭勋“罪当连坐”。郭勋为摆脱困境，“以议礼触众怒为言”，张璁、桂萼亦同类相护，“谓诸臣内外交结，藉端陷勋，将渐及诸议礼者”。世宗怦然心动，命将李福达取至京城，重新审理，因对审讯结果不满意，干脆令张璁、桂萼、方献夫分署三法司事再审。于是案件完全翻盘，原来参与审理此案者，自刑部尚书颜颐寿以下近五十人或论死，或远戍，或革职闲住。[13] 护礼派再一次遭到大规模清除，而议礼派则进一步巩固了地位。

嘉靖六年十月，张璁被任命为礼部尚书兼文渊阁大学士，参预机务。嘉靖七年六月，《明伦大典》书成进呈，世宗亲制序文，命宣付史馆，刊布天下。又“敕定议礼诸臣之罪”，世宗在敕谕中说：

比者命官纂修《明伦大典》，书成进览，其间备述诸臣建议本末，邪正俱载。奉天行罚，以垂戒后之人，乃朕今日事也。然犹不欲为已甚之举，姑从轻，以差定罪：杨廷和为罪之魁，怀贪天之功，制胁君父，定策国老以自居，门生天子而视朕，法当戮市，特大宽宥，革了职为民。次则毛澄病故，削其生前官职。又次蒋冕、毛纪、乔宇、汪俊俱已致仕，各革了职，冠带闲住。林俊亦革去生前职衔。何孟春虽佐贰，而情犯特重，夏良胜虽系部属，而酿祸独深，都发原籍为民。其余两京翰林、科道、部属，大小衙门官员，附名连佥入奏，然有彼人代署而己不与闻者，有心知其非而口不敢言者，事干人众，情类胁从；间有四五党助之者，亦原于势利所夺，俱从宽不究。其间实有出辅臣之门，受其指使，号召众人，以济其恶者，当时已正法典，或边戍充军，或削职为民，兹不再究。[14]

世宗命令礼部将上述敕谕大书一道，揭于承天门外，“俾在位者咸自警省”。至此，大礼纷争才基本结束。此后世宗便随心所欲地将生父挤入帝系，并不断提升他的祭祀规格，而无人再敢有异议。

第三节　更定祀典

中国古代有“国之大事，在祀与戎”之说，祭祀礼仪一向很受重视。明太祖建国伊始，经过仔细斟酌，确定了各类祀典。这套典礼仪式从成祖直到武宗，一直代代沿用，而未敢做较大改动。但世宗在获得“大礼议”的胜利后，又用十多年时间，陆续对各种祭典进行更定。这些祭礼改制，实际上是在“大礼议”基础上的逻辑展开，“仍是议大礼之意也”[15]。更定祀典的目的主要有两点：一是宣示皇帝具有制礼作乐的无上权威，二是在礼仪上把兴献帝彻底纳入帝系。

在各种皇家祀典中，以祭祀天地最为隆重。明太祖最初遵依“冬至祀天于南郊之圜丘，夏至祀地于北郊之方泽”之古制，实行天地分祀，建圜丘于钟山之阳，建方丘于钟山之阴。但到洪武十年（1377），因水旱频仍，太祖认为乃天地分祀所致，遂改合祀，在圜丘旧址为坛，以屋覆之，名曰大祀殿。祭祀天地例以祖宗配享，

图 12–1 建于永乐十八年的天坛祈年殿

太祖奉其父仁祖配享天地，建文帝改奉太祖配享，仁宗时又以太祖、太宗并配。世宗认为合祀天地不合古礼，乃于嘉靖九年（1530）初向张璁透露改制意向，不料遭到反对。世宗“卜之太祖，复不吉”[16]。正当世宗沮丧之时，吏科都给事中夏言上疏，请恢复皇后亲蚕北郊之礼。此议虽未言及天地分祀，却正合乎南北郊之义。世宗令人向夏言透露欲改分祀的想法，夏言遂上疏请分祀天地，并称此举为“中兴大业”。世宗特将奏疏留中，以观朝臣反应。礼科给事中王汝梅见奏疏留中，以为皇帝不赞成此议，上疏表示反对。世宗严厉斥责王汝梅，并令各官表明态度。议礼诸臣嫉妒夏言得宠，乃由霍韬出面驳斥，谓夏言引以为据的《周礼》，乃“（王）莽贼伪书，不足凭据”[17]。夏言疏辩，遭霍韬致书痛骂。世宗大怒，将霍韬下狱，又训斥礼部态度不明。群臣不敢再阻挠，天地分祀、太祖独配之制，遂于嘉靖十年实现。

或许是感到在更定郊祀典礼上没有跟上形势，嘉靖九年十一月，张璁上疏请改先师孔子祀典。此议果然大得世宗欢心。张璁根据世宗的旨意，提出具体的更改方案，主要内容包括：“孔子宜称先圣先师，不称王。祀宇宜称庙，不称殿。祀宜用木主，其塑像宜毁。笾豆用十，乐用六佾。”[18] 自汉代以来，孔子的地位越来越高，元朝时已被尊为“大成至圣文宣王”，祭礼规格很高。张璁的改制方案使祭孔规格大幅度降低，自然会引起很大争议。翰林院编修徐阶首先反对，被谪为福建延平府推官。世宗亲作《正孔子祀典申说》和《御制孔子祀典论》，宣扬更改祀典之合理性，并称此举是为了更好地维护祖制成法。但朝野上下仍议论纷纭，世宗乃再施杀一儆百之策，以攻击“大礼议”为口实，将持有异议的御史黎贯削职为民。于是众人缄口，新祀典按照世宗意图确定下来。

中国历代皇帝皆建太庙以祭祀祖宗，但庙制不尽相同，主要有多庙制与同庙异室制两种。明代的庙制采用的是同庙异室制。世宗尊崇其父为献皇帝，但庙制问题尚未解决。嘉靖四年，光禄寺丞何渊请立世室，崇祀献皇帝于太庙。世宗令廷臣会议，没想到议礼新贵张璁、桂萼、席书等坚决反对，认为何渊之言“上干九庙之威监，下骇四海之人心”，并谓“献皇帝由藩王追称帝号，未为天子，未有庙号”，不可“立世室以祀于太庙”。[19] 世宗无奈，只得接受张璁等人之议，于太庙之外，在京师别立世庙以祀之。嘉靖十年九月，世宗召见阁臣，面谕曰：“天地百礼祀典已厘正，宗庙之制尚未尽善。夫父子兄弟同处一堂，在礼非宜。我太祖初立四亲庙，后因合祭天地，始定同堂之制，今当复之。”[20] 朝臣虽未明确反对，但皆谓困难重重，礼部尚书夏言建议在同堂异室的基础上稍做变动。世宗不愿因陋就简，只好先把计划搁置起来。嘉靖十三年，南京太庙毁于火灾，群臣一致同意世宗不再重建的旨意。夏言还奉迎说，京师宗庙将复古制，南京太庙遽遭火灾，说明皇天列祖都赞成更改庙制。世宗大喜，立命大修九庙，同时在太庙旁修建世庙，遂使世庙挤入太庙系列。嘉靖二十年，九庙毁于火，世宗又恢复同庙异室之制，并将献帝神主正式奉入太庙。至此，世宗才算心满意足。

改正祀典之举，今天看来似无足轻重，但在当时则是引发许多争议的大事。嘉靖朝两个重要人物，夏言以逢迎改制而得宠，徐阶以抗言而扬名，改正祀典实是他们发迹的起点。世宗置国计民生于不顾，为满足个人私欲，醉心于改制，也反映了他由励精图治滑向虚饰自蔽。改制告一段落后，世宗的兴趣又转移到斋醮和玄修上，致使政治局面日益腐朽。

第四节　大礼议和改祀典的实质

“大礼议”是一个复杂的政治事件，学者们曾从不同角度加以观察和分析。有人将它解读为以张太后、杨廷和为代表的旧势力和以世宗、张璁为代表的新势力之间的斗争，也有人将它解读为程朱理学与阳明心学之间的碰撞。这些对立和矛盾，的确可以从这场政治纷争中辨识出来。然而，“大礼议”以及其后的更定祀典所体现出来的更加根本的问题，是“道”与“势”之间的对抗，也就是说，它实质上是儒家之道与帝王之势的一场激烈较量。

在中国历史上，尽管相对于“势”来说，“道”的地位日渐式微，但士大夫试图以“道”规范和约束帝王行为的努力从未停止。“大礼议”中杨廷和集团之所以丝毫不肯妥协，就是想在世宗羽毛未丰之际，将其纳入儒家轨范之中。世宗则想利用这一事件，极力张扬君权。他一方面不断提高生父的祭祀规格，另一方面通过更定仪礼毁塑像用木主、去王号称先师、改八佾为六佾、减笾豆十二为十降低孔子的祭祀规格，从而宣示了帝王之“势”对儒家之“道”的支配地位。对于这一点，世宗本人并不讳言，他宣称“君父有兼师之道，师决不可拟君父之名”，在《敕议或问》中指责反对者说：“孔子称王咸谓可者，徇私意耳。借之以制压君于上，威服人于下。虽曰尊孔子，实是自尊也。”晚明学者沈德符也深刻地指出：“孔庙易像为主，易王为师，尚为有说。至改八佾为六佾，笾豆尽减，盖上素不乐师道与君并尊。”[21]

在“大礼议”中，一批官员（绝大多数是具有进士身份的年轻官员）表现出顽强的抗争精神，“人人不之移，犹坚其故舌，愈沸愈忤，愈忤愈戆”，“群抵于震霆之下”[22]，除了出于卫“道”的热情之外，也与明代中叶的政治和社会氛围有关。明朝初年对社会和思想控制较严，人们不敢随便议论时政，但到明代中叶，政治和社会氛围已趋于宽松，心学思潮兴起，社会上出现了一股僭礼越制的风气，士人当中充溢着追求个性解放的气息。在这种政治和社会氛围中成长的年轻士人，自然更容易为了维护自己的信仰，彰显自己的个性，而淋漓尽致地展现出“威武不能屈”的精神。

“大礼议”虽然使官僚集团分成势不两立的两大阵营，并以一派的全面胜利告终，但从“道”与“势”的角度观察，最终胜利的只是皇帝：这次政治纷争的结果，再一次证明和强化了皇帝至高无上和独断专行的威权；“议礼新贵”们宣扬的“缘人情以制礼”的礼制原则，最终演化成“非天子不议礼”的独裁政治。有史家评论说，在“揽乾纲”方面，明代只有太祖、成祖能与世宗相提并论。[23]皇权的张扬与世宗刚愎、猜忌的性格融合在一起，造成一种谄媚奉迎的政治气氛，士大夫阶层的士气和骨气都陷入萎靡不振的状态。

第十三章

世宗失道与隆万改革

第一节　世宗玄修与宫婢之变

明人霍与瑕曾评论说："嘉靖初政，自洪武、永乐以后，百年仅见。"[1]这一评论是符合实际的：一方面，嘉靖初年清除了许多祸国殃民的宿弊，大大缓解了腐化期的统治危机；另一方面，这次改革仅在世宗"初政"时期展开，持续时间较短。事实上，世宗虽有做中兴之主的愿望，但缺乏实现中兴大业的耐心、气度和毅力，即位不久就显现出荒怠的迹象。嘉靖二年（1523），南京礼部尚书秦金率诸臣上疏，指出世宗在诏令、任贤、听纳、慎名器、谨国法、恤民瘼、崇正道、吝精神八个方面都已"不能如初"。嘉靖四年，四川副使余珊也论及"时事渐不克终者十"，即纪纲渐颓，风俗渐坏，国势渐轻，夷狄渐强，邦本渐摇，人才渐凋，言路渐塞，邪正渐淆，臣工渐睽，灾异渐臻。余珊虽声称"此十渐者，率由首相非人”所致，实际上不过是委婉批评皇帝。随着时间推移，世宗越来越腐朽荒唐，其程度并不亚于武宗。

明代皇帝多信佛，但世宗希求长生，迷信道教，宠佞道士。早在嘉靖二年，世宗就听信太监崔文之言，在宫中建醮（道场），“乾清、坤宁诸宫，西天、西番、汉经诸厂，五花宫两暖阁、东次阁，莫不有之”[2]。大学士杨廷和引历史上梁武帝、宋徽宗崇奉宗教之教训进行劝导，世宗表面接受，实际依然故我。礼科给事中刘最上章劝谏，并弹劾崔文侵耗内库金银，世宗遂命刘最查核侵耗数字。按照定制，户部不得稽查内库银，何况礼科。这实际上是故意刁难刘最。结果刘最被降调为广德州（今安徽广德）判官，不久又逮下诏狱，被处充军。从此以后，世宗沉湎日深，恣行己志，斋醮无虚日。

世宗最初崇信龙虎山上清宫道士邵元节，嘉靖三年将其召入京城，专司祷祀，极为宠信，不久封为清微妙济守静修真凝玄衍范志默秉诚致一真人，“统辖朝天、显灵、灵济三宫，总领道教，锡金、玉、银、象牙印各一”[3]。此后邵元节屡得赏赐，世宗还为他在京师建真人府。嘉靖十五年，拜为礼部尚书。世宗崇信的另一位方士是陶仲文。他初名典真，湖广黄冈县人，“尝受符水诀于罗田万玉山，与邵元节善”。通过邵元节的引荐，他也受到世宗信赖。嘉靖十八年，世宗往湖广承天府（今湖北钟祥市）谒显陵（兴献王陵寝），行至河南卫辉府（今河南卫辉），“有旋风绕驾”，陶仲文声称“主火”，“是夕行宫果火，宫人死者甚众。帝益异之，授神霄保国宣教高士，寻封神霄保国弘烈宣教振法通真忠孝秉一真人”。嘉靖十九年，世宗患病，陶仲文日夜祈祷。世宗病愈，特授少保、礼部尚书，又加少傅、少师，仍兼少保，“一人兼领三孤，终明世，惟仲文而已”。后授特进光禄大夫柱国兼支大学士俸，荫子世恩为尚宝丞，旋又给伯爵俸，可见受宠笃深。[4]

除上述二人外，以烧炼符咒受到世宗信用的方士，还有段朝用、龚玉佩、蓝道行、王金、胡大顺、蓝田玉等。如段朝用看到“世宗好神仙”，即通过武定侯郭勋，以所炼百余件白银器进献，自称“所化银皆仙物，用为饮食器，当不死”，又“献万金助雷坛工费”，世宗“嘉其忠，授紫府宣忠高士”。[5]其实段朝用所炼银器及以后多次进献的白银，都是由郭勋资助。郭勋在“大礼议”中庇佑张璁，深得世宗爱幸，后进封翊国公，加太师衔。此人擅作威福，罔利虐民，仅“京师店舍多至千余区”[6]。为了取媚世宗，巩固权势，才投其所好，买通方士，干此等欺骗勾当。可惜郭勋作恶太多，树敌太众，最后还是受到弹劾，下狱瘐死。

世宗在迷信方士的同时，对各种祥瑞极为喜爱。嘉靖七年三月，灵宝县黄河清，世宗遣使往祭河神，内阁大学士阿顺其好，疏请庆贺。御史周相抗疏言：“河未清，不足亏陛下德。今好谀喜事之臣张大文饰之，佞风一开，献媚者将接踵。愿罢祭告，止称贺，诏天下臣民毋奏祥瑞，水旱蝗蝻即时以闻。”世宗大怒，将周相下诏狱，“拷掠之，复杖于廷，谪韶州经历”。[7]从此阿谀献媚之徒纷纷献瑞。嘉靖九年，河南、四川等地献瑞麦。嘉靖十年，郑王朱厚烷献白雀，荐之宗庙。嘉靖十三年，河南巡抚吴山献白鹿。嘉靖二十四年，永和王朱知焕献白鹿上寿，世宗皆告鹿瑞于太庙。嘉靖三十七年四月、五月，总督胡宗宪先后献白鹿两只，命告谢玄极殿、太庙，以胡宗宪忠敬，升一级。嘉靖三十九年，胡宗宪又献芝草五本、白龟两个，世宗大悦，名龟曰玉龟、芝曰仙芝，赐宗宪银五十两、金鹤衣一袭。嘉靖四十三年五月十四日夜，世宗坐庭院中，于御幄后获一桃，左右侍从谓桃自空中坠。世宗大喜，修迎恩典五日。次日，又降桃，当晚白兔生二子，世宗更喜，为之“谢玄告庙”。不久，寿鹿亦生二子，群臣表贺，世宗“以奇祥天瑞，手诏褒答”。嘉靖四十四年八月，又有人在世宗御座上偷偷放置“仙药”，世宗谓之“天赐”，“亲奏谢于太极殿，遣官分告坛庙”。实际上哪有天降“仙桃”、“仙药”，分明是左右“诈饰以误之”，而世宗却笃信不疑，执迷不悟。

世宗的迷信活动对朝章大政颇有负面影响。首先，给皇室内部带来不安定的因素。世宗有八子，长子、五子、六子、七子和八子俱未逾岁而殇。二子朱载壡，嘉靖十八年立为太子。第二年，世宗想从段朝用学修摄术，避位让年仅五岁的太子监国，经太仆寺卿杨最劝谏，才放弃避位的想法，但杨最被廷杖致死。嘉靖二十八年，朱载壡死去，论序当立三子裕王朱载垕为太子，但世宗听信方士“二龙不相见”之言，迁延不立太子。而四子景王朱载圳与裕王同岁，仅小一月，其母卢靖妃受世宗宠幸，思谋夺位。于是朝臣在二王间各有所右。直至嘉靖四十四年景王死去，这种不安定局面才告终结。

其次，世宗的迷信活动影响大臣之进退。当时大臣能否进用，要看是否赞助修玄，善写青词。青词是道教做法事时祭告“天神”的奏章表文，一般为骈俪体，因用朱笔写在青藤纸上，故称“青词”。“自嘉靖中年，帝专事焚修，词臣率供奉青词。工者立超擢，卒至入阁。”李春芳、严讷、郭朴、袁炜等俱以撰写青词入阁，人称“青词宰相”。其中尤以袁炜“才思敏捷，帝中夜出片纸，命撰青词，举笔立成，遇中外献瑞，辄极词颂美”，“以故帝急枋用之，恩赐稠迭，他人莫敢望”。[8]相传袁炜撰写的一副青词，“最为时所脍炙”，其文云：

洛水玄龟初献瑞，阴数九，阳数九，九九八十一数，数通乎道，道合元始天尊，一诚有感。

岐山丹凤两呈祥，雄鸣六，雌鸣六，六六三十六声，声闻于天，天生嘉靖皇帝，万寿无疆。[9]

由此可知，青词的内容“皆谀妄不典之言”。世宗喜爱猫，宫中有一只狮子猫，毛卷曲呈淡青色，双眉洁白如玉，世宗封它为“虬龙”。一日虬龙死，世宗“为制金棺，葬之万寿山麓，又命在值诸老为文，荐度超升”。诸人俱以题窘不能发挥，而袁炜在祭词中写出“化狮为龙”一语，深得世宗赏识。[10]袁炜就是靠写这类东西，在不到六年的时间里，由侍读连升侍郎、尚书，最后入阁。

世宗最为荒唐的举动，是为炼出长生不老药，竟听信方士之言，通过摧残少女获取炼药原料。用这种方法炼出来的药，称为“先天丹铅”。王世贞在《西城宫词》中写道：“两角鸦青双结红，灵犀一点未曾通。自缘身作延年药，憔悴春风雨露中。”词中所说“延年药”，即指“先天丹铅”。嘉靖二十一年十月二十一日夜，宫中发生了一件震动朝野的事件：当晚世宗住在曹端妃宫中，杨金英、苏川药、杨玉香、邢翠莲、姚淑翠、杨翠英、关梅秀、刘妙莲、陈菊花、王秀兰等十六名宫女，乘世宗睡熟，齐心协力以黄带勒世宗至昏。但在慌乱中，绳子打成死结，世宗昏而不死。十六人中有一个叫张金莲的宫女，因胆怯跑去报告了方皇后。方皇后赶来，被姚淑翠迎面打了一拳，陈菊花立刻把灯吹灭。随方皇后而来的宫女几次点灯，都被打翻，直到管事太监带人赶到，才把十六人拿获。当时世宗奄奄一息，诸御医皆不敢用药，唯独太医院使许绅冒死“急调峻药下之，辰时下药，未时忽作声，去紫血数升，遂能言，又数剂而愈”。不久，许绅患病，对家人说：“吾不起矣。曩者宫变，吾自分不效必杀身，因此惊悸，非药石所能疗也。”[11] 这个太医院长官竟因惊悸致死。

对于这次宫变，朝鲜《李朝实录·中宗实录》评论说：“盖以皇帝虽宠宫人，若有微过，少不容恕，辄加棰楚，因此殒命者多至二百余人，蓄怨积苦，发此凶谋！”其实，若仅仅因为害怕得罪遭诛，绝不会抱着必死之心去干此“凶谋”。宫女们肯定是遭受世宗摧残，觉得生不如死，才决心与世宗同归于尽，可惜功败垂成。事后，十六名宫女都被残酷处死。但她们不畏强暴、誓死拼斗的精神永垂史册，受到后人尊敬。

发生史无前例的“宫婢之变”，并未能使世宗汲取教训。他声称：“朕非赖天地鸿恩，遏除宫变，焉有今兹！”从此由乾清宫移居西内（即西苑，指今北海、中南海），与大臣隔绝。世宗变本加厉，更加沉溺于修玄与炼药。嘉靖三十一年冬，“命京师内外选女八至十四岁者三百人入宫”，嘉靖三十四年九月，“又选十岁以下者一百六十人”，这些幼女都是“供炼药用也”。[12] 选用幼女，是因为年龄小易于控御，以防再次发生宫婢之变。世宗对于方士言听计从，当时奏章有前朝、后朝之说：“前朝所奏者，诸司章奏也；他方士杂流有所陈请，则从后朝入，前朝官不与闻，故无人摘发。”[13]朝中大臣只有与方士相结，才能巩固自己的地位。世宗还为其父母和自己都加了道号。他自己的道号先后有：“灵霄上清统雷元阳妙一飞玄真君”、“九天弘教普济生灵掌阴阳功过大道思仁紫极仙翁一阳真人元虚玄应开化伏魔忠孝帝君”、“太上大罗天仙紫极长生圣智昭灵统元证应玉虚总掌五雷大真人玄都境万寿帝君”。

第二节　阁臣倾轧与严嵩擅权

世宗自崇信方术后，就开始懈怠政事，加上“性刚愎自用”，听不进逆耳之言，结果朝政越搞越糟。初即位时，他曾宣布“广开言路”。所谓言路，是指舆论上达的渠道。从广义上讲，就是要扩大言论的来源，包括臣下和庶民均可进言；从狭义上讲，就是要言官畅所欲言。言官指六科给事中和都察院御史。给事中有封驳权，即有权封还皇帝失宜之诏令，驳正臣僚违谬之章疏。御史不仅对中央各部门有监察权，而巡按地方，体察民情，对朝章大政也有建议权。言官的言论往往体现朝野的舆论。“大礼议”时，言官多站在护礼派一边，所以世宗“厌薄言官，废黜相继，纳谏之风微矣”[14]。这是“大礼议”留下的后遗症。

嘉靖中年，世宗深居西内修玄，更厌恶言官，“给事中顾存仁、高金、王纳言，皆以直谏得罪”。御史杨爵上疏，批评他任用匪人、兴作未已、朝讲不亲、信用方术、阻抑舆论等，世宗不仅不反思，反而把杨爵“立下诏狱搒掠，血肉狼籍，关以五木，死一夕复苏”。巡按陕西御史浦鋐上疏援救，指出：“臣惟天下治乱，在言路通塞。言路通，则忠谏进而化理成。言路塞，则奸谀恣而治道隳。”世宗见奏大怒，令锦衣卫立即逮捕浦鋐，陕西民众“远近奔送，舍车下者常万人”，皆号哭曰：“愿还我使君。”浦鋐下诏狱后，“搒掠备至，除日复杖之百，錮以铁柙”，七日即死。户部主事周天佐也因疏救杨爵下诏狱，体弱不胜杖，狱吏又绝其饮食，不三日即死，大兴（治今北京市）百姓有到柩前哭祭者，有人问之，回答说：“吾伤其忠之至，而死之酷也。”[15] 由此可见，当时言官的正义言论，获得了民众的广泛支持。

由于言路闭塞，正直臣僚难以立朝，而那些柔媚逢迎之徒，却如鱼得水，趁机倾陷他人，依媚固宠。当时朝臣角逐竞争的最高职位是内阁首辅。嘉靖以前，内阁辅臣地位较为平等，并无首、次之别。自武宗去世到嘉靖初年，杨廷和以“救时宰相”自任，总揽朝政，形成“新都嶷然，三辅鼎承”，“相形而首、次遂大分”的格局。这是明朝内阁制度发展的一个转折点。杨廷和虽不久即因“大礼议”失势离职，但内阁地位已定，从此在内阁辅臣之中，首辅一枝独秀，成为外廷的权力中心。不过，由于世宗刚愎自用，在用人上“忽功忽罪”，要想稳固地占有首辅位置，就必须曲意逢迎，窥伺帝颜。嘉靖朝先后简用阁臣二十八人，首辅八人。除杨廷和外，影响较大的首辅还有张孚敬、夏言、严嵩和徐阶。张孚敬以议礼起家，夏言、严嵩、徐阶则都以善撰青词得宠。

张孚敬即议礼新贵张璁。其名与世宗之名厚熜音形相近，嘉靖七年（1528），为邀恩固宠，他奏请更名，世宗遂赐其名孚敬，字茂恭。张孚敬做首辅后，“果于自用，休休之量”，对“大礼议”

中的反对派“报复相寻”，因而常常受到言官弹劾。世宗一方面对他“眷顾之厚，始终不替”，另一方面又厌恶他“自伐其能，恃宠不让”。在这种矛盾心理的支配下，张孚敬四起四落，最终在嘉靖十四年春因病重去职。总的说来，张孚敬“刚明峻法，一心奉公，慷慨任事，不避嫌犯”，“时进谠言”，在任期间还算有所作为，“若清勋戚庄田，罢天下镇守内臣，先后殆尽”。[16] 与他同时另一以议礼起家的大学士席书，则曾提出赋役改革的建议，虽未能认真实行，但为以后“一条鞭法”的推行奠定了基础。

张孚敬之后，夏言深受世宗宠信。夏言（1482—1548），字公瑾，江西贵溪人。正德十二年（1517）进士，嘉靖初为兵科给事中。夏言勇于任事，如“奉诏偕御史郑本公、主事汪文盛核亲军及京卫冗员，汰三千二百人，复条九事以上，辇下为肃清”；“偕御史樊继祖等出按庄田，悉夺还民产”。[17] 世宗自“大礼议”后，以制礼作乐自任，认为“天地合祀非礼，欲分建二郊”，张孚敬犹豫不敢轻决，世宗“卜之太祖亦不吉，议且寝”。恰好这时夏言疏请“帝亲耕南郊，后亲蚕北郊，为天下倡”，世宗觉得夏言此议正合己意，自此对夏言大加宠眷，凡有郊坛工程，往往派夏言监工。夏言一方面窥测帝旨，悉心撰写青词以邀宠于世宗，另一方面折节下士，对“大礼议”受到打击的护礼派官员表示同情，因而在公卿朝臣中博得声望。张孚敬去职后，夏言入阁，并于嘉靖十七年成为首辅。但其宦途并不顺畅，而对他威胁最大的人物，则是工于心计的严嵩。

严嵩（1480—1565），字惟中，江西分宜人。弘治十八年（1505）进士。嘉靖七年任礼部右侍郎。奉命去湖广承天府祭告显陵，还朝后献媚说："臣恭上宝册及奉安神床，皆应时雨霁。又石产枣阳，群鹳集绕，碑入汉江，河流骤涨。请命辅臣撰文刻石，以纪天眷。"此语深得帝心，当即擢升为吏部左侍郎，又升任南京礼部尚书、吏部尚书，改任礼部尚书兼翰林学士。严嵩与夏言为江西同乡，科第早于夏言，而位居其下。他表面上对夏言毕恭毕敬，暗中却寻机取而代之。世宗因奉道，尝戴香叶冠，并刻沉水香冠以赐夏言等人。夏言不奉诏，声称"非人臣法服，不受"。而严嵩在召对时则特意戴上，并笼以轻纱，从此世宗更加亲信严嵩，严嵩则极力倾陷夏言。嘉靖二十一年七月，夏言被削职。八月，严嵩以礼部尚书、武英殿大学士入值文渊阁。当时严嵩已年过六十，但"精爽溢发，不异少壮，朝夕直西苑板房，未尝一归洗沐，帝益谓嵩勤"[18]。两年后，严嵩终于成为首辅，改兼吏部尚书、谨身殿大学士。

夏言被削职后，心有不甘，思谋起复。他怕皇帝忘了自己，"遇元旦、圣寿，必上表贺，称草土臣"，以此讨好世宗。世宗"亦渐怜之，复尚书、大学士"。嘉靖二十四年，夏言再次入阁，从严嵩手中夺回首辅职位。夏言盛气以凌严嵩，"凡所批答，略不顾嵩，嵩噤不敢吐一语。所引用私人，言斥逐之，亦不敢救"。严嵩只得暂且忍耐。夏言、严嵩都以善写青词得幸。严嵩曲意结交内监，向他们探听消息，并让他们在皇帝面前称誉自己而诋毁夏言。世宗的喜怒哀乐，严嵩都能及时得到通报，夏言却不得先知，所以夏言所撰青词多失帝旨，处境渐危。最后，严嵩终于借"议复河套"事件，置夏言于死地。当时蒙古势力已深入河套地区，陕西总督曾铣主张把蒙古势力赶走，夏言大力支持，世宗亦表示赞同。但世宗反复无常，忽然降旨诘责曾铣，“语甚厉”，严嵩“揣知帝意，遂力言河套不可复”，并疏攻夏言。嘉靖二十七年正月，夏言被夺官，以尚书致仕。严嵩勾结咸宁侯仇鸾，继续危言耸听，诬陷夏言，最后曾铣坐“交结近侍律斩”，夏言竟被弃市。[19] 严嵩再任首辅，而且一任就是十四年。

严嵩专权的十四年，是嘉靖朝最黑暗的一个时期。世宗在西苑一心奉道，除方士外，与大臣很少接触。只有严嵩“独承顾问，御札一日或数下，虽同列不获闻”。严嵩大权在握，于是遍引私党，盘踞要职。严嵩之子严世蕃，以父荫入仕，由太常寺卿晋为工部左侍郎，兼掌尚宝司事。严世蕃“剽悍阴贼，席父宠，招权利无厌”，但他“颇通国典，晓畅时务”，严嵩晚年票拟多出其手。义子赵文华，浙江慈溪人，累官至工部右侍郎，严嵩委以抗倭重任，侵克军饷，恣行无忌，养寇贻患。鄢懋卿，江西丰城人，官至左副都史，“严嵩柄政，深附之，为嵩父子所昵”，严嵩用其总理盐政，“所至市权纳贿”，“岁时馈遗严氏及诸权贵，不可胜纪”。严嵩还大搞卖官鬻爵，吏部文选司郎中万寀、兵部职方司郎中方祥，甘听严嵩指使，每逢选官，二人持选簿到严嵩家填注，时人称为严嵩之“文武管家”。至于尚书吴鹏、欧阳必进、高耀、许论辈，无不“惴惴事嵩”。[20] 今传世《天水冰山录》一书，收录有严嵩被抄家时的财产清单，家中金银宝物之多，令人咋舌。当时虽有正直官员，如谢瑜、叶经、童汉臣、赵锦、王宗茂、何维柏、王晔、陈恺、厉汝进、沈炼、徐学诗、杨继盛、周鈇、吴时来、张翀、董传策等，先后弹劾严嵩，结果都受到严嵩迫害，有些官员还因此丢了性命。

议复河套

蒙古鞑靼部首领俺答入据河套，屡为边患。嘉靖二十五年（1546），以巡抚山西兵部右侍郎曾铣总督陕西三边军务。是年底，曾铣上疏，建议增筑边墙，收复河套地区，得到首辅夏言的大力支持。世宗起初亦表赞成，但后来又怕开启边衅，态度大变，降旨诘责曾铣。大学士严嵩素与夏言有隙，欲夺其首辅之位，遂力言河套必不可复，并唆使党羽弹劾曾铣、夏言。嘉靖二十七年，世宗令逮曾铣下狱，并勒令夏言致仕。不久，以莫须有之“交结近侍”罪名，将曾铣处斩，并逮捕夏言，旋弃市。自此，无敢再言收复河套事者。

严嵩所作所为引起越来越多朝野人士的反对。在“倒严”活动中，徐阶是核心人物。徐阶（1503—1583），南直隶华亭（今上海松江）人，也因善写青词受到世宗信任。嘉靖三十一年，徐阶入阁。世宗对徐阶宠信日隆，而对严嵩宠信渐衰。但严嵩真正失势，是在嘉靖四十年五月丧妻之后。其时严嵩年已八十，“耄而昏智”，票拟多倚严世蕃。严嵩妻死后，严世蕃丧服在身，不能入值房代拟。严世蕃“日纵淫乐于家”，严嵩受诏不能解，遣人去问，严世蕃“方耽女乐，不以时答”。中使相继到值房催促，严嵩无奈，只能自拟，往往失帝旨，“所进青词，又多假手他人，不能工，以此积失帝欢”。是年十一月，西苑永寿宫失火，世宗徙居玉熙宫。玉熙宫湫隘，地旷近水，世宗想重新营建永寿宫。当征求严嵩意见时，严嵩建议暂居南城离宫。南城是明英宗为太上皇时住所，当时实同幽禁，世宗闻言当然不悦。徐阶则阿顺帝意，建议重修永寿宫。次年新宫建成，改名万寿宫。方士蓝道行一向厌恶严嵩，此时乘机落井下石，“假乩仙言嵩奸罪”。世宗问：“果尔，上仙何不殛之？”答曰：“留待皇帝自殛。”世宗心动。[21]御史邹应龙在宦官家中避雨，得知世宗心意，遂上疏弹劾严嵩父子。嘉靖四十一年，严嵩被勒令致仕，严世蕃被充军远边，邹应龙擢升通政司参议，成为“倒严”英雄。严嵩既去，世宗“追念其赞玄功”，颇存思念。次年，南京御史林润弹劾严世蕃收纳江洋巨盗，诽谤时政，在徐阶主使下，严世蕃被斩首，严嵩被黜为民，“寄食墓舍以死”。[22]

严嵩之后，徐阶为首辅。世宗把以前严嵩当值的房子赐给徐阶，徐阶特地写了三句话挂在壁上以为座右铭：“以威福还主上，以政务还诸司，以用舍刑赏还公论。”这三句话意在表明自己对上不欺罔，对下不专横。为了避免专擅之嫌，又请召其他阁臣共同拟旨，并劝世宗行宽大之政。一时朝局颇由严苛而趋宽缓，“言路益发舒”，徐阶则“采舆论利便者，白而行之”。《明史》曾论其功曰：“嘉靖中叶，南北用兵。边镇大臣小不当帝指，辄逮下狱诛窜，阁臣复窃颜色为威福。阶当国后，缇骑省减，诏狱渐虚，任事者亦得以功名终。于是论者翕然推阶为名相。”[23]这种局面一直维持到世宗去世。称徐阶为“名相”，颇言过其实。他对积弊已深的经济、军事问题，并未拿出积极对策。

第三节　隆庆新政及其局限

嘉靖后期朝政腐败，百姓穷困，明王朝再次濒临崩溃边缘。亲身经历过那个时代的张居正，在写给福建巡抚耿定向的一封信中，指出嘉靖中年“百姓嗷嗷，莫必其命”，其时的景象已无异于“汉唐之末世”。[24] 嘉靖四十五年（1566）十二月，世宗去世，其子裕王朱载垕继位，史称明穆宗。随着世宗漫长统治的结束，明王朝再次迎来改革的时机。

皇帝去世后，第一件事就是发布遗诏。世宗的遗诏是由内阁首辅徐阶和翰林学士张居正起草的。在这份遗诏中，他们让死去的世宗对其“祷祀日举，土木岁兴”等荒怠行为做出自我批评，并宣布：在他统治时期因进谏得罪的官员，生者召用，死者恤录，监押者释放复职；诳惑他斋祷求仙的方士人等根据情节轻重治罪；斋醮、土木工程、采买等各项劳民伤财的事情全部停止。此诏“培国脉，回元气，反四十多年之误而正之”[25]，使朝野上下看到了改革的希望，许多人“号恸感激，比之杨廷和所拟登极诏书，为世宗始终盛事云”[26]。

不过，此诏的贯彻受到内阁权力斗争一些牵制。世宗去世时，内阁中除首辅外，还有李春芳、高拱、郭朴。李春芳为人恭谨温和，不介入政争。高拱则与徐阶展开争斗，试图夺取首辅之位。高拱（1512—1578），字肃卿，河南新郑人，嘉靖二十年进士，嘉靖三十一年为裕邸讲官，嘉靖四十五年与同乡郭朴一同入阁。高拱为人“负才自恣”，兼与穆宗有师生之谊，入阁后事徐阶“稍倨”，郭朴则附和高拱。徐阶的同乡给事中胡应嘉曾弹劾高拱，高拱怀疑是徐阶指使，遂“大憾之”。世宗去世后，徐阶找当时还未入阁的张居正共拟遗诏，而不与高拱、郭朴商议，二人更是愤恚。隆庆元年（1567），胡应嘉被罢职削籍，言官皆谓高拱“修旧郄”，群起弹劾之，高拱、郭朴被迫辞职而去。但徐阶的胜利并未维持多久。由于他对穆宗屡加劝谏，“所持诤多宫禁事，行者十八九，中官多侧目”，穆宗对他也渐感不满。隆庆二年，徐阶只好自请致仕，李春芳接任首辅。次年，高拱被召回，以大学士兼掌吏部。到隆庆五年，高拱最终挤走李春芳，得到了梦寐以求的首辅职位。[27]

为了打击徐阶，高拱复出后，竟不顾是非，极力为世宗惩罚谏言官员的行为辩护，攻击徐阶起草的遗诏是犯了“仇视先帝”的大罪。穆宗虽未追加徐阶之罪，但下旨对高拱的主张表示了明确支持。高拱非理性地为世宗辩护的态度，当然会对革除嘉靖秕政产生一定影响。但作为一位颇有识见和才干的大臣，他自己也深知只有改革才能挽救危局。在世宗去世前夕撰写但未及呈奏的一份奏疏中，他提出吏治不修、边境不靖、财货不充的局面之所以无法扭转，是因为“积习之不善”造成的，并具体列举了“流习于天下”的“八弊”，即坏法、黩货、刻薄、争妒、推诿、党比、苟且、浮言。因此，在他自己主政后，他也推出一些改革措施，“其筹边、课吏、用人、行政，不数年间，成效卓然”[28]。

总起来说，隆庆新政包括革弊和施新两个方面。革弊的第一项内容是平反冤狱。穆宗在登极诏书中宣布：“自正德十六年以后，至嘉靖四十五年十二月以前，建言得罪诸臣，遵奉遗诏，存者召用，殁者恤录。”[29] 他首先将因上疏触怒世宗而长系诏狱的海瑞释放，接着又先后给弹劾严嵩、谏止斋醮、“大礼议”、李福达狱及议复河套等案中被迫害被贬斥的臣僚平反，或恢复名誉，起复官职，或平反昭雪，安抚恤录。穆宗出于励世之心，大量平反嘉靖朝冤案，相对缓和了统治阶层的内部矛盾，也使嘉靖朝闭塞的言路得到疏通，官员们又开始勇于进言，而对有利于朝廷安定、经济发展、边备整饬的建议，他大多予以采纳，收到“群力毕收，众思咸集”之效。[30] 革弊的第二项内容是削夺已故真人邵元节、陶仲文官爵及诰命；罢除一切斋醮，撤西苑内大高玄殿、圆明等阁、玉熙等宫及诸亭台匾额；停止因斋醮而开征的加派及部分织造、采买。清除了这些弊政，使朝纲整肃，法度修明，同时也减轻了百姓的负担。

至于施新，穆宗在登极诏书中概括为“正士习，纠官邪，安民生，足国用”等项。实际上，这四句话可视为隆庆新政的纲领。

“正士习，纠官邪”就是要整肃吏治。穆宗重视吏治，他敕谕天下朝觐官说：“顾四方万国，岂朕一人所能遍察？所冀承流宣化，乂安元元，实赖尔藩臬郡县诸臣，与朕分理，共图至治。”[31] 各级官吏是否忠君报国，廉洁奉公，是治理国家的关键；而严格考察制度，则是吏治清明的保证。明代对官吏的考察有京察和外察之分。京察是考察京官的制度。弘治以后，一般六年举行一次，于巳、亥之年进行；外察又称朝觐考察，是考察地方官的制度，一般三年举行一次，于辰、戌、丑、未之年进行。隆庆朝对官吏的考察次数，远远超过了制度规定。如隆庆元年考察京官，隆庆二年朝觐考察地方官，隆庆三年考察京官，隆庆四年考察言官，隆庆五年朝觐考察地方官。明朝旧制，王府官不予考察。中期以后，亲王在地方上侵田占土，为非作歹，其臣僚也多为不法，助纣为虐。隆庆三年规定，王府官除良医、典乐、引礼舍人外，一律参与考察。像隆庆年间这样重视对官吏的考察，在明朝历史上是不多见的。

明朝对官吏虽然有严格的考核规定，但在实际运作中也有很多弊病。如地方官每到朝觐之期，大量向京官馈送金帛，就是一例。海瑞曾尖锐地批评这种现象说：“今人谓朝觐年为京官收租之年，故外官至期，盛辇金帛以奉京官。上下相率而为利，所苦者小民而已。”[32]隆庆二年适逢朝觐之年，陕西按察司副使姜子羔上言：“入觐官各有道里费及馈遗私赍，宜令进献羡余，以佐国计。”并建议布政司官进献三百两，按察司官二百两，苑马、行太仆二寺官一百两，盐运司及各府正官二百五十两、佐贰官一百两，州县正官二百两、佐贰官五十两，首领官及边远者量进。姜子羔的建议表面上是要增加国库收入，实际上是要使地方官员借朝觐以苛敛百姓、贿赂京官的做法合法化。穆宗断然拒绝此议，并下令“自后进表朝觐官，更不得派给累民”。他敕谕考察留用官员，“务在廉以律己，仁以抚民，公以存心，勤以莅事”。在用人上，注重选拔急公进取的官吏充任要职，而不主张任用平庸无为的官吏。他还特别重视对官吏的赏罚，对有功的官吏多次表示“朕岂无爵禄以劝乎？”对于贪官污吏则严惩不贷。隆庆二年，针对考察中“贪官止于罢黜”的惯例，穆宗认为“不足示惩”，令“今次考察诸司，赃多迹著者，部院列其罪状，奏请处治”。[33]通过整顿，在明朝中后期，隆庆朝的吏治比较清明，士风也相对纯正。

在推行新政中还注意采取一些“安民生，足国用”的措施。主要有三个方面：

一是蠲免救济。穆宗即位后立即宣布蠲免隆庆元年全国一半田赋，同时免除百姓拖欠的嘉靖四十三年（1564）以前的田赋。据统计，隆庆元年减免天下钱粮九百余万石，以后每年蠲免额也在二三百万石。隆庆年间自然灾害较多，特别是河患、地震频仍。灾害发生后，政府一般能够及时救济。在救济中，也注意“委用得人，给散有法，俾小民得沾实惠”[34]。这对于灾后的百姓多少起到了一些安抚作用。

二是抑止兼并。明朝中期以来，大土地所有制恶性发展。世宗初年，曾一度清理庄田，对勋贵外戚无限度地扩充土地有所限制，但土地兼并的趋势并未从根本上扭转。如黔国公沐朝弼，不仅在云南有庄田一百七十四所，而且在甘肃平凉界内也占有大量的草场土地。大地主阶层一方面兼并土地，另一方面想方设法隐瞒田土，逃避赋税，把各种名目的加派转移到贫苦农民身上。隆庆年间，针对这一问题，采取了两项措施：其一是限田。隆庆二年，根据御史王廷瞻的建议，制定了勋戚宗室依世次递减的制度，勋臣五世限田二百顷，外戚七百顷至七十顷不等。又著令：“宗室买田不输役者没官，皇亲田俱令有司征之，如勋臣例。”《明史》评论说：“虽请乞不乏，而赐额有定，征收有制，民害少衰止。”其二是清田。清田又包括两个方面：一是清查诡寄、花分田粮，仅苏州、松江、常熟、镇江四府就清出诡寄田近二百万亩，花分田三百三十余万亩。二是清理皇室勋戚庄田。如“世宗时，承天六庄二湖地八千三百余顷，领以中官，又听校舍兼并，增八百八十顷，分为十二庄”，隆庆年间“始领之有司，兼并者还民”。[35]清田遇到很大阻力，隆庆三年户部在回复御史刘世曾查理庄田五事疏中说：“清隐地谓丈量，昔尝行之。而卒不能清者，凡以委非其人，行不尽法耳。”[36]其实，清田受阻的真正原因，是大地主阶层的反对。以后张居正继承了这种做法，在万历初年对全国土地进行清丈，才又把清田向前推进一步。

三是体恤商人。重农抑商，是中国封建社会传统的国策。在明朝皇帝中，穆宗比较注意恤商。隆庆三年，穆宗敕谕户、工二部："近闻京城百姓为佥报商人，负累困苦，朕甚悯之。其急议处以闻。"于是不少科道官疏言恤商事宜，京城百姓"闻者忻然若更生焉"。[37]可见朝廷抚恤商人的做法得到广泛拥护。在京师，对中小商人"横索多门，剥肤锥髓"的，主要是宦官控制的各监局。他们公开索取铺垫钱，而户、工二部不能据理而争。对此，穆宗多次亲加训饬，使"商困少纾"。隆庆四年，穆宗又批准了户部条议恤商事宜，其中规定各监局"有需求抑勒者，悉治其罪"[38]。当时还屡次下诏禁革官府私自在桥梁、道路、关津路口抽税。这些做法都有助于促进商品经济的发展。尤其值得一提的，隆庆年间开放海禁，准许私人远贩东西二洋，为海内贸易发展打开了新的局面。

隆庆新政虽然取得一些成绩，但存在着很大的局限性。明代中叶以降，皇族大地主集团日益腐朽，穆宗也不可能摆脱这一趋势。在他刚即位时，尚能崇尚节俭。《明实录》记载说："潜邸时，尝食驴肠而甘。及即位，间以问左右，左右请诏光禄。上曰：'若尔，则光禄必日杀一驴，以备宣索，吾不忍也。'乃止。岁时游娱行幸诸供膳，光禄必先期以请，候上旨为丰约，上常裁取最约者，岁省光禄费以巨万计。其恭俭如此。"[39]《明史·食货志》也记载说："穆宗朝，光禄少卿李健奏十事。帝乃可之，颇有所减省，停止承天香米、外域珍禽奇兽，罢宝坻鱼鲜。凡荐新之物，领于光禄寺，勿遣中官。又从太监李芳请，停征加增细粳米、白青盐，命一依成、弘间例。御史王宗载请停加派。部议悉准原额，果品百七万八千余斤，牲口银五万八千余两，免加派银二万余。未行，而神宗立，诏免之。世宗末年，岁用止十七万两，穆宗裁二万，止十五万余，经费省约矣。”但是，这种节俭是很有限的，《明史》还记载：“隆庆中，数取太仓银入内库，承运库中官至以空札下户部取之。廷臣疏谏，皆不听。又数取光禄、太仆银，工部尚书朱衡极谏，不听。”可见穆宗是以内库与国库争银，并无损上益下之意，所节省光禄寺微末之银，亦是意在为内库增加聚敛。

一般说来，穆宗在政务方面能倾听臣下意见，但涉及君德则讳莫如深。初即位时，他信任内官监太监李芳。李芳曾侍奉穆宗于裕邸，持正敢言，每每劝导穆宗向善，引起穆宗不悦，先被勒令闲住，隆庆二年又下刑部狱监禁待决。从此，穆宗沿着腐化的趋势下滑。隆庆四年，给事中李己、陈吾德上疏劝谏：“陛下奈何以玩好故，费数十万赀乎！”结果李己被杖一百，下刑部狱，陈吾德被斥为民，“自是供亿浸多矣”。[40]穆宗也逐渐怠于政事，对上朝理政很不热心，而对于各种玩乐活动都很热衷，“司礼诸阉滕祥、孟冲、陈洪方有宠，争饰奇技淫巧以悦帝意，作鳌山灯，导帝为长夜饮”[41]。据内官监透露，穆宗从户部调取的银两，“尽以创鳌山，修宫苑，制秋千，造龙凤舰，治金柜、玉盆”。穆宗还沉湎声色，“游幸无时，嫔御相随，后车充斥”。[42]对于上疏进谏者，穆宗常予以严惩。如隆庆二年，吏科给事中石星疏请穆宗“养圣躬”，谓“夫为鳌山之乐，则必纵长夜之饮；纵长夜之饮，则必耽声色之欲”。疏入，穆宗怒，“以为恶言讪上无礼，命廷杖六十，黜为民”。[43]隆庆三年，尚宝司丞郑履淳劝谏穆宗“移美色奇珍之玩，而保疮痍”，结果亦触怒穆宗，被杖一百，在刑部狱被押数月。[44] 可以说，与世宗朝相比，穆宗朝的治政有所改观，但变化不大。

第四节　张居正改革

隆庆六年（1572）五月，明穆宗去世，年仅九岁的皇太子朱翊钧继位，史称明神宗。当时内阁中有高拱、张居正、高仪三人。高仪（1517—1572），字子象，浙江钱塘人，虽是一位资深大臣，但一月前刚刚入阁，无甚势力。张居正（1525—1582），字叔大，号太岳，湖广江陵（今属湖北）人，嘉靖二十六年（1547）进士。张居正早在隆庆元年即进入内阁，起初与高拱合作尚好，后龃龉日深。

除阁臣外，还有另一股强大的政治势力，这就是宦官冯保。冯保，北直隶深州人，自幼入宫，嘉靖中出任司礼监秉笔太监。司礼监是宦官二十四衙门之首，设掌印太监一员，秉笔和随堂太监数员。其中地位最高的是掌印太监，其次是兼掌东厂事务的秉笔太监。隆庆初，司礼监掌印太监空缺，按资序应由冯保递补，但高拱则推荐御用监太监陈洪代补。陈洪忤旨被罢后，高拱又推荐尚膳监太监孟冲继任，仍不用冯保。因此，冯保与高拱积怨甚深。若论人品，陈洪、孟冲不及冯保，穆宗沉湎酒色，即是受到二人引导。陈皇后和神宗生母李贵妃对陈、孟二人颇存不满，而对冯保则颇为赏识，张居正与冯保也交往密切。

穆宗病重时，张居正“察知上色若黄叶，而骨立神朽，虑有叵测，为处分十余条，札而封之，使小吏持以投冯保”，高拱得知后，曾当面诘责张居正。[45]穆宗弥留之际，召阁臣到乾清宫受顾命，遗诏阁臣“同司礼监协心辅佐，遵守祖制，保固皇图”[46]。对于这份遗诏，史家多认为非穆宗本意，系李贵妃、冯保、张居正所拟。但无论如何，遗诏为司礼监干政提供了合法依据。穆宗去世后，宫中旋即传旨斥罢司礼监掌印太监孟冲，而以冯保代之。对此高拱感到如鲠在喉。神宗即位当日，他就上疏要求“一应章奏俱发内阁看详，拟票上进”，试图限制司礼监权力。此疏批回，其建议未被接受，高拱气愤地说：“安有十岁天子而能自裁乎？”冯保闻知此言，更是恼怒。高拱很想将冯保除去，他指使言官弹劾冯保，准备自己“从中拟旨逐之”。高拱虽浮沉宦海三十年，但为人粗直无城府。他明知张居正与冯保相结，竟天真地认为可用“君国大义”的名义把张居正分化过来，派人将攻逐冯保事告知张居正。张居正表面赞成，暗中却迅速密报冯保，并为冯保想好对策。冯保为激怒陈皇后和李贵妃，称高拱扬言“十岁孩儿安能决事”。两宫左右深恐高拱擅权专政，遂决计逐之。

六月十六日，在会极门召见群臣。高拱欣然而往，以为是要驱逐冯保。待他往上一看，不禁愕然。少年天子端然稳坐，侍立身旁的正是冯保。冯保宣读了以陈皇后、李贵妃和皇帝名义发布的旨谕：

> 皇后懿旨、皇贵妃令旨、皇帝圣旨：说与内阁、五府、六部等衙门官员：大行皇帝宾天先一日，召内阁三臣在御榻前，同我母子三人亲受遗嘱，说东宫年少，要他们辅佐。今有大学士高拱，专权擅政，把朝廷威福都强夺自专，通不许皇帝主管，不知他要何为？我母子三人惊惧不

宁。高拱便著回籍闲住，不许停留。你每大臣受国家厚恩，当思竭忠报主，如何只阿附权臣，蔑视幼主？姑且不究。今后都要洗心涤虑，用心办事，如再有这等的，处以典刑。[47]

高拱听罢惊惶无措，匍匐在地，几乎晕了过去。最后由张居正挟掖而起，狼狈趋出，“于是缇骑兵卒踉跄迫逐，（高）拱傥骡遄行，囊箧夺攘无遗。大臣去国，盖未闻狼籍至此者”[48]。张居正旋即奏上一疏，为高拱评功请宥，并称自己愿意与高拱“一体罢斥”，明眼人皆知其不过是故作姿态罢了。高拱被逐后，冯保和张居正仍然耿耿于怀，曾策划冤案，企图致高拱于死地，但因遭到其他大臣抵制，此案只得不了了之。

驱逐高拱后，张居正顺理成章出任首辅。神宗年幼，凡事依赖生母李贵妃。按照惯例，皇帝即位后，都要尊嫡母和生母为皇太后，但嫡母的徽号在文字上要多于生母，以示区别。七月的一天，神宗面谕张居正：“皇后是朕嫡母，皇贵妃是朕生母，尊号上先生可多加几字！”张居正对于历朝旧制当然是一清二楚，但为了讨好李贵妃，巩固自己的地位，竟不惜破坏祖制，建议尊皇后曰仁圣皇太后，皇贵妃曰慈圣皇太后，两宫遂无分别。李贵妃被尊为皇太后，便搬到乾清宫居住，“抚视帝，内任（冯）保，而大柄悉以委（张）居正”。张居正也“勇于任事”，“以天下为己任”[49]，大刀阔斧地发动了一场改革运动。事实上，早在隆庆二年，张居正奏上《陈六事疏》，提出省议论、振纪纲、重诏令、核名实、固邦本、饬武备“六事”，这“六事”反映了他对时弊的深刻洞察，也是他进行改革的政纲。作为明代影响最大也最受后人关注的一次改革运动，张居正改革的积极成果表现在很多方面，尤其是在整顿吏治和财政方面取得的成就最为引人注目。

明中叶以来，官僚集团的贪污腐败和效率低下问题日益严重。嘉靖初年和隆庆年间都曾采取措施改善吏治，但很难将长期形成的官场积习彻底扭转过来。张居正经过分析，认为“纪纲不肃，法度不行”的根本原因，在于官员们不负责任，敷衍塞责，尤其是部、院等衙门处理公事时，只管转发文件，而不问效果如何，形式主义风气十分严重。他指出：“天下之事，不难于立法，而难于法之必行；不难于听言，而难于言之必效。若徇事而不考其终，兴事而不加屡省，上无综核之明，人怀苟且之念，虽使尧、舜为君，禹、皋为佐，亦恐难以底绩而有成也。”为了扭转公文越积越多而实事越办越少的吏治政风，张居正于万历元年（1573）六月创立了被称为“考成法”的监督机制。考成法规定，凡六部、都察院奉旨办理或转行其他衙门办理的事情，都要根据距离的远近和事情的缓急程度规定一个处理期限，并记录在专门的文簿中，各部、都察院还要设立两本文册，一册送到相应的科注销，一册送到内阁以备查考；考成法要求“月有考，岁有稽”，并规定了由内阁核查六科、六科核查部院、部院核查抚按的严密监督程序。[50]

通过严格实行考成法，从前官场上那种“上下务为姑息，百事悉从委徇，以模棱两可谓之调停，以委曲迁就谓之善处”的不良风气，有了明显的改变。除加强对行政执行的监督外，张居正还坚决果断地解决了官僚机构臃肿的问题，裁汰冗员十之二三。张居正还特别重视选用廉洁干练的官员，主张用人“唯当视其功能，不必问其资格”，打破了只凭资格用人的铨选老套。经过张居正的大力整顿，官僚队伍的素质和官僚机构的效率都有很大程度的提升，朝廷的政令“虽万里外，朝下而夕奉行”，形成了各级官员“一切不敢饰非，政体为肃”的政治局面。考成法的实行还为整顿财政奠定了基础。张居正曾谈道：“近年以来，正赋不亏，府库充实，皆以考成法行，征解如期之故。”[51]

“国匮库竭”是明中期以来另一个长期困扰着统治者的棘手问题。特别是在嘉靖年间，由于南北都面临着军事威胁，明朝军费开支猛增。但世宗不顾财政困绌，依然大兴土木，而且常常多项工程并举，“役匠数万人，军称之，岁费二三百万”。这样，明朝财政就不可避免地陷入严重危机状态。嘉靖二十八年，大仓银库岁入二百万两，岁出则达三百四十七万两，亏空一百四十七万两。财政危机最终要转嫁到人民身上。嘉靖三十年，“京边岁用至五百九十五万，户部尚书孙应奎蒿目无策，乃议于南畿、浙江等州县增赋百二十万，加派于是始”。此后，“京边岁用，多者过五百万，少者亦三百余万，岁入不能充岁出之半”。户部为了弥补亏空，想尽一切办法敛财，给百姓造成很大的经济负担。《明史》评论说，世宗“劳民耗财，视武宗过之”。[52]嘉靖四十五年，海瑞上疏批评皇帝，其中一条就说世宗“富有四海，不曰民之脂膏在是也，而侈兴土木”，“今赋役增常，万方则效，陛下破产礼佛日甚，室如悬盘，十余年来极矣”。海瑞置个人生死于度外，痛切地指出：“天下因陛下改元之号，而臆之曰：‘嘉靖者，言家家皆净而无财用也。’……天下之人不直陛下久矣。”[53]隆庆年间，财政危机依然深重。隆庆二年，户科给事中魏时亮指出：“今天下府库殚虚，百姓困瘁。”[54]隆庆四年，穆宗令“市珍宝”，工科给事中陈吾德疏言：“迩时府库久虚，民生困瘁，司度支者日夕忧危。”[55]

为了缓解财政危机，张居正严格实行“节流”政策。他上疏指出：“夫古者王制，以岁终制国用，量入以为出，计三年所入，必积有一年之余，而后可以待非常之事，无匮乏之虞……夫天地生财，止有此数，设法巧取，不能增多。惟加意樽节，则其用自足。”要求皇帝“一切无益之费，可省者省之；无功之赏，可罢者罢之，务使岁入之数，常多于所出”。[56]张居正采取措施，尽力限制各种冗费支出。例如，以前两京工部每年要为光禄寺造送器皿一万二千件，光禄寺还常以不敷使用为借口提请添造，通过清查整顿，万历元年（1573）正月至十一月所用不足五千件，另有库存一万五千四百余件，于是决定次年只造二千件。苏、松织造每年要靡费许多银两，言官上疏请停罢，神宗不听，张居正当面力请，得减大半。神宗外祖父武清伯李伟奏请拨款修造坟茔，张居正按照惯例决定拨银二万两，神宗要求增加拨款，被张居正劝阻。除尽量减省开支外，张居正还力求扩大财政收入的数额。为了达到“不加赋而上用足”的目标，张居正制定了对征解钱粮不力官员的罚则：州县官员必须按时并足额征运当年的钱粮，同时还要带征以前拖欠钱粮的十分之二；凡未完成征收任务者，视数额多少予以住俸督催、降俸督催、降级调用、革职为民等处罚。此外，张居正认识到“私家日富，公室日贫，国匮民穷，病实在此”[57]，采取措施打击豪强兼并土地、欺隐田粮，在稳定税源方面起到一定作用。经过张居正的整顿，财政状况迅速好转。据统计，万历六年，京通仓支放米一百余万石，而当时储米总额达一千二百万余石，可以满足十一年之需；张居正去世的次年，即万历十一年，京通仓存粮达一千八百万余石，当时年支放额为二百二十万石，足资八九年之用，朝廷为了增加白银收入，特令今后三年每年改折一百五十万石漕粮。

除上述两方面外，张居正在整饬边防方面也较有成效。张居正对边防问题一直很关心，进入内阁后就曾在奏疏中指出："当今之事，其可虑者莫重于边防；庙堂之上，所当日夜图画者，亦莫急于边防。"[58] 隆庆年间，他虽然不是首辅，但北边防务多由其主持。出任首辅后，更加强了"内修守备"方面的工作。一方面，张居正以"积钱谷，修险隘，练兵马、整器械，开屯田，理盐法，收塞马，散叛党"八事督课边臣，务必使边防落之实处，行之有效。另一方面，张居正知人善任，大胆任用堪当一面的将领全权处理边防事务。当时如谭纶、王崇古、方逢时、张学颜、吴兑、郑洛等，都在北边防务上发挥了作用。他还选派李成梁镇守辽东，使北边和东北边的防务相当稳固。

总的看来，张居正雷厉风行地推行的一系列改革措施，提高了政府的行政效率，缓解了王朝的财政危机，增强了国家的军事实力，使摇摇欲坠的明朝统治再次稳定下来。

第五节　一条鞭法的推行

明初建立的赋役制度，到明代中叶已遭到严重破坏。从政府方面来说，由于开支日益浩繁，往往在正赋之外加征派纳。弘治末，户部尚书韩文指出："自景泰至今，国家供用日盛，科需日增，有司应上之求，不得已往往于额外加征派纳。如河南、山东等处之添纳边粮，浙江、云、广等处之添买香蜡、金两，皆先年所无者。"[59]即使田赋额内的项目也越增越多。弘治时夏税达二十余种，秋粮达十余种，征收税粮时还要额外勒索耗米，江南税粮每石加耗竟达七斗多，农民的负担要多出正粮数倍。徭役的品种也不断增加。明中叶后，不仅杂泛名目日多，"中人之产辄为之倾"，正统时在里甲正役和杂泛差役外又增加均徭一种。所谓均徭，实际上是把原来杂泛内的经常性徭役，如各级衙门及儒学、仓库中额设的库子、斗级、皂隶、门子、马夫、斋夫、轿夫、馆夫、铺兵等等，单列出来并使之固定化。

从赋役承担者方面来说，正德以后，官僚贵族、豪强地主欺瞒田地和户口的情况越来越严重，黄册和鱼鳞图册均已严重失实，"有地无立锥，而籍田逾顷亩者；有田连阡陌，而版籍无担石者"[60]。而豪强地主逃脱的赋役，只能全部转嫁到小民身上，以致赋役轻重颠倒，负担极度不均，"田连阡陌者诸科不与，室如悬磬者无差不至"[61]。就连原由大户担当的粮长，也转由中小户轮充或朋充，征收不足额时要赔纳，成为一种繁重的差役。

朝廷加重赋役征派和豪强地主逃避赋役，加速了小民的破产，大量农民抛荒田产，逃移四方，成为流民，致使政府控制的户口锐减。从洪武末至弘治初的近百年间，登于国家版籍的人口不仅未增加，反而减少了七百万。"田地抛荒，租税无征"[62]，人口流移又反过来造成赋役征发越来越困难。催征与逃亡形成恶性循环，这在田赋沉重的东南地区表现得尤为明显。在这种局势下，赋役改革势在必行，一些地方官员和中央大僚为此积极做出了努力。在明代中后期的赋役改革中，有两个趋势特别突出：一是将赋和役合并起来综合征收，一是用货币税代替实物税。而其主导方针，是均平赋役，简化征收手续。

赋役改革首先是从地方上发起的。宣德五年（1430），江南巡抚周忱在苏松地区实行“平米法”，用“余米”支付修圩、筑堤等水利工程所用民夫的工资；另外，“户丁之差役，物料之科派”，也“皆取余米”。[63] 这实际上开了把力役摊入地亩的先河。此后，应天府的“里甲银”、福建的“纲银”、浙江和广东等地的“均平银”等，都是由州县按丁、粮的不同比率分摊，统一折银征收，用以承当原属里甲负担的各种杂税。在差役方面，夏时于正统初在江西推行“均徭法”，编造“鼠尾册”，把力差、银差中的丁粮之数，区别轻重难易为等次，然后根据丁粮多少，把大户、殷实户编在前面以当重役，小户、贫户编在后面以当轻役。天顺年间，福建又创行“十段锦法”，通计一县各里甲之丁、田，按一定比例统一折算成民田，平均分编成十段，每年轮派一段应役。这一方法不久即推广到南直隶各府县。

到嘉靖年间，在吸收明中叶以来包括均平法、均徭法、十段锦法在内的赋役改革成果的基础上，出现了被称为“一条鞭法”的赋役改革。最早建议推行“一条鞭法”的是大学士桂萼。嘉靖九年（1530），他在一份奏疏中要求“编审徭役”，户部讨论后提出具体的实施办法：“将十甲丁粮总于一里，各里丁粮总于一州一县，各州县丁粮总于一府，各府丁粮总于一布政司。布政司通将一省丁粮均派一省徭役。内量除优免之数，每粮一石编银若干，每丁审银若干，斟酌繁简，通融科派。”[64]次年，御史傅汉臣在上疏中明确称这种新制度为“一条鞭法”。[65]尽管户部奏准将此法“行令各府州县永为遵守”，但从嘉靖到隆庆年间，只有少数地方官员曾予实行，如王宗沐在江西、潘季训在广东、庞尚鹏在浙江、海瑞在应天、王圻在山东曹县都推行过“一条鞭法”。“一条鞭法”把部分徭役负担摊入田粮，并对优免权做出一些限制，显然对缙绅地主不利，当然会引起他们的激烈反对，因而“忽行忽止”，难以长期实行下去。

万历初年张居正柄政后，为了稳定税源，下令清丈土地。清丈始于万历六年（1578），由户部尚书张学颜主持，先在福建进行试点。万历八年，福建完成清丈，巡抚上疏称“闽人以为便”，于是张居正题请清丈全国田地，“凡庄田、屯田、民田、职田、养廉田、荡地、牧地，皆就疆理，无有隐奸，其挠法者，下诏切责，天下奉行懔懔焉”[66]。张居正主持的这次清丈基本达到了预期目的，大量隐占土地被清查出来。关于清丈资料未留下完整记录，根据《明神宗实录》有关记载统计，山东等十布政司、南直隶十五府州、北直隶保定府清丈后新增田土数额，共计一百四十四万余顷，成绩是很可观的。隐占田地被清查出来，就容易抑制勋贵、缙绅的漏税现象，减少小民赔纳虚粮的数量。如在北直隶沧州，“清丈之后，田有定数，赋有定额，有粮无地之民得以脱虎口矣”[67]。在山东，“清丈事极其妥当，粮不增加，而轻重适均，将来国赋既易办纳，小民如获更生”[68]。

在清丈土地的同时，张居正还积极推动“一条鞭法”的实行。鉴于“一条鞭法”“有极言其便者，有极言其不便者，有言利害半者”，张居正最初采取慎重态度，主张“果宜于此，任从其便，如有不便，不必强行”[69]，即要求根据具体情况，因地制宜，不强求一律。随着“一条鞭法”在局部地区的推广和成功，张居正越来越相信“一条鞭法”利多弊少，南北皆宜，值得全面推广。万历五年，山东东阿知县白栋因推行“一条鞭法”，遭到户科给事中光懋弹劾，张居正拟旨答复说：“法贵宜民，何分南北。各抚按悉心计议，因地所宜，听从民便，不许一例强行，白栋照旧策励供职。”[70]给予白栋支持。他还致书白栋的支持者山东巡抚李世达说：“条鞭之法，近旨已尽事理。其中不便，十之一二耳。法当宜民，政以人举。民苟宜之，何分南北。”[71]

尽管张居正并未颁布政令要求全国都实行“一条鞭法”，但由于他明显支持此法，因而各地方官员纷纷推行。到万历二十年左右，“一条鞭法”已推及全国。“一条鞭法”的内容，《明史·食货志》概括如下：

> 一条鞭法者，总括一州县之赋役，量地计丁，丁粮毕输于官。一岁之役，官为佥募。力差，则计其工食之费，量为增减；银差，则计其交纳之费，加以增耗。凡额办、派办、京库岁需与存留、供亿诸费，以及土贡方物，悉并为一条，皆计亩征银，折办于官，故谓之一条鞭。

但事实上，这一定义表述的只是一种“理想类型”，完全符合这一标准的现实事例很少。尽管各地的做法不一，但也体现出一些共同特征，主要有以下四点：

第一，合并了赋役项目，简化了征收手续。明初制定的赋役制度，随着时间推移越来越繁复，在田赋方面，除了米麦之征外，还有布帛之征、折收钱钞之征等；在役法方面，明初只有里甲和杂泛两种，后从杂泛中又衍生出均徭一项，且杂泛由地方官任意指派，名目繁多。赋役"端绪既多，奸诡丛生，即精通算数、习理钱谷者，亦难究其弊窦，矧服田力穑之民，又安知害之所从来哉"[72]。实行"一条鞭法"后，赋役除繁趋简，皆有定额，在一定程度上限制了贪官污吏上下其手，中饱私囊。

第二，将户丁负担的部分徭役摊入田亩。明代前中期赋和役是分别征发的，役由户丁负担。许多地区把人户分为三等九则，按等应役。豪强地主大多勾结里书，降低户等，把负担转嫁于小民。实行"一条鞭法"后，大部分地区"按亩而征"，个别地区虽保留了丁银，但规定了数额，除丁银外其他徭役均摊入地亩。有人评论说："一条鞭之法，一切差役计丁田而收其庸，称最便矣。第丁多苦贫，田易取办。故万历十五年以后，议丁止征银二钱，其加意穷氓非渺。"[73]

第三，废止了里甲排年轮役制。明代前中期徭役每十年一轮，很不适宜役重民疲的现实状况，加剧了小民的贫困化过程。实行"一条鞭法"后，徭役编审由十年一次改为每年一次，编审单位由里扩大至县，这样负担较为均平，差轻易办。如福建漳州从前均徭轮甲，"则递年十甲充一岁之役，出骤而多困；条鞭则合一邑丁粮，充一年之役，所以少易办"[74]。

第四，赋役折银征收。明代前中期的田赋征收虽有折色银，但数额较少，以征本色（米、麦等）为主；徭役虽有银差、力差之分，但力差占有很大比重。实行“一条鞭法”后，“诸方赋入折银者几半”，折银成为赋税征收的主要方式，力役之征更是基本上折银，由官府根据需要募人应役。张栋对此大加赞赏：“夫条鞭之称善，正以其征银在官，凡百用费，皆取于官银。民间有本户粮差之外，别无徭役。自完本户粮差之外，别无差使。吏胥无所用其苛求，而民相安于无扰矣。”[75]

“一条鞭法”的推行，不仅是明代，也是中国赋役制度史上的重大变革。它将赋与役合而为一，大大简化了赋役的项目和征收手续，有利于减少官吏在征收过程中的营私舞弊。征收对象由户、丁变为丁、田，有利于赋役的均平，也减轻了商人的负担。赋和役一概征银，既是商品经济发展的结果，又反过来促进商品经济进一步发展，同时也削弱了农民对国家的人身依附关系。可以说，“一条鞭法”的推行既是明朝政府解决财政危机、稳定社会经济的迫切需要的结果，又适应了社会经济长期发展的客观要求。当然，也应看到，“一条鞭法”也存在很大局限性。它没有规定每年的征收总额，这本身又给官吏作弊提供了机会。随着官府需索的增加，在“一条鞭法”之外，后来又出现了一些杂役让里甲值年者承担。一律折银征纳，也加重了缺银地区人民的负担。

第十四章

“北虏南倭”问题及其解决

第一节 庚戌之变

天顺、成化年间，蒙古鞑靼部兴起，进入河套地区，时常侵犯明朝边境。弘治时，达延汗统一蒙古各部，称“小王子”，南下抢掠更加频繁。这种局面一直持续到嘉靖时期。达延汗有三子势力较强，即阿尔伦、阿著和满官嗔。达延汗死后，阿著、阿尔伦之子卜赤相继为“小王子”，后卜赤向东迁徙。阿著有二子势力强大，一为吉囊，一为俺答。嘉靖二十一年（1542），吉囊死去，其子吉能等散处势分。于是俺答雄于诸部，成为明朝北边的主要对抗力量。

世宗即位后曾对北方边防进行大幅度整顿。自正德十六年（1521）起，多次给九边将士增发军饷，虽杯水车薪，却稳定了正德时动摇败坏的军心。大修辽东、宣府、大同、延绥、宁夏边墙，其规模超过历朝。为边军大量配备新近传入中国的佛郎机火器，也使明军在对抗鞑靼骑兵时取得一定主动性。此外，设立总督陕西三边军务一职，开府固原，也便于西北战场的协调作战。不过，这些措施不能从根本上解决卫所制度废弛、边军生活无着的问题，也就不能有效地扭转战争局势。鞑靼骑兵一次次深入边墙之内，给陕晋各地带来了深重灾难。但是，战争并不能割断明朝与蒙古各部的经济联系。蒙古各部对中原地区的粮食、丝织品、锅釜等的需求量很大，即使在双方交战的情况下，也还要悄悄地与明朝守边士卒交易。蒙汉人民都希望能结束战争状态。嘉靖二十年，蒙古地区发生自然灾害，人畜死亡十分之二。俺答求问神官（指善卜者），神官劝他与中原和好。这实际上反映了蒙古各部广大人民的心愿。这年七月，俺答派遣使臣石天爵、肯切到大同阳和塞请求通贡。世宗以“假词求贡”、“虏情叵测”为理由，“绝彼通贡”。结果，石天爵被遣返，肯切被拘留。次年闰五月，俺答再次派石天爵等为使臣，到大同镇边堡请求通贡。结果，石天爵与肯切均被斩杀，传首九边。明朝的这种做法激化了本来可以缓和的民族矛盾。

明朝拒绝通贡，却又不能采取措施阻止俺答侵边。嘉靖二十五年，陕西总督曾铣疏请恢复河套，加强北部边防，他的建议得到首辅夏言支持。可惜他很快就成为内阁纷争的牺牲品，曾铣及其支持者夏言都遭严嵩陷害被杀。从此，明廷再无一人敢言收复河套事，俺答入侵的次数越来越多，规模越来越大，最终发生了“庚戌之变”。

庚戌为嘉靖二十九年。这年六月，俺答纠集所部进犯大同，宣大总兵仇鸾本由贿赂严世蕃而得高职，慌惧无能，只好以重金贿赂俺答，“令移寇他塞，勿犯大同”。俺答于八月移兵东攻蓟镇，佯攻重关古北口（今北京市密云区东北），主力由偏西的黄榆沟突入长城，一举攻占蓟镇，兵锋直达通州（今北京通州区），薄近京城。当时京营兵仅有四五万，半为老弱，半为大臣家占役，根本无战斗力。而兵器库的宦官此时竟还向来领兵器的军士索取贿赂。京城防务陷于瘫痪。直到此时，兵部尚书丁汝夔才不得不奏报蛰居西内一心炼丹的世宗。世宗大惊，飞檄各地勤王。各处兵马在几天内便有五万聚集京师，但粮草无着，多生骚乱。世宗任命本为罪魁祸首的仇鸾为平虏大将军，仇鸾畏战不前。严嵩则说："塞上败或可掩也。失利辇下，帝无不知，谁执其咎？寇饱自扬去耳。"[1] 于是俺答在城外大肆抢掠。世宗登城四望，只见火光冲天，束手无策。这时俺答提出通贡请求，又以攻城相威胁。徐阶献缓兵之计，要求俺答退出长城，正式遣使来请，俺答挥军北去。世宗松了一口气，相隔十年后首次召见大臣，痛斥臣下无能误国，大失众望。不过明朝的耻辱还没有结束。俺答本欲从白羊口（居庸关南）出塞，但为守关明军所阻，乃折回东南，恰好遇上在后遥遥尾追的仇鸾军。仇鸾大败，杀了几十个百姓冒功，眼睁睁地看着俺答从古北口扬长而去。

俺答退出京畿后，继续请求通贡互市。世宗为人极其虚荣，很想挽回些面子。他一面寻找代罪羔羊，将兵部尚书丁汝夔、侍郎杨守谦处斩；一面想整顿京营，把十二团营复改为三大营，设戎政府以总其事，并调边兵入京营。世宗在虚荣心的驱使下，甚至还打算"北征"。这种脱离实际的计划当然不可能实行。世宗为找台阶下，乃于嘉靖三十年春同意通贡，派兵部侍郎史道赴宣府、大同总理其事。史道颇有作为，迅速促成了宣大、陕西马市的开放。据史道奏报，举办马市时，"俺酋约束部落，终始无敢有一人喧哗者。

南向黄帏香案叩头，极恭，迹颇驯顺。其番奏所云，皆为悔罪自惩之言”[2]。此语肯定不无夸大，但也可看出俺答对改善与明朝关系确有一定诚意。但严嵩不谙边情，竟对世宗说：“今征兵四集，正宜决战以挫虏锋，不宜任其要挟，只以示弱耳。”[3]八月，世宗改变初衷，召回史道，中止马市。结果史道被杀于大同。此后，俺答不断派人到明廷请求互市，均被拒绝，于是战火再起。嘉靖三十二年，俺答突破外长城防御，进逼紫荆关（今河北易县境内）。嘉靖三十三年，鞑靼骑兵进攻蓟镇，“京城戒严”。嘉靖四十二年，鞑靼兵从墙子岭（今北京密云县东）入犯，大掠京东，庚戌之变险些重演。终嘉靖之世，俺答部的侵扰一直是明朝北边的一大祸患。

第二节　俺答封贡

穆宗即位后，北边防务仍然吃紧，他需要解决两个问题：第一，明朝中期以后，政治腐败，军事积弱，蒙古瓦剌、鞑靼部相继挥戈南下，形成严重边患。明朝必须加强军事实力，起衰振靡，才能在解决北边问题时掌握主动权。第二，明朝与蒙古各部的战争，并不能割断蒙汉人民之间经济上的相互需求。从嘉靖中期起，称雄于蒙古各部的俺答汗多次请求与明朝通贡互市，而世宗却斩杀来使，“绝彼通贡”，丧失了一个缓和民族冲突的机会。明朝只有改变国策，才能适应蒙汉关系的新形势。隆庆年间，正是在这方面颇有建树。

当时主要采取了三项举措：第一项是选拔优秀军事将领充任北

方边防总督、巡抚、总兵官等职务。隆庆元年（1567），升王崇古为兵部右侍郎兼右佥都御史，总督陕西、延绥、宁夏军务，隆庆四年正月又改调总督山西、宣府、大同军事。隆庆二年，升谭纶为兵部左侍郎兼右佥都御史，总督蓟州、辽东、保定军务。隆庆元年，召福建总兵戚继光入京协理戎政，第二年五月改命总理蓟州、昌平、保定三镇练兵事。谭、戚是明代著名的军事家，在抗击倭寇的战争中战功卓著。王崇古也曾参加抗倭战争，立有军功，嘉靖四十年调任宁夏巡抚，亲历行阵，善修战守，功劳显闻。此外，用李成梁镇守辽东，方逢时为大同巡抚，都可以说委任得人，足当一面。世宗用人“忽功忽罪”，穆宗用人则信而不疑。无论是谭纶、戚继光，还是王崇古、方逢时，都多次被人弹劾，穆宗始终不改变初衷，对他们正确的主张，即使有人非议，也支持到底。如谭、戚曾提出在居庸关、山海关间修建三千座墩台，加强边塞防守，他当即批准。在建台过程中，“流言京师，转相传播，谓建台无益阻虏入”。谭、戚对此惶恐不安，不知所措。张居正则去信表示支持，谓：“筑台守险，可以远哨望，运矢石，势有建瓴之便，士无露宿之虞，以逸待劳，为不可胜，乃策之最得者。”穆宗亦批复说：“修筑墩台，已有明旨，（谭）纶宜坚持初议，尽心督理，毋惑人言。如有造言阻扰者，奏闻重治。”[4]于是流言始得平息。其后墩台修成，又募浙兵九千余人守御，“边备大饬，敌不敢入犯”[5]。王崇古、谭纶、戚继光等都注重练兵，经过近两年的整顿，边防守御明显加强。

第二项举措是举行大阅。大阅是一种军礼，亦称阅武，指皇帝亲自检阅武装力量。洪武、永乐、宣德、正统、天顺、成化几朝都曾举办，规模不大。成化十一年（1475）后，已有九十余年未行此典。

隆庆二年（1568），张居正提出在京师举行大阅，检阅京军。其目的主要是整顿京营，振兴武备，扭转明朝军队积弱之势。张居正的建议曾受到部分言官责难，穆宗力排异议，决定举行大阅，并限期一年整顿京营。次年九月二十日，大阅在京城北郊举行，《太师张文忠公行实》记其盛况云："是日，天子躬擐甲胄……选卒十二万，戈铤连云，旌旗耀日。天子坐武帐中，观诸将士为偃月五花之阵。已，乃阅骑射，简车从。礼毕，三军之士皆呼万岁，欢声如雷。都城远近，观者如堵。军容之盛，近代罕见。"大阅虽说是一种礼仪形式，但在整饬军务方面还是收到一定的实际效果，加强了京营的战斗力，振奋了军心和民心。嘉靖二十九年"庚戌之变"，严嵩不准京军出战，军心、民心无不为之沮丧。穆宗大阅，亲临校场，不仅京营士气大振，而且"边海之区，咸知朝廷锐意武事，喁喁然亦思所以自效矣"[6]。从隆庆三年九月起，至隆庆五年二月俺答封贡前，鞑靼各部虽不时南下骚扰，皆被明军拒却，边境得以无事。后来王崇古在与俺答的谈判中，即以大阅为例，宣传明朝军事的振兴，促进了谈判顺利进行。从此，明朝在处理北方蒙古问题上逐步改变了被动局面，取得了一定的主动权。

第三项举措是调整对蒙古各部的政策。首先调整对板升的政策。"板升"是蒙语，当时人解释为"房屋"、"城"、"堡"之类。它是蒙古地区以汉族为主要居民的区域。汉族居民的来源：一是蒙古各部每次入侵中原抢掠去的人口，天长日久，在塞外定居；二是山西、宣府、大同等地军民不堪忍受朝廷的剥削和压迫，逃亡塞外谋生。大批汉人到蒙古地区后对开发蒙古地区起了积极的作用，"开云中丰州地万顷，连村数百"。俺答也日益依赖板升，“皆仰食板升收获”。板升内部也不断分化。上层分子实际上是新贵族，如赵全、李自馨等，一方面依附俺答，巩固对板升的统治；另一方面帮助俺答练兵习武，并充任向导，深入内地烧杀抢掠，在蒙古各部与明朝的抗衡中获取利益。嘉靖时，明政府对板升居民虽然也下达过招徕的命令，但实效不大。穆宗即位后要求边方文武官员“多方招徕，如有率众来归者，厚加抚恤”，降人“不问老幼男妇”，“动支官银，分别查给为宁家之资，仍复其身，行之九边皆如例”。[7] 隆庆二年八月，逃民白春等五人闻风各率所部前来归附，穆宗当即予以奖赏。此事影响很大，据王崇古统计，继此之后，仅山西、宣府、大同三镇，一年之间归降人数就超过二千人，其中不仅有汉族居民，而且也有蒙古族人民。板升的分化使赵全等少数上层分子陷于孤立，俺答也不得不进一步考虑改善与明朝的关系。

明朝调整与蒙古的政策，更主要表现在把汉那吉降明事件上。关于此事，史籍记载颇多歧异，较通行的说法是：把汉那吉是俺答第三子铁背台吉之子，幼年丧父，由俺答之妻抚养。成年后娶俺答婿比吉女为妻，不久又下聘兔扯金之女，准备迎娶。俺答外孙女三娘子已接受袄儿都司的聘礼，俺答见其貌美，夺为己有。袄儿都司闻讯愤怒，准备起兵与俺答为敌。俺答为平息其怒，将把汉那吉所聘兔扯金之女嫁给袄儿都司。把汉那吉因此与俺答结怨，于隆庆四年十月率众投奔明朝。对于如何处置把汉那吉，明朝内部颇有争论。王崇古、方逢时主张接收把汉那吉，御史饶仁侃、武尚贤、叶梦熊等则以敌情叵测，反对收留。穆宗、高拱、张居正都支援王崇古、方逢时，于是下诏优抚把汉那吉，封他为指挥使。这时叶梦熊再次上疏反对。为了平息异议，表明朝廷对王崇古的支持，穆宗令将叶梦熊降二级，调外任。经过王崇古、方逢时的调解，把汉那吉与俺答重归于好。隆庆四年十二月，俺答把赵全、李自馨等执献明朝，明朝也劝说把汉那吉重回俺答部。双方在改善关系方面都主动向前迈出了一步。

俺答很希望与明朝实现封贡互市。他对王崇古表示：如果自己被明朝封为王，“借威灵长北方诸酋，谁敢不听？誓永守北边，毋敢为患。即不幸死，吾孙当袭封，彼衣食中国，肯背德乎？”[8]隆庆五年二月，王崇古上疏提出封贡互市的具体建议，结果在朝臣中引起争议。兵部召集廷议，定国公徐文璧、吏部左侍郎张四维等二十二人同意，英国公张溶、户部尚书张守直等十七人反对，工部尚书朱衡等五人赞同通贡但不赞同互市，只有都察院佥都御史李棠力言应允许封贡互市。兵部尚书郭乾“淆于群议，不知所裁”，只能姑且条为数事塞责。穆宗“以为未当，令部臣更议以闻”。[9]在穆宗和阁臣高拱、张居正等人的坚决支持下，明朝封俺答为顺义王，封把汉那吉为昭勇将军，其他蒙古诸首领也先后被封为都督同知、指挥同知、指挥佥事、千户、百户等官职，马市也陆续开设。

俺答封贡的实现具有重要意义：第一，结束了蒙古各部与明朝近二百年兵戈相加的对立局面。大学士高拱等曾上疏指出：嘉靖时拒绝开放马市，造成北边“三十余年迄无宁日，遂使边境之民肝脑涂地，父子夫妻不能相保，膏腴之地弃而不耕，屯田荒芜，盐法阻坏，不止边方之臣重苦莫支，而帑储竭于供亿，士马罢于调遣，中原亦且敝矣，此则往岁失计之明验也”；今因把汉那吉来降，“朝廷处置得宜，彼遂感恩慕义，请贡称藩，此实天以安攘之机与我也。我遂因而受之，则不惟名义为美，而可以愈境土之蹂践，可以免生灵之荼毒，可以省内帑之供亿，可以停士马之调遣，而中外皆得以安”。[10]第二，促进了蒙汉人民之间经济、文化的交流。隆庆时的互市不同于以前的马市。马市是官市，不准军民、生儒、闲杂人员入市。互市则既有官市，也有私市，私市准许边民贸易，于是交易扩大到民间。隆庆六年冬又开月市，每月交易一二日。互市、月市深受蒙汉人民的欢迎，成为联结两族人民友好关系的纽带。第三，再一次确立了蒙古各部与中央政权的从属关系，从长远看对我国统一多民族国家的进一步巩固有重大意义。如果说后来满族建立的清朝对我国统一做出了贡献，那么早在清朝以前，俺答封贡就已经为这一历史趋势的发展打下了基础。清人魏源评价此事说：“不独明塞息五十年之烽燧，且为本朝开二百年之太平。”[11]

第三节　葡萄牙人入居澳门

郑和下西洋时代，葡萄牙人也已开始从事海洋探索活动。经过持续不断的努力，最终取得突破性进展。1498年，即明弘治十一年，达·伽马（Vasco da Gama）绕过好望角，横渡印度洋，开辟了西方通向东方的新航路。正德六年（1511），葡萄牙人攻占了位于马来半岛的满剌加（马六甲），这里地处东西方贸易之咽喉要道，是明朝朝贡体系中的重要一环。对于新接触到的葡萄牙人，明朝称之为“佛郎机”。《明史·满剌加传》记载，满剌加“自为佛郎机所破，其风顿殊，商舶稀至，多直诣苏门答剌。然必取道其国，率被邀劫，海路几断”。可以说，满剌加被葡萄牙人占领，标志着以明朝为中心的朝贡体系开始遭到破坏。

葡萄牙人对中国怀有极大兴趣。正德八年，若热·阿尔瓦雷斯（Jorge Alvares）在明朝商人指引下到达广东珠江口的屯门贸易，成为第一个到达中国的葡萄牙人。正德十年，葡萄牙国王委派费尔南·安德拉德（Fernao Peres de Andrade）率领一支舰队前往东方，并命令新任印度总督挑选一名使节，由安德拉德护送到中国去，印度总督挑中的人选为托梅·皮雷斯（Tome Pires）。皮雷斯曾在印度、马六甲等地居住，撰有《东方记》一书，对东方有一定程度的了解。费尔南率领由四艘船组成的船队，于正德十二年七月抵达屯门，并溯江驶入广州。他们向明朝地方官员说明，此行目的是护送国王使臣前来觐见中国皇帝。葡萄牙人派遣使臣到中国的目的，是与中国建立官方联系，开辟贸易途径；而明朝习惯于朝贡体系，自然将他们视为前来朝贡的人员。在明朝的朝贡国名单中，并无佛郎机之名。明朝地方官员一方面让葡萄牙人暂留下来，一方面将此事奏报朝廷。经过礼部商议，决定不予接纳，“谕令还国，其方物给与之”[12]。

葡萄牙人当然不愿无功而返，继续留在广州等待机会。他们通过通事火者亚三买通镇守太监，最终使朝廷改变了初衷，允许使臣入京。正德十五年初，葡萄牙使团离开广州北上，五月抵达南京。武宗假借亲征宁王朱宸濠南巡，此时适在南京，但他无意接见使团，使团只好继续北上，到北京等待接见机会。费尔南在广州待了一段时间，便起程返国，船队司令职务由其弟西蒙·安德拉德（Simao Andrade）接替。西蒙于正德十五年九月到达广东。他生性残暴，公然占据屯门海澳，“剽劫行旅”，“掠买良民，筑室立寨，为久居计”[13]，引起官员和民众的不满。在京葡萄牙使团的通事火者亚三，也结交武宗幸臣江彬，骄横不法。直到这年年底，武宗才返回北京，但他已是病入膏肓，不可能接见使团，不久去世。

鉴于葡萄牙人的诸多不法行为，一些官员上疏，强烈要求驱逐葡萄牙使团。御史何鳌指出，“佛郎机最为凶诈”，“留驿者违禁交通，至京者桀骜争长”，建议“悉驱在澳番舶，及夷人潜住者，禁私通，严守备，则一方得其所矣”。[14]而且，这时明廷得知佛郎机侵占满剌加的消息，更加愤怒。世宗即位后处死火者亚三，令将皮雷斯押赴广州监禁，并下令驱逐盘踞屯门岛的葡萄牙人。正德十六年，明海道副使汪鋐率兵收复屯门。嘉靖二年（1523），葡萄牙船队又来到中国沿海，并在广东新会县西草湾与明军发生战斗，明军大胜，缴获了葡萄牙大炮，亦称之为“佛郎机”。

明朝在驱逐葡萄牙人后加强了海禁政策，规定“自今海外诸夷及期如贡者，抽分如例，或不赍勘合及非期而以货至者，皆绝之”[15]。事实上，明朝在禁止葡萄牙人“进贡”的同时，也一并禁止各国海商前来通市，造成“番舶几绝”的局面。但当时对华贸易利润丰厚，葡萄牙人不肯轻易放弃。既然在广东沿海难以立足，他们便把船只开到福建和浙江沿海，从事走私贸易，成为“倭寇”的一部分。他们主要的活动据点，有浙江宁波府的双屿、漳州府的浯屿等。嘉靖二十六年（1547），朱纨被任命为浙江巡抚，兼提督闽浙海防军务。朱纨（1494—1550），南直隶长洲（今江苏苏州）人，正德十六年进士。他到任后大力整顿海防，攻剿倭寇，告捷收复双屿、浯屿、月港等地，葡萄牙人受到重创，只好又回到广东沿海活动。为躲避明朝军队的攻剿，他们经常把船只开到离海岸较远的地

图 14–1　澳门大三巴牌坊

方停泊，很容易遭到风暴袭击。

嘉靖三十二年，葡萄牙船长苏萨（Leonel de Sousa）通过贿赂海道副使汪柏，获准“通市”，从此与明朝建立了正常的贸易关系。以往学术界多把此事作为葡萄牙人入居澳门之始，其实是一种误解。此年汪柏所答应的事情，只是允许葡萄牙人通商，根本未涉及入居澳门问题。综合中葡双方各种史料，可以肯定，葡萄牙人入居澳门的时间，是在嘉靖三十六年。关于澳门的情况，时人庞尚鹏曾介绍说：“广州南有香山县，地当濒海，由雍陌至壕镜澳，计一日之程，有山对峙如台，曰南北台，即澳门也。外环大海，接于牂洞，曰石峡海，乃番夷市舶交易之所。往年夷人入贡，附至货物，照例抽盘。其余番商私赍货物至者，守澳官验实申海道，闻于抚按衙门，始放入澳。候委官封籍，抽其十之二，乃听贸易焉。”[16]正因澳门是一大外贸港口，葡萄牙人逐渐在此定居下来，“筑室以便交易”，不数年即达千区以上。

对于葡萄牙人入居澳门，明朝官员看法不一，有人主张尽行驱逐，也有人主张允许留住。经过一番争论，后一种意见占了上风。万历元年（1573），广东官府在澳门北面香山县咽喉之地莲花茎上，设关建闸，置官防守，以加强对澳门的控制和戒备。万历十年，两广总督陈瑞在居澳葡人答应服从明朝官吏管辖的前提下，对其居澳权予以肯定，澳门成为明朝管辖下的一个特殊的侨民社会。从万历初年开始，澳门葡人每年向明朝缴纳五百两地租银，后有所增加，明末曾一度增至每年十万两。

第四节　抗倭战争的胜利

早在元末明初，日本倭寇就开始骚扰中国东南沿海。当时日本正处于南北朝时期，各封建割据势力相互争战，并组织武士、浪人和商人结成武装团体，到中国沿海地区劫掠骚扰，中国人称之为“倭寇”。明太祖原希望与日本建立睦邻友好关系，开展官方贸易，曾屡次遣使至日本，要求禁止倭寇来侵，但这些外交努力得不到日本方面的积极响应。于是明太祖一方面厉行海禁，不许日本通市，另一方面在沿海建置卫所，修筑城堡，列兵戍守，处处有备。由于明朝加强了海防，所以倭寇不敢大肆侵犯。洪武二十五年（1392），日本南北统一。建文三年（1401），日本遣使来中国，两国恢复邦交。明成祖即位后，进一步与日本建立了勘合贸易关系，明朝政府给予足利幕府贸易勘合（凭证）百道，约定十年进贡一次，每次限二百人、船二艘，不得携带军器。日本为了多得财物，往往以朝贺、谢恩、献俘、告讣等各种名义，遣使问聘，突破十年一贡之限制。与此同时，仍有倭寇侵扰中国沿海。永乐十七年（1419），倭寇二千余人攻掠辽东望海埚，被明军几乎全部歼灭。倭寇大惧，自此不敢轻易来犯，明朝沿海一直比较平静。

到嘉靖年间，倭寇问题突然又变得严重起来。其原因有以下方面：第一，日本自应仁元年（1467）起，进入了历时百余年的战国时代，各大名拥兵割据，互争雄长。在战乱中，大名们支持向外掠夺，以此弥补战费的不足。同时日本经济的发展也刺激了大名们的奢求，他们需要中国的物品，而明朝与日本的贸易主要由幕府将军掌握，其他大名很难分享，于是便组织人力到中国沿海从事掠夺。这是倭寇形成的主要原因。第二，葡萄牙人东来后，未能与明朝建立正常的贸易关系，他们在中国沿海从事走私贸易，与倭寇整合在一起，壮大了倭寇力量。第三，中国沿海地区工商业日益发达，许多豪族大姓及海商巨贾都私自出海贸易，并且与倭寇相勾结。在走私贸易中逐渐形成了一些亦商亦盗的海盗集团，著名海盗头子有许栋（徽州歙县人）、李光头（福建人）、汪直（或作王直，徽州歙县人）、徐海（徽州人）等，他们莫不建造巨舰，结穴于海中岛屿，不仅武装走私，又兼行劫掠，而且都与倭寇相勾结。第四，明朝方面政治腐朽，边防废弛。如明初沿海防倭各军，每卫约五千余人，至此无一足额，有的仅余一半军士，且多老弱。防倭战船也多年失修，存者仅十之一二。因此，倭寇所至，难以抵御。

倭寇问题爆发的导火线，是嘉靖二年（1523）发生的“争贡之变”。是年五月，日本大内氏使臣宗设和细川氏使臣瑞佐、宋素卿先后来到宁波通贡。按照惯例，“番货至，市舶司阅货及宴坐，并以先后为序”。但宋素卿本为明朝人，熟知诀窍，便贿赂市舶太监，得以先验货，宴会座位亦在宗设之上。宗设大怒，杀瑞佐，追宋素卿直至绍兴城下。明军前来阻挡，结果被打得大败，备倭都指挥刘锦、千户张镗等皆被杀。这次事件使明军的无能和官吏的腐败暴露无遗，激发了倭寇的贪心。而当时世宗正忙于为生父兴献王争名分，根本无心认真对待此事。一些官员也认为“倭患起于市舶”，于是明朝罢市舶司，寸板不许下海。[17] 这样做并不能起到防倭的作用，相反却阻断了正常的贸易活动，给沿海地区经济发展和人民生活造成很大损害，不少走私者投入倭寇队伍，倭寇日益猖獗。

嘉靖二十六年，朱纨受命提督浙闽海防军务后，了解到当地豪族多与倭寇交通，“不革渡船，则海道不可清；不严保甲，则海防不可复”，于是毅然采取措施，“革渡船，严保甲，搜捕奸民”，并捕杀勾结倭寇的豪绅奸商及海盗头领李光头等九十六人。“闽人资衣食于海，骤失重利，虽士大夫家亦不便也。”朱纨“整顿海防，稍有次第”，但触犯了“闽浙大姓”的利益。闽浙籍官员纷纷上疏攻击朱纨，世宗令将其革职按问。朱纨慷慨流涕曰：“纵天子不欲死我，闽浙人必杀我。吾死，自决之，不须人也。”遂服毒自杀。朱纨死后，“罢巡视大臣不设，中外摇手不敢言海禁事”，以

图 14-2 《抗倭图卷》(局部)

致"海寇大作，毒东南者十余年"。[18]

嘉靖三十一年，明朝以佥都御史王忬提督军务，经略闽浙地方。此后两年，倭寇连续大举入寇，"连舰数百，蔽海而至，浙东、西，江南、北，滨海数千里，同时告警"[19]，所到之处，焚杀劫掠，无恶不作。王忬受到弹劾，改任大同巡抚。嘉靖三十三年，明朝任命南京兵部尚书张经总督东南诸省军务，"便宜行事"。张经(1492—1555)，福建侯官(今福州市)人，正德十二年(1517)进士，曾总督两广军务，具有一定的军事经验。此时首辅严嵩的亲信赵文华，因受命祭祀海神，也来到东南。张经自以为地位高于赵文华，“心轻之”。赵文华再三催促张经出击，张经“守便宜不听”。于是赵文华密疏弹劾张经“糜饷殃民，畏贼失机，欲俟倭饱扬，剿余寇报功，宜亟治，以纾东南大祸”[20]。严嵩在朝也附和挑唆，世宗遂下令逮捕张经。正当谄害张经的幕后活动悄悄进行之时，张经和副总兵俞大猷一起，在王江泾打了一场漂亮仗，史称“防倭以来第一功”。可是世宗竟认为张经是“闻文华劾，方一战”，罪上加罪。嘉靖三十四年五月，张经被逮至京，十月被杀。是年倭寇势益蔓延，流劫数省，并深入内地，攻掠徽州、芜湖、南京等地。

正当倭寇问题无法解决之时，明军出现了一位杰出将领戚继光。他和俞大猷等抗倭将领训练新军，奋勇作战，在当地人民的大力支持下，终于荡平了倭寇。

戚继光（1528—1587），字符敬，号南塘，山东蓬莱人，将门之后，世袭登州卫指挥佥事。原在山东防倭，嘉靖三十四年调往浙江，镇守台州等地，不久升任参将。戚继光见卫所官军不习战，便到民风剽悍的金华、义乌山区召募新兵三千人，组成一支新军，人称“戚家军”。戚继光军事思想中最突出的特点，是依靠当地人民抗倭，即“以浙人保浙土”。他十分重视练兵。第一，对士兵进行“杀贼保民”教育。戚继光鼓动说：“兵是杀贼的，贼是杀百姓的。百姓岂不是要你们杀贼？设使你们果真杀贼，守军法，不扰害他，如何不奉承你们！”第二，注重军纪建设。他把军中的纪律、号令编印成册，发给士兵，要人人熟记。所以戚家军所到之处，百姓以手加额说：“今日始见仁义之师矣！”第三，要求武艺精强。他教育士兵，武艺“是当兵防身、立功、杀贼、救命，本身上贴骨的勾当”，“若不学武艺，是不要性命的呆子”。[21]第四，注意整体作战。针对倭寇多亡命之徒、个人作战能力较强的特点，他创造了“鸳鸯阵”法，将兵士十二人分为一队，长短兵器互相搭配，以便于短兵相接，有效杀敌。根据具体情况的变化，“鸳鸯阵”还可变化为“两仪阵”、“大三才阵”、“小三才阵”等。嘉靖四十年，倭寇大掠浙东的台州等地，戚继光率军与战，连战皆捷，歼敌二千二百余人，救回被掳男妇数千名，于是浙东倭寇被平定。

倭寇在浙东失败后，把侵掠目标转向福建沿海，戚继光奉命率部入闽剿寇。当时倭寇结大营于宁德的横屿、福清的牛田、兴化（今莆田）的林墩，互为声援。戚继光首先击破横屿，又乘胜破牛田，然后袭破林墩，痛歼倭寇。荡平倭寇三大穴后，戚继光班师回浙。不久，新倭又大批来到福建，攻陷兴化府城，占据平海卫（在兴化城东南临海处）作为巢穴。明廷鉴于形势严峻，升副总兵俞大猷为总兵，升参将戚继光为副总兵，令驰赴福建救援。广东总兵官刘显也奉命入闽。嘉靖四十二年，戚继光率军赶到，与俞大猷、刘显合力进攻平海卫，戚家军首登敌垒，其他两军相继突入，遂攻克平海卫，接着又收复兴化城。事后戚继光升为总兵官，俞大猷调入广东。嘉靖四十三年，戚继光再败倭寇，福建倭寇完全平定。浙、闽倭寇悉平，倭寇残部多集结于广东，广东倭患转烈。俞大猷此前曾在福建汀州、漳州一带招募农民入伍，调任广东总兵官后，又招收山区农民及矿夫组成新军，还调集汀、漳等地官兵，先后大战于海丰等地，将广东的倭寇基本肃清。

通过明朝军队和百姓的共同努力，困扰东南沿海多年的倭患终于完全平定，抗倭战争取得最后胜利。东南沿海一带重新获得安宁，人民的生命财产有了保障，为社会经济的发展提供了平稳环境，为开放海禁、鼓励民间海外贸易政策奠定了基础。

第五节　隆庆开关

明代前期，对外贸易皆在朝贡框架内进行，不准海外各国船只私来交易。到正德四年（1509），暹罗船只遭风漂至广东境内，镇巡官为了补充军需，征收所载货物税，准其交易。这是准许非朝贡的外国船只入口贸易之始。其后，这一做法作为制度固定下来，海外各地船只不拘年份，不验勘合，随到随抽分，因而前来贸易者很多。海外商船还与沿海居民勾结在一起，逃避抽分纳税，大大刺激了走私贸易的发展。但到嘉靖年间，由于葡萄牙人为害，倭寇活动猖獗，朝廷遂厉行海禁政策，造成“番舶几绝”的局面，不仅大大损害了民间贸易，也使国家财政受到损失。

对于海禁政策的加强，不少官员表示赞成，但也有不少了解实际情况的官员对这种做法提出质疑。如广东巡抚林富曾上疏批评说：“夫佛郎机素不通中国，驱而绝之，宜也。《祖训》《会典》所载诸国，素恭顺与中国通者也，朝贡贸易尽阻绝之，则是因噎而废食也。”[22] 福建巡抚谭纶也要求“宽海禁”，指出：“闽人滨海而居，非往来海中则不得食。自通番禁严，而附近海洋鱼贩一切不通，故民贫而盗愈起，宜稍宽其法。”[23] 有人还分析说，海禁政策正是导致寇乱昌炽的根源。如唐枢指出，“中国与夷，各擅土产，故贸易难绝，利之所在，人必趋之”，沿海人民依恃“私相商贩”生活，已相沿一百多年，“内外传袭，以为生理之常”，但嘉靖六七年后，地方官员奉命严禁，“商道不通，商人失去生理，于是转而为寇，嘉靖二十年后，海禁愈严，贼使愈盛”。[24]

尽管存在着开放海禁、实现互市的呼声，但当时倭寇活动猖獗，朝廷的主要关注点是如何平定倭寇，不少官员还把通市视为召寇之端，所以这种呼声并未受到重视。到嘉靖末年，倭寇基本平定，从而为政策调整创造了条件。隆庆元年（1567），福建巡抚涂泽民上疏请求开放海禁，朝廷予以批准，“准贩东、西二洋”[25]，史称“隆庆开关”。这标志着明朝对外政策发生了重大改变。

开海的具体地点，是在福建漳州月港。明代中叶，随着私人海上贸易日益兴盛，沿海出现了许多交易据点。地处九龙江入海处的月港，就是其中较大的一个，并逐渐发展成为繁盛的港口城市。嘉靖九年（1530），明朝为了禁止私人海外贸易的发展，把巡海道移驻漳州，并在月港东北的海沧设置安边馆，任命各府通判轮流驻扎。嘉靖二十六年，朱纨为切断沿海豪民与倭寇的联系，厉行海禁，巡海道柯乔等人建议在月港地区立县，未得批准。嘉靖三十年，柯乔在月港设立靖海馆，以通判往来巡缉。嘉靖四十年，福建巡抚谭纶“请设海防同知，颛理海上事，更靖海馆为海防馆”[26]。倭患平定后，地方官员再次要求设县，得到批准。嘉靖四十四年，开始筹措建县事宜，决定从龙溪、漳浦二县各割取部分都图，凑成一县。隆庆元年，取“海疆澄清”之意，正式设立海澄县（今福建龙海市），月港成为县治。

开放海禁、准贩东、西洋后，海防馆便成为中国商民出海贸易的管理机构。因其主要职责是征收海外贸易饷税，所以到万历年间，将海防馆更名为督饷馆。督饷馆的主要官员是漳州府海防同知，万历二十一年（1593）改为各府委官轮流监督饷务。万历二十七年，明神宗向各地派遣矿监税使，福建饷务操于税监高寀之手，督饷馆形同虚设。万历三十四年，督饷馆重操饷务，改由漳州府佐官每年一名轮流掌管，直到明末未变。

商民出海贸易，先要到督饷馆登记，缴纳引税以换取船引，即出海贸易许可证。船引填写的项目，包括器械、货物、姓名、年号、户籍、住址、向往处所、回销限期等，督饷馆留有底簿，商船返回后要将船引赍送查换。商船出港时，督饷馆也要查验船引，以防夹带违禁货物出洋。当时东、西二洋以文莱为界，万历十七年规定，每年准往东、西洋的商船各为四十四只，共八十八只，后不断增加。

对来往商船要征收饷税，共分三种：一为水饷，是向海外商船征收的商税，根据船的大小宽狭征收银两；二为陆饷，是向海外进口商品征收的商税，根据货物的数量及其价值征收银两；三为加增饷，是专门向出洋到吕宋的商船征收的商税，因这些船回国时不载货物，而是装载大量墨西哥银元，无法征收货物税，故特设加增饷，每船征税银一百五十两，后减为一百二十两。[27] 隆庆开关后，对海外贸易一律征收货币税，完成了关税从贡舶贸易的实物抽分制到商舶贸易的货币制的转变，并逐步形成从设官建置到征税则例等一套管理制度，这可以说是近代海关与关税制度的萌芽。

第十五章

社会经济的新发展

第一节　农业经济的发展

明代中后期，农业生产技术获得明显进步。生产工具方面，锄、锹、镰等小型农具陆续采用“生铁淋口”的方法制作，即利用熔化的生铁作熟铁的渗碳剂，使熟铁农具的刃口表面蒙上一定厚度的生铁熔覆层和渗碳层。用此方法制造农具，方便，省时，成本低，而又韧性好，锋刃快，经久耐用。一些缺乏耕牛的地方，还发明了替代性农具，宋应星曾谈到：“若耕后牛穷，制成磨耙，两人肩手磨轧，则一日敌三牛之力也。”[1]嘉靖年间，欧阳必进在郧阳府还组织能工巧匠，“造人耕之法，施关键，使人推之，省力而功倍，百姓赖焉”[2]。

整地方面，特别重视深耕。《沈氏农书》解释其原理说：“深则肥气深入土中，徐徐讨力，且根脉深远，苗秆必壮实，可耐水旱。”

江南上农多以牛耕和人耕结合，“大率深至八寸，故倍收”[3]。中、下农家多无耕牛，但使用铁搭也可达到深耕效果。铁搭出现于明代以前，但其广泛使用却是明代开始的。这种农具特别适合土壤黏重的江南水田,《沈氏农书》谈到一种“二三层起深”的方法，即用铁搭剷过一遍后，在原地再垦翻一到两层，以增加深度，这样可以达到八九寸深。此外，耘荡、耘爪虽在元朝就已出现，但到明代后期才推广开来的，使耘田的速度和质量大为提高。

土壤改良方面，北直隶、浙江、福建、山东等地，在治碱方面取得明显成效。如万历时利用种稻洗盐的办法，通过穿渠灌水，在天津葛白塘一带的斥卤之地上开辟出耕地两千余亩。山东等地农民则利用换土掘沟的方法治碱，“掘碱地一方，径尺深尺，换以好土，种以瓜瓠，往往收成，明年再换”[4]。浙江新昌、嵊县等地有很多冷侵田，当时农民迟至夏至前后始插秧，“秧已成科，更不用水，任烈日暴土坼裂”[5]，利用太阳烤晒以改良土壤质量。

施肥方面，要求施足底肥，并在适当时候追肥。如《沈氏农书》指出：“初种时必以河泥作底，其力虽慢而长；伏暑时稍下灰或菜饼，其力亦慢而不迅速；立秋后交处暑，始下大肥壅，则其力倍而穗长矣。”这是根据作物的生长期追加不同肥料的科学方法。当时不仅对于施用追肥的时间、数量、次数以及肥效有了科学了解，对于土壤与肥料结合的认识也加深了，总结出一些规律，如羊粪适宜旱地，猪粪适宜水田，土质贫瘠坚硬之田宜用草木灰肥和牛粪，土性带泛浆之田宜用灰蘸秧根、石灰淹苗足等等。

培育和选用良种方面，宋代传入的占城稻粒大味甘，是早稻中的佳品，到明代这一品种的播种地域大为扩展，甚至北方也种者甚多。由于传统选种技术的发展，培育新品种的速度加快，明代中后期的水稻品种已相当丰富。据嘉靖年间的一项记载，南直隶、浙江等地的水稻品种已有三十八个，其中粳稻品种二十五个，糯稻品种十三个，不少属于优良品种。除本土选育的作物品种外，明代中后期还有一些新作物传入中国，主要有番薯、玉米、花生、烟草等，其中番薯和玉米是高产粮食作物，深受农家欢迎，传播速度很快。

农田灌溉方面，也总结出一些新经验。如《农政全书》指出：要保障小麦丰产，在秋冬麦的苗期应适当灌水，这样可以调节地温，利于小麦安全过冬；春天小麦拔节与孕穗时期，应保证田中水分充足；抽穗以后，则要求日光充足，雨量较少，倘若雨过多，必须及时排出。《沈氏农书》也提到，种植水稻必须适时灌水或排水才会有好收成，即从芒种至立秋之间田中必须保持一定的水位；接近立秋的几日必须排水烤田，田地干得裂缝才好；立秋过后，又需要立即灌水，一直到水稻收割，田中绝不可断水。

病虫害防治方面，总结出一些利用栽培技术和耕作方法防治害虫的经验。《农政全书》提到，对危害棉花的地蚕可用翻耕或"冬灌春耕"的办法防治。《沈氏农书》提出："种田之法不在乎早，本处土薄，早种每患生虫。若其年有水，种田则芒种前后插莳为上。若旱年，车水种田，便到夏至也不妨。"这一办法是针对浙西三化螟为害单季晚稻而提出的，通过调节播植时间，可以避免一部分第一代螟蛾在本田产卵，从而减轻螟害。也有农民采用药物防治虫害。《天工开物》记载，当时南北普遍使用砒石，"晋地菽麦必用拌种，且驱田中黄鼠害，宁、绍郡稻田必用蘸秧根，则丰收也"。

种植模式方面，一年二作制得到进一步普及，《天工开物》谓“南方平原，田多一岁两栽两获者”。如苏州吴江等地，“秋获之后，随即布种菜麦。至春末时，黄绿相间，洲景堪画。至四五月间，则菜薹可食，菜子作油，菜萁可薪，麦可磨面。农家至此时，赖以续食，名曰春熟”[6]。嘉兴、湖州一带的农民，为了解决小麦与晚稻争时、争地的矛盾，还创造了小麦移栽的新方法，《沈氏农书》记载：“八月初，先下麦种，候冬垦田移种，每棵十五六根，照式浇两次，又撒牛壅，锹沟盖之，则秆壮麦粗，倍获厚收。”正是由于普遍采用这种复种制，明末出现了“春花”一词，用以统指麦、油菜、蚕豆等春熟作物。据研究，水稻与麦、油菜、蚕豆轮作复种的一年二作制，最适合江南水田，这种耕作方式能够合理利用土壤中的营养元素，有利于提高施肥效果和土壤肥力，消除土壤中有毒物质，减少病、虫、杂草为害。

随着农业生产技术的进步，粮食产量也有所提高。关于各地粮食产量，只留下一些十分零散的记载，而且产量数值相差很大。综合各种记载，明代后期南方粮食平均亩产量当在二石以上，北方约在一石左右。表面看来，明代后期南方的平均亩产石数，与南宋时期大体持平。但宋亩合今零点九市亩，宋石合今零点六六四一市石；明亩合今零点九二一六市亩，明石合今一点零二二五市石。经过折算，与南宋时期相比，明代亩产量至少增加了百分之五十以上。不少学者认为，明代的亩产量已达到传统技术条件下的最高点。

除农业技术的改进和粮食产量的提高外，明代中后期农业经济的进步，还突出体现在商品性农业的发展上。各地农民因地制宜，广泛种植经济作物，越来越深地卷入商贸网络之中。

棉花种植在宋元时期开始推广，进入明代后，由于政府的鼓励，在地域上推广更快，成化、弘治时已是遍布天下。不过，此时棉花在各地农产品中所占比重均不高，所产原棉除缴纳赋税外，主要是作为家庭纺织业原料供自家使用。到明代中后期，棉花种植不仅在地域上继续扩展，更重要的是，在一些地区，棉花在农产品中的比重不断增加，产品主要销往市场。据《农政全书》记载，松江一带垦田大半种棉，总面积在百万亩以上；万历《嘉定县志》谓当地种稻之田只占十分之一左右，其余皆种植棉花和豆类。在这些地区的农作物配置结构中，棉作已完全压倒稻作。除江南之外，也有不少地方广种棉花。如河南“中州沃壤，半植木棉”[7]。山东六府皆种棉花，“东昌尤多，商人贸于四方，其利甚博”[8]。

桑蚕业的发展主要限于江南，此外四川阆中的蚕桑也较盛。浙江杭嘉湖地区桑树种植最为发达，某些地方已超过稻米种植。如湖州“以蚕为田，故胜意则增饶，失意则农困”，“尺寸之堤，必树之桑”。[9]崇德“田地相埒，故蚕务最重”[10]。嘉兴植桑之多，至“不可以株数计”[11]。农家植桑主要供自家养蚕之用，有剩余则出售，也有专门植桑以出售桑叶者，养蚕多而种桑少或不种桑的农户则在很大程度上依赖桑叶市场，当地人称为“叶市”。当时还出现了桑叶的期货交易方式，朱国桢《涌幢小品》记载：“湖之畜蚕者，多自栽桑，不则豫租别姓之桑，俗曰秒叶。凡蚕一斤，用叶百六十斤。秒者先期约用银四钱，既收而偿者约用五钱，再加杂费五分。……本地（乌程）叶不足，又贩于桐乡、洞庭。”

随着纺织业的发达，染料作物的种植获得快速发展，其中最重要的是蓝和红花。蓝分茶蓝、蓼蓝、马蓝、吴蓝、苋蓝等品种。苋蓝是明代新培育的品种，它比蓼蓝叶子小，“种更佳”。种蓝最多的省份是福建和江西。《天工开物》说：“闽人种山皆茶蓝，其数倍于诸蓝，山中结箬篓，输入舟航。”《闽大记》亦谓：“靛出山谷中，种马蓝草为之……利布四方，谓之福建青。”江西万羊山跨连湖广、福建、广东之地，“各省商民亦尝流聚其间，以种蓝为业”[12]。红花的种植之处也较多。《农政全书》谓红花“一名红蓝，一名黄蓝，以其花似蓝也，今处处有之”。陕西、四川种植红花最盛。康熙《盩厔县志》载：“盩邑之产，以红花为第一，故贾人有盩花之号。”《二刻拍案惊奇》卷四记载，四川新都县有一个红花种植场，广衍一千余亩，每年可收入八百余两银子。

果木的专业种植在明代也有显著发展。广东、福建、浙江、江西、四川、南直隶等省多有种橘之处。王鏊《震泽编》记载，苏州洞庭山人以种橘为业，“多者千树，凡栽橘可一树者值千钱，或二三千，甚或至万钱”。福建、广东盛产荔枝、龙眼。何乔远《闽书》谓泉州“园有荔枝、龙眼之利，焙而干之行天下”。王世懋《闽部疏》谈到，福州出南门入山，“行数十里间，荔枝、龙眼夹道交荫”；兴化“枫亭驿荔枝甲天下，弥山被野”。广东荔枝所在多有，《广东新语》记载：“东粤故多荔枝，问园亭之美，则举荔枝以对，家有荔枝千株，其人与万户侯等。”北方果树品类也很多，种植亦广。如北京市场上可以很方便地购买到枣、梨、杏、桃、苹果等水果以及榛、栗、松子等坚果，都是城郊及附近山区所出产。

除上述几种外，明代中后期广泛种植的经济作物，还有甘蔗、烟草、茶树、花生、豆类、蔬菜、花卉等等，不一一详述。

为了提高田地的利用效率，明代南方部分农民还因地制宜，采用农林牧副渔综合生产的办法，形成了一种较有特色的生态农业经营模式。这方面最有名的例子是苏州常熟的谭晓。谭晓“居湖乡，田多洼芜，乡之民逃农而渔，田之弃弗辟者以万计”。颇有经济头脑的谭晓趁机贱价购买了大量田地。他雇用百余名乡民为其劳动，将低洼处皆凿为池，四周围以高塍，“辟而耕之，岁之入视平壤三倍”。开挖出来的水池“以百计，皆畜鱼”，池上筑舍养猪、鸡，鱼食其粪易肥。“塍之平阜，植果属，其污泽，植菰属，可畦植蔬属，皆以千计”。连鸟凫昆虫之属也不放过，“悉罗取而售之，亦以千计”。上述出卖鱼、果、蔬菜、鸟凫昆虫等的收入“视田之入复三倍”。[13] 谭晓“家故起农”，是个以农起家的富农，后来大量购置低洼荒芜的土地，综合利用，全面发展，巧妙利用水陆资源和各种农业生物之间的互养关系，把土地利用提高到一个前所未有的新高度。

在广东，一种称为“果基鱼塘”或“桑基鱼塘”的生态农业模式得到广泛采用。从明初开始，就有农民把地势低洼、水潦频仍的土地深挖为塘，将泥土堆于四周成基，在水塘中养鱼，在基面上种植果树，称为“果基鱼塘”；也有的在基面上专门种植桑树，称为“桑基鱼塘”。由于整体经济状况的制约，这种生产形式在明代前期发展不快，但到了明代后期，在商品经济发展的促动下，这种经营方式得到较广泛的推广。嘉靖年间，霍韬在《霍氏家训》中规定：“池塘养鱼须要供粪草，筑塘墙，桃李荔枝，培泥种草，人无遗力，则地无遗利。”到明代后期，在利润的驱动下，许多果树都被桑树取代，“桑基鱼塘”成为主流经营方式。《广东新语》谈到：“广州诸大县村落中，往往弃肥田以为基，以树果木。荔枝最多，茶、桑次之，柑、橙次之，龙眼多树宅旁，亦树于基。基下为池以蓄鱼，岁暮涸之，至春以播稻秧。大者至数十亩，其筑海为池者，辄以顷计。”这种农业体系能够很好地把养鱼业和蚕桑业的生产结合起来，大大提高了土地利用的效率和农民家庭的经济收入。

明代中后期，在农业从单一经营向多种经营变化的过程中，在商业性农业发展的刺激下，农业经营方式也出现引人注目的新变化。一些土地所有者不再满足于把土地出租，而亲自经营全部或部分土地，并很注意综合经营，以充分发挥土地的潜力。如南阳李义卿“家有广地千亩，岁植棉花，收后载往湖湘间货之”[14]。苏州昆山周子嘉家“耕田常数百亩”，其妻需要“日馌百余人”。[15]徽商阮弼在芜湖置业，“筑百廛以待僦居，治甫田以待岁，凿洿池以待网罟，灌园以待瓜蔬，滕腊饔飧不外索而足，中外佣奴各千指，部署之悉中刑名”[16]。

万历年间生活于松江府的潘允端，为我们提供了一个经营地主的典型事例。在他遗留下来的《玉华堂日记》中，反映租佃关系的记事仅见四条，而反映雇佣关系的记事却有十五条，可见在其拥有的一两千亩土地中，有相当一部分是雇工经营的。在日记中，关于垦田、耘田、挑泥、莳秧、斫稻、挞花、种麦等往往有发给“工本”和“工银”的记载，这不仅说明是由雇工来耕作，也说明付给雇工的是货币工资。田庄里种植的作物品种多样，包括稻、麦、豆、菜籽、棉花、蔬菜，以及西瓜、枣、桃、柿、樱桃、橘、李、梅、香圆等果品，木樨、桂花、梅花、牡丹、蔷薇、竹、柏、松、冬青、桧、棕榈等花木。田庄产品除自用外，也有一部分投入市场。潘允端对田庄生产非常关注，从买谷种、浸稻种、买牲畜、置农具、下种、莳秧到收割，从耕作到农庄的修理、水利设施的改善，等等，样样都参与管理。在明代后期，像潘允端这样雇人经营并亲自管理农业生产、注意作物配置和生产安排合理化的土地所有者越来越多。明末涟川《沈氏农书》对这种情况就有所反映，其中的《逐月事宜》就是为具有相当规模的田庄设计的工作方案，它按照月份、节气、天气等自然条件，把全年每月的生产程序都做出精密安排。

除经营地主增加外，明代后期还出现了向地主租佃土地从事经济作物种植的“佃富农经济”。广东有租地种植排草香者，《广东新语》对此有记载：“予沙亭乡江畔，有沙地二三十亩，其种宜排草。农民以重价佃之，春以播秧，至六月始种排草，十月收之。……农人喜种排草，其利甚厚。”佃富农经济的典型形式，往往存在于山区开发中。熊人霖《南荣集·防箐议》曾记载福建上杭一带山区的经营情况：“山主者，土著有山之人，以其山俾寮主执之，而征其租者也。寮主者，汀之久居各邑山中，颇有资本，披寮蓬以待箐民之至，给所执之种，俾为锄植，而征其租者也。箐民者，一曰畲民，汀、上杭之贫民也，每年数百为群，赤手至各邑，依寮主为活，而受其佣值；或春去冬来，或留过冬为长雇者也。”在这个事例中，山主、寮主和雇工之间的关系是比较清楚的。山主是土地拥有者，寮主是“颇有资本”的土地承租者，菁民“受其佣值”，是纯粹的雇工，其间不存在任何超经济的人身依附关系。寮主的经营目的也很明确，种植纯粹作为商品的经济作物。许多学者认为，寮主交给山主的地租是利润的一部分，已是带有资本主义性质的地租形态。不过，“佃富农经济”在当时是一种很少见的经营方式，对其意义不应估计过高。

第二节 手工业生产的进步

明代中后期，官营手工业日益衰落，民间手工业则日益兴盛，不但生产技术取得明显进步，生产关系也出现了一些值得注意的新变化。

丝织业方面，早在明代前期，就存在着不少民间机户，尤以江南的苏、松、杭、嘉、湖地区为盛。机户不仅存在于城市，也存在于乡村，并促使一批丝织业市镇的形成。张瀚《松窗梦语》卷四谓：“大都东南之利，莫大于罗绮绢纻，而三吴为最。即余先世，亦以机杼起，而今三吴之以机杼致富者尤众。”如“居民稠广”的吴江县盛泽镇，“俱以蚕桑为业”，“络纬机杼之声通宵彻夜”。[17]嘉兴王江泾镇“多织绸收丝缟之利，居者可七千余家，不务耕绩”[18]。山西潞安府则是北方的丝织业中心，“其登机鸣杼者，奚啻数千家”[19]。朝廷使用的丝织品，明代前期基本上都依赖于官营丝织作坊，但从天顺四年（1460）开始，朝廷不断下令额外增造，远远超出官营丝织作坊的生产能力，各地方织染局为了完成任务，便纷纷实行“机户领织”制度，这是一种通过中间包揽人，利用民间机户进行“加工定货”的生产形式。可以说，明代中叶以降，民间机户已经成为丝织业的主体。

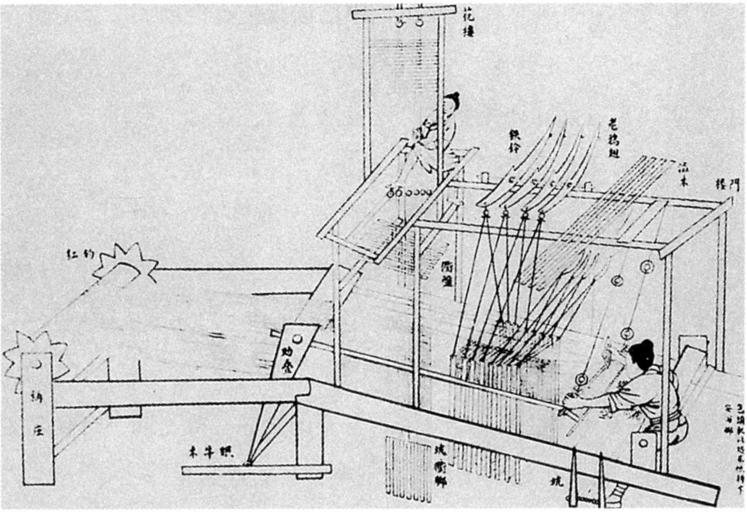

图 15–1 《天工开物》插图“花机”

与前代相比，明代丝织工具和技术都有所改进。缫丝普遍采用足踏二人缫车，在进行过程中还注意“出水干”，即从茧锅中抽出丝上车时，用适度炭火烘干，使缫出的丝更加洁净光莹，坚韧有力。牵经工具使用溜眼、掌扇、经耙、经牙等装置，完善程度远超前代。开织所用工具有腰机和花机两种：腰机规制较小，只能织平面纹；花机规制很大，可织花纹。当时花机的构造已非常复杂，由门楼、涩木、老鸦翅、铁铃、花楼、衢盘、衢脚、叠助、眠牛木、称庄等部件构成，需要两人同时工作，一人司织，一人提花。提花技术巧变百出，其中“两梭轻，一梭重，空出稀路者，名曰秋罗”[20]，是明代才发明的技术。

早在元末明初，江南丝织业中已出现纯粹的雇佣关系，但在当时这还是零星的现象。明代中后期，机户中大户与小户的分化日益严重，为自由雇佣关系的广泛发展创造了条件。万历二十九年（1601），应天巡抚曹时聘谈到，苏州“生齿最繁，恒产绝少，家杼轴而户纂组，机户出资，机工出力，相依为命久矣”[21]。蒋以化《西台漫记》记载，苏州市民“罔籍田业，大户张机为生，小户趁织为活……大户一日之机不织则束手，小户一日不就人织则腹枵，两者相资为生久矣”。也就是说，其时“机户”（大户）雇用“机工”（小户）从事丝织生产，已是非常普遍的现象。机工皆“自食其力之良民”，他们“朝不谋夕，得业则生，失业则死”[22]，完全脱离了生产资料，依靠出卖劳动力为生，但与雇主之间基本上不存在人身依附关系。

由于棉花种植面积迅速扩展，明代中后期棉纺织业和棉布加工业发展很快。尽管仍以家庭劳动为主，但在一些地区，棉纺织业已发展成为专业性的商品生产。如松江“家纺户织，远近流通”[23]。苏州太仓、嘉定“比闾以纺织为业，机声轧轧，子夜不休，贸易惟棉布”[24]。本地产棉较少的浙江海盐也从外地购买棉花，“而纺之为纱，织之为布者，家户习为恒业，不止乡落，虽城中亦然”[25]。生产工具也有较大改良。如去籽所用的搅车，在元代需要三人同时投入生产，明代则把搅车装上四足，增加了辗轴以及踏条装置，效率大为提高，“以一人当三人”。弹松棉花所用的弹弓在明代后期改为“以木为弓，蜡丝为弦”，振动力加大，比元代“竹弧绳弦”的弹弓进了一步。纺纱用的纱车在元代要用手转动，明代后期创造了足踏纺车，一般以三繀为常，明末松江已有使用四繀纺车者，江西安乐还出现了五维纺车。

棉纺织业商品化程度的提高，为棉布加工业的发展拓宽了道路。当时棉布加工业多数是个体生产的家庭手工业，但商人对生产环节的介入程度比以往大为提高。据范濂《云间据目钞》记载，松江原本没有夏天穿用的袜子，后来有人使用尤墩镇所产棉布制成单暑袜，“极轻美，远方争来购之，故郡治西郊，广开暑袜店百余家，合郡男妇皆以做袜为生，从店中给筹取值”。很明显，暑袜店的店主把原料尤墩布分发给当地男妇缝纫成袜，已是由商业资本转变为工业资本的包买主；为店主缝纫暑袜的男妇以“从店中给筹取值”为生，成为在自己家中为店主工作的雇佣工人。

民营矿冶业在明代中后期也发展较快，出现了不少规模较大的冶铁手工工厂。如在徽州，有资本的富户“租赁他人之山”，寻找矿穴，“既得矿，必先烹炼，然后入炉，煽者、看者、上矿者、取钩砂者、炼生者，而各有其任，昼夜番换，约四五十人”。[26]广东潮州“矿冶出海阳等五县，每年听各县商民采出置冶。每冶一座，岁纳军饷银二十三两，前去收矿炼铁，各山（炼铁炉）座数不等，计通共饷银一千两”[27]。罗定等地铁冶规模更大，“凡一矿场，环而居者三百余家，司炉者二百余人，掘铁矿者三百余，汲者、烧炭者二百有余，驮者牛二百头，载者舟五十艘”[28]。福建龙溪铁矿较富，有赀财者往往“招集四方无赖之徒，来彼间炼铁，每一炉多至七百人”[29]。所谓“无赖之徒”，大多是失去土地的农民。

采冶技术较前代有所改进。采矿由铁锤敲击普遍改为烧爆，有的地方还采用火药爆破技术。煤的采用技术也获得了空前提高，工匠们熟练地掌握了露天找煤、把煤炼成焦炭的方法。将煤用作冶铁的燃料，提高了炼铁炉的温度，加速了冶炼进程。鼓风装置也有了改进，由简单的木风扇改为活塞式的木风箱，提高了风压和风量。炼铁用的土高炉的容量也增大了，遵化的“大鉴炉”高一丈二尺，一炉可容矿砂两千多斤。明代已发明由生铁到熟铁的连续生产工艺，即炼铁炉与炒钢炉串联使用，减去了炒炼熟铁时的再熔化过程，可以节约时间和成本。

不少冶炼工厂使用的是自由雇工。据嘉靖《广东通志初稿》卷三零记载，广东“韶惠等处系无主官山，产生铁矿”，本地有财力的“山主矿主”，“招引福建上杭等县无籍流徒”，每年于秋收之际，“越境前来，分布各处山峒，创寮住扎。每山起炉，少则五六座，多则一二十座。每炉聚集二三百人，在山掘炉，煽铁取利。山主矿主利其租税，地鬼总小甲利其常例，土脚小民利其雇募”。很明显，这里的“山主矿主”是土地的占有者，上杭等县前来的“无籍流民”从山主矿主那里租下矿山，再雇用“土脚小民”进行生产。“土脚小民”与雇主之间不存在依附关系，纯粹是“利其雇募”而来的自由劳动者。

陶瓷业方面，直到明代中叶，景德镇还是以官窑占主导地位。但嘉靖以后，民窑急剧增加，官窑却出现萎缩之势，到万历后期，官窑基本上停止了活动。明代后期景德镇民窑的数量无正式记载，据《浮梁县志》记载，隆庆、万历年间有人提议均编民匠以代官匠，窑三座共编一名。其时官匠人数为三百余名，则须有九百余座民窑方可派足匠额，可见数量之多。王世懋在《二酉委谭摘录》中记述说，景德镇“天下窑器所聚，其民繁富，甲于一省……万杵之声殷地，光火烛天，夜令人不能寝，戏目之曰‘四时雷电镇’”。

景德镇民窑大量使用雇工，“镇上佣工，皆聚四方无籍游徒，每日不下数万人”[30]。所谓“游徒”，显然是指丧失了生产资料的自由劳动者。景德镇之外，其他地区也有一些著名民窑，如福建建阳的“建窑”，江苏宜兴的“欧窑”，浙江处州的“处窑”，江西横峰的“横峰窑”，都有独具特色的陶瓷制品。

制瓷技术取得了辉煌成就。明代以前一直没有旋坯的器具，只以竹刀旋之，明代改用陶轮旋坯，并用铁刀随转随削，既提高了工效，又能增加瓷器内外的光平度。在施釉方法上，宋元多为蘸釉，釉汁往往不能到底足，以致一半有釉，一半无釉，明代发明了吹釉与浇釉的方法，可使器物里外的釉都上得很均匀。明代以前无法烧制大型瓷器，经过工匠们的反复试验，到万历年间成功掌握了烧制大型瓷器的技巧。此外，装饰技法方面的进步尤为突出。明代前期以单色釉瓷的制作为主，宣德年间景德镇烧造的青花瓷器，成就很高。此外还有红、蓝、翠青、绿、黄等单色釉瓷，其中尤以鲜红色的最为著名，称为“祭红”（亦称“霁红”）。成化时期，发明了“斗彩”技法，即先在素坯上用青花颜料勾画花纹轮廓，入窑烧制，然后再用红、绿、黄、褐等颜料在青花轮廓线内填绘，再经烘烤而成。稍后不久，又在斗彩的基础上发展出“五彩”技术，其彩绘方法与斗彩基本相同，只是釉下青花不仅是勾画轮廓，多数还绘成完整或部分图案，甚至不用青花作为线描，而直接在上釉的白瓷上加彩。

明代造纸业的发展达到了手工造纸的高峰。当时造纸业广泛存在于南北方，尤以南方为盛。万历年间，仅江西铅山县石塘镇一地，就有“纸厂槽户不下三十余槽，各槽帮工不下一二千人”。

这些帮工“皆系他方糊口之人，稍不如意，便率众停槽”[31]，属于自由雇工。明代纸张品种很多，较著名者有产于闽、浙、赣三省交界山区的“竹纸”，产于南直隶宣城、泾县、宁国一带的“宣纸”等。江西信阳府制造的椂纱纸、四川出产的薛涛笺，品质也极精。其他还有桑穰纸、黐糯纸、揭帖纸、火纸、冥纸、包裹纸、皮纸、桑皮厚纸等等。造纸技术方面的进步，是开始利用石灰和植物灰的碱性来处理纸浆。王宗沐《江西省大志》记载：“（把粗加工原料）甑火蒸烂，剥去其骨，扯碎成丝，用刀铿断，搅以石灰，存性月余，仍入甑蒸。”这种化学处理法大大提高了纸的质量，一直沿用到近代。

造纸业的发展为印刷业打下坚实基础。明代印刷书籍之多是此前各代无法相比的。明代的书籍分为官府刻本和书坊刻本。官府以刊印儒家经典以及文学、历史等书为主，如南国子监以宋元旧版为基础补刻的《十七史》，北国子监刊行的《二十一史》《十三经注疏》等都很著名。书坊刊行的以类书为多，嘉靖以后，翻刻宋元旧书日盛，唐宋人的文集亦刊刻不少新版。万历以后，戏曲、小说类书籍的刊印越来越多。明初的书坊以福建为最盛，杭州、四川亦为刻书中心。嘉靖以后，湖州、徽州的刻书工艺也迅速发展，刊印了不少精品。徽州歙县的刻工队伍人数众，技术精，他们大多移居南京、苏州、杭州、常熟等地，使这些地方的坊刻盛极一时。

明代前期，官府造船业较发达，但到中叶日趋衰落。服役于官府造船厂的工匠不满于人身束缚，经常采取逃亡、怠工、故意降低船只质量等方式进行反抗，以致下水后经常发生事故，连本应要求很高的水军战舰的坚固程度也不能与私人商船相比。嘉靖十三年

（1534），陈侃出使琉球，不得不访求民间工匠造船。有些民间造船厂规模很大，拥有数百名工匠，其中不少是原官营船厂的工匠，这使民间船厂可以熟练运用官营船厂的高超技术。船厂分工细致，有船木工、舱工、箬篷工、橹工以及铁工、索工、漆工等。当时的铁工能制千斤重的铁锚，索工能制“围尺许、长百丈”的棕索。每艘海船的造价，大约需要白银一千两至二千五百两。由于船主、商主的生命财产都寄托在船只上，所以对船只的坚固、设备的齐全、航行的便捷、舱位的宽敞都有明确规定，质量要求很高。明代后期所造海船的规模，都比郑和所用宝船要小，但这绝非造船技术有所衰退，而是朝廷严禁民间制造大船。

农村和城镇很早就有榨油作坊存在，但一直规模很小，并且大多属于家庭副业。直到明代后期，才出现了一些拥有巨资、雇工很多的大型油坊。这方面最突出的例证是浙江嘉兴府崇德县石门镇的榨油业。据记载，万历年间，该镇共有油坊二十家，“坊须数十人，间日而作。镇民少，辄募旁邑民为佣。其就募者，类赤身无赖，或故髡钳而匿名避罪者。二十家合之，八百余人。一夕作，佣直二铢而赢”[32]。很明显，油坊中的工人都是雇佣而来，所谓“赤身无赖”云云，正说明这些雇工已丧失了土地，脱离了官府户籍的束缚，成为纯粹依靠出卖劳动力为生的无产者。记载中还曾提到，对于这些雇工，“即坊主亦畏之”，可见他们与坊主没有形成任何人身上的依附关系。每个油坊平均雇工达四十人，规模相当大。类似这样的大榨油作坊，其他地区亦有，苏州府吴县新郭及横塘一带，就有不少人开设榨油作坊以谋利。

第三节 商业的空前繁荣

明代中叶以后，明初规定的商引、店历等制度已废格不行，官府对商人的控制已很松弛，商业经营获得越来越大的自由。随着商品性农业的发展，手工业生产的进步，商人的活动范围和经营规模越来越大，出现了不少拥赀百万乃至千万的富商大贾。

当时商业经营者的足迹遍布全国各地以及海外，江南地区、东南沿海地区和运河沿岸地区尤为商贾聚集之处。据姜良栋《镇吴录》记载，苏州“为江南首郡，财赋奥区，商贩之所走集，货财之所辐辏，游手游食之辈，异言异服之徒，无不托足而潜处焉”。南京店铺日增，谢肇淛《五杂组》卷三谈到，店铺常常“侵官道以为廛肆”，“于是层垒构架，曩之通衢，化为夹巷”。从传世的《南都繁会景物图卷》看，这里有许多来自外地和外国的商品，招牌上写有“东西两洋货物俱全”、“川广杂货”、“南北果品”等字样。《五杂组》卷三还描述北京“市肆贸迁，皆四远之货，奔走射利，皆五方之民”。作于明代后期的《皇都积胜图》，描绘了北京的繁华景象。画面上，入城以前是一条运输货物的队伍，马驮、车载、肩挑、手提，络绎不绝；城内则描绘了正阳门和大明门之间的市场，布棚高张，货摊鳞集。山东临清“东西南北之人贸易辐辏”，据万历前期的不完全统计，临清共有绸缎店三十二家、布店七十二座[33]，其他店铺可想而知。扬州“人烟浩穰，游手众多”，“四民自士农工贾而外，惟牙侩最多”。[34]上海有“小苏州”之称，陆楫《兼葭堂杂著》谓“游贾之仰给于邑中者，无虑数十万”。

图 15-2 《南都繁会景物图卷》(局部)

图 15-3 《皇都积胜图》(局部)

受商品经济发展影响，全国各省区都产生不少大小商人。吕坤《去伪斋集》卷二指出：“今天下盐商不止数万家，天下盐店不止数万处。”他还指出，当时人民“贫者十常八九”，“或给帖充斗秤牙行，或纳谷作粜籴经纪，皆投身市井间，日求升合之利，以养妻孥，此等贫民天下不知几百万矣”。正是由于这些商人的活动，当时的国内各地方市场连为一体，“燕、赵、秦、晋、齐、梁、江淮之货，日夜商贩而南，蛮海、闽广、豫章、楚、瓯越、新安之货，日夜商贩而北”[35]。在商业资本十分活跃的背景下，还崛起了一些地区性的商人集团，其中较著名的有徽商、西商、福建海商以及江苏洞庭山商人、浙江龙游商人、河南武安商人等。谢肇淛《五杂组》卷四评论道：“富室之称雄者，江南则推新安（徽州），江北则推山右。”宋应星《野议·盐政议》也说：“商之有本者，大抵属秦、晋与徽郡三方之人。”可见徽商和西商在地区商人集团中占据首要地位。以徽商为例，他们活动范围很广，“诡而海岛，罙而沙漠，足迹几半宇内”[36]。其中以盐业起家者尤多，淮扬盐业大半操于徽人之手，浙海盐商也以徽人居多。开设典当铺、旅馆、仓库的徽商也为数极多。徽州因商致富者比比皆是，《五杂组》卷四谓：“藏镪有至百万者，其他二三十万，则中贾耳。”

由于商业资本的大量积聚，在明代后期，有些商人还把部分商业资本转入手工业生产领域。如在矿冶业中，《肇域志·湖广》记载耒阳上堡市产锡，“四方之贾群萃其中，操其奇赢，役使大众开坑三十余场”。据汪道昆记载，徽州朱云治在福建经商，“课铁冶山中”，徽商郑天镇、詹处士也均以铁冶起家；徽商阮弼在芜湖设立染坊，“召染人曹治之”。[37] 当然，商业资本与手工业生产的结合，在明代还处于初始阶段，流入手工业部门的商业资本为数较少，大量资本始终在商业领域循环，在购买土地、社会交往、奢侈生活等方面耗费的商业资本为数甚多。但是，商业资本转入手工业生产，是一种新的经营方式，它为商业资本开辟了一条新的出路。

明代市场上的商品种类极其丰富。景泰二年（1451），北京大兴、宛平二县曾召集各行商人，根据当时的市场价格制定出一个“收税则例”，列举商品二百三十余种，包括罗缎布绢丝棉、巾帽衣服、陶瓷制品、文具纸张、矿冶产品、各种砂糖、日用杂货、药材以及各类农副产品。很显然，这份商品名单只是当时北京市场上的主要产品，远远不能包括所有类别的商品，如民生必需的粮食就未列其中。其实，在商品货币关系已十分发达的明代，任何东西都可能出现在市场上。不过，从远途贩运的角度来看，粮食、棉花、棉布、丝、丝织品、盐和茶这七类商品占据了市场流通总额的绝大部分，其他商品的流通和交易额相对较小。

前已指出，明代中后期，江南等地农业经营发生了明显变化，经济作物播种面积大大提高，这必然导致稻米播种面积减少，粮食不敷需要。一向号称“鱼米之乡”的江浙地区，因桑、棉的种植致使粮食紧缺，需要从湖广、江西等地运入，“夏麦方熟，秋禾既登，商人载米而来者，舳舻相接也”[38]。明代最大的商人集团的故乡徽州，因地多山岭且土质贫瘠，所产粮食不能满足本地需要，也必须从江西、湖广转输稻米，“转他郡粟给老幼，自桐江自饶河自宜池者，舰相接肩相摩也”[39]。山多地少的福建本来粮食产量就不丰富，由于甘蔗、茶、麻、苎麻等种植业的发展，使粮食供应更加紧张，“仰粟于外，上吴越而下东广”[40]。广东米虽大量运销福建，其实本地亦不充裕，需要广西稻米的接济。

江浙地区是棉纺织业的中心，棉花种植很多，但仍供不应求。北方的河南、山东是新发展起来的植棉区，产量亦很可观，但由于纺纱织布需要保持一定的湿度，而北方地区气候过于干燥，所以棉纺业并不发达。钟化民《救荒图说》谈到，河南“棉花尽归商贩，民间衣服率从贸易”。当时南北方出现棉花和布匹的对流，《农政全书》描绘说：“吉贝（即棉花）则泛舟而鬻诸南，布则泛舟而鬻诸北。”叶梦珠《阅世编》卷七提到，松江府在明后期生产的标布大量销往华北和西北边境地区，“富商巨贾操重赀而来市者，白银动以数万计，多或数十万两，少亦以万计”。万历《嘉定县志》卷六记载，当地所产棉布，“商贾贩鬻，近自杭、歙、清、济，远至蓟、辽、陕、山”。嘉靖《常熟县志》卷四亦记载本地棉布，“捆载舟输行贾于齐鲁之境者常什六”。除北运外，江浙棉布还有一部分销往福建、广东。

在谈到丝织业分布情况时，《农政全书》曾引郭子章之言曰：“东南之机，三吴、越、闽最夥，取给于湖茧；西北之机，潞最工，取给于阆茧。”“湖”是指湖州，这里在明代中后期是著名的蚕丝产地，“丝有合罗丝、串伍丝、经纬丝，属县俱有，惟出于菱湖、洛舍者第一”[41]。湖丝每年都大量北运苏州，南运杭州，闽商又在苏州购买湖丝运往福建。“潞”是指山西潞安，“阆”是指四川保宁府一带。潞安是因入贡而发展起来的丝绸织造中心，本地产丝甚少，主要从四川输入。阆丝除运往潞安外，也往江、浙运销，“吴越人鬻之以作改机绫绢，岁夏，巴（州）、剑（州）、阆（中）、通（江）、南（江）之人，聚之于苍溪，商贾贸之，连舟载之南去”[42]。浙江的杭州、嘉兴、湖州是丝织品贸易中心，“秦、晋、燕、周大贾，不远数千里而求罗、绮、缯、帛者，必走浙之东也”[43]。南京、苏州丝织品也大量北运，潞绸则“舟车辐辏者转输于直省”[44]。

盐和茶都是政府控制较严的商品。明代建国后沿袭元代旧制，将部分人户佥派为灶户。灶户生产的盐一部分以盐课形式缴给政府，称正盐或引盐，另一部分用来维持灶丁自身和家庭的需要，称余盐。同时，推行“开中法”，令商人输粮于边境粮仓以换取盐引，然后将盐贩运各地。在明代前期，政府对正盐之外的余盐的控制也极严格，不准私卖。中期以后，政府因财政困难无法收换余盐，只得有条件地准许商人收购贩运。同时，一些盐场的盐课改折银两征纳，原来的正盐由灶户掌握，也转化为商品。明代陕西、四川及长江以南的许多山区均产茶，政府在各产茶区设立茶课司征收茶课并收买部分余茶，称为官茶，每年都将大量茶叶输往西部少数民族地区以换取马匹。但除官茶外，商人私自转贩者极多，“有禁茶之名而无禁茶之实，商贾满于关隘，而茶船遍于江河”[45]。除了官办茶马贸易之外，内地民间茶的贸易也占相当数量，如安徽产茶地区霍山“土人素不辨茶味，惟晋、赵、豫、楚需此日用，每隔岁，轻千里挟资装裹粮，投牙预质”[46]。

在民族贸易方面，明代中后期也出现了新局面。除官办的马市外，民市日益兴旺，到隆庆年间，民市上交易的商品种类和数量都已大大超过官市。如隆庆五年（1571），大同得胜堡、宣府张家口堡、山西水泉堡等处马市，官市成交马六千九百五十匹，民市贸易牛羊马等牲畜共达两万头。而且，马在交易总额中的比重越来越小，生活用品和生产工具的交易量却迅速上升。万历十一年（1583）七月至次年八月，海西女真在广顺关和镇北关的互市中，出售人参三千四百六十七斤，貂皮四千九百二十八张，蘑菰三千七百四十二斤，蜜糖一千四百六十斤，马一百七十九匹；购入耕牛五百四十六头，铧四千八百四十八件，锅二百五十二口，靴二百一十五双，袄六百五十六件等。可见在马市交易中，马已处于次要地位，民生日用品和生产工具占据了重要地位。万历四年，在清河、宽甸、叆阳三地建立的马市，几乎完全不出售马匹，只是进行日用品交易。马市上的商品不少是内地商人长途贩运而来，如大量铁锅就是从遥远的广东佛山运来。

海外贸易方面，正统以后，海上走私贸易日趋兴盛。到嘉靖年间，“漳闽之人，与番舶夷商贸贩方物，往来络绎于海上”[47]。活动于沿海的倭寇，漳、泉之人几占其半。沿海大姓大多都参与走私贸易，“凡夷舶至，争致其家，虚值转鬻其货，牟利润己”[48]。隆庆元年（1567）开关后，民间海外贸易的发展速度更快。当时将现在的南洋分为东洋和西洋，两处的分界在文莱。西洋的大体范围在今中南半岛、马来半岛、苏门答腊、爪哇以及南婆罗洲一带，东洋大体指今天的菲律宾群岛、马鲁古群岛、苏禄群岛以及北婆罗洲一带。开海禁后，限定了每年总的船只数量，万历十七年限为八十八艘，至万历二十五年增至一百三十七艘，但未限定航行地点，商人只要申请到引票，就可自由到东、西洋贸易。但由于西洋各地路途遥远，前去贸易的商船并不很多，许多领有西洋引票的船只往往潜行东洋，因而虽然每年按限额给引，但到达西洋的商船均不如额，而到达东洋的船只则每每超过限制。据统计，从万历时期开始，每年到达马尼拉的中国商船常在二十至六十艘之间，天启年间达到一百余艘。

与民间出海贸易日盛的同时，海外各地来中国贸易的商人也逐渐增多。嘉靖二十七年（1548）朱纨捣毁双屿港时，仅在外洋往来的走私船就达一千二百九十余艘，可见走私贸易之盛。至16世纪上半叶以来，特别是在占据澳门之后，葡萄牙人在中国的海外贸易中逐步取得了垄断地位。以后，西班牙人、荷兰人也乘机侵入中国。这些西方殖民商人虽然有的从事一些正常交易，如到广州采办商品，按规定缴纳税款，但更多的人和更多的时候是从事非法的走私贸易，还时常对中国商船进行海盗式的抢劫，中国与外界的经济联系渠道逐渐被西方殖民者所垄断。

从中国输往海外的商品，有丝绸、生丝、瓷器、铜器、铁器、食品、各种日常用具以及牲畜等，其中尤以生丝和丝织品、瓷器为大宗。一位西方商人面对运到马尼拉的中国生丝和丝织品，不由得赞颂："没有任何东西可比之更白，雪都没有它白，在欧洲没有任何丝织品可比得上它。"外贸商人将生丝和丝织品运到国际市场上，可以卖到很高价格，获得丰厚收入，利润要比波斯丝高百分之五十。据估计，在17世纪初期，由各种商人每年从中国运到西方的生丝达一千五百至二千担，由荷兰东印度公司运走的丝织品达数千匹，出口到印度尼西亚的数量为一万至二万匹。葡萄牙人从澳门运往印度果亚的生丝量每年有三千余担，1635年甚至多达六千担。出口到日本的生丝和丝织品也很多，有人估计仅1612年输入日本的中国丝即达五千担。明代制瓷工艺进一步改进，烧制的瓷器在质量和数量上都有很大提高，成为重要的外销产品。到 17 世纪初期，中国瓷器的美名在欧洲广泛传播，西方人不仅惊叹中国瓷器的精美，还认为有解除食物毒性的作用，因而成为深受欢迎、供不应求的商品。据估计，在 17 世纪，仅荷兰船只运到欧洲及东方各国的中国瓷器就达一千五百多万件。

从海外输入中国的商品，以土特产和香料为主。万历《大明会典》卷一〇五记载了各国进贡物品四十余种，包括犀角、象牙、玳瑁、玛瑙珠、鹤顶、珊瑚树、黑猿、白麂、白必布、姜黄布、撒都细布、西洋细布、蔷薇露、栀子花、苏合油、片脑、沉香、乳香、降真香、紫檀香、丁香、树香、木香、没药、乌木、苏木等。万历十七年规定的《陆饷货物抽税则例》，共列举了一百余种商品，性质与《大明会典》所列基本相同，除少量的暹罗红纱、番被、竹布、嘉文席、交址绢、西洋布等手工业品外，绝大多数还是胡椒、苏木、象牙、檀香、犀角、沉香等香料和奢侈品。明代后期，白银流入的数量也很大。据 1618 年荷兰官员估计，西班牙政府每年从中国丝经菲律宾转运美洲的贸易中，就可征到大约五十万西元的商税；另有一项估计，在 16 世纪 80 年代，葡萄牙人每年把大约一百万杜卡（ducat）约合白银三万二千公斤运到远东，其中二分之一以上流入中国。此外，葡萄牙人开辟的中国澳门至日本长崎的贸易线，为日本银外流提供了主要通道，在 1599 至 1637 年间，日本共输出五千八百万两白银，其中大部分运入中国。中国本地产银很少，如果没有国外白银的大量流入，以银为主的货币体系很难正常运转下去。

第四节　工商业市镇的勃兴

工商业市镇的大量兴起和繁荣，是明代中后期非常引人注目的新现象。这一现象的出现无疑是商品经济发展的产物。同时，由于工商业市镇在城市和乡村之间起到中介作用，它们的成批涌现又促进了商业性农业的进一步发展，推动了乡村的都市化过程。

中国乡村都市化进程的渊源可以追溯到宋代。从那时开始，乡村地区的定期集市及州县城外的草市开始兴起，其后日渐繁盛，到明代中后期，已遍及全国各地。这些定期集市的目的，是便利乡村居民获得生活必需品和交往，因而在空间分布上呈现出规律性的网络结构；相邻集市的开集日期一般都相互错开，以免争夺有限的顾客和商品来源。集市的普遍出现，说明以自然经济为主并以商品经济为不可缺少的有机补充的传统经济模式进入成熟阶段，它为自然经济范围内的剩余产品和日用品的调节交换提供了最简便有效的方式。随着农村商品经济水平的提高，特别是商业性农业大规模的发展，在明代中后期，一批乡村市镇脱颖而出，成为手工业和商业中心。这类市镇在全国各地均有，但以商品性农业和手工业发达的江南地区数量最多，也最为密集。

松江府是植棉集中区域，也是棉织中心。顾彧在一首竹枝词中描绘说："平川多种木棉花，织布人家罢绢麻。昨日官租科正急，街头多卖木棉纱。"[49]可见，棉花种植和家庭纺织业成为这一地区重要的农业补充手段。棉纺织业的发达促进了原有乡村市镇的成长和新商业市镇的出现。如松江府华亭县的朱泾镇号称"小临清"，"居民数千家，商贾辐辏"，"虽都会之盛，无以加兹"[50]，是明代后期重要的棉布生产和集散地。分属华亭、嘉善二县的枫泾镇，“户口日繁，市廛日盛”[51]，亦为棉纺织业重镇，与朱泾镇齐名。清代顾公燮《消夏闲记摘钞》卷中说：“前明数百家布号，皆在松江枫泾、朱泾乐业，而染坊、踹坊商贾悉从之。”分属华亭、青浦二县的七宝镇，“商贾猬集”，也是一大棉布集散地，所产棉布在明清之际是畅销各地的精品。青浦县的朱家角镇也是与朱泾镇、枫泾镇并驾齐驱的标布贸易中心，“商贾凑聚，贸易花布，京省标客往来不绝，今为巨镇”[52]。

苏州府也是重要棉产地，出现了一些棉业市镇。常熟县的璜泾镇“商贾骈集，货财辐辏，若土地所产，与夫他方水陆之物，靡不悉具”[53]。这里种植最多的是棉花，“元至正间始传此种，太仓东乡土高最宜，今常熟东乡高田皆种之”[54]，来这里的商人大都从事棉花贩运。嘉定县的南翔镇“百货填集，甲于诸镇”，居民的经济来源“首藉棉布，纺织之勤，比户相属”，“商贾贩鬻，近自杭、歙、清、济，远至蓟、辽、山、陕”。[55]同属嘉定县的娄塘镇，四乡以种棉为业，棉纺织业极盛，所产斜纹布“匀细坚洁”，很受消费者欢迎，“精者每匹值银一两”，商人络绎而来，争相采购，陈述《娄塘晓市诗》曾描写其盛况云：“晓星残月入娄东，坐贾行商处处通。灯影乱明河影外，市声遥隔水声中。”嘉定县的外冈镇“男勤于耕，女勤于织”，在万历年间成为“邑之咽喉，商贾辏集，舟楫停泊”的重镇，“四方之巨贾富驵，贸易花布者，皆集于此”，是一个棉花、棉布贸易中心。与之毗邻的钱门塘市，有很多徽商僦居于此，收买棉布，遂有“钱鸣塘市”之称，也是一处重要的棉布集散地。[56]

蚕桑和丝织业中心也集中在江南一带，且分布较广，太湖流域和浙西杭州、嘉兴、湖州等地都出现了丝织业市镇。苏州府吴江县的盛泽镇原为青草滩一荒村，弘治初年居民也不过五六十家，其后居民开始从事丝织业，到嘉靖年间发展成市，后来又由市升为镇，“居民乃尽逐绫绸之利，有力者雇人织挽，贫者皆自织，而令童稚挽花，女工不事纺绩，日夕治丝”[57]，成为全国闻名的丝业巨镇。冯梦龙《醒世恒言》中有一篇《施润泽滩阙遇友》，曾描述盛泽镇之繁华云：“镇上居民稠广，土俗淳朴，俱以蚕桑为业。男女勤谨，络纬机杼之声，通宵彻夜。那市上两岸绸丝牙行，约有千百余家，远近村坊织成绸匹，俱到此上市。四方商贾来收买的，蜂攒蚁集，挨挤不开，路途无伫足之隙，乃出产锦绣之乡，积聚绫罗之地。江南养蚕所在甚多，惟此镇处最盛。”同县震泽镇明初亦仅有居民数十家，明中叶增至三四百家，到嘉靖年间，已是“地方三里，居民千家”[58]，成为有名的丝织业市镇，尤以出产“苏经”（即供应苏州府城机户织缎所用的经丝）闻名。

嘉兴府的濮院镇由嘉兴、秀水、桐乡三县分辖，到万历年间，已是“人可万余家”的大镇，“肆廛栉比，华厦鳞次，机杼声轧轧相闻，日出锦帛千计，远方大贾携橐群至，众庶熙攘于焉集”[59]。这里的丝织业在万历年间曾有一次重大改变，张文韩《濮川记略》云：“改土机为纱绸，制造绝工，濮绸之名遂著远近，自后织作尤盛。”从而确保了丝织业的稳定发展和丝织巨镇的地位。王店镇也以丝织闻名，《嘉兴新志》上编记载说：“明中叶渐盛，民物殷阜，俗尚淳朴，已成一巨镇。”王江泾镇界于秀水、吴江两县之间，明初已由市升为镇，到万历年间“居者可七千余家”，亦是丝织业巨镇。

图 15–4　乌镇街景

湖州是著名的蚕丝产地，“蚕丝物业饶于薄海，他郡邑咸藉以毕用，而技巧之精，独出苏、杭之下”[60]，故有“湖丝遍天下”之誉。乌程县南浔镇由于地理上的便利，成为湖丝集散中心，“各直省客商云集贸贩，里人贾鬻他方，四时往来不绝”[61]。另一蚕桑业巨镇乌青镇由乌程县的乌镇和嘉兴府桐乡县的青镇合聚而成，宋元时代已较繁华，入明之后因丝织业的发达更日益昌盛，嘉靖年间地方官员曾上疏请求在此分立县治，疏中描述青镇说：“地僻人稠，商贾四集，财赋所出甲于一郡……本镇地厚土沃，风气凝结，居民不下四五千家，丛塔宫观周布森列，桥梁阛阓，不烦改拓，宛然府城气象。”乌镇也是“浙西垄断之所，商贾走集四方，市井数盈于万户”。[62]乌青镇四乡“所赖者专在于桑”，“立夏之日，无少长采桑贸叶，名曰叶市，舟人辐辏”[63]，南浔、镇泽等丝织业市镇常有大批蚕户来此购叶。乌青镇所产蚕丝也很多，但本地不自织，均销往他处。归安县的菱湖镇明初成镇，至明代中后期，“第宅连云，阛阓列螺，舟航集鳞，桑麻环野，西湖之上无隙地、无剩水矣，遂为归安雄镇”，“四方舟航所凑，水陆奇深，异货百物所环，廛市之徒摩肩轇轕”。[64]这里的主要产业亦为蚕桑丝织，所产丝绸在湖州府名列前茅，万历《湖州府志》卷三《物产》说：“丝有合罗丝、串伍丝、经纬丝，属县俱有，惟出于菱湖、洛舍者第一”；“绸有水绸，有纺丝绸，出菱湖者为佳”。双林镇也是归安县的丝织大镇，明后期有居民三千余户。这里出产的绢在明中期已远近闻名，“四方之商贾咸集以贸易焉”。[65]

由于商品性农业发展，粮食种植面积减少，江南有些地区出现缺米现象，需要在地区内或地区间进行调剂，于是出现一些粮食业市镇。苏州府吴江县的平望镇，“耕桑食货熙攘盈繁，屹为吴江巨镇”[66]。其经济支柱便是米业，商人由湖广、江西运入大米，再由米行转卖到邻近各城镇。黎里镇在嘉靖年间已是“地方四里，居民二千余家，货物贸易不减城市”[67]的重要市镇，其后人口日增，居民经营范围较广，以米业为大宗，镇上遍布米行、米栈。湖州府德清县的新市镇，居民近万户，“街衢市巷之盛，人物屋居之繁，琳宫梵宇之壮，蚕丝粟米货物之盛”，居全县第一，四乡盛产稻米，附近长兴县的大米也运到这里出售，“贩夫商客籴而转卖他郡者，络绎于道”。[68]此外，其他专业市镇中，有的也存在米市。

除上述棉织业、丝织业和粮食业市镇外，还有一些其他专业市镇。如松江府上海县的新场镇，“以盐场新迁而名，赋为两浙之最，四时海味不绝，歌楼酒肆，贾炫繁华”[69]，是著名盐业市镇。华亭县的青村镇地近海，“海渔者得鱼，悉于此鬻”[70]，为渔业市镇。苏州府嘉定县的清浦镇亦为渔业市镇，“多鱼盐芦苇之利，田土丰腴，人民殷富，为通邑诸乡之冠”[71]。杭州府余杭县的瓶窑镇为制陶业市镇，居民“自农桑外多以埏埴为业，故市廛之与陶穴相望如栉比”[72]。嘉兴府嘉善县的千家窑镇也以窑业为支柱产业，自明后期以来，“民多业陶，廛居联络，甓埴繁兴，三吴贸迁勿绝”[73]。

江南地区的工商业市镇不仅专业性强，而且在地域上十分密集。正德《姑苏志》所载该府市镇竟达七十三个之多，万历《湖州府志》所载该府市镇也有二十多个。以苏州府吴江县盛泽镇为例，东南至新杭市五里，东至王江泾镇六里，北至平望镇十五里，西南至新城镇三十里，至濮院镇五十里，西至震泽镇三十里，至南浔镇五十里。它们构成了密集的市镇网络，又各具专业特色，在商业上可以相互支持。

明代中后期江南市镇的勃兴所表现出来的乡村都市化过程，是商品经济发展的必然产物。这些市镇充分发挥了商品集散中心的作用，大大促进了地区间的经济分工与合作，加强了地方市场与全国市场的联系，推动了经济一体化的进程，代表着中国经济的未来趋势和发展方向。

第五节　社会风尚的浮华奢靡

伴随着社会经济的繁荣发达和商业资本的发展，传统以俭朴为主的消费观念受到越来越大的冲击，高消费意识在人们心中迅速滋生。正德以前，社会生活中就已开始出现奢靡之风。嘉靖以降，这股风气日益激荡。沈朝阳《皇明嘉隆两朝闻见记》谈道："嘉靖以来，浮华渐盛，竞相夸诩。"范濂《云间据目钞·记风俗》指出："嘉、隆以来，豪门贵室，导奢导淫。"屠隆《鸿苞节录》亦云："由嘉靖中叶以至于今，流风愈趋愈下，惯习娇吝，互尚荒佚，以欢宴放饮为豁达，以珍味艳色为盛礼。"从这些议论可以看出，在晚明士大夫的心目中，不加节制的奢靡风气，在嘉靖年间得到空前的膨胀和扩张，因而这一时期应是明代风俗奢靡化的一个重要阶段。

与此前一样，嘉靖以来奢靡风气的迅猛传播，是在中心城市和豪门富室的主导和影响下发生的。归有光《庄氏二子字说》曾总结说："始于城市，而后及于郊外；始于衣冠之家，而后及于城市。"也就是说，奢华逾度的生活方式，往往首先出现在居住城市的士大夫家庭，而后影响到城市中的普通百姓，再后则由城市传播到郊区和农村。

从总体上看，嘉靖以降，所有中心城市以及经济比较繁荣地区的生活方式，都变得比以前更加奢华了。伍袁萃《漫录评正》卷三比较了嘉靖年间与此前的生活风气的差异，得出"正德以前，风俗醇厚，而近则浇漓甚矣"的结论。换言之，在这些士大夫看来，尽管到弘治、正德年间，明初形成的俭朴风气已所存无多，但与嘉靖以后的情景相比，那已应当算是“风俗醇厚”的时代了。以北京为例，这个对全国生活风尚有着重要影响的大都会，在正统年间就已初露奢靡之端倪，到嘉靖中后期，奢靡风气已然十分炽烈，社会各阶层普遍出现了奢华逾制行为。礼科给事中查秉彝在一封奏疏中指出：“顷岁以来，风俗浸奢，都城为极。职官则舆马无制，贵戚则第宅、服用无章，士庶则冠婚丧祭宴会之礼逾式。”[74] 在明朝的另一个政治、经济和文化中心南京，嘉靖年间则是生活风尚的一个重要的转折点，王锜《寓圃杂记》卷五记述说：“嘉靖十五年（1536）以前，富厚之家，多谨礼法，居室不敢淫，饮食不敢过；后遂肆然无忌，服饰器用，宫室车马，僭拟不可言。”一向引领时尚潮流的苏州，因商品经济特别繁荣，居民生活的奢靡程度更是惊人，“大率吴民不置田亩，而居货招商，阛阓之际，望如锦绣，丰筵华服，竞侈相高”[75]。对于“土田肥美”的江南地区的奢华生活方式，归有光曾描述说：“俗好偷靡，美衣鲜食，嫁娶葬埋，时节馈遗，饮酒燕会，竭力以饰观美。富家豪民，兼百室之产，役财骄溢，妇女、玉帛、甲第、田园、音乐，拟于王侯。”[76]

特别值得注意的是，从嘉靖年间开始，奢靡风气的蔓延速度和幅度都比以前大大增加，一些相对偏僻落后的地方也出现了奢靡化的现象。据记载，嘉靖年间，湖广衡州府耒阳县有不少人经营商业，生活方式开始追求浮华，就是地位低下的奴仆、隶卒和佣工，也往往以奢靡互争雄长，僭礼逾分而无所畏惮。山西榆次县的居民，明初以来一直是崇尚俭朴，勤奋耕耘，但从嘉靖、隆庆年间开始，士风越来越轻薄，民俗越来越奢侈。北直隶赵州的生活习俗，成化、弘治年间尚且比较勤俭，男子努力耕田读书，女子努力采桑养蚕，衣服只要能遮蔽身体即可，房屋只要能遮蔽风雨即可，婚嫁不论财产，宴席不求丰厚，衣饰打扮非常朴素；但到嘉靖年间，社会风尚明显趋于奢靡，大量财富消耗于不必要的奢侈性消费，民间积蓄很少，一旦遇到灾荒年头，就是号称“富室”的人家，也往往靠举债生活。河南郾城县的居民，到嘉靖年间也大多生活奢华，不事积蓄以备不时之需，就是拥有百顷土地的大户人家的蓄积，一般也不能满足三年的用度，遇到旱灾时许多人只好背井离乡，出外求食。河南邓州的居民，到嘉靖年间也是轻视俭朴，崇尚奢华，豪门大族之间往往展开奢靡竞赛。地处北方边境地区的宁夏，虽然社会经济比较落后，但到嘉靖年间，衣服、饮食也是大力追求华丽、奢靡，大量社会财富都消耗在这种炫耀性消费上。

除在地域上广泛蔓延外，奢靡的生活风尚也已渗透到社会生活的各个领域。

服饰方面，嘉靖以前，南直隶吴江县居民的衣饰尚能安守本分，但到嘉靖年间，不少普通百姓的妻子都穿戴上了命妇的服饰。江西永丰县嘉靖以前也一直保持着素朴风气，男子的衣服都用绸布或土缣缝制，富裕人家有时穿着文绮，但必用土布做衬里，只有达官贵人才敢穿用纻丝；女子的服饰虽因家境贫富不同而有鲜艳与朴素之分，但都恪守本分，士人的妻子如未受到朝廷敕封，也不敢穿着长衫束带；但到嘉靖时期，当地居民的生活标准不再按照身份高下区别，而是按照财富多寡区分，许多人逾越礼度，炫耀奢侈。四川洪雅县居民的服饰以前都很朴素，到嘉靖后期，情景大变：妇女好为艳妆，发髻高耸，衣袖又宽又长，衣衫几乎拖在地面上；士人头冠方巾，其余男子均戴瓦棱帽，这种帽子被称为“凉帽”，大多是用麻布做成的，与丧服非常相似。在福建建宁县，男子头戴瓦笼帽，衣服、鞋子都用纻丝制作，式样时常翻新；女子则穿锦绮，佩珠翠，黄金横带，个个都像是命妇夫人。北直隶隆庆州居民的衣饰原本比较朴素，到了嘉靖年间，无论是有身份的士人，还是普通的百姓，以至乡村妇女，都竞相穿着华丽服装以炫耀乡里。

饮食方面，嘉靖年间也变得十分奢侈。据松江士大夫何良俊在《四友斋丛说·正俗》中回忆，他年幼的时候（即正德年间），人家请客，不过果五色、肴五品而已，只有宴请贵客或举办婚宴时，才增添虾、蟹、蚬、蛤等三四种水产品；到嘉靖后期，普通的宴会也要有十个菜，而且是水陆毕陈，有人为了夸耀争胜，还不惜重金搜罗远方珍品。在江西永丰县，以前举办宴会，果品、菜肴不过四五种，果品都用土产，菜肴都用家畜；但到嘉靖时，一次宴会动辄要花费数十两银子，果品、菜肴多至数十种，其奢华可与京师相比。在福建建宁，以前宴客只有五六种菜肴，到嘉靖年间，习俗日益奢侈，平常的宴饮也架碗叠盘，先后要上三十多道菜，称为“春台席”；每年收获季节过后，冬日清闲，各家内眷相互邀请，杀牛宰猪，大吃大喝，桌上的菜碗叠至一尺有余，举办婚宴时当然就更加奢华，所以当地有谚语说：“千金之家，三遭婚娶而空；百金之家，十遭宴宾而亡。”[77] 在河南通许县，成化以前，人心古朴，饮的酒都是自家所酿，吃的菜都是当地土产；后来生活逐渐趋于奢靡，一桌菜往往多至二三十种，喝的酒都是南方商人贩运来的，而不愿再饮用家酿酒。

住宅方面，嘉靖以前虽然不少地方就已出现了奢华的现象，但其奢华的程度远不能与嘉靖以来的情景相比。如在陪都南京，正德以前，房屋都比较矮小，厅堂多建在后面，偶或有人对住宅加以雕画装饰，也都以朴素为原则；到了嘉靖末年，不必说士大夫之家，就是普通百姓，也有耗费千金建造三间客厅者，金碧辉煌，重檐兽脊，看起来就像是一处官衙，有些百姓的住宅还带有私家园林，其豪华程度可与公侯家的园林相媲美。住宅变得越来越高广华丽，家中的器具自然也越来越精致侈靡。严嵩被抄家时，各种高级器物极多，纯金器皿就有三千一百八十五件；单是吃饭用的筷子，就有金筷两双、镶金牙筷一千一百一十双、镶银牙筷一千零九双、象牙筷二千六百九十一双、玳瑁筷十双、乌木筷六千八百九十一双、斑竹筷五千九百三十一双、漆筷九千五百一十双。何良俊谈道，当时松江士大夫所用酒器，唯沛国、清河最号精工：沛国所用为玉器，都是汉朝古物；清河所用为金器，都是聘请优秀工匠仿照古器打造，极为精美。何良俊还谈到，他曾到嘉兴访问一位朋友，其家待客，用的是银水火炉、金滴嗉；当天约有二十多位客人，每客皆有一副金台盘，重约十五六两；留宿斋中，次早洗脸用的是梅花银沙锣。何良俊不由得感叹说："此其富可甲于江南，而僭侈之极，几于不逊矣。"[78]

在奢靡风气弥漫的情况下，受炫耀性消费心理驱动的人们，对于婚丧嫁娶这类具有展示作用的仪式性活动，当然更是倾力而为，以求在邻里间赢得一点声誉。比如，河南开封府鄢陵县，成化以前风俗俭朴，宴会所用都是普通菜肴，但到嘉靖年间，凡举办婚筵、丧奠活动，无不追求奢靡，广招亲朋以聚敛礼物，甚至根据礼物多少来决定宴席厚薄，赏赐厨师、乐人也力求丰厚，借以显示自家的阔绰。在南直隶仪真县，凡是举办婚、丧宴会，居民也竞相追求华靡。在山东兖州府滕县，居民也以侈靡争胜，无论是办婚礼还是办丧事，都要请伎乐，婚姻之彩礼妆奁、殡葬之冥物仪品，都以多为美。奢靡风气不但表现于婚丧嫁娶务求丰华，还改变了人们对待婚姻的态度。如在江西丰城县，淳朴的风俗到嘉靖年间已不易见到，嫁女者一味要求多给彩礼，娶妇者则一味要求多带嫁妆。在山西翼城县，嘉靖年间兴起一种新潮流，就是“婚娶论财”，“求妇聘女之徒，但问富家，其门第清白渐不论也”。[79]

由于奢靡之风弥漫日甚，越来越多的士大夫开始对这种社会现象和生活方式表示担忧。在写于嘉靖年间的一份奏疏中，何瑭对日益奢靡的生活风尚提出猛烈抨击，认为这种不良风气是造成“民财空虚”的重要原因之一。据他分析，奢靡风气的蔓延，是“起自贵近之臣，延及富豪之民”，这些有钱有势的富贵之人，日常生活的各个方面都讲求奢华，一处住宅要用银数百两，一身衣服、一次宴席要用银数十两；家境并不太丰裕的人们，也不再顾及上下之分，起而仿效富贵人家的生活做派；风俗既成，民心迷惑，闾巷贫民遇到婚娶、丧葬、宴会、赙赠等事情，害怕亲友讥笑，只好竭力营办，自己没钱则向别人借贷。[80]袁袠《世纬》卷下也批评说，当时无论士大夫还是平民家庭，丧葬、婚娶很少有恪守礼法者，特别是京城的勋贵世家、两浙的富商大贾，越礼逾制，僭拟王者，中产家庭起而效仿，往往导致破产。

在众多士大夫认为奢靡风气导致人们的消费水平超过家庭支出能力，加剧了社会的贫困化，因而对这种风气持严厉批评态度的同时，也有一些士大夫经过深入考察和思考，认为奢靡具有刺激消费、繁荣市场、扩大就业的正面作用。松江士人陆楫就是其中的一位代表人物。陆楫虽然出身于富贵家庭，他自己的生活却一直很俭朴。他虽然“自奉如寒素”，但并不认同官员们惯常采用的“禁奢”措施。在他看来，一人一家坚持勤俭，或许可以免于贫困，但就整个社会而言，则是“大抵其地奢，则其民必易为生；其地俭，则其民必不易为生”。因为“所谓奢者，不过富商大贾、豪家巨族，自侈其宫室、车马、饮食、衣服之奉而已”，而这些人的奢侈正好为贫民提供了生计机会：“彼以粱肉奢，则耕者、庖者分其利；彼以纨绮奢，则鬻者、织者分其利。”他举例说：“只以苏杭之湖山言之，其居人按时而游，游必画舫、肩舆、珍馐、良酝、歌舞而行，可谓奢矣，而不知舆夫、舟子、歌童、舞妓仰湖山而待爨者，不知其几。”[81] 在嘉靖、隆庆年间，有类似看法的并非只有陆楫一人。如叶权《贤博编》中也针对杭州西湖奢华的旅游业指出：“城中人不事耕种，小民仰给经纪，一春之计全赖西湖”，“其愈游愈盛，小民愈安乐”，“若禁其游玩，则小民生意绝矣”。

第十六章

思想文化的新样貌

第一节　王学的分化传衍

王阳明之心学提出后，很快就在士大夫中间传播开来。但王学本身包含着一些含糊和矛盾之处。还在他生前，其弟子对其学说就产生了不同理解。王阳明晚年每与门人论学，常提四句为教法："无善无恶是心之体，有善有恶是意之动，知善知恶是良知，为善去恶是格物。"对这"四句教"，王阳明极其重视，曾说："此四句，中人上下无不接着。我年来立教亦更几番，今始立此四句。"[1]可见这是王阳明经过长期思索，对其学说做出的自认为比较妥帖恰当的总结。

但王门两大弟子钱德洪（1496—1574）和王畿（1498—1583），对"四句教"的理解迥然有异。王畿认为："此恐未是究竟话头。若说心体是无善无恶，意亦是无善无恶的意，知亦是无善无恶的知，物是无善无恶的物矣。若说意有善恶，毕竟心体还有善恶在。”钱德洪则认为：“心体是天命之性，原是无善无恶的。但人有习心，意念上见有善恶在，格、致、诚、正、修，此正是复那性体功夫。若原无善恶，功夫亦不消说矣。”二人请老师指点，王阳明说自己“接人原有此二种”：“利根之人”，就让他“直从本源上悟入”；其次之人，“不免有习心在，本体受蔽，故且教在意念上实落为善去恶”。王畿之见，“是我这里接利根人的”；钱德洪之见，“是我这里为其次立法的”。他劝勉说：“二君相取为用，则中人上下皆可引入于道。若各执一边，跟前便有失人，便于道体各有未尽。”[2]很显然，王阳明的解释并未能使自己的学说前后贯通，圆融无碍，也不可能使王畿与钱德洪达成一致意见。

王阳明去世后，其学说继续传衍四方，依师承和地域之不同，分成许多门派。黄宗羲《明儒学案》所列，有浙中、江右、南中、楚中、北方、粤闽、泰州等七个学案。在这些门派中，影响较大的是浙中、江右和泰州三派。但各派内部意见也不尽一致，有时争论还相当尖锐。

浙中王门的代表人物，就是上面提到的钱德洪和王畿。钱德洪，名宽，号绪山，浙江余姚人。王畿，字汝中，号龙溪，浙江山阴（今绍兴）人。二人自拜王阳明为师后专心治学，曾两次放弃科举机会。四方学者前来向王阳明问学者甚众，一般都先由二人辅导，因此被称为“教授师”。王阳明去世后，二人于嘉靖十一年（1532）同中进士，但为官时间均不长。他们以弘扬师说为己任，孜孜致力于讲授王学，南北两京以及浙江、江西、湖广、福建、广东等地，都曾留下他们讲学的足迹。

如前所述，还在王阳明生前，二人对王学的理解就发生分歧。其师去世后，他们依然相互批评诘难。钱德洪的宗旨，是尽力防止王学流入虚幻空疏，他在《复王龙溪》信中曾说：“吾党于学未免落空，初若未以为然，细自磨勘，始知自惧。日来论本体处，说得十分清脱，及征之行事，疏略处甚多，此便是学问落在空处。”钱德洪谨守师说，在思想上缺乏创新，所以黄宗羲《明儒学案》评论他是“把缆放船，虽无大得，亦无大失”。王畿深受禅学影响，在学术思想上天马行空，绝不肯囿于师说。他认为，“虽尽将先师口吻言句，一字不差，一一抄誊与人说，只成剩语，诳人诳己”，并宣称：“一生若要做个千古真豪杰，会须掀翻箩笼，扫空窠臼。”[3]在为学方法上，钱德洪强调道德修养，主张“君子之学，必事于无欲”；王畿则主张“以良知致良知”，认为良知是“天然之灵窍，时时从天机运转，变化云为，自见天则，不须防检，不须穷索”。[4]可以说，正因为学术宗旨存在根本性差异，所以两人互不相让，王畿讥讽钱德洪为“随人脚跟转”，钱德洪则讥讽王畿为“养成一种枯寂之病”。

江右王门的著名人物主要有邹守益、欧阳德和聂豹等。邹守益（1491—1562），字谦之，号东郭，江西安福人。正德进士，授翰林编修，因直言罢归。世宗即位，复职，累官南京国子监祭酒，再以直言罢归。邹守益先是宗法程朱，后来改师王阳明。在王阳明去世后，他广泛讲学，足迹遍于江南各地，“凡以弘师之传，广与人为善之量，心独苦矣”[5]。他在传播师说方面成绩很大，但与钱德洪一样缺乏理论创新。邹守益“生平自精神心术之微，以达于人伦事物之著，皆不离良知一脉运用”[6]。在他看来，程颐、程颢的“寡欲”，周敦颐的“主静”，以及子思、孟子的“戒惧”，都是良知之别名，“盖其名虽异，血脉则同”[7]。邹守益的学术宗旨是“主敬”，“敬也者，良知之精明而不杂以尘俗也”[8]。他强调要“修己以敬”，要“戒慎恐惧”，以保持自己的良知不为物欲所障蔽。

欧阳德（1496—1554），字崇一，号南野，江西泰和人。嘉靖进士，累官礼部尚书。欧阳德的学术宗旨与邹守益相近，“能守其师传而不疑，能述其师说而不杂”[9]，理论方面亦建树不大。

聂豹（1487—1563），字文蔚，号双江，江西永丰人。正德进士，累官兵部尚书，忤旨罢归。聂豹原本并非王阳明弟子，在与王阳明辩难之后，始信服其说，王阳明死后始称弟子。聂豹的为学宗旨与邹守益、欧阳德判然有别，其理论核心是“归寂”，认为“良知本寂，感于物而后有知”，“故学者求道，自其主乎内之寂然者求之，使之寂而常定”。对于聂豹的学说，不论是江右的邹守益，还是浙中的王畿，都表示反对，指责他背离师门，类似禅学。聂豹反驳说，自己的“归寂”与禅学的“寂灭”决然不同：“夫禅之异于儒者，以感应为尘烦，一切断除而寂灭之。今乃归寂以通天下之感，致虚以立天下之有，主静以该天下之动，又何嫌于禅哉！”江右王门另一重要人物罗洪先，却很赞成聂豹的见解，称誉说：“双江所言，真是霹雳手段，许多英雄瞒昧，被他一口道着，如康庄大道，更无可疑。”[10]

泰州学派源于王学而又特色鲜明，带有强烈的“异端”色彩。该派的创始人王艮（1483—1541），初名银，字汝止，号心斋，南直隶泰州安丰场（今江苏省东台市）人。王艮出身灶丁，早年以商贩为生，三十八岁始就学于王阳明门下。王阳明去世后，他回到家乡讲学，徒众甚多，形成泰州学派。王艮虽然继承了王学的一些基本理论和命题，但他在学习过程中，“时时不满其师说”，“往往驾师说之上”，提出一些颇具独创性的看法。其中最为人称道的，是“百姓日用之学”和“淮南格物”。王艮讲学，“多指百姓日用，以发明良知之学”，认为“圣人之道，无异于百姓日用。凡有异者，皆谓之异端”。[11] 通过这种解释，将儒学家常常谈论的带有神圣性的“道”与百姓的穿衣吃饭等日常生活联系起来。王艮的“格物”是以“安身立本”为核心，他指出：“物格，知本也；知本，知之至也。故曰‘自天子以至于庶人，壹是皆以修身为本’也。修身，立本也；立本，安身也。”在此基础上，他还进一步提出“尊身”的观点：“身与道原是一件。至尊者此道，至尊者此身。尊身不尊道，不谓之尊身；尊道不尊身，不谓之尊道。须道尊身尊，才是至善。”[12] 这种思想包含着维护个体生存权利和人性尊严的意义。

泰州学派传播较广，后学众多，门人中既有下层老百姓，也有上层士大夫，思想观点十分庞杂。较著名的泰州后学有王艮的族弟王栋、王艮仲子王襞，以及徐樾、赵贞吉、颜钧、何心隐、罗汝芳等。《明儒学案·泰州学案》评论说：“泰州之后，其人多能以赤手搏龙蛇，传至颜山农、何心隐一派，遂复非名教之所能羁络矣。”的确，泰州学派富有叛逆精神和战斗性格，敢于独立思考，敢于标新立异，发出前所未有之声光，对明代中后期思想文化影响甚巨。

第二节　心学与理学的批评者

当王学风靡于世之际，不少程朱学者起而反对，其最著者为吕柟。吕柟（1479—1542），字仲木，号泾野，陕西高陵人。正德三年（1508）状元，授翰林修撰，以忤当权宦官刘瑾去职。刘瑾被诛后，复职。嘉靖初，因“大礼议”下狱，被贬为解州判官，累官国子监祭酒、南京礼部侍郎。吕柟是“关中之学”的集大成者，此派系从薛瑄“河东之学”衍出，属于程朱理学一派。吕柟筑书院讲学授徒，批评王阳明“致良知”之说，据说其讲席“几与阳明氏中分其盛”。吕柟提倡“学以穷理实践为主”，任地方官时曾推行《吕氏乡约》与《文公家礼》，堪称是一位笃学践行之士。但他株守程朱，《明儒学案》谓其“以格物为穷理，及先知而后行，皆是儒生所习闻”。《四库全书总目》虽称扬“其践履最为笃实”，“大旨不失醇正”，也不得不承认其学术“多循旧义，少所阐发”，“大抵褒贬迂刻，不近情理”。这其实是当时程朱学者的通病。

当时也有少数学者，既不墨守程朱旧义，也不盲从王氏新说，而是独立思考，提出一些有价值的观点。其中贡献最为突出的是罗钦顺和王廷相。

罗钦顺（1465—1547），字允升，号整庵，江西泰和（今江西太和）人。弘治进士，授翰林编修，累官南京吏部尚书。遭父丧，不再出仕，隐居乡里二十余年，潜心著述，足不入城市。从总体思想倾向看，罗钦顺属于程朱派，对王阳明学说批评甚烈。他针对王阳明的“格物”即“正心”等观点，指出“格物”之物包括宇宙万物，而人心只是万物之一种，所以不能把格物等同于格心。罗钦顺认为,《大学》提出“致知在格物”之说，是要通过对“分殊”之物的观察了解，从中得出“理之一”的普遍性认识，而王阳明却曲解《大学》之本义，将所格之物、所穷之理，归结为心中之物、心中之理，是“局于内而遗于外”，属于禅学观点。[13]

罗钦顺对于心学激烈批判，对于理学则是有继承，有批评，有修正。他继承了张载的“气”一元论思想，批评程朱关于“理先气后”等说法是将理、气分为二物，认为“通天地，亘古今，无非一气而已”,“气聚而生，形而为有，有此物即有此理，气散而死，终归于无，无此物即无此理，安得所谓死而不亡者耶”。对于程朱的“理一分殊”命题，罗钦顺也进行了改造。程朱把“理一”(太极)视为最高的精神本原，认为万物是理之“分殊”，而“理”则是万物的根本，二者之间是体与用的关系。罗钦顺则认为,“理即气之理”,“盖人物之生，受气之初，其理惟一；形成之后，其分则殊。其分之殊，莫非自然之理；其理之一，常在分殊之中”。[14]罗钦顺对“理一分殊”的解释，已经触及了一般与个别的辩证关系。

王廷相(1474—1544)，字子衡，号浚川，河南仪封(今兰考)人。弘治进士，累官左都御史、兵部尚书，后罢职为民。他博学多才，对于天文、生物、音律都有研究。与罗钦顺一样，王廷相继承了张载的“气”一元论，并对这一理论有所完善和发展。他针对程朱“理在气先”之说提出严厉批评:“老庄谓道生天地，宋儒谓天地之先只有此理，此乃改易面目立论耳，与老庄之旨何殊！愚谓天地未生，只有元气。元气具，则造化人物之道理，即此而在。故元气之上无物、无道、无理。”王廷相还认为,“有形亦是气，无形亦是气，道其中矣”,“气为理之本，理乃气之载”，在“气”之外不存在“悬空独立之理”，程朱“不言气而言理，是舍形而取影”。[15]

在认识论上，宋代理学家曾区分“德性之知”与“见闻之知”，认为前者是“不假闻见”的“大知”，后者是“小知”。王廷相认为宋儒否认思虑见闻之知，是将“无知”奉为“大知”，落入虚空之禅学。对于王阳明所宣扬的“良知不由见闻而有”，他也进行了驳斥，认为“先天良知”是不存在的，而是后天“接习”和“学”的结果，所谓依赖静坐“求理于吾心”，已流于佛禅之道，“畔仲尼之轨远矣”。王廷相主张：“夫圣贤之所以为知者，不过思与见闻之会而已。”他不承认有先验的认识，认为所谓“知”，不过是思维与见闻的结合，如果“物理不见不闻，虽圣哲亦不能索而知之”。王廷相提倡“知行兼举”，尤其重视“笃行”，认为“讲得一事即行一事，行得一事即知一事，所谓真知矣”。[16]

第三节　唐宋派兴起与复古派重振

李梦阳等前七子发起的文学复古运动，既得到许多人的响应，也受到不少人的反对。在嘉靖年间文坛上颇有影响的“唐宋派”，就是以反对复古派为主要目标的文学派别。此派的代表人物，前有王慎中、唐顺之，后有归有光、茅坤。

王慎中和唐顺之嘉靖初先后中进士，在京师与李开先、陈束、赵时春、任翰、熊过、吕高切磋文学，有“八才子”之称。他们起初是“前七子”的热忱追随者，后来思想发生剧变，对复古派持激烈批评态度。“前七子”主张“文必秦汉，诗必盛唐”，王、唐则针锋相对，推崇宋代之诗文。唐顺之《与王遵岩参政》云：“三代以下之文，莫如南丰（曾巩）；三代以下之诗，未有如康节（邵雍）者。”王慎中《曾南丰文粹序》亦云：“由西汉而下，（文章）莫盛于有宋庆历、嘉祐之间，而粲然自名其家者，南丰曾氏也。”值得注意的是，曾巩、邵雍在宋人中文学成就并不高，王、唐之所以推尊他们，实际上并不是因为他们的诗文，而是因为他们的道学。茅坤在文学理论上附和王、唐，但不像他们那样极端。为了推广唐宋文学，茅坤编纂了《唐宋八大家文钞》一百六十四卷，“其书盛行海内，乡里小生无不知有茅鹿门者”[17]。

总起来看，王、唐重道学而薄文学，茅坤以唐宋文为窠臼，带有八股气息，他们的文学成就都不高，诗文多无足观。但他们提出的一些观点，如唐顺之提倡“直摅胸臆，信手写出”，王慎中提倡“道其中之所欲言”，虽然本旨在于展露道学家的内心世界，但对于纠正句拟字模的拟古风气，还是有一定积极意义的。

在唐宋派中，以归有光的文学成就最高。归有光（1507—1571），字熙甫，号项脊生，学者称为震川先生，南直隶昆山（今属江苏）人。嘉靖十九年（1540）中举，八次参加会试皆落第，直到六十岁才中进士。在文学主张上，归有光与王慎中、唐顺之一样，猛烈抨击复古派，讽刺他们“颇好剪纸染采之花，遂不知复有树上天生花也”，但他也并不完全认同王、唐的观点，所以董其昌《凤凰山房稿序》评论他的古文是“前非李（梦阳）、何（景明），后非晋江（王慎中）、毗陵（唐顺之），卓然自为一家之书”。归有光特别强调文学的抒情作用，为文博采唐宋诸家之长，而又独树一帜。他善于抒情、记事，能把琐屑的事委曲写出，不事雕琢而风味超然。如《项脊轩志》《先妣事略》《寒花葬志》《女汝兰圹志》《思子亭记》等，都是即事抒怀的名篇，语言清淡自然，娓娓道来而别具神韵。归有光的文章颇受后人追崇，被誉为“明文第一”。清代王鸣盛《钝翁类稿》云：“明自永、宣以下，尚台阁体，化、治以下，尚伪秦汉，天下无真文章者百数十年。震川归氏起于吾郡，以妙远不测之旨，发其淡宕不收之意，扫台阁之肤庸，斥伪体之恶浊，而于唐宋七大家及浙东道学体，又不相沿袭，盖文之超绝者也。”

尽管受到唐宋派的猛烈抨击，复古派并未销声匿迹，嘉靖后期到隆庆年间，又掀起一个高潮。约在嘉靖二十七年，以进士出身在京任职的李攀龙、王世贞，相互讨论文学，他们有感于“海内稍驰骛于晋江（王慎中）、毗陵（唐顺之）之文，而诗或为台阁也者，学或为理窟也者”[18]，决定重振“前七子”文学复古之旗鼓。后二年，徐中行、梁有誉、宗臣中进士，与李、王结成诗社，后谢榛、吴国伦亦加入进来，时称为“后七子”。他们相互吹捧，彼此标榜，声势比“前七子”还要浩大。

与“前七子”一样，“后七子”强调“文必秦汉、诗必盛唐”。关于文章流变，王世贞指出：“西京之文实，东京之文弱，犹未离实也。六朝之文浮，离实矣。唐之文庸，犹未离浮也。宋之文陋，离浮矣，愈下矣。元无文。”[19]这实际上是将汉以后文章一笔勾销，与唐宋派可谓针锋相对。关于诗，王世贞《徐汝思诗集序》云：“盛唐之于诗也，其气完，其声铿以平，其色丽以雅，其力沉而雄，其意融而无迹，故曰盛唐其则也。”李攀龙尤为褊狭，“谓文自西京、诗自天宝而下，俱无足观，于本朝独推李梦阳”。李攀龙的许多诗文专求模拟逼真，制造出一批“假古董”。《明史·李攀龙传》评论说：“其为诗，务以声调胜，所拟乐府，或更古数字为己作，文则聱牙戟口，读者至不能终篇。”“后七子”本欲纠正唐宋派之弊，但寻不出一条新路，只是踵袭“前七子”，一味提倡复古，反而把文章弄得全无生气了。

在“后七子”中，谢榛相对要开放、灵活一些。他虽然也认为诗“至盛唐极矣”，提倡为诗以盛唐为蓝本，但反对刻板模拟，强调真情。在《诗家直说》中，他曾批评当时之诗风说：“今之学子美（杜甫）者，处富而言贫愁，遇承平而言干戈，不老曰老，无病曰病，此摹拟太甚，殊非性情之真也。”但他后来不为李攀龙、王世贞所容，被排除出“后七子”之列。在李攀龙去世后，王世贞主盟文坛将近二十年之久，“声华意气，笼盖海内，一时士大夫及山人、词客、衲子、羽流，莫不奔走门下，片言褒赏，声价骤起”[20]。随着时间推移，王世贞对复古主义之弊病也有所觉察，曾自悔其四十岁前所著《艺苑卮言》。晚年所作《归太仆赞》云：“千载有公，继韩欧阳。余岂异趋，久而自伤。”对唐宋派归有光的文学理论和实践表示一定程度的认同。

第四节　戏曲三大传奇

明代前期，沿袭元代风习，流行的戏曲品种是杂剧，其内容大多是教忠教孝、神仙释道，充满陈词滥调，缺乏生活气息。到明代中叶，杂剧趋于消沉，而南戏则渐渐兴盛起来，当时习称南戏为传奇。嘉靖以后，随着社会经济的发展，社会思想的活跃，传奇创作进入繁荣期，内容也开始面向社会现实。嘉靖后期到万历初年，出现了三部优秀的传奇作品，即《宝剑记》《浣纱记》《鸣凤记》。

《宝剑记》创作于嘉靖二十六年（1547），作者李开先（1502—1568），字伯华，号中麓，山东章丘人。嘉靖进士，官至太常寺少卿。因不满朝政，抨击权贵，四十岁时罢职归里，闲居以终。《宝剑记》叙写林冲被逼上梁山的故事，虽取材于小说《水浒传》，但对故事情节做了较大改动。在小说中，林冲被逼上梁山，是因为高衙内垂涎于林冲妻子张贞娘之美色，故设计陷害；而在剧本中，却改成林冲两度上疏弹劾奸臣高俅、童贯而遭到陷害，朝廷将“封侯万里班超，生逼作叛国的红巾，背主的黄巢”。这一改动是为了突出忠奸之间的斗争，塑造林冲的忠臣义士形象，正如剧本开首《鹧鸪天》曲所言：“诛谗佞，表忠良，提真托假振纲常。”这一主旨虽然使剧本蒙上相当深厚的道德说教色彩，但因融入了作者对黑暗政治的亲身体验和满腔愤慨，带有一定的反抗意味，从而有别于纯粹教忠教孝的作品。

《宝剑记》对主要人物的塑造比较成功，描绘林冲被逼上梁山的心理较为细腻，刻画了林冲“专心投水浒，回首望天朝”的矛盾心理，抒发了“丈夫有泪不轻弹，只因未到伤心处”的悲愤情怀。但对一些次要人物的塑造，则比较草率，其形象显得模糊，性格不够突出。此剧曲词绮丽典雅，其中“夜奔”一出，苍凉浑厚，感动人心。但剧本结构松散，唱词亦不完全合于音律，是其缺点。此剧流传后，得到高度评价。雪蓑隐者《宝剑记序》云：“是记则苍老浑成，流丽款曲，人之异态隐情，描写殆尽，音韵谐和，言辞俊美，终篇一律，有难于去取者。”王九思《书宝剑记后》亦曰：“至圆不能加规，至方不能加矩，一代之奇才，古今之绝唱也。”

《浣纱记》大约创作于隆庆年间，作者梁辰鱼（约1521—1594），字伯龙，号少白、仇池外史，南直隶昆山（今属江苏）人。以例贡为太学生，一生落魄，未尝入仕，遂寄情于声乐，任侠好游。王伯稠曾赋诗描写其生活状态：“斗酒清夜歌，白头拥吴姬。家无儋石储，出多年少随。”[21]《浣纱记》取材于东汉赵晔所撰《吴越春秋》，描写春秋时期吴越争雄的故事。此剧以范蠡和西施的爱情故事为线索，串络起吴越两国的兴衰变化。作者虽描写了范蠡和西施之间的悲欢离合，但主旨并非讴歌爱情，而是让爱情绝对服从于政治。范蠡为了击败吴国，主动将未婚妻西施献给吴王，西施为了复仇大业，亦甘愿献身供吴王恣意荒淫。当灭吴大业实现后，范蠡又毅然远离政治是非，携西施登舟远遁，遨游五湖。通过这一故事，作者既揭露了昏君和权奸的丑恶，又抒发了文人忠君报国、功成身退的理想。

《浣纱记》故事曲折，语言藻丽华美。清代李调元《雨村曲话》云：“自梁伯龙出，始为工丽滥觞。盖其生嘉隆间，正七子雄长之会，词尚华靡。”看来梁辰鱼这种研炼工丽的文风，受到“后七子”复古文风的一些影响。不过，《浣纱记》虽然讲求辞藻的雕镂修饰，但并非一味模古，而是雅丽中透着生动。其中不少曲段，或抒发感情，或烘托环境，或刻画人物，都很精彩。《浣纱记》主要缺点是结构松散，徐复祚《曲论》曾评论此剧“关目散缓，无骨无筋，全无收摄”。全剧平铺直叙，缺乏高潮，给人冗长杂乱之感。

《鸣凤记》大约产生于隆庆年间或万历初年，或谓王世贞所作，或谓其门生所作，迄无定论。它是我国戏剧史上第一部取材于现实的政治剧，描写的是以夏言、杨继盛为首的朝臣与严嵩父子斗争的过程。该剧把“奸党”和“忠臣”向两个方向做了极端化的描绘，揭露了严嵩及其党羽结党营私、专权纳贿、趋炎附势、祸国殃民的丑恶行径，塑造了一系列忠臣贤良的形象。其中“灯前修本”“夫妇死节”两场，描写杨继盛夫妇之事迹，尤为感人，长演不衰。该剧的缺点是人物纷繁，结构松散，语言也过于骈俪雕琢。此剧开政治剧之先河，对后来的戏曲创作产生了很大影响。

第五节　神魔小说杰作《西游记》

永乐以后，明代小说创作进入低潮，坊间虽有“小说杂书”流行，但是并无真正优秀的作品问世。直到明代后期，才出现了《西游记》这样一部小说杰作。关于该书的作者，历来存在争议，通常将其归于吴承恩名下。吴承恩（约1500—1582），字汝忠，号射阳山人，南直隶淮安府山阳县（今江苏淮安市）人。他自幼好学，以文名著于乡里，却屡次参加科考不中，嘉靖二十三年（1544）始补岁贡生。六十岁出任浙江长兴县丞，仕途蹇蹶。隆庆初辞归乡里，放浪诗酒，贫老以终。吴承恩酷爱稗史奇闻，“善谐剧”，他在《禹鼎志序》中曾谈道：“虽然吾书名为志怪，盖不专明鬼，时纪人间变异，亦微有鉴戒寓焉。”可见他是要借奇闻怪谈以针砭现实。《西游记》的创作亦是基于这一指导思想。

与《三国演义》和《水浒传》一样，《西游记》的成书也经

图 16-1　吴承恩塑像（江苏淮安吴承恩故居）

历了数百年的积累过程。《西游记》的故事蓝本是唐朝高僧玄奘赴天竺（今印度）取经的史实。玄奘归国后口述西行见闻，由弟子辩机写成《大唐西域记》。后来其弟子慧立、彦悰写成《大唐大慈恩寺三藏法师传》，对取经事迹做了夸张的描绘，并插入一些带有神话色彩的故事。大约在晚唐五代，出现了《大唐三藏取经诗话》，猴行者取代唐僧成为故事主角，玄奘取经由历史事实转化成了神魔故事。到元末明初，已出现比较完整的小说《西游记》。原书已佚，但《永乐大典》中所引《梦斩泾河龙》的故事，标题即为“西游记”，其内容与现存百回本第九回前半部分基本相同。古朝鲜汉语教材《朴通事谚解》中也曾引述“车迟国斗圣”的故事片断，书中还有八条注文，介绍了取经故事的主要情节，与今传百回本《西游记》十分接近。吴承恩以前人作品为基础，进行改编和创作，使其成为一部结构优美完整的神魔小说，并且赋予小说讽刺幽默的艺术风格。现存的《西游记》刊本，以明万历二十年（1592）金陵唐氏世德堂本为最早，后来则版本众多。

《西游记》包含着两个基本的文学母题：第一个母题揭示“成人不自在，自在不成人”这样一种矛盾处境。孙悟空本是一个天生地长的石猴，获得了无边的神通和法力。但他出生后，不可能超脱于三界的各种规范，这些规范对其天性构成约束，他当然不可能自愿接受，于是便发生各种矛盾和冲突，有时还很激烈，他曾大闹天宫，闯地府，探龙宫，把三界搅得一塌糊涂。但最终的结果，是孙悟空被压在五行山下，并被迫答应保护唐僧前往西天取经。经过一番番磨难，孙悟空修成正果，完成了“成人”的过程，但也从“自在”变成了“不自在”。在描写这一过程时，作者对孙悟空难以拘束的一面着墨颇多，流露出对人性自由的向往。第二个母题是描绘唐僧师徒的历险过程。它通过一个个离奇故事，给唐僧师徒设置了重重艰险和考验，他们战胜了一个个困难，经受住一个个考验，终于取得真经，揭示了人生只有经历千难万险，才能获得最终的完善和幸福。

《西游记》是一部杰出的浪漫主义作品，充满了天马行空的臆想、神秘莫测的情节、缥缈离奇的幻境。但在浪漫主义之中又沉潜着现实主义的情怀。书中所写的天庭、地狱带有官府衙门的影子，书中所写的神、佛、鬼、怪都具有人的性格特征。以主角孙悟空为例，他具有超人的能力，又有猴子机灵好动的天性，同时还集中了人类的正义、勇敢、力量和自信等优秀品格，机敏勇敢，率真幽默，令人感到既可敬又可爱。书中对唐僧、猪八戒、沙和尚等人物的描绘，也都个性鲜明，给人以深刻印象。

《西游记》问世后产生了广泛影响，明代后期神魔小说的创作极为兴盛，比较著名的有许仲琳的《封神演义》、余象斗的《南游记》、罗懋登的《三宝太监下西洋》、董说的《西游补》等。

第六节　药物学巨著《本草纲目》

有着悠久历史的中医药学，在明代获得前所未有的大发展，其标志就是嘉靖后期到万历初期，杰出的医药学家李时珍经过艰苦努力，编成《本草纲目》这样一部药物学巨著。

李时珍（1518—1593），字东璧，号濒湖，晚号濒湖山人，湖

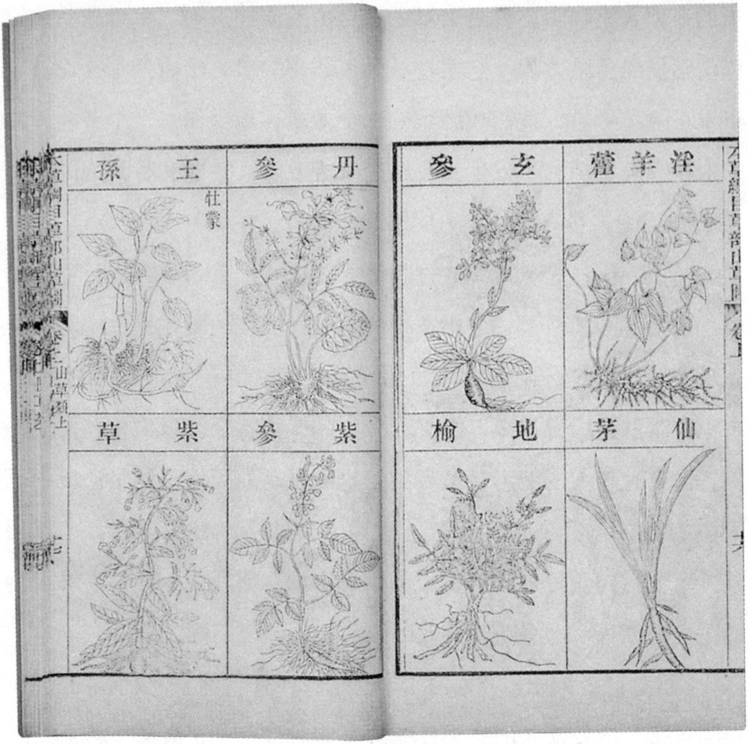

图 16–2 《本草纲目》书影

广蕲州（今湖北蕲春）人。出身于世代行医之家，自幼喜好医药，随父诊病抄方。十四岁中秀才，后连续三次参加乡试，均未中，遂弃举子业，专心读书，于子、史、经、传、声韵、农圃、医卜、星相、乐府诸家无所不窥，为其后医药研究打下坚实基础。在行医过程中，李时珍注意总结经验，并常向民间人士请教，先后编纂《濒湖医案》《濒湖集简方》等书。因医术高超，被楚王府聘用，又被举荐到京师太医院任职，官至院判，但一年后便托病回乡。

在医学实践中，李时珍认识到“本草一书，历代都有著述，但其中差讹遗漏，不可枚数”，遂“奋编摩之志”。从嘉靖三十年（1552）起，以宋代《经史证类备急本草》为基础，参考历代本草、医书和相关典籍八百余种，历时二十六年，经三次修改，至万历六年（1578）写成《本草纲目》。为了写好这部著作，他先后在家乡及江西、南直隶、河南、北直隶等地进行科学考察，采集标本，摹绘图像。

《本草纲目》凡五十二卷，分为水、火、土、金石、草、谷、菜、果、木、服器、虫、鳞、介、禽、兽、人十六部，有的部又分若干类，如草部分山草、芳草、隰草、毒草、蔓草、水草、石草、苔、杂草等六十类。共记载药物一千八百九十二种，附图一千一百六十幅，每药标正名为纲，纲之下列目，各药又分释名、集解、辨疑、修治（炮炙）、气味、主治、发明、附方诸项解说，共附验方一万一千零九十六则。全书纲目清晰，内容详备，是一部集大成的药物学巨著，具有多方面的科学贡献。

《本草纲目》对此前我国药物学进行了相当全面的总结，并新增加了三百七十四种药物，其中一些药物，如三七、番红花、山柰、半边莲、淡竹叶、曼陀罗花、土伏苓等，在后世得到广泛应用。通过实际考察和文献考证，李时珍发现了以往本草中的许多错误，如葳蕤和女萎实为两物而误作一物，南星与虎掌实为一物而误作两物，兰花误为兰草，卷柏误为百合，生姜误列为草类，薯蓣误归为菜类，等等，都一一予以更正。水银自古被视为“长生之药”，《大明本草》称其“无毒”，明代统治者多有服食水银以求长生者，李时珍经过研究，指出水银“入骨钻筋，绝阳蚀脑，阴毒之物，无似之者”。

李时珍冲破“心为君主之官”的传统观念，创造性地提出“脑为元神之府”，对中医脏腑理论的发展是一大贡献。他勇于进行科学实验，曾自服曼陀罗花以观察其治疗效果和麻醉作用，还曾解剖鲮鲤、蛇等多种动物以观察其内部结构之异同，这在当时科学界可以称得上是一个创举。《本草纲目》中收录了一万一千多则方剂，其中八千多则是李时珍自己收集或拟定的。在制药化学方面，《本草纲目》也成绩斐然，载有蒸馏、蒸发、升华、重结晶、风化、沉淀、干燥、烧灼、倾泻等许多化学反应的方法。

在分类学方面，《本草纲目》取得突出贡献。书中的植物药是作者根据一千零九十四种植物的根、茎、叶、花、果的特点及性味、外形、皮核以及生态习性、生长过程、地理环境与人类生活的关系等各种因素，综合分析、归纳比较而进行分类的，具有一定的科学性。书中把四百四十四种动物药分成虫、鳞、介、禽、兽、人六部，其中虫类相当于无脊椎动物，鳞类相当于鱼类和部分爬行类，介类则相当于两栖类和少数软体动物类，禽类则为鸟类，兽类系哺乳类动物。这种所谓“从贱至贵”的分类排列顺序，几乎完全符合现代动物学的分类系统，也蕴含着非常宝贵的动物进化思想。书中载有二百六十五种矿物药，分类亦较科学，所记单体元素共有钠、钾、钙、镁、金、银、铜、锌、锡、汞、铝、锰、铅、铁、硼、碳、硅、砷、硫十九种，而化合物多至数十种，对每一种物质的来源、鉴别与化学性质都有详细介绍。

《本草纲目》最先于万历二十一年由金陵胡承龙刊刻，其后多次翻刻，影响极其巨大。这部书出版十几年即传至日本，不久又传至越南、朝鲜等国。大约在18世纪初，《本草纲目》传入欧洲，开阔了西方医药学界的视野，对其生物学研究产生了很大影响。19世纪英国著名生物学家达尔文在奠定进化论、论证人工选择原理的过程中，即曾参阅《中国百科全书》(即《本草纲目》)之内容。英国著名科学史家李约瑟给予《本草纲目》极高评价，指出："毫无疑问，明代最伟大的科学成就，是李时珍那部在本草书中登峰造极的著作《本草纲目》。""李时珍作为科学家，达到了同伽利略、维萨里的科学活动隔绝的任何人所能达到的最高水平。"

第四篇

明朝的衰敝期（1582—1644）

导　言

从明神宗万历十年（1582）至明思宗崇祯十七年（1644），是明朝的衰敝期。

张居正身死名败，其后历任首辅大多明哲保身，内阁权威大幅度下降。神宗亲政之初，还试图有所作为，但时隔不久，其懒惰个性便发露无遗，引起忧国忧时之士的批评。因神宗迟迟不肯册立太子，引发长达十几年的“争国本”。党派冲突日益加剧，到万历后期，形成东林党及其对立面两大政治派别，相互之间展开激烈争斗。在边疆与民族方面，出现了一些新挑战，虽取得“三大征”的胜利，但耗费国力甚大；特别是努尔哈赤统一女真各部，建国称帝，对明朝构成严重威胁。神宗之后，光宗仅做了一个月皇帝，继位的熹宗昏庸愚昧，最终导致魏忠贤专权，东林党人受到残酷迫害。到思宗即位时，明王朝已病入膏肓，无药可治，最终在农民军和满洲军的双重打击下走向覆亡。尽管朝局日趋混乱衰败，晚明社会依然充满活力，民间力量日益壮大，商品经济继续发展。生活风尚仍然奢华侈靡，但又萌发了一股返朴求雅的新趣味。思想界十分活跃，既出现了惊世骇俗的异端思想，也出现了崇尚实践的实学思潮。文学方面，公安派、竟陵派相继而起，提倡“独抒性灵”，促进了小品文的兴盛；戏剧和小说创作空前繁荣，出现了《牡丹亭》《金瓶梅》《三言二拍》等一大批优秀作品。科学技术也蓬勃发展，出现了《乐律全书》《农政全书》《天工开物》《徐霞客游记》等科技巨著；随着传教士来华，许多西方科学技术传入中国，并得到初步应用。

第十七章

神宗贪怠与东林党议

第一节　张居正身后受到清算

张居正柄政期间雷厉风行地革弊布新，把明王朝暂时从危机中挽救过来。为了有力地推进改革，他必须独擅大权，排斥异己，维护自己的权威地位；而他专擅的政治作风也招致不少朝臣的反对。万历二年（1574）年底，南京守备少监张进醉辱给事中王颐，遭到言官弹劾，朝廷不予处理。给事中赵参鲁遂上疏要求惩治张进，并要求连带惩处张进的上司申信。申信是冯保的亲信，张居正为了巩固自己与冯保的联盟，竟拟旨严厉斥惩赵参鲁等人，引起科道官的普遍愤慨。次年二月，南京户科给事中余懋学连疏弹劾张居正，要求“政令依于忠厚，而不专尚刻核之实”[1]。余懋学先前因批评张居正献祥瑞，早已引起张居正不满，此次上疏后遂被革职为民，永不叙用。这种处理方法不仅未能堵塞言路，反而引起更多抨击，就连张居正的门生、辽东巡按御史刘台，也上疏弹劾他“擅作威福，蔑祖宗法”。对于这些批评者，张居正一律严加打击，将他们清除出官场。

万历五年九月，张居正父亲去世的讣告传到北京。依据明代丁忧制度，官员自闻丧日起，必须守制二十七个月，期满方可起复。张居正不愿离开政坛，神宗母子也离不开张居正的辅弼，遂下旨让张居正“夺情视事”。所谓“夺情”，就是要求遭丧官员留任办事，准其穿着素服，不参加朝廷各种吉庆活动。“夺情视事”之举在明代虽有先例，但为数不多，许多人都认为这是大不孝之举。张居正的门客、贡生宋尧愈为张居正的名誉着想，劝他离职终丧，说：“相公留，天下苍生幸甚；相公去，天下万世幸甚。”[2]张居正当然不肯放弃紧握在手的权位，拒绝回原籍守制终丧。于是，朝堂上响起一阵反对夺情的声浪，许多官员上疏弹劾张居正。张居正用暴力镇压了这场抗议运动，保住并巩固了自己的权位。但他在道义和人格上广受卑视，当然也无法真正压制朝野舆论。刑部主事艾穆指责张居正“愎谏误国，媚阉欺君”，被廷杖八十，发配充军，被押出京城之时，“犹厉声大骂江陵（即张居正）、冯保不绝口”。[3]

除遭到部分朝臣反对外，张居正专擅的作风也逐渐引起神宗的不满。神宗即位之初，冯保朝夕侍奉左右，神宗小有缺失，冯保即禀奏慈圣太后，慈圣太后则严厉斥责，并说：“使张先生闻，奈何！”因此神宗“甚惮居正，及帝渐长，心厌之”。张居正用了很大心力逢迎慈圣太后，拉拢太监冯保，却忽视了这位少年皇帝日益增长的逆反心理。万历八年十一月，内廷发生了一起小风波，更在神宗心里播下仇恨的种子。是年，神宗已经十八岁，闲来无事，开始寻求消遣。乾清宫管事太监孙海、客用常引导神宗寻欢作乐。一天夜晚，神宗来到西城，酒后要小内监唱曲子，小内监曲调未谐，神宗恼怒，在鞭挞之后还把小内监的头发割了下来。慈圣太后得知后将神宗召到慈宁宫申斥，将孙海、客用“杖而逐之”。张居正“复条其党罪恶，请斥逐，而令司礼及诸内侍自陈，上裁去留”。[4]这名义上是由神宗裁定，实际上是冯保、张居正做主。神宗迫于太后的压力，不得已而同意，但心里也产生了图谋报复的念头。

张居正逐渐失去神宗信任，而他自己对此却浑然不觉。神宗有一个宠信的太监名叫张诚，因与冯保不合被排斥，神宗遂让他在外秘密侦察冯保和张居正的活动。张居正夺情后，“益偏恣，其所黜陟，多由爱憎，左右用事之人多通贿赂”[5]。这些情况神宗当然有所了解。他已对张居正的谏诤日益感到厌倦，一味敷衍塞责。但神宗将对张居正的厌愤情绪一直压抑在内心。直到张居正去世前两天，他还曾遣人持手敕问疾，似乎十分顾念师生君臣之情。张居正自知树敌过多，对身后事也有所考虑。他在与冯保商议后，决定密荐原礼部尚书潘晟入阁。潘晟是张居正中进士时之座主，隆庆及万历初曾两度出任礼部尚书，但因为人庸碌猥琐，且有不廉之名，两次均受劾罢职，此时正在原籍浙江新昌闲住。他一直对张、冯恭敬驯顺，张居正密荐他入阁，显然是觉得由他接任，可以免除后顾之忧。

万历十年六月二十日，张居正溘然长逝。张居正密荐潘晟的遗疏上报神宗，神宗表示同意，遣人召取潘晟尽快赴京任职。此时在内阁的张四维、申时行自然明白张居正的用意，遂唆使御史雷士祯、给事中王继光等相继上疏，力言潘晟不可用。潘晟在途得知这种情况，只得上疏请辞，张四维拟旨允准，神宗诏可。据说冯保知情后曾顿足大骂："我小恙，遽无我耶？"[6]看来冯保对失去政治盟友张居正之后的情况缺乏正确的估计。他并未意识到自己不利的处境，"犹肆横如故"。太监张鲸早就对冯保心怀忌妒，"谋去之"；另一太监张诚，因与冯保交恶，被斥逐于外，"至是复入"。两人不断在神宗面前谗毁冯保，"发其与张居正交结状，请令保闲住"，神宗隐忍未发。是年年底，御史江东之弹劾冯保同党锦衣卫指挥徐爵，徐爵被勒令致仕。接着御史李植参劾冯保"当诛十二罪"。神宗见时机成熟，遂下旨："保欺君蠹国，罪恶深重，本当显戮。念系皇考付托，效劳日久，姑从宽降奉御，发南京闲住。伊弟侄冯佑等，都革职，发原籍为民。"[7]

冯保受惩，朝臣们看清神宗的心意，张居正也就不可避免地成为被攻击的对象。御史杨四知率先上疏，论张居正十四罪，"大略言其贪滥僭奢，招权树党，忘亲欺君，蔽主殃民"，神宗下旨："居正朕虚心委任，宠待甚隆。不思尽忠报国，顾乃怙宠行私，殊负恩眷。念系皇考付托，侍朕冲龄，有十年辅理之功，今已殁，姑贷不究，以全始终。"并命锦衣卫将张居正门客庞清、冯昕、游七逮下诏狱打问。[8]所谓"姑贷不究"，不过是权宜之辞，因为此时"倒张"的气氛还不够浓烈，神宗不想主动出击，让人觉得自己太过绝情。朝臣们自然对这一点也都心知肚明，御史李植接着上疏，谓张居正"挟权阉之重柄，藐皇上于冲龄，残害忠良，荼毒海内"，要求予以严惩，"即斩棺断尸，尚有余罪"。[9]御史江东之、羊可立也上疏力诋张居正。神宗下旨称他们"摘发大奸有功"，将他们自从七品的御史，一下子擢升为正四品的京堂官。在神宗的诱导鼓励下，弹劾张居正的奏疏纷至沓来，掀起一股非理性的“倒张”运动。为国家立下不世功勋的张居正，最终身死遭祸：官爵被剥夺，家产被抄没，长子自杀，其他子孙全部被发到边远的烟瘴地面充军。随着张居正的名败家破，他致力进行的大部分改革也宣告终结。

张居正死后，嘉靖以来出现的阁权膨胀趋势出现逆转，内阁的权力急剧萎缩，地位急剧下降。从神宗一方来说，为了防止再次出现张居正那样的权臣，他有意挑选依阿随附之人入阁，甚至为了避免“大臣植党”，特意起用“林居及久废者”[10]；而对性格戆直、敢于直谏的阁臣，往往不能容忍，使其难以久安其位。如王家屏“性忠谠，好直谏”，屡次激怒神宗，“柄国止半载”即“以戆直去国”；沈鲤“遇事秉正不挠”，神宗嫌其“方鲠”，也令其致仕。[11]从阁臣一方来说，他们鉴于嘉靖以来首辅多不得善终的教训，也奉行明哲保身的策略，“以阴柔为和平，以愦眊为老成”[12]，不求有功，但求无过。在一次召对中，申时行曾表白说：“臣等才薄望轻，因鉴前人覆辙，一应事体，上则禀皇上之独断，下则副外庭之公论，所以不敢擅自主张。”[13]申时行能长期担任首辅，就是因为他“务承帝指，不能大有建立”[14]。王锡爵、赵志皋、张位、沈一贯等人在阁，亦莫不如此。对于这些首辅，《明史》曾做出这样的评论：“外畏清议，内固恩宠，依阿自守，掩饰取名，弼谐无闻，循默避事。”[15]内阁地位大幅衰落，不仅不能有效地处理政务，也使皇权失去了一道应有的约束。

第二节　神宗怠政敛财与城市民变

张居正去世后，神宗得以亲揽乾纲，起初亦想有所作为。万历十二年（1584）秋至次年春，京师地区大旱，神宗亲诣南郊祷雨，往返二十余里，坚持步行以表虔诚，实属难能可贵。万历十三年五月，他在视朝之后召见辅臣，磋商政务，这种“召对之典”自孝宗以来已将近百年未举行过。万历十四年，海瑞曾称赞神宗：“自张居正刑犯后，乾纲独断，无一时一事不惟小民之念。”[16] 海瑞以性格刚直著称，此说纵有虚誉，当也有些事实的影子。

但神宗天性疏懒，无法持久。从万历十四年起，对待政务越来越漠不关心。他长期不肯临朝听政，甚至连辅弼大臣也不愿接见，申时行担任首辅九年，只被召对三次。对于官员们的奏疏，他也懒于处理，大多数奏疏，特别是那些不合乎他心意的奏疏，都被“留中”，即留在宫中不予批复。大学士叶向高曾无奈地指出：“国家多事，朝政不行……皇上深居日久，如天之穆无声嗅，听万籁之争鸣；如水之漫无堤防，任百川之自溃。典礼当行而不行，章疏当发而不发，人才当用而不用，政务当修而不修，议论当断而不断。”[17] 明代大小事务均须请旨而行，内阁以及六部、都察院都无最终决策权，神宗不肯批复章奏，势必使政务陷于停顿状态。

除不视朝听政、不批答章奏外，神宗对于各级衙门的官缺，也往往不予及时选补。以直接向皇帝负责的部院大臣为例：万历二十六年，两京现任尚书、都御史只有六员，不及定额十四员的一半；万历三十四年，六部、都察院堂上官只存五员，其中还有四人因受到弹劾闭门不出；万历三十七年，北京九卿衙门竟无一员正官理政；万历四十年，两京部院应有正卿十四员，现任只有四员，佐贰官应有二十一员，现任只有九员，其中都察院已长达八年没有正官；万历四十三年，尚书、侍郎总共只存五人，其中三人杜门不出，一人径自离职，进部办事者只剩一人。再如科道官：万历二十四年，六科只有掌科一人、署印五人，十三道竟无一人主印；万历二十八年，南、北两京科臣额设五十七人，实存八人，道臣额设一百四十人，实存五十二人；万历三十年，两京缺科道官九十四员，天下应派御史巡行差务共有十三处，竟有九处未差派；万历三十六年，北京科臣只有数人、道臣只有二人，南京科、道各一人，外差多缺，但无人可派；万历四十六年，现任科臣五员，缺四十五员，现任道臣十员，缺一百员。再如总督、巡抚和各级地方官员：万历二十九年，布、按两司共缺七十余员，知府共缺二十二员，加上“迁转未到”及“奉差未还”者，正好缺官一半；万历三十年，天下缺巡抚五员、布按监司六十六员、知府二十五员；万历三十三年，督、抚经年虚席，藩臬缺至五六十员，郡守缺至四五十员；万历四十三年，各省司道官缺至四十九员。这种严重的缺官现象实际上使从中央到地方的各级衙门，基本上都处于瘫痪或半瘫痪状态。

神宗越来越无心处理政务，而他本人以及整个皇室的生活却越来越奢侈腐化。当时采木、烧造、织造、采办等项，名目越来越多，数目越来越大。采木之役始于明成祖营建北京。万历中期，宫中连遭大火，神宗为此大兴土木，变本加厉。他命人从湖广、四川、贵州等地采运楠木杉木，耗费白银达九百三十余万两。万历朝的烧造包括瓷器和砖瓦两项，景德镇的陶瓷尤其为皇家所重。万历十九年神宗下令制造瓷器十五万九千件，随后又增八万件。自从张居正去世后，宫廷织造的数量也迅速膨胀。“苏、杭、松、嘉、湖五府岁造之外，又令浙江、福建，常、镇、徽、宁、扬、广德诸府州分造，增万余匹。陕西织造羊绒七万四千有奇，南直、浙江纻丝、纱罗、绫绸、绢帛，山西潞绸，皆视旧制加丈尺。二三年间，费至百万，取给户、工二部，搜括库藏，扣留军国之需。”[18]至于采办，更是名目繁多。神宗尤好珠宝。万历二十六年，给事中吴文灿批评说：“买珠之价，动至四十万。及户部执奏，仅姑缓进其半，而尤严续进之旨。非所以明俭德也。”[19]宫内的各种典礼仪式，神宗也务求奢华。神宗所耗银两主要索自户部银库。万历末，户部尚书李汝华疏陈太仓匮乏，并开列历年“内供”银两数，自万历六年到三十三年，进银多达五百余万两。

除不断“传索帑金”从国家财政中分割金钱外，神宗还通过掠夺工商业的办法，扩大自己的私库。从万历二十四年开始，神宗派遣大批宦官为矿监税使，到全国各地搜刮民财。所谓矿监，其实不完全是开矿或以矿征税，而往往是妄指民间良田美宅之下有矿脉，肆意敲诈勒索；所谓税使，则是在全国重要的城镇、关津、路口设置税卡，盘剥工商业者和城市居民。所以当时人说：“矿不必穴，而税不必商，民间丘陇阡陌，皆矿也，官吏农工，皆入税之人也。”[20]神宗为这种举措找出的借口，就是缓解国家的财政危机。他多次表白说：“朕以连年征伐，库藏匮竭，且殿工典礼方殷，若非设处财用，安忍加派小民！”首辅沈一贯也曾附和说：“今国计告绌，皇上不忍加派小民，而欲取足商税，诚不得已之心也。”[21]但实际上，开矿榷税只是出于神宗聚敛财富的个人私欲。据统计，万历二十五年至三十四年之间，矿监税使进奉内库的有黄金一万二千多两，白银五百六十九万多两，此外还有金刚钻、水晶、珍珠、纱罗、红青、宝石、人参、貂皮、琥珀等不计其数。不仅如此，矿税之征“大略以十分为率，入于内帑者一，克于中使者二，瓜分于参随者三，指骗于土棍者四，而地方之供应，岁时之馈遗，驿递之骚扰，与夫不才官吏指以为市者不与焉”[22]。据此推算，矿监税使及其爪牙帮凶们掠夺的财富总数，至少是上交神宗数字的九倍。

矿监税使为害地域极广，北到辽东，南及滇粤，西抵陕西，东至沿海，“天下在在有之”。当时廷臣不断上疏要求罢止矿监税使以苏民困，但神宗宠爱诸税监，“廷臣谏者不下百余疏，悉寝不报，而诸税监有所纠劾，朝上夕下，辄加重谴。以故诸税监益骄”[23]。与其说神宗宠爱税监，不如说他宠爱的是税监从民间掠夺来的金银财宝。矿监税使“始犹取之商税，既则取之市廛矣；始犹算及舟车，既则算及间架矣；始犹征之货物，既则征之地亩、征之人丁矣”[24]。也就是说，矿监税使除了直接向民间敲诈勒索外，还侵夺了地方官府的正常税源。地方官员为了满足矿监税使的派额，有时也不得不“挪借正项钱粮以解”。因此，神宗派遣矿监税使的行为，不但对国家财政毫无补益，反而损害了地方政府征收额定赋税的能力。在矿监税使的掠夺下，城市商业和手工业遭到严重破坏。万历三十年，户部尚书赵世卿曾上疏言及商业破坏的情况：

查各关监督预呈文案，在河西务关，则称税使征敛，以致商少，如先年布店计一百六十余名，今止三十余家矣。在临清关，则称往年伙商三十八人，皆为沿途税使抽罚折本，独存两人矣。又称临清向来缎店三十二座，今闭门二十一家，布店七十三座，今闭门四十五家，杂货店今闭门四十一家，辽左布商绝无矣。在淮安关，则称河南一带货物，多为仪真、徐州税监差人挨捉，商畏缩不来矣。其他各关告穷告急之人，无日不至，不敢一一陈渎。大都人情熙熙攘攘，竞尺寸之利，今乃视为畏途，舍其重利，不通往来。无乃税使之害，尤有甚于跋涉风涛者？则苛政猛于虎之说也。[25]

矿监税使“吮髓吸血，民不聊生”，不仅使当地工商业遭到严重打击，也使普通民众饱受祸害。官员们对这种竭泽而渔的掠夺政策提出许多激烈批评，但神宗不是置之不理，就是公开袒护，许多反对矿监税使滥征横索的地方官员都遭到笞辱或弹劾。在这种情况下，许多地方的商民自发行动起来反抗虐政。据统计，在神宗统治的后半期，全国爆发了三十多起反对矿监税使的民变，其中影响较大的有临清民变、武昌民变和苏州民变。

临清民变爆发于万历二十七年。临清位于运河沿岸，是山东乃至华北的著名商业城市。是年三月，神宗命令天津税监马堂兼领临清税务。马堂到达临清后，召集亡命之徒数百人，放纵他们抢夺货物，抄没财产，致使“中家以上破者大半”，“贩卖俱不进城，小民度日不支”。“以负贩为业”的王朝佐对此“不胜其愤”，于四月的一天凌晨“杖马棰挝马堂门请见”，州民追随者多达万余人。马堂令随从放箭伤人，群众益发愤怒，在王朝佐的带动下，放火焚毁马堂衙署，击杀其随从三十四人，马堂被本州守备救走。神宗得知此事，下诏穷治，王朝佐不愿连累多人，挺身而出，独当其事，“临刑，引颈受刃，神色不变”[26]。

同年年底，长江中游的工商业重镇武昌也发生了民变。奉派到湖广担任矿监税使的是陈奉。他招收大批无赖为爪牙，对缙绅和一般商民大肆勒索，凡是家境贫困不能满足其欲求者，则闯入卧房翻搜，见到有姿色的妇女，便“佯称藏带金银，逼捉脱衣，肆行奸辱，或掠入税监府内”，就连一些生员的妻女也遭到逼辱。十二月初二，当地生员齐赴抚按衙门控诉，受害士民万余人涌至，群情激愤，打入税府，后经抚按“曲为劝谕，众势稍缓”。但陈奉依然怙恶不悛，终于在万历二十九年引起更大规模的民变。这年三月，湖广兵备佥事冯应京因反对陈奉滥征，被神宗下令逮捕，于是武昌民众数万人包围了税使衙门，陈奉逃匿于楚王府中，民众抓住其爪牙十六人投于江，巡抚支可大因一向“曲护陈奉”，府门也被焚烧。不久，江西税监李道亦弹劾陈奉“病国剥民”，神宗只得将陈奉召还。[27]

万历二十九年，大规模的城市民变又在苏州爆发。苏州是江南最繁华的工商业城市，也是全国著名的丝织业中心。当时神宗命苏杭织造太监孙隆兼管苏州税务，当地一些流氓棍痞从孙隆那里贿买差事，分据水陆要冲勒索商贩。孙隆还向机户、牙行“广派税额”，要求每张织机缴纳税银三钱，机户不堪重负，纷纷“杜门罢织”，致使大批依靠出卖劳动力为生的织工“无所趁食”。这年六月六日，无以为生的织工们推举葛成（又名葛贤）为首领，发动了民变。孙隆的参随黄建节被乱石击毙，另有六七名爪牙被投入河中，税棍们的住宅多被焚毁，孙隆连夜逃到杭州躲避。到第四日，“诸税官皆次第芟尽”，民变首领遂贴出榜文：“税官肆虐，民不堪命，我等倡义为民除害。今大事已定，四方居民各安生理，无得借口生乱。”当官府追究时，葛成挺身而出，并要求“无株连平民”。[28]

神宗黩货好财，臣下也贪婪成性。御史钱一本说：“以远臣（指地方官）为近臣（指京官）府库，又合远近之臣为内阁府库，开门受贿自执政始。”[29]这就是说，从内阁的权臣、京官到地方官吏都利用职权，上下通同，巧取豪夺、贪赃受贿已成为一种风气。大学士赵志皋动辄受千金之贿，另一位大学士张位，“黩货如蝇，每次讨缺不下数十，多者千金，少者数百金”[30]。内阁首辅沈一贯以纳贿闻名，曾接受楚王黄金一千两、白银一万两的贿赂。与沈一贯同时的大学士朱赓，家中有金银八百万两，大都是纳贿所得。大臣不法，小臣不廉。地方官贪污掠取更是肆无忌惮。吏部官员赵南星曾感慨：“今有司之贪，固已成风……贪则多酷，既朘其脂膏，又加毒痛，民安得不乱……国家之败，由官邪也！”[31]可以说，万历中后期，从皇帝到各级官僚，大多热衷于搜括金钱，成为导致明王朝覆亡的重要原因之一。

第三节　东林党议

明神宗贪婪而无止境，一部分内阁大学士和官吏委容转圜其间；另一部分中下级官吏，在政治上受到排斥，他们看到明朝政治日趋腐败，社会危机日益加深，要求改良政治，挽救危机。到万历中期以后，最终形成了以东林党与其对立面各为一方的两大政治派别，史称“东林党议”。

京　察

京察指对京官的考察。明代前期，对京官的考察未形成固定制度。弘治十七年（1504），经吏科给事中许天锡奏定，每六年一次考察京师和南京官员，于已、亥年进行。届时，两京四品以上京官具疏自陈，由皇帝定其去留。五品以下官员由吏部会同都察院考察，然后具册奏请。考察由吏部尚书、都察院都御史、吏部考功司郎中共同主持，并密托吏科都给事中、河南道掌道御史咨访。对被察官员分四等处分：年老有疾者致仕，疲软无为和素行不谨者冠带闲住，浮躁和才力不及者酌量调用，贪酷者为民。因于南、北两京分别进行，故有南察、北察之分。

东林党议的发轫可以追溯到万历十五年（1587）丁亥京察。当时左都御史辛自修主持北察的，得罪了阁臣，被劾罢归。官员们大多噤声不语，但也有少数人打抱不平，其中就包括后来成为东林党首领的顾宪成。顾宪成（1550—1612），字叔时，南直隶无锡（今属江苏）人，万历八年进士，授户部主事，后改吏部主事。他关心朝政，与同榜进士魏允中、刘廷兰“以名相期许，慷慨论列”，“日评骘时事，居然华衮斧钺一世”，人称“三元会”。[32]张居正病重时，朝臣群起为之祈祷，顾宪成却不肯参与，别人替他签上名

图 17–1　东林书院旧址

字，他竟一笔抹掉。顾宪成此次为辛自修鸣不平，亦无所顾忌，语侵阁臣，皇帝降旨切责，谪为桂阳州判官，迁处州推官，丁母忧，服除，补泉州推官。举公廉第一，擢吏部考功主事，历员外郎。

万历二十一年癸巳京察，则促成了东林党的形成。此次主持察典的是吏部尚书孙𬬮、考功司郎中赵南星等人，他们为人正直，在京察中"秉公澄汰"，"一时公论所不予者，贬黜殆尽"。就连孙𬬮的外甥吕胤昌、赵南星的亲戚王三余，因不协人望，也被黜罢。

这次考察“斥政府私人殆尽”[33]，许多依附内阁的官员，包括大学士赵志皋之弟，皆被列入黜退名单，招致以王锡爵为首的内阁势力的猛烈反击，王锡爵“遂票旨切责吏部专权结党”。最后，孙𨱇被迫引退，赵南星被削籍为民，一些支持他们的官员也受到处罚。时任吏部员外郎的顾宪成，在考察中大力支持孙𨱇、赵南星。赵南星被罢斥后，顾宪成上疏要求同罢，未得答复。不久，顾宪成升任文选郎中，他推举的人均不为执政者所喜欢，次年终因推举阁臣事得罪神宗，被削职为民。顾宪成之弟顾允成也一向直言敢谏，因京察后上疏力诋阁臣，被谪为光州判官，干脆乞假回乡，不再复出。癸巳京察是明后期党争演化过程中的一次标志性事件，“门户之祸坚固而不可拔，自此始也”[34]。

顾宪成自幼有志于学问，罢职回原籍后，更加悉心研究。无锡旧有东林书院，是宋代名儒杨时讲道处。顾宪成与弟顾允成倡议修复东林书院，得到常州知府欧阳东凤、无锡知县林宰的支持。书院建成后，顾宪成兄弟“偕同志高攀龙、钱一本、薛敷教、史孟麟、于孔兼辈讲学其中”，“当是时，士大夫抱道忤时者，率退处林野，闻风响附，学舍至不能容”。东林书院在讲学之余“往往讽议朝政，裁量人物。朝士慕其风者，多遥相应和。由是东林名大著，而忌者亦多”。[35]近来有人不加细察，以为东林党只讲学问，不谈政治，并不合乎历史事实。

由于东林党影响日大，前后被归入其列者甚多。他们大多都获得举人以上头衔，并担任过官职，显然属于“乡绅”。但他们的家庭经济状况则处在乡绅地主的中下层。晚明江南文献中常有富户、大户、上户、中户、下户之类的说法，但很少有人进行严格的阶层界定，也缺乏统一的划分标准。对乡村秩序问题特别关注的晚期东林党人陈龙正，在《辛未均役条议》中曾谈道：拥有田地一千亩左右为富户，二百亩左右为中户，一百亩左右为中下户，十五亩左右为下户。[36] 东林党人拥有的家庭田产，绝大多数田产不过数十以至数百亩，超过千亩的寥寥无几，不少人家还兼营工商业。参照陈龙正提出的标准，应当说绝大多数东林党人都属于中户和中下户；他们处在豪强地主和包括自耕农、半自耕农、佃农在内的下层民众之间，是地域社会里的“中等阶层”。

当时以清流自命的士大夫，大多都希望成为东林党的一员。而一些声誉欠佳的官员，不可能为东林党所接受，或因政见不同，与东林党无法融洽共处，便也结成一个个党派，有浙、齐、楚、宣、昆等党，皆以首领之籍贯而得名。其中浙党最有势力，首领有沈一贯、方从哲，都先后出任过内阁首辅，是朝中的当权派人物。而齐党领袖为亓诗教，楚党领袖为官应震，宣党领袖为汤宾尹，昆党领袖为顾天峻。这些党派尽管相互之间也会产生一些矛盾，但都“务以攻东林、排异己为事”[37]，在政治品格和攻击目标方面都具有高度的一致性。

如果按照当时通行的伦理规范细加分辨，东林党与其对立派的组成人员都有一定的复杂性：东林党中有少数混入的奸邪之徒，其对立阵营中也有个别的正直之士。但总体看来，东林党人大多以气节自负，要求朝廷体恤民情民瘼，属于政治上的清流派；而东林党的对立面往往依阿皇帝以及内阁、宦官等当权势力，不讲是非曲直，属于政治上的浊流派。正因如此，当时凡有清正之举，人们便自然而然地将其归入东林：“言国本者谓之东林，争科场者谓之东林，攻逆奄者谓之东林，以至言夺情、奸相、讨贼，凡一议之正，一人不随流俗者，无不谓之东林。”[38]

两大派别形成后，围绕官员进退问题，曾展开激烈的斗争。万历三十七年，内阁缺人，东林党人建议阁臣不应只用翰林出身者，在外任官者亦可擢用，这实际上是为淮抚李三才入阁做铺垫。李三才（？—1623），字道甫，顺天府通州（今属北京）人。万历二年进士，累擢大理少卿。万历二十七年，以右佥都御史总督漕运、巡抚凤阳诸府（驻淮安，时称“淮抚”）。他与顾宪成、高攀龙等东林人士交好，为官颇有胆识和才略，曾多次疏请停罢矿监税使，关心百姓疾苦，“淮人深德之”。东林党试图让李三才入阁，以更新朝政。但是浙党反对李三才入阁，上疏弹劾李三才“大奸似忠，大诈似直”，并罗列他有贪、伪、险、横四大罪。争议开始后，顾宪成给大学士叶向高、吏部尚书孙丕扬写信，为李三才延誉。信件被刻在邸抄中发表，于是反对派大哗，谤议纷起。神宗任其争论，不置一言。李三才连上十五疏请辞，“久不得命，遂自引去”[39]。反对派仍不罢休，攻击“顾宪成讲学东林，遥执朝政，结淮抚李三才，倾动一时”[40]。

万历三十九年辛亥京察，由吏部尚书孙丕扬、侍郎萧云举和副都御史许弘纲主持，他们为人都比较正直。浊流派试图借京察打击东林党，“设词惑丕扬，令发单咨是非，将阴为钩党计”。吏部侍郎王图觉察到他们的阴谋，告知孙丕扬，遂未发单咨访。孙丕扬等人排除各种阻碍，将许多奸邪官员，包括宣党领袖汤宾尹、昆党领袖顾天峻，都列入察单。于是浊流派起而疏攻孙丕扬等，“植党求胜，朝端哄然”[41]。最终察疏得到批准，汤宾尹等被黜，东林党获得胜利。浊流派当然不甘心失败，伺机报复。万历四十二年，浙党首领方从哲成为首辅，东林党处境更为不利。到万历四十五年丁巳京察，主持察典的吏部尚书郑继之、刑部尚书兼掌都察院事李鋕等，皆为浙、楚等邪党人士，他们联合打击东林党，“一时与党人异趣者，贬黜殆尽，大僚则中以拾遗，善类为空”[42]。是时“齐、楚、浙三党鼎立，务搏击清流”，不但在朝东林党人尽遭斥逐，“且及林居者”。[43]

东林党议涉及很多问题，其中有两点特别值得重视：

一点是要求朝廷重视“公论”。由于东林党经常批评内阁的政策，以致有学者认为东林党就是“反内阁官僚的总称”。的确，早在万历初期，后来成为东林党人的一些官员就与首辅张居正展开抗争；张居正时代结束后，虽然内阁的权威日益下降，但仍成为舆论的主要攻击目标。王锡爵曾向顾宪成抱怨说：“内阁所是，外论必以为非；内阁所非，外论必以为是。”顾宪成则反唇相讥：“外论所是，内阁必以为非；外论所非，内阁必以为是。”[44]足见两者对立程度之深。然而，如果仅仅将东林党争视为一场反内阁的政治运动，就低估了它的历史意义。事实上，东林党人批评和抗争的核心问题，是皇帝的专权。尽管在批评内阁集权时，东林党人曾发出“夫权者人主之操柄也”的议论，但这绝不意味着他们赞成君主任意专断地行使权力，他们的理想是使“天下之公论”成为君主制的基本要素和施政基础。在后面将要谈到的“争国本”中，东林党之所以极力要求按照伦序册立太子，就是因为这关乎皇帝是否遵守规则和尊重舆论。顾允成指出：“皇太子，国之本也；忠言嘉谟，国之辅也。两者天下之公也。郑妃即奉侍勤劳，以视天下，犹为皇上一己之私也。今也以私而掩公，以一己而掩天下，亦已偏矣。”[45]在东林党人看来，天下并非是皇帝可以任意处置的私人家产，而是属于天下人的，因此皇帝的所作所为不应拂逆天下人的意愿。

另一点是关注民生疾苦。万历后期，神宗派遣矿监税使到各地搜刮民脂民膏，给国计民生造成极大危害。对于这种肆意违背“公论”的掠夺行为，东林党人进行了猛烈抨击。李三才在谏疏中激愤地质问说：“皇上爱珠玉，人亦爱温饱；皇上忧万世，人亦恋妻孥。奈何皇上欲黄金高于北斗，而不使百姓有糠秕斗升之储？皇上欲为子孙千万年，而不使百姓有一朝一夕之安？”[46]他还从君主职责的角度提出批评：“夫‘天佑下民作之君’，君固民之主也；‘得乎丘民而为天子’，则民又君之主也。若休戚不关，威力是凭，孤人之子，寡人之妻，析人之产，掘人之坟……即在敌国仇人有所不忍，况吾衽席无辜之赤子哉！”[47]像李三才这样对派遣矿监税使提出反对意见的东林党人，据统计有数十人之多。除了上疏谏阻外，一些东林党人还参与了实际行动。如在湖广，属于东林派的襄阳推官何栋如、与东林党关系密切的武昌兵备佥事冯应京因反对税监陈奉残剥商民，被逮捕入狱；而先后担任巡抚的支大可、赵可怀都属于浙党，他们助纣为虐，结果先后遭民变冲击，支大可的辕门被焚，赵可怀则被殴杀。

对于东林党议，自晚明以至当代，始终存在着不同的看法。一些评论者对两派皆持否定态度，因为在他们看来，东林党与其对立阵营都是既有君子也有小人，两派之间的混斗不过是无补于国事的意气之争，根本就没有是非曲直可言。这种貌似公允的评论曾被鲁迅讥讽为“瑜中求瑕，屎里觅道”，他深刻地指出：“苛求君子，宽纵小人，自以为明察秋毫，而实则反助小人张目。”[48] 客观地说，尽管东林党议存在着很大的局限性，但绝不能忽视或否定其正面价值。东林党反对君主滥用权力，关心吏治和民生问题，支持赋役改革，顺应了历史前进的正确方向。通过东林党议，“公论”的性质和价值得到深刻阐发，为黄宗羲的《明夷待访录》提供了重要的思想资源。

第四节　争国本与梃击案

中国古代有“太子者，国之根本”之说，所以万历年间围绕立太子问题发生的争议，被称为“争国本”。它也是东林党议的重要内容之一。在这场斗争中，要求皇帝保证法定嗣君继承权的抗争，与不同政治派别之间的争斗交织在一起，其情形错综复杂。

神宗的长子朱常洛，是他与宫女王氏一次偶然关系的产物。王氏原为慈宁宫女，万历九年（1581）的一天，神宗来到慈宁宫，恰好慈圣太后不在，王氏端水让他洗手，他一时兴起，遂私幸之。王氏受孕，太后察觉后，询问神宗，他却不肯承认。太后命人取来《内起居注》，神宗见隐瞒不住，只得勉强承认，后封王氏为恭妃。次年八月生下一子，即皇长子朱常洛。当时宫中称宫女为“都人”，神宗因朱常洛是“都人子”，对他的出生并未感到欣喜。

此时神宗身边妃嫔众多，其中最使他迷恋的是郑氏。郑氏万历初入宫，早年曾读书识字，粗通文墨，深得神宗宠爱。万历十年封淑妃，次年进封德妃，不久因诞生皇女进封贵妃。万历十四年正月，郑氏也生一子，取名常洵。朱常洵按序为神宗三子，但因次子早殇，所以实为第二子。郑氏生子，神宗大喜，欲进封其为皇贵妃。这与对恭妃的冷淡态度形成鲜明对比。很快，一个流言就传播开来，说是神宗与郑贵妃曾到大高玄殿祷神盟誓，相约立朱常洵为太子，神宗还将密誓御书于纸，封缄在玉匣中，由郑贵妃保存以作信物。

这种传言引起朝臣的极大不安。万历十四年二月初三，首辅申时行上疏，列举英宗二岁、孝宗六岁、武宗一岁被立为皇太子的先例，要求册立皇长子为太子，神宗批示说："元子婴弱，少俟二三年举行。"[49] 这种答复加重了群臣的疑虑和不满，于是科道官纷纷疏请册立东宫，其中户科给事中姜应麟措辞尤为激烈，他写道：

> 礼贵别嫌，事当慎始。贵妃所生陛下第三子，犹亚位中宫；恭妃诞育元嗣，翻令居下。揆之伦理则不顺，质之人心则不安，传之天下万世则不正，非所以重储贰、定众志也。伏请俯察舆情，收还成命。其或情不容已，请先封恭妃为皇贵妃，而后及于郑妃，则礼既不违，情亦不废。然臣所议者末，未及其本也。陛下诚欲正名定分，别嫌明微，莫若俯从阁臣之请，册立元嗣为东宫，以定天下之本，则臣民之望慰，宗社之庆长矣。

此疏递入后神宗震怒，将奏疏扔在地上，对身边宦官说："册封贵妃，初非为东宫起见，科臣奈何讪朕！"说罢用手连连拍案。不久降旨："贵妃敬奉勤劳，特加殊封。立储自有长幼，姜应麟疑君卖直，可降极边杂职。”于是姜应麟谪为大同广昌典史。吏部员外郎沈璟、刑部主事孙如法又相继上言，也受到处罚。两京官员纷纷上疏申救，神宗一概不省。三月初二，神宗正式册封郑贵妃为皇贵妃，以示不肯退让。但神宗处罚姜应麟的谕旨也留下一个口实，“自后言者蜂起，咸执‘立储自有长幼’之旨，以责信于帝。帝虽厌苦之，终不能夺也”。[50]

此后官员不断请求册立太子，神宗有时不予理睬，有时以“长子犹弱”等为借口搪塞。万历十八年十月，朝臣又掀起一个要求立储的高潮，内阁大臣除合疏以争外，还杜门请辞，向神宗施加压力。神宗只好遣内侍向阁臣传语说：“期以明年春夏，廷臣无所奏扰，即于冬间议行，否则待（皇长子）逾十五岁。”不久又传谕“二十年春举行”。神宗并不想真正举行册立之典，他这样说只是缓兵之计，借以暂时逃避群臣的奏扰。到次年八月，神宗答应的册立日期临近，必须有所准备。工部主事张有德疏请“预备仪物”，神宗指责张有德违背不准“奏扰”之约定，罚俸三月，并命册立“展期一年”。当时首辅申时行正请辞待命，次辅许国等具疏请建储，循例将申时行之名列于疏首。神宗见疏更怒。申时行急忙另写密揭辩白，说自己并不知同官上疏事。按照惯例，阁臣密揭皆留中不发，神宗却破例将密揭发出。这实际上是把申时行阴阳两面的丑态暴露于众人面前。于是科道官交章弹劾申时行，谓其“阳附廷臣请立之议，而阴缓其事，以为自交宫掖之谋”。这些弹劾者虽都受到处罚，但申时行已名誉扫地，无法在首辅位子上待下去，只得辞职回籍。[51]此后数月，凡有疏言此事者，或罢官，或降调，给事中孟养浩则被廷杖一百，削籍为民。

万历二十一年，原大学士王锡爵被召回出任首辅。他到任后劝诫言官不要再涉及建储事，并说“阁中自当一力担当”。他具密揭请册立太子，此时神宗已想出借口。他派人到王锡爵私宅，援引《皇明祖训》中“立嫡不立庶”之规定，说自己之所以迟疑不决，是因为皇后年纪尚少，还有诞生嫡子之可能，不如将现存三子“俱暂一并封王”，数年后如皇后无出，再行册立。王锡爵“惧失上指”，立即奉旨草拟了一道谕旨；但他又“外虑公论”，建议仿照汉明帝马后、唐明皇王后、宋真宗刘后之先例，让皇后抚育皇长子，也草拟了一道谕旨。神宗采用的自然是第一道谕旨。于是举朝大哗，朝臣们纷纷上疏反对，许多人还在朝房或到王锡爵私宅面争。王锡爵见势不妙，也偕其他阁臣疏请收回前诏。在强大舆论的压力下，神宗收回三王并封之谕旨，但同时也令册立之事“少俟二三年议行”[52]。

神宗不册立朱常洛为太子，对其教育也漠不关心，迟迟不肯让他出阁读书。万历二十一年八月，彗星入紫微垣，这在当时被视为不吉之兆。王锡爵密言“方今禳彗第一义，莫如册立”[53]。十一月，王锡爵借被召见机会，力请早定国本。神宗仍以老借口推搪：“中宫有出，奈何？”王锡爵对曰：“此说在十年前犹可，今元子已十三，尚何待？况自古至今，岂有子弟十三岁犹不读书者！”神宗听后有些感动。退后，王锡爵又上疏力请，疏中说：“外廷以固宠阴谋，归之皇贵妃，恐郑氏举族不得安。惟陛下深省。”神宗“心益动”，其他阁臣也上疏力请，数日后，神宗下旨，令皇长子明年春出阁讲学。这些举措说明“争国本”已转入一个新阶段：其一，王锡爵由顺从神宗到不断力请，说明外廷舆论在此事上已完全达到一致，“公论”已占据了绝对的道德优势；其二，神宗允许皇长子出阁讲学，说明他认识到册立皇长子为太子，已成难以逆转之趋势。

此后对于册立太子事宜，神宗仍长期拖延不办。直到万历二十九年，这一问题才得到解决。神宗答应举行册立，除了廷臣不断疏争外，还因为他对郑贵妃产生了不满。据记载，是年神宗患病曾短暂昏迷，醒后发现枕在王恭妃臂上，王氏面有戚容，泪痕犹湿，派人去侦看郑贵妃，她正暗中有所布置，神宗“由是蕴怒贵妃”。以前神宗与诸皇子宴，各有所赐，赐给朱常洛的玉碗让郑贵妃代为收藏。此时神宗想起此事，突然索要玉碗，年月已久，郑贵妃想不起放在何处；神宗又索要赏赐给朱常洵之物，郑贵妃竟随手而进。神宗大怒，遂传旨礼部速议册立仪制。[54]不过，事情过后，神宗又有些后悔，借口典礼未备，想更改册立日期，时任首辅的沈一贯封还谕旨，不肯奉诏。慈圣太后听说此事，询问神宗为何迟迟不肯册立，神宗脱口而出：“彼都人子也。”慈圣太后也是宫女出身，闻言大怒曰：“尔亦都人子！”神宗惶恐，伏地不敢起，立储之事遂最后确定下来。[55]是年十月十五日，正式册立朱常洛为皇太子，封朱常洵为福王，其他皇子也同日封王。

朱常洛虽成为皇太子，日子仍不好过，终日生活在忧惧中。神宗对福王却宠爱有加，不仅在经济上厚加赏赐，还长期将他留居京城。于是朝臣又不断上疏要求福王就藩，神宗则迁就郑贵妃，一味拖延。万历四十一年，锦衣卫百户王曰乾到皇城放炮上疏，声称郑贵妃宫中内侍姜严山等，请妖人王三诏诅咒皇太子，并刻皇太后、皇上木像以钉钉之。神宗见疏极为愤怒，绕殿行半日，左右莫敢近前。大学士叶向高上疏，谓此疏“不宜发，发则上惊圣母，下惊东宫，贵妃、福王皆不安”，建议诏谕法司究治诸奸人罪，速定福王就国之期，神宗尽用其言。郑贵妃不欲福王离开，称明年值太后七十大寿，福王宜留京庆贺。神宗令内阁宣谕，叶向高封还手谕。太后得知欲留福王，亦不悦，说：“吾潞王亦可来上寿乎？”神宗和郑贵妃无奈，只得于万历四十二年令福王出京到洛阳就藩。[56]

一波未平，一波又起。万历四十三年五月初四，有个叫张差的男子，手持木梃，闯入太子所居慈庆宫，一直打到殿前檐下，被太监韩本等擒获，史称“梃击案”。神宗令有关部门审问。浙党成员巡视皇城御史刘廷元审问后报告说：张差“止称吃斋讨封，语无伦次，按其迹若涉疯癫，稽其貌实系黠猾，请下法司严讯”。刑部郎中胡士相亦系浙人，且与刘廷元是儿女亲家，与员外郎赵会桢、劳永嘉共讯后，附和刘廷元意旨，坐实疯癫之说。东林党人刑部提牢主事王之寀觉得其中颇有蹊跷，借职务之便私诘张差，张差说出系受人支使，且有人将他引至宫门。王之寀遂疏奏张差“不癫不狂，有心有胆”。因事关重大，刑部会十三司共鞫，张差供出支使之人，并说出庞保、刘成之名，此二人都是郑贵妃宫中太监。于是人言恼恼，许多人将矛头对准郑贵妃之兄郑国泰。

事情到了这一步，神宗谕令郑贵妃善自为计，郑贵妃无奈，向皇太子乞哀。神宗也亲自慰谕太子，让太子出面宣谕廷臣。是月二十八日，神宗与皇太子一起在慈宁宫召见群臣，谕令将张差、庞保、刘成磔杀，勿牵连他人，并拉着太子之手说：“此儿极孝，我极爱惜。”又表白说：“自襁褓养成丈夫，使我有别意，何不早更置？且福王已之国，去此数千里，自非宣召，能翼而至乎？”又命内侍引三皇孙至石级上，令诸臣熟视，曰："朕诸孙俱长成，更何说？"接着问太子有何话说，太子回答："疯癫之人宜速决，毋株连。"又责备群臣："我父子何等亲爱，而外廷议论纷如，尔等为无君之臣，使我为不孝之子。"事已至此，也就不可能再深究下去，于是草草结案，将张差磔死，至于庞保、刘成，因事涉郑贵妃，神宗不愿付之外廷，遂在内廷潜毙之。[57] 因其疑窦重重，此案结束后，各种议论仍一直不断出现。

"争国本"与嘉靖年间的"大礼议"一样，也是围绕帝系承传的宗法原则展开的争论。但神宗无法获得像"大礼议"中的"孝"那样的伦理支撑，因而不可能有人冒天下之大不韪公开支持皇帝。所以，神宗最终只好放弃自己的想法，这在某种程度上可以说是儒家之道对帝王之势的一次胜利。这场政治抗争的性质，决定了不能将它完全放到党派对立的框架中加以理解。因为在"国本"问题上，双方并无什么原则分歧。但双方为了压制对方，往往借题发挥，相互攻击。因此，"争国本"加剧了官僚集团的分裂，并在后来成为党争的主要口实。这一方面是因为最积极地参与"争国本"的官员后来大多成为东林党人，以致有人将东宫太子朱常洛和东林党分别称为"大东"和"小东"；另一方面是因为阁臣为维持与皇帝的良好关系，往往表现得态度消极或暧昧，以致引起舆论的强烈指责，从而激化了官僚集团内部的对立情绪。

第十八章

边疆与民族问题的新挑战

第一节 宁夏之役与播州之役

万历年间，有所谓“三大征”之说，指宁夏之役、播州之役和抗倭援朝之役。三次战争的性质各不相同，当时人不察，将其硬凑并称。三次战役都获得胜利，但也耗费了大量人力物力，成为国库空虚、财政拮据的重要原因之一。

隆庆到万历初年，明朝国库充裕，军事振兴，边疆比较安定。但自神宗亲政以来，纲纪废弛，朝政日非，社会动荡波及各个阶层。边疆地区潜在的不稳定因素，也逐渐表面化。万历十七年（1589）三月，云南腾冲、姚安二营士兵因将领偏袒、索饷不得，发生了哗变。他们冲出兵营，沿途劫掠，包围了永昌城。随后又转击宁州、武定、临安、寻甸等地。几个月后，局势才平定下来。到万历中期，在民族关系比较复杂的西北和西南地区，终于爆发了分别以哱拜、杨应龙为首的大规模叛乱。

明代经过穆宗朝和神宗初年的努力，基本上确立了与蒙古的和睦关系。不过这种关系在局部地区又往往相对脆弱。哱拜是蒙古鞑靼部人，嘉靖中，因得罪酋长，父兄被杀，投奔明朝。他智勇双全，屡立战功，升至都指挥，万历十七年加授宁夏副总兵。随着个人势力的不断膨胀，哱拜逐渐萌生了不臣之心。他的儿子哱承恩、哱承宠等也都是骄悍跋扈的将领。万历十九年，哱拜奉调抵御外族入侵，发现自己的势力远在其他诸镇之上，更加不可一世。巡抚党馨对哱拜有意裁抑刁难，令他怀恨在心。万历二十年二月，哱拜看到明政府日益腐朽，于是利用军队下层的不满情绪，挑唆激变，杀掉巡抚党馨、副使石继芳，据城反叛；同时又假意请求招安，借以缓和局势。消息传到北京，并没有立即引起神宗的警惕。他下诏安抚叛军，任命陕西按察副使朱正色为右佥都御史，巡抚宁夏。然而哱拜等人得寸进尺，提出只有按照他们的要求授予官职，世守宁夏，才肯归降。他们又勾结河套部众为援，连续进攻，气焰嚣张，整个陕西都为之震动。

神宗接到总督魏学曾的报告后，诏令魏学曾赶赴宁夏，控制局面，并调协守洮岷副总兵董一奎为征西将军，镇守宁夏。三月十三日，兵部建议悬赏捉拿叛乱首领，并且允许他们自相擒献，以此赎罪。明军在魏学曾的指挥下与叛军发生激战，却没有很快取得决定性的优势，对宁夏一城更是久攻不克。朝廷调集了各路军马增援。六月，神宗赐给魏学曾尚方宝剑，加重职权，同时也责备他讨贼迄无成效，反而引起蒙古入侵。当时，明军各部刚刚聚齐，缺乏粮饷，士气不高，战事进行得并不顺利。七月底，神宗力求改观局面，他罢免魏学曾，改任巡按宁夏右副都御史叶梦熊为兵部右侍郎，总督陕西三边军务。提督李如松设伏击退蒙古骑兵，一直追奔至贺兰山，从此阻断了他们与宁夏叛军的联系。九月，明军全力进攻宁夏城，占领了南城。哱拜诸人事急变生，自相残杀。最后，哱拜自缢死，叶梦熊"下令尽诛（哱）拜党及降人二千"，哱承恩等则被缚送京师处死。[1]

哱拜希图重新挑起蒙汉对立，破坏俺答封贡后的蒙汉和睦关系，以达到自己割据一方的目的，倒行逆施，不得人心，终于彻底失败。

明朝政府沿袭元代制度，在云、贵、两广地区设置土司，目的是通过少数民族首领来统治各族人民。但是土司与明政府之间也存在矛盾或摩擦，不时地发生叛乱。播州土司杨应龙就是这样。

播州，秦朝时为夜郎国且兰地，汉属牂牁郡，唐贞观中改称播州，一度为南诏攻陷，太原杨氏收复其地，世守播州，直到明代。杨氏家族拥众据险，与中央政府若即若离，内部权力斗争也非常激烈。杨应龙在隆庆六年（1572）袭任父职。他为人雄猜，好勇斗狠，从征多年，战功显赫。万历十五年，他进贡大木十车，赞助皇家工程，受到神宗的嘉许，特赐大红飞鱼服和都指挥使衔。他看到四川明军战斗力很差，每有战事，多倚重土司，于是骄傲放纵，专治一方，一味地以杀戮树立声威。万历十八年，贵州巡抚叶梦熊上疏，要求发兵征剿杨应龙。但是四川巡抚李尚思和巡按李化龙则持反对意见，因为四川与播州相邻，地方上还要借重于杨应龙的势力。地方大员意见不一，朝廷也未能果断做出决策。杨应龙反而趁此机会，坐大一方，更加凶悍难制。直到万历二十一年十一月，新任四川巡抚王继光奏报杨应龙抗旨不遵，而且虐待当地百姓，修缮兵器，图谋不轨；贵州巡抚林乔相也揭发他的罪恶，请求正法。神宗于是下令相机行事，将杨应龙擒拿治罪，而不得滥杀无辜。

次年三月，杨应龙率众抗拒官兵，反形毕露。神宗命四川、贵州两省合力进剿。平定播州的战事正式爆发。王继光派总兵刘承嗣进攻，另以都司王之翰、副总兵曹希彬、参将郭成分兵至白石关。杨应龙狡猾多端，假意投降明军，然后发起突然袭击，明军大败。与此同时，贵州方面的军队也战败撤退。明军出师不利。杨应龙趁机上书，为自己鸣冤，请求戴罪立功。神宗恨他反复，拒绝了这一要求，以邢玠为兵部左侍郎兼右副都御史，总督四川、贵州军事。邢玠来到四川，发现形势极其复杂，不易根治，仍然满足于对杨应龙革职罚金了事。杨应龙故技重演，伪装认罪。在这一折冲中，明政府方面没有任何实质性的收获。而杨应龙又一次逃脱了严惩，气势愈加猖獗。他派兵扼守险要，与朝廷抗衡；入侵贵州、湖广等地，大肆劫掠，蹂躏乡民，对心怀不满的人残酷报复。明政府终于忍无可忍，从万历二十七年开始，组织各路军队，对杨应龙展开大规模的全面围剿。一时名将如刘綎、麻贵等人全部披甲上阵。神宗此次明确表示："杨应龙怙恶，亟宜问罪。朕心独断，更无矜疑。一切兵饷事宜，不时开请裁夺。军中用人务求实用，谈士游徒、糜财无益之辈，勿得滥收。"万历二十八年二月，明军在总督李化龙的指挥下，分兵八路，分别由四川、湖广和贵州大举进攻。刘綎曾经驻川多年，非常熟悉杨应龙的情况，他率部进军綦江，连战连捷，与其他各路配合，直捣叛军巢穴海龙囤。六月初六，明军一举攻克海龙囤。杨应龙自杀，播州宣告平定。明政府在当地实行"改土归流”。十二月，改播州为遵义、平越二府，分属四川和贵州布政司管辖。[2]

播州之役历时十余年，用兵三十余万，耗费国库银八百余万两，“几举海内之全力”[3]。但通过这一战役，明朝也彻底铲除了当地骚乱的祸根。正如瞿九思《万历武功录》中所评价的那样：“自古西南夷中，我师未尝大得志……杨酋流毒土司，血溅千里……督臣运筹决胜，直犁其庭，扫其闾，郡县而置之。此唐宋以来一大伟绩也。”

第二节　抗倭援朝战争

就在明朝忙于应付国内形势变化之时，国际形势也出现了前所未有的危机。自嘉靖末年以来，邻国日本封建主丰臣秀吉战胜了四国、北国、奥羽、关东及九州岛各地诸侯，逐步统一了日本列岛。他于日本天正十三年，即明万历十三年（1585）出任关白，就是辅佐天皇、总理国政的最高行政长官，实际上就是日本最高统治者。他以强劲的军事实力作为后盾，萌发了吞并朝鲜、入侵中国以建立一个庞大帝国的野心。为此他处心积虑，进行了周密策划。他召问过去的倭寇余党，了解到明人畏惧倭人，于是气焰更加嚣张，“益大治兵甲，缮舟舰。与其下谋，入中国北京者用朝鲜人为导；入浙、闽沿海郡县者用唐（明）人为导”[4]。他担心琉球泄露其侵略计划，不让琉球人前来入贡。琉球和朝鲜都曾向明朝通报过日本的军事动向，却没有引起明政府的重视。直到战争爆发前半年，万历十九年十一月初四，朝鲜国王李昖具报：“本年五月内，有倭人僧俗相杂，称关白平秀吉（即丰臣秀吉）并吞六十余州，琉球、南蛮皆服。明年三月间，要来侵犯，必许和方解。”[5]明朝这才有所警觉，下令加强沿海防务。但是，无论中国方面，还是朝鲜方面，备战工作都远未充分，以致在日军的突然进攻下措手不及。

万历二十年四月，丰臣秀吉发动侵朝战争，史称“壬辰倭祸”。日军由釜山登陆，迅速攻陷王京，占领平壤，朝鲜八道几乎全部沦丧。朝鲜国王李昖向明朝告急求救。明廷起初犹疑不定，随着朝鲜战局进一步恶化，日军大有渡过鸭绿江西进之势，这才感到唇亡齿寒，决定派兵援救。不过，在此期间，宁夏哱拜、播州杨应龙的叛乱相继爆发。兵部尚书石星是个无能之辈，面对两线作战的形势，感到穷于应付。这种情况从根本上影响了神宗在对日决策方面时战时和，缺乏一贯性，造成援朝抗日的战局长期不能明朗。

在明军入朝作战的同时，石星委派浙江嘉兴人沈惟敬与日军交涉。八月二十九日，沈惟敬与倭将小西行长会于平壤。行长谎称希望明朝方面按兵不动，日军不久即将撤还，并提出以大同江为界，平壤以西属朝鲜。沈惟敬带着这个谈判结果回到北京。朝议普遍认为日方变诈莫测，应当集中兵力，以求速战速决。于是以兵部侍郎宋应昌为经略，都督李如松为提督，于十二月二十六日率师东渡鸭绿江。

万历二十一年正月初八，明军攻克平壤。在这场战斗中，李如松身先士卒，将士以一当百，奋勇杀敌，日军败逃王京。朝鲜郡县如黄海、平安、京畿、江原四道全部收复。明军连胜之后产生了轻敌的情绪。二十七日，李如松轻信日军已经撤离王京的消息，带领少数人马来到距王京二十里的碧蹄馆，遭到日军围攻，损失官兵数百名，只得退守开城，重新布置战守事宜。他探听到日军在龙山囤积了大批粮饷，遂选勇士深入敌后，纵火焚烧，日军乏食，士气低落。日军主将小西行长为求得喘息机会，写信给沈惟敬，试探明朝态度。兵部尚书石星与经略宋应昌均主张议和，遂派游击周弘谟与沈惟敬前去谈判。明朝要求日军“献王京，返王子”，日军于四月十八日撤出王京，退至釜山一带。在与日军谈判时，沈惟敬利用双方语言不通之便，上下欺瞒，左右讨好，因此明朝并不了解真实情况。万历二十二年九月，明朝与日军签订了停战和约。神宗下令撤还明军，不少官员表示反对，就连主张议和的经略宋应昌也上疏说：“釜山虽濒南海，犹朝鲜境。有如倭觇我罢兵，突入再犯，朝鲜不支，前功尽弃。”[6]神宗不理，明军大部撤回。

日军假意与明朝议和，实际上是要争取时间，重新积聚军事力量。万历二十五年，丰臣秀吉增兵朝鲜，再一次挑起战端，史称“丁酉倭乱”。神宗令将石星和沈惟敬下狱按问，升兵部左侍郎邢玠为兵部尚书兼都察院右副都御史，总督蓟辽、保定军务，命佥都御史杨镐为经略，麻贵为备倭大将军，再次出兵援助朝鲜。六月，大批日军乘船渡海，分泊釜山、加德、安骨等地，步步北进。八月，南原、全州相继失陷，日军紧逼王京。邢玠亲赴王京前线鼓舞士气，双方在王京、庆州、蔚山一带展开拉锯战。十二月，邢玠、杨镐和麻贵共议进兵方略，决定分四万人为三协，合攻蔚山。杨镐部裨将陈寅身先士卒，冒弹矢冲击，已破两重栅寨，杨镐却心生妒嫉，不愿裨将立大功，突然鸣金收兵，日军遂闭城不出，等待援军。明军围攻十昼夜不克，日军援军骤至，杨镐大惧，狼狈而逃，士卒死亡将近两万人。明军只得全部退守王京。朝廷罢免杨镐，以天津巡抚万世德为经略。

日军占据朝鲜南海，东西亘八九百里，便于舟师活动，而明军却缺乏水师支持。邢玠增募江南水兵，增强水军力量。内地增派的援军，也陆续抵达朝鲜。万历二十六年二月，邢玠分兵四路，向日军发动进攻，日军亦分三路驻扎抵御，双方互有胜负。七月九日，丰臣秀吉病死，日本内部权力斗争加剧，在朝日军也无心恋战。中朝军队抓紧时机，攻击日军。九月，明军分兵四路，水陆并进，节节胜利。十一月中旬，明军副总兵邓子龙和朝鲜统制使李舜臣，在东南露梁海面邀击撤退的日军，双方展开激战，日本水师几乎全军覆没，余者狼狈逃回日本，而邓子龙、李舜臣亦壮烈牺牲。抗倭援朝取得了最后的胜利。

在抗倭援朝战争中，明朝损失了巨大的人力物力。清人曾评价说："自倭乱朝鲜七载，丧师数十万，糜饷数百万，中朝与属国迄无胜算，至关白死而祸始息。"[7]面对财政困窘的局面，统治者只能多方搜刮民脂民膏，激化了社会矛盾，加速了明朝的灭亡。

第三节　努尔哈赤的崛起

万历"三大征"后，神宗长时间陶醉于胜利之中，朝政日益荒怠，不问边计。特别是对建州女真弄兵塞外，蚕食坐大，竟不以为意。

图 18–1　努尔哈赤像

明朝在东北的统治中心是辽东地区。这一地区边墙近两千里，城镇一百二十余座，与蒙古、女真相毗邻，军事防务十分重要，当时有“京师肩臂”之称。从洪武初年至万历初年，辽东局势基本稳定，直到努尔哈赤在建州崛起，形势才开始紧张起来。努尔哈赤（1559—1626），姓爱新觉罗，号淑勒贝勒，出生在明建州左卫赫图阿拉城（今辽宁新宾）。他的祖父觉昌安、父亲塔克世均为明朝的地方官。努尔哈赤也曾在明辽东总兵李成梁部下赞画军务，史书上称其“多智习兵”。不幸的是，万历十一年（1583），明军在镇压建州右卫古勒城主阿台的叛乱中，误将随军前往招降的觉昌安和塔克世杀死。为了安抚努尔哈赤，明朝给予敕书三十道、马三十匹作为补偿，并命他承袭父职，任建州左卫指挥。努尔哈赤曾八次到北京朝贡，取得了朝廷信任，职务也由指挥升任都督佥事、左都督，直到龙虎将军。努尔哈赤用了三十年的时间统一女真各部，并于万历四十四年正月宣布独立，建立“大金”（史称后金）政权，改元天命，定都赫图阿拉，成为与明朝中央政府相对抗的地方政权。

明朝统治集团内部比较有远见的人士，早就从努尔哈赤的崛起中觉察出辽东潜在的危机。早在万历十五年，辽东巡抚顾养谦就上疏强调：努尔哈赤“益骄而为患，乞行抚按查勘，相机处分”[8]。神宗不以为然，敷衍了事。万历三十七年，东林党人大学士叶向高指出：“今日边事，惟建夷最为可忧；九边空虚，亦惟辽左为甚。”[9]辽东巡抚熊廷弼、淮抚李三才也上疏痛陈“辽弊已极”、“辽左阽危”。对于这些建议，神宗置若罔闻，昏聩如故。万历四十五年丁巳京察后，浙党控制了朝局，东林党人尽遭排斥。当时的形势是浙党方从哲独握阁权，齐党亓诗教、赵兴邦分布要津，“凡疆圉重臣，皆贿赂请托而得”[10]。神宗的昏聩，邪党的专权，当然不会对辽东局势有所补救，只会使危机日益加深。

万历四十六年四月，努尔哈赤以“七大恨”告天，声称要为祖、父报仇，率先向明朝发动进攻。后金军很快攻陷抚顺，明守将中军千总王命印战死，游击李永芳投降。抚顺失守才使神宗从醉梦中醒来，认识到“辽左失陷城堡，陨将丧师，损威殊甚”，谕令督抚各官、沿边将士“亟图战守长策，各处城堡，都要用心防守，遇有虏警，并力截杀，务挫狂锋，旦夕经略出关，援兵四集，即合谋大彰挞伐，以振国威”。[11] 此时神宗并不了解实际情况，他过高地估计了自己的力量，过低地估计了后金的力量，以为努尔哈赤不过像哱拜、杨应龙一样，只要大兵压境，势必土崩瓦解。此时内阁中只有浙党首领方从哲一人，他积极支持神宗的方略，希望速战速胜，以巩固自己在朝中的地位。他推荐与自己关系密切的杨镐为兵部左侍郎兼右佥都御史，经略辽东。杨镐曾在朝鲜战场上丧师辱国，缺乏军事才能。神宗采纳了方从哲的建议，并赐给杨镐尚方宝剑。

表面上看，神宗似乎非常重视辽东战事，其实不然。辽东用兵，势必要增加兵饷。户部尚书李汝华请发内帑，被神宗断然拒绝。李汝华又请借南京部帑，发各省税银，亦被拒绝。不得已，户部援引征倭、征播之例，请加派田赋，除贵州外，每亩增银三厘五毫，可得饷二百万。此议一上，神宗当即批准，下诏说：“辽左虏氛未息，军饷不敷，照例暂于各省直田亩量行加派，事宁即为停止。”[12] 此例一开，乃不可止，明年复议益兵增赋如前，又明年亩增二厘，可得银一百二十万。总计三次增赋，共征银五百二十余万，遂以此为岁额，年年如数催征。“当是时，内帑山积，廷臣请发率不应，计臣无如何，遂为一切苟且之计，苟敛百姓。”[13]可见什么封疆，什么民生，都是次要的，神宗关心爱护的只有内库的金银财宝。

当时有实际作战经验的将领，也都不同意神宗和浙党的方略。出关前，总兵刘綎就指出，庙堂战守方略还有待商定，战争的部署、士兵的训练、武器的配备都还要一个过程，反对在条件不成熟的情况下“轻发偾事”。然而，万历四十七年正月，杨镐在方从哲的一再督促下，确定马林为北路，杜松为西路，李如柏为南路，刘綎为东南路，四路出兵，进攻后金，师期为三月初二。此时，总兵杜松、刘綎再一次对速战方略提出异议。杜松以“兵饷未充，士卒未习，将领未协”请求缓师，并派人往京师报告。结果，杜松派去的人被李如柏截回，重责十棍，压制了杜松的正确意见。刘綎也提出“地形未谙”，建议杨镐不要轻率进兵。刚愎自用的杨镐闻言大怒，把神宗所赐尚方宝剑悬挂于军门前，声称：“国家养士，正为今日。若复临机推阻，有军法从事耳！”刘綎只得作罢。于是历史上有名的萨尔浒战役爆发了。

明军的出师日期和战略部署皆为努尔哈赤探得。他经过分析，决定采取“凭尔几路来，我只一路去”的方针，集中兵力，各个击破。明军方面，杜松首先兵出抚顺，直抵浑河，略有斩获，于是锐意进军，在二道关陷入三万后金军的包围，力战而死。马林驻军稗子谷，听说杜松兵败，军心大乱，遭到重创后逃回。此时刘綎已长驱直入三百里，连克十五寨，士气旺盛。后金军打着杜松的旗号，把他诱入埋伏圈，刘綎阵亡。杜松和刘綎都是一时名将，他们的战死令明军士气一落千丈。四路人马中只有李如柏苟且首鼠，有意缓行，抱观望态度，得以保全。整个战役从三月初一至初五，历时五天，努尔哈赤取得全胜。明军死亡文武将吏三百一十余人，军士四万五千八百余人。

萨尔浒战役的惨败，反映了神宗和方从哲等人在战争策略上的腐败无能，从而受到东林党和一切有正义感的官吏的抨击。浙江道御史杨鹤谈道："辽事之错，不料彼己情形，丧师辱国，误在经略；不谙进止机宜，马上催战，误在辅臣；调度不闻，束手无策，误在枢部。"[14] 御史张新诏弹劾方从哲"诸所疏揭，委罪君父，诳言欺人，祖宗二百年金瓯坏从哲手"。其他官员也纷纷上疏弹劾方从哲，神宗一概不理。有人评论说："明之亡，神宗实基之，而从哲其罪首也。"[15]

杨镐既丧师辱国，不可再用，遂起用熊廷弼为兵部右侍郎兼右佥都御史，经略辽东。熊廷弼（1569—1625），字飞白，号芝冈，湖广江夏（今湖北武汉）人，万历二十六年进士，授保定推官，擢御史。万历三十六年巡按辽东，素称"有胆知兵"。他任辽东经略后，决心很大，表示要"洒一腔之血于朝廷，付七尺之躯于边塞"。抵达辽东后，他"督军士造战车，治火器，浚濠缮城，为守御计，令严法行，数月守备大固"。然后他审时度势，奏陈战守事宜，"请集兵十八万，分布叆阳、清河、抚顺、柴河、三岔儿、镇江诸要口，首尾相应，小警自为堵御，大敌互为应援，更挑精悍者为游徼，乘间掠零骑，扰耕牧，更番迭出，使敌疲于奔命，然后相机进剿"。经过熊廷弼一年的整饬，努尔哈赤不敢轻举妄动，辽东

"人心始固"。但是，熊廷弼则无法得到朝廷的有力支持。熊廷弼要求增加兵饷，廷臣多次请发内帑，神宗均不予理睬。熊廷弼为御史时，与浙江人姚宗文、辽东人刘国缙"意气相得，并以排东林、攻道学为事"，这时因不肯为姚宗文谋求职位、疏言刘国缙赞画军务之过失，将二人得罪。此二人都是奸邪小人，于是极力攻击熊廷弼，谓其"废群策而雄独智"，"军马不训练，将领不部署，人心不亲附，刑威有时穷，工作无时止"。[16] 熊廷弼屡疏辩解。此时明朝值神宗、光宗相继去世，政局混乱，根本无暇顾及辽东。辽东面临着更大的危机。

第十九章

天启崇祯年间的政治乱象

第一节　红丸案与移宫案

万历四十八年（1620）是一个多事之年。七月二十一日，神宗这位在明朝历史上享国最久的皇帝离开了人世，皇太子朱常洛继位，史称明光宗。光宗和他的父亲恰好相反，在位时间最短，八月初一登极，九月初一死去，时人称之为“一月天子”。

光宗即位后面临的形势十分严峻，朝纲亟待整顿，经济急需恢复，扭转辽东战事局面更是迫在眉睫。当时，朝廷内外，官吏百姓，都希望他一改神宗弊政，重整山河。但是，光宗即位后却没有更新朝政的抱负。如果说他这一朝还有什么可以称道的话，那么只能举出三件：其一是在他父亲去世的第二天，遵奉遗诏，宣布发内帑银二百万两，犒赏边方将士，史称“三军闻之，欢声雷动”。其二是起用万历年间建言得罪诸臣。万历后期，与东林党对立的浙党首领方从哲秉政七年，其中最后三年内阁中只有他一人。光宗登极后，召回邹元标、冯从吾、满朝荐等人，分别授予大理寺、太仆寺、太常寺等职，一时“各寺皆满，不可胜记”。光宗还先后起用史继偕、沈潅、何宗彦、刘一燝、韩炉、朱国祚等人入阁参预机务，并召回万历年间曾翊翼过自己、业已致仕的内阁大学士叶向高。这些人不少是东林党人，为天启初年东林党人一度参政创造了条件。其三是罢除天下矿监税使，将宦官张煜、马堂、胡宾、潘相、丘乘云等人召回京师。

光宗致命的弱点是惑于女宠。在做皇太子期间，为了寻求精神寄托，便沉湎酒色，恣情纵欲。光宗即位后，福王生母郑贵妃自知以前与光宗结怨很深，为了保全自己，巩固在后宫的地位，就从侍女中挑选几名美姬进献。光宗欣然收纳，遂把前嫌尽释。郑贵妃还竭力笼络光宗最宠爱的李选侍，两人一拍即合，由郑贵妃出面请光宗封李选侍为皇后，李选侍则请光宗封郑贵妃为皇太后。对于这种违背祖制的要求，光宗竟然答应了，只是因为很快就染病不起，郑贵妃和李选侍的要求才未能实现。光宗患病后，太医多方调治，不见起色。八月十四日，召崔文昇入诊帝疾。崔文昇原为郑贵妃宫中内侍，光宗即位后升司礼监秉笔太监、掌御药房。光宗之病系由纵欲而起，本当用药培元固本。崔文昇却诊断为邪热内蕴，当服通剂药。所谓通剂药，就是清内火的泻药。光宗身体已极虚弱，自然受不住这杀伐峻剂。服药之后，顿觉腹痛肠鸣，狂泻不止，一日夜竟至三四十起，头晕目眩，四肢软弱，难以走动。

光宗身患重病的消息传出，朝臣无不惊诧。舆论认为崔文昇进药是受郑贵妃指使，欲置皇上于死地。光宗已故正妃郭氏和皇长子朱由校生母王才人两家戚婉，对李选侍专宠早就不满，这时遍访朝臣各家，泣诉皇上危急情状，谓郑贵妃、李选侍相互勾结，包藏祸心。八月二十日，东林党人给事中杨涟、御史左光斗倡言于朝，并与吏部尚书周嘉谟一起往见郑贵妃兄子郑养性，责之以大义，要他劝说郑贵妃立即移出乾清宫，收还封后之成命。郑贵妃见人情汹汹，人言可畏，知道自己的目的难以达到，便移居慈宁宫，请封太后之旨也就作罢。是日，大臣们上疏请求册立朱由校为皇太子，入居东宫慈庆宫，光宗以朱由校身体虚弱为由不允，还说李选侍有照顾皇长子之功，应封为皇贵妃，再次被群臣拒绝。不久，杨涟上疏弹劾崔文昇"不知医"，质问说："皇上初用文昇一剂，泄补倒置若此，有心之误耶？无心之误耶？有心则齑粉不足赎，或其无心，一误宁堪再误？"[1]

八月二十四日，光宗在乾清宫召对大臣，皇长子朱由校也侍奉座侧。光宗把群臣叫到床前，他注视着杨涟等人，说："朕见卿等，甚慰。"大臣们忙劝他谨慎用药。光宗解释说：朕在东宫时患上寒症，尚未痊愈，近来又值皇考妣相继大丧，典礼殷烦，悲伤劳苦，已有两旬没有进药了，并再次口谕封李选侍为皇贵妃。可是言犹未毕，屏帷后便传出李选侍的声音，原来是她传呼皇长子入内。工夫不大，皇长子被推搡而出，言说李选侍要求封她为皇后。光宗默然。此情此景，大臣们看在眼里，心中留下了一道阴影。

三十日，光宗再次召见首辅方从哲等大臣。首先传谕册立李选侍为皇贵妃，接着将皇长子朱由校嘱托于大臣们，说："卿等其辅为尧舜！"嘱托完毕，光宗问道："有鸿胪官进药者安在？"原来，在此之前，鸿胪寺丞李可灼称有仙丹妙药可治帝疾。李可灼被宣至，诊视后与御医及诸臣商榷，大家认为此非万全之药，不可轻用。但此时光宗已病入膏肓，他盼望奇迹发生，决计服用。因此药呈红色，故称“红丸”。光宗服药后，连称“忠臣”。方从哲等退到宫外等候消息。不久，有宦官出来宣布皇帝身体“平善”。日晡时，又服下一丸。方从哲询问情况，宦官答曰“平善如前”。[2]大臣们见皇帝病情有所缓和，如释重负，遂皆退去。次日五鼓，宫内突然传出急旨，召大臣们火速入宫。等到大臣们急匆匆赶到宫中时，但听得哭声一片，光宗已经一命呜呼了。到九月初六，皇长子朱由校即皇帝位，史称明熹宗。

“红丸”究系何物？何以第一丸服下安然无恙，第二丸服下遽然而亡？这不能不说是一个谜。从当时大臣的奏疏来看，红丸的成分以红铅为主，以参茸为辅。红铅“乃妇人经水，阴中之阳，纯火之精也”。初服一丸，精神一振，两丸服下，元气提出，成了脱症。这或许是光宗的真实死因。从郑贵妃进献美女，到崔文昇用通剂药，再到李可灼献红丸，这一件件突如其来的事情，使廷臣大为震动。他们联想到光宗为太子时发生的“梃击案”，不禁疑窦丛生。有人认为这一系列事件的目的都是为了谋害光宗，所谓“张差之梃不中，则投以女优之惑；崔文昇之药不速，则促以李可灼之丸”[3]。按照明朝法律，“误用御药，大不敬，当斩”。而时任首辅的方从哲，却拟旨赏李可灼银五十两，于是朝廷上又一次掀起轩然大波。熹宗迫于朝野的舆论压力，先令方从哲致仕，又将崔文昇发配南京，将李可灼充军。这一事件史称“红丸案”。

熹宗的即位也经历了一场风波。光宗即位后，李选侍、朱由校皆随同入居乾清宫。光宗死后，李选侍便控制了乾清宫，希图挟皇长子以自重。毫无疑问，谁控制了朱由校，谁就在未来的朝廷中处于有利地位，这一点朝臣们心中十分明白，于是当他们知道光宗死讯后，立即前往宫中，一是哭临光宗，二是请见朱由校。当他们急急忙忙赶到乾清宫门外时，却被守宫太监以刀棍相拦阻，不得入内，众人竟一时不知所措。此时，杨涟走向前去，大声呵斥守门太监："奴才！皇帝召我等。今已晏驾，若曹不听入，欲何为！"[4]太监被这训斥镇住了，加上理亏，这才怯怯离去，大臣们蜂拥而入，举行哀悼仪式。哭毕，大学士刘一燝追问太监：皇长子当柩前即位，今为何不在？太监们支支吾吾，不敢回答。此时，朱由校正被李选侍阻于乾清宫暖阁中。

朝臣见皇长子不出，议论纷纷，越发感到问题严重。大学士刘一燝想到光宗去世前李选侍邀封皇后等种种情景，不禁大呼："谁敢匿新天子？"这声喧呼，惊动了乾清宫内一名老太监王安。王安，北直隶雄县（今属河北）人，万历初入宫，后为东宫伴读。当时光宗处境困难，全靠他善为调护。神宗去世后，升为司礼监秉笔太监。他与东林党人来往频繁，光宗发内帑济边，起用东林党人，多是他的主张。叶向高曾谈到，光宗登极不及月，悉行善政，王安贡献最大。王安对李选侍怙宠欺人早就愤愤不平，现在听到刘一燝等人的呼声，便忙上前作答："为李选侍所匿耳。"他又对大臣说，公等稍待，千万不要退去。说完便入白李选侍，假说："皇长子出见大臣后即可回来。"说罢便挟持朱由校趋出，众大臣见到朱由校，马上叩头，山呼万岁。李选侍派太监追上，揽衣请还。给事中杨涟急忙上前，厉声申斥，几名太监才退了回去。于是刘一燝与英国公张惟贤掖扶朱由校登辇，到文华殿接受群臣礼见，决定本月初六即皇帝位。礼见毕，李选侍又派人来让朱由校回去，大臣以为文华殿非久留之地，决定让朱由校转移到慈庆宫。刘一燝、杨涟等人对王安说，外面的事由我们负责处理，保卫皇长子的任务就由你负责了。王安等人表示一定要尽职尽责，群臣这才退去。

次日早，李选侍又派人对朱由校说，大臣章奏必须先由她过目。为了使朱由校摆脱李选侍控制，当日吏部尚书周嘉谟等联名上疏，请李选侍移居宫妃养老之所哕鸾宫。李选侍见疏气得杏靥改容。她自入居乾清宫以来，梦寐以求登上皇后宝座。光宗去世后，她意欲挟持皇太子，迫令群臣先册封自己为后，然后令朱由校即位。现在不仅朱由校被王安和朝臣夺去，而且还迫令自己移宫，于是气急败坏，坚决不搬出乾清宫。御史左光斗得知李选侍拒绝移宫，便慨然上疏："内廷有乾清宫，犹外廷有皇极殿，惟天子御天得居之，惟皇后配天得共居之。其他妃嫔虽以次进御，不得恒居，非但避嫌，亦以别尊卑也。选侍既非嫡母，又非生母，俨然尊居正宫，而殿下乃退处慈庆，不得守几筵，行大礼，名分谓何？"他还提醒说，如不早做决断，李选侍"将借抚养之名，行专制之实，武氏之祸再见于今，将来有不忍言者"。[5]李选侍见疏气急败坏，数召左光斗入宫谢罪，均被严词拒绝。

九月初五，杨涟见李选侍仍居乾清宫，就往催内阁首辅方从哲。方从哲慢悠悠地回说："迟亦无害。"杨涟急语道："昨以皇长子就太子宫犹可，明日为天子，乃反居太子宫以避宫人乎？"当时太监来来往往者甚多，称"选侍亦顾命中人"，受到杨涟斥责，杨涟表示："能杀我则已，否则今日不移，死不去！"刘一燝、周嘉谟也支持杨涟，"词色俱厉，声彻御前"。朱由校派人宣谕，杨涟

图 19-1　明熹宗像

等才遵谕退出，但又上疏说："选侍阳托保护之名，阴图专擅之实，宫必不可不移。臣言之在今日，殿下行之在今日，诸大臣赞决之，亦惟今日。"[6]朱由校遂下"即日移宫"之旨。李选侍计穷，只得移居仁寿殿。当日移宫时，李选侍身边的太监乘机盗走许多金银财宝，被人发觉，遂将李选侍心腹太监李进忠、田诏、刘朝等人收系。

九月初六，朱由校正式即皇帝位。数日后，御史贾继春上书阁臣，谓："先帝宾天，骨肉未寒，宜调护挽回，使选侍待终天年，皇女无虞意外。"给事中周朝瑞驳斥贾继春"喜树旌旗，三生题目"，贾继春疏辩，中有"伶仃之皇八妹入井谁怜，孀寡之未亡人雉经莫诉"之言。熹宗下旨质问贾继春"雉经"、"入井"等语有何凭据，贾继春对曰"风闻"，遂被削籍为民。杨涟恐异议滋延，遂上疏详陈移宫始末。熹宗亦特谕群臣，肯定移宫之必要，谓："若避宫不早，彼爪牙成列，盈虚在手，朕今不知如何矣。"谕中还谈到李选侍"威挟朕躬"、"殴崩圣母"等过失。[7]但移宫一案并未就此终止。它与"梃击案"、"红丸案"一起，被并称"三案"，成为此后长期政争的主题，迄明亡未已。

第二节　魏忠贤逐步揽权

"红丸案"、"移宫案"后，万历中期以来的朝局发生了一些变化。内廷郑贵妃、李选侍的势力大大削弱，为人正直的太监王安成为最有影响力的人物。外廷的浙党早在萨尔浒之战后就威信扫地，随着首辅方从哲离开政坛，他们失去奥援，力量相对减弱。万历年间罢斥家居的东林党人，则相继复官晋职，出现了“东林势盛，众正盈朝……中外忻忻望治”[8]的局面。东林党人开始雷厉风行地整肃吏治，规划辽东战事，试图把明王朝从深重危机中挽救过来。同时，东林党人继续追究“梃击案”、“红丸案”、“移宫案”三案之是非，要求严惩方从哲、崔文昇、李可灼等人，借此排斥对立派，“与东林忤者，众目之为邪党，天启初废斥殆尽，识者已忧其过激变生”[9]。果然，时过不久，宦官魏忠贤与熹宗乳母客氏相勾结，逐渐掌握了权柄，东林党的对立面也纷纷投靠魏忠贤，结成阉党集团，排斥异己，浊乱朝纲，严重动摇了明王朝的统治基础。

魏忠贤（1568—1627），河间府肃宁县（今属河北）人，初名进忠，号完吾。“忠贤”之名是天启二年（1622）熹宗所赐。他善于骑射，遇事决断有胆识，然目不识丁，只知打架斗殴，吃喝嫖赌，是一个远近闻名的无赖之徒。娶妻冯氏，生一女。因在一次赌博中失败，被一群赌徒所辱，一怒之下自行阉割，改名李进忠，万历十七年（1589）被选入宫。初隶司礼监秉笔太监兼东厂孙暹名下，管理甲字库。几年后，孙暹死去，他又通过贿赂王安手下太监魏朝，做了熹宗生母王才人的典膳，得与当时的皇长孙朱由校结识。魏朝是王安的心腹，魏忠贤极力巴结，两人结拜为兄弟，宫中称“大魏”、“二魏”。魏朝常在王安面前夸奖魏忠贤，由此引起王安的重视。朱由校即位前一天，杨涟弹劾魏忠贤盗窃宫内财宝，朱由校令司礼监“查明奏请”，是王安出面相救，魏忠贤才免遭大祸。

客氏是北直隶定兴县（今属河北）民侯二之妻，十八岁入宫做熹宗乳母。两年后，侯二死，客氏未再嫁，因此很少回家。熹宗幼年失去母爱，客氏伴随，百般殷勤，甚至把朱由校小时的胎发、疮痂及累年剃发、落发和剪下来的指甲收藏起来，以黄色龙袱包裹，放入精致的小匣子里，妥善保存。朱由校即帝位后，客氏对他的调护更是百般小心，每天拂晓，她已到达乾清宫殿内，等着服侍皇帝，一直忙到夜晚才回住宅。她还善于烹饪，熹宗膳食必经她亲手调制，如客氏几日不在宫中，熹宗便不思饮食。客氏又是一个美而艳、淫而荡的女人。她原与魏朝对食。所谓对食，又叫菜户，是指太监与宫人结为相好。原来，宫中值班太监不准许在宫内做饭，每至吃饭时，只能吃自带的冷餐，而宫女则可以起火，于是，太监们便托宫女代为温饭，久而久之，结为相好。万历前，此事还不敢公开，宫内也多忌讳言谈其事，进入万历年间，日益盛行起来。有记载说："内中宫人，鲜有无配偶者，而数十年来为盛。盖先朝尚属私期，且讳其事。今则不然，唱随往还，如外人夫妇无异。其讲婚媾者，订定之后，星前月下，彼此誓盟，更无别遇。亦有暗约偷情，重费不惜。"[10] 因魏朝要时时随王安办事，少有空闲，客氏便与魏忠贤私结。

客氏与魏忠贤私通的消息传到魏朝耳朵里，魏朝十分生气，就在熹宗即位后数月的一天晚上，他在外面喝了酒，到乾清宫想与客氏叙叙旧情，却碰上魏忠贤正与客氏亲热，魏朝大怒，与魏忠贤对骂起来，声音越来越大，传至熹宗的住所。熹宗将二人传呼至榻前，问客氏喜欢谁，并说替她决断。客氏毫不避讳，直言已厌魏朝儇薄而喜魏忠贤憨猛。熹宗当即允诺，斥退魏朝，成全了客氏与魏忠贤。王安看到魏朝为了一个女人在大庭广众之下丢丑，感到自己脸上也无光，于是狠狠揍了魏朝一巴掌，令其告病，离开御前。后魏忠贤矫诏将魏朝发往凤阳，魏朝闻说后，逃到蓟县北面一座山中破庙里躲避，但还是被魏忠贤派人抓住，活活勒死。魏忠贤善谄，与客氏并有宠。不久，客氏得封奉圣夫人，魏忠贤迁任司礼监秉笔太监。在明代，秉笔太监掌握章奏文书，对内阁拟票有批复大权，因此，担任此职必须具有一定的文化素养。魏忠贤虽不识字，以客氏故，仍得以掌此职。一人得志，鸡犬升天。客、魏家人也得到恩荫，客氏子侯国兴、弟客光先，魏忠贤兄魏钊，一并被封为锦衣卫正千户。

魏忠贤要进一步控制熹宗，最大的障碍是王安。他唆使给事中霍维华弹劾王安专权，又令移宫时获盗宝罪的太监刘朝、田诏上疏辩白，客氏也从中附和。熹宗毫无主见，下旨革去王安职务。王安被降为南海子净军，看守墙铺。南海子，即南苑，是明朝皇帝游猎享乐的场所。魏忠贤为防止王安复起，任命刘朝为南海子提督。刘朝原为李选侍"私阉"，移宫时因盗窃财物下狱，后宥出，对王安深怀不满。到任后，断绝王安饮食，王安从篱落中摘取芦菔充饥，"三日犹不死，乃扑杀之"。魏忠贤将原王安名下宦官尽皆斥逐，"用司礼监王体乾及李永贞、石元雅、涂文辅等为羽翼，宫中人莫敢忤"。[11] 自王安遭谗害，熹宗身边就没有刚直正派的太监了。

熹宗即位前未曾出阁读书，即位后更不喜读书。魏忠贤投其所好，"日引帝为倡优声伎，狗马射猎"，刑部主事刘宗周首劾之，熹宗大怒，赖大学士叶向高救免。[12] 熹宗有许多特殊的爱好，有时喜欢机巧水戏，即用大铜缸盛水放于高处，钻空设机于下，利用水的压力，形成各种形态的水喷，或泻如瀑布，或散如雪霰，或如玉柱高高直下，再置核桃般大小的金色木球于喷处，木球随水柱上下，盘旋宛转。秦征兰《天启宫词》记云："御前呼笑不胜喧，为看君王弄水盘。瀑布喷溅飞雪霁，玉竿高处涌金丸。"熹宗又喜欢油漆木工，常常“自操斧锯凿削，即巧工不能及也”，“造成而喜，不久又弃，弃而又成，不厌倦也”[13]。熹宗还爱骑马射箭。天启三年，魏忠贤听从内阁大学士沈漼建议，选武阉三千，在紫禁城内开内操，其目的是威慑朝臣。从此紫禁城内钲鼓之声喧天动地，操练之时，刀光剑影，旌旗蔽日。科道官上疏谏止，说内操违反了大明律例中的“擅入宫门”、“向宫殿骑射”等条款，都被拒绝。

魏忠贤、王体乾等每趁熹宗“斫削得意”时，从旁传奏文书，请求定夺。熹宗草草听一遍，就说：“我都知道了，你们用心行去。”魏忠贤一班宦官“于是徇其爱憎，恣意批红施行”。[14]除在内廷广置党羽、一手遮天外，魏忠贤在外廷也大力发展势力。自方从哲致仕后，浙、齐、楚等党失去靠山，见魏忠贤得势，纷纷投靠，蝇营蚊附，逐渐形成阉党。其中著名的有“五虎”、“五彪”、“十狗”、“四十孙”之辈。“五虎”指文臣崔呈秀、吴淳夫、李夔龙、田吉、倪文焕；“五彪”指武臣田尔耕、许显纯、崔应元、杨寰、孙云鹤；“十狗”指周应秋、曹钦程等人；这些人又各呼朋引伴，称之“四十孙”。当此之时，内外大权一归魏忠贤，朝野上下只知有忠贤，不知有皇上；只知尊忠贤，不知尊皇上。

内阁中最早与魏忠贤相结的是沈漼。按惯例，词臣教习内书堂，所教宦官执弟子礼。沈漼曾任教习，魏忠贤要算是沈漼的弟子。天启元年七月，沈漼入阁，遂与魏忠贤勾结。紫禁城中开内操，就是沈漼的主意。阉党深知内阁是外廷之核心，要控制外廷，首先要完全控制内阁，于是极力攻击大学士刘一燝。天启二年三月，刘一燝被迫去职。此后，他被阉党多次诬陷，至被削官，追夺诰命，勒令养马。这是魏忠贤向东林党人发动的第一次反击。但当时东林人物在朝的尚多，内阁首辅是刚刚还朝的叶向高。加之沈㴶攻去刘一燝后，声名狼藉，难安于位，不久也只得乞归。此时阉党还不敢太肆意妄为。

天启三年正月，顾秉谦、魏广微进入内阁。顾秉谦，南直隶昆山（今属江苏）人，为人“庸尘无耻”，“曲奉忠贤，若奴役然”。据记载：“秉谦率其子叩首逆阉曰：‘本欲拜依膝下，恐不喜此白须儿，故令稚子认孙。’珰颔之。时其子方乳臭，即授之以尚宝卿。”[15]魏广微，北直隶南乐（今属河北）人，与魏忠贤同乡同姓，开始自称宗弟，后竟自称侄儿。在内阁与忠贤通信，“皆亲笔行书，外题曰：‘内阁家报’，订封钤文曰：‘魏广微印’”。[16]时人称之“外魏公”。顾、魏入阁，对内阁首辅叶向高无疑是一种牵制。十二月，熹宗又令魏忠贤提督东厂，用田尔耕掌锦衣卫事，许显纯为镇抚司理刑。从此，阉党控制了特刑机构。东林与阉党之间的决战势不可免。

第三节　东林党与阉党的斗争

对于魏忠贤和客氏的跋扈揽权，东林党人早有察觉。天启元年（1621）九月，葬光宗于庆陵后，阁臣刘一燝即请熹宗遣客氏出宫。熹宗不得已从之，然思念流涕，至日旰不食，遂复召入。给事中侯震旸疏谏：“幺么里妇，何堪数昵至尊哉！”[17]熹宗不理。十月，御史周宗建上疏论客氏，言道：“天子成言，有同儿戏。法宫禁地，仅类民家。圣朝举动有乖，内外防闲尽废。此辈一叨隆恩，便思逾分，狎溺无纪，渐成骄恣，衅孽日萌，后患难杜。”[18]熹宗大怒，下旨切责。从此客、魏更加有恃无恐。十二月，吏部尚书周嘉谟将交通魏忠贤的给事中霍维华调出京师。魏忠贤清楚地知道，此举目的是要割断他伸向外廷的手，于是唆使给事中孙杰弹劾周嘉谟受刘一燝指使，为王安报仇。明朝惯例，科道官纠劾高级官员，被劾者必须上疏请求辞职，等候皇帝的裁决。周嘉谟遵循惯例，魏忠贤当即矫旨许之。

天启四年四月，阉党傅櫆上疏奏言左光斗、魏大中与内阁中书舍人汪文言勾结乱政。在魏忠贤的影响下，熹宗下诏逮捕汪文言。东林党人感到魏忠贤拿汪文言开刀，下一步就会将屠刀挥舞到自己头上。这时早就对魏忠贤心怀不满的杨涟，奋然弹劾魏忠贤。杨涟移宫事定后乞归，天启二年又起为礼科都给事中，至是升为左副都御史。杨涟疏中列举魏忠贤二十四大罪，痛快淋漓，无恶不彰，最后指出："积威所劫，致掖廷之中，但知有忠贤，不知有陛下；都城之内，亦但知有忠贤，不知有陛下。……陛下春秋鼎盛，生杀予夺，岂不可以自主？何为受制幺麽小丑，令中外大小惴惴莫必其命？伏乞大奋雷霆，集文武勋戚，敕刑部严讯，以正国法，并出奉圣夫人于外，用消隐忧，臣死且不朽。”[19]

杨涟奏疏一出，举朝响应，参疏纷呈，一时竟达七十多份。魏忠贤不禁惶恐，决定向内阁次辅韩爌求救，韩爌不应。魏忠贤急趋熹宗前泣诉，要求辞去提督东厂职务。熹宗让王体乾把杨涟奏疏念给他听，王体乾把疏中要害之处省去，客氏又从旁歪曲剖析，熹宗懵然不辨，不但没有责怪忠贤，反而觉得杨涟说得太过分了，于是降旨慰问魏忠贤，并令魏广微传旨申斥杨涟。杨涟不服，拟早朝时再当面弹劾。魏忠贤诇知，竟阻熹宗三日不朝。后虽上朝，群阉数百人衷甲夹陛而立，敕令左班官不得奏事，杨涟等始终无缘面劾。东林党人把希望寄托在内阁首辅叶向高身上，要他面奏魏忠贤罪状，但叶向高态度颇为委婉，打算笼络魏忠贤，挽回局面。于是具奏魏忠贤勤劳，朝廷宠待甚厚，盛满难居，宜解事权，听归私第，保全始终。叶向高的做法无疑是与狐谋裘，反而助长了魏忠贤的气焰。

魏忠贤决计用廷杖立威外廷。最早受杖的是工部郎中万燝。他上疏弹劾魏忠贤，熹宗令廷杖一百，罢斥为民。魏忠贤的爪牙接奉圣旨后，蜂拥来到万燝邸宅，先是一顿拳打脚踢，然后将气息奄奄的万燝拖至阙廷受杖。万燝昏死过去，醒来又是一顿踢打，数十名宦官还手拿锥子往他身上乱戳。万燝被杖后四日死去，死前留诗一首，决心与阉党誓不两立。其诗曰：

自古忠臣冷铁肠，寒生六月可飞霜。
漫言沥胆多台谏，自许批鳞一部郎。
欲为朝堂扶日月，先从君侧逐豺狼。
愿将一缕苌弘血，直上天门诉玉皇。

万燝事件后，东林党人纷纷上疏攻击魏忠贤，但此时熹宗已完全信任忠贤，对大臣的奏疏一概不理。这使魏忠贤的胆子更大了，便开始算计内阁首辅叶向高。七月初的一天，叶向高的外甥林汝翥为御史巡城，对犯法的宦官施行杖罚。魏忠贤认为时机已到，便传旨廷杖林汝翥。消息传出，科道官气愤不平，纷纷来到文渊阁争辩，不料魏忠贤指使数百名宦官拥至，攘臂肆骂，文渊阁内一片混乱。接着这些宦官又去索拿林汝翥，林汝翥鉴于万燝之事，逃到城外。宦官们便包围叶向高的府邸，狂呼乱噪。叶向高忍无可忍，上疏熹宗："国家二百年来，无中使围阁臣第者。臣今不去，何面目见士大夫？"遂乞休归去。叶向高之后，韩爌、朱国桢相继为内阁首辅，不数月亦罢。在此前后，被罢去的东林党人还有吏部尚书赵南星、侍郎陈于廷、左都御史高攀龙、左副都御史杨涟、佥都御史左光斗等。

天启五年正月，顾秉谦为内阁首辅。以后进入内阁的冯铨、黄立极、施凤来、张瑞图、李国樍、来宗道等人，都是魏忠贤私人，时称"魏家阁老"。阁老既属魏家，其他六部九卿、四方督抚，就更是魏家的人了。有的称干儿，有的称义孙，当时有人将这些义子干儿编写成《百子图演义》。魏家内阁在形成过程中开始为"三案"翻案。在传统社会中，"忠君"是官吏立朝的根本。东林党人作为一个政治集团，要改良政治，曾把希望寄托在皇帝的身上。万历年间，他们没有取得明神宗的信任，就把着眼点转向未来的皇帝光宗，光宗死去，又把希望倾注在熹宗身上。他们争"三案"，换言之就是争皇帝，争一个支持他们的皇帝。所以"三案"发生的过程中，他们一直以"忠君"相标榜。这时阉党要搞臭东林党人，自然也要在"忠君"的问题上做文章。

叶向高去位后，熹宗下诏，封光宗的李选侍为康妃。其实当初熹宗暴李选侍罪状之诏谕，实出自王安之手，而这时封康妃之旨则出自魏忠贤，熹宗一直是个傀儡。晋封李选侍为康妃，预示着阉党准备借"三案"打击东林党。天启五年四月，刑科给事中霍维华上疏，系统地为“三案”翻案，魏忠贤矫旨批示：“这本条议一字不差。所参刘一燝专政为祸，韩炉比护元凶，孙慎行借题红丸悦党陷正，张问达改抹旨意朋比为奸，俱著削了籍。”[20] 从而为“三案”一锤定音。接着，阉党又决定将“三案”有关章奏汇编成册，颁示天下。天启六年正月，令顾秉谦修纂《三朝要典》，三月底修成，共二十四卷，起于万历四十三年，止于天启六年，其中梃击八卷、红丸八卷、移宫八卷。前有《要典原始》，记述神宗立朱常洛为太子事，后附阉党崔呈秀所呈《三案本末》一疏。当年争“三案”的东林党人全部被扣上“诬皇祖”、“负先帝”、“欺幼君”的罪名。八月，《三朝要典》刊刻完毕，又命各省大规模刊印，企图扭转舆论，之后又重修《明光宗实录》，使之与《三朝要典》的观点相吻合。

最初，魏忠贤对谁是东林党人并不了然。阁臣顾秉谦、魏广微编撰《缙绅便览》一册，献给魏忠贤，以作为进退百官之依据。其中把叶向高、赵南星、高攀龙、杨涟、左光斗等百余人，目为邪党，用墨笔圈点，轻者加两点，重者加三点；黄克缵、贾继春、霍维华、崔呈秀等六十余人，统称正人，名字上或加两圈，或加三圈。其他阉党还进有《同志录》《天鉴录》《夥坏封疆录》《点将录》等名单者。其中《点将录》最为可笑，仿《水浒传》编东林党人一百零八人，分为三十六天罡、七十二地煞，每人名下系一绰号。兹录其前三名，以见这名单款式：

东林开山元帅

托塔天王南户部尚书李三才　晁盖

总兵都头领二员

天魁星呼保义大学士叶向高　宋江

天罡星玉麒麟吏部尚书赵南星　卢俊义

魏忠贤正苦于东林党人数众多，记不胜记，有《点将录》配以梁山泊绰号，容易记住。一日，他把《点将录》呈与熹宗，熹宗看到“托塔天王”四字，懵然不解。魏忠贤代为解释，谓“古有托塔李天王，能东西移塔，李三才善惑人心，能使人人归附，亦与移塔相似”。熹宗好武，听后不禁心喜，叫道：“勇哉！”魏忠贤一惊，从此再不敢把名单拿出，只是暗中使用。天启五年十二月，经熹宗批准，颁布《东林党人榜》，列东林三百零九人，榜示天下，生者削籍，死者追夺。

魏忠贤大规模地迫害东林党人，主要有两次：第一次在天启五年，是年论干支为乙丑，故称“乙丑诏狱”。阉党诬陷杨涟、左光斗等人与汪文言行贿受赂，是年三月，将汪文言逮至京师，下镇抚司狱，以酷刑拷掠，逼他招供杨涟等人曾受过熊廷弼贿赂。汪文言抵死不肯承认，掌镇抚司事许显纯无计可施，最后竟伪造了一份口供，将杨涟、左光斗、魏大中、袁化中、周朝瑞、顾大章六人逮捕来京。杨涟等六人在镇抚司狱中备受折磨，“五毒备具，呼謈声沸然，血肉溃烂，宛转求死不得”，“每一人死，停数日，苇席裹尸出牢户，虫蛆腐体”[21]，史称“六君子”。第二次是天启六年，称“丙寅诏狱”。这年二月，魏忠贤又矫旨逮系周起元、周顺昌、周宗建、缪昌期、李应昇、高攀龙、黄尊素七人。其中高攀龙听到缇骑将到，含笑说：“吾将视死如归！”当晚即投水而死。死前留下的遗书写道："大臣受辱则辱国，愿效屈平之遗则。"[22]这体现了与阉党薰莸不同器、邪正不两立的硬骨头精神。其他人下镇抚司狱，均死于非刑，史称为"七君子"。

在阉党的淫威面前，东林党人表现出视死如归的高风亮节。杨涟下诏狱后，表示"有命而已"，他铁钉贯耳，土囊压身，但宁折不弯，临终前写下血书："大笑，大笑，还大笑，刀砍东风与我何有哉！""欲以性命归之朝廷，不图妻子一环泣。"[23]魏大中在刑讯之日，昂首怒目，指着问刑的"明心堂"道："这是昧心堂。"[24]顾大章"每被拷掠，切齿不发一声"，遇难前数日，在右手只存食指和大指的情况下，仍奋笔作书："故作风波翻日月，长留清白照人心。"并叮嘱家人以此作为祠堂的楹联。他受够了许显纯的折磨，饮毒未死，便投环自尽。周顺昌本来不至于牵连诏狱，在魏大中被逮时，他不避个人安危，"周旋累日，临别涕泗，即以女许配其孙"。缇骑语侵周顺昌，他张目叱之："若不知世间有不畏死男子耶！尔曹归语忠贤，我故吏部郎周顺昌也！"因而激怒魏忠贤，被下诏狱，他在狱中身受酷刑，体无完肤，骂不绝口，无一语哀乞。其他东林党人也都表现出了铮铮硬骨。

值得注意的是，在阉党镇压东林党的过程中，各地人民以不同方式表达对东林党人的敬意。杨涟被捕时，数万人前去慰问，沿途百姓为他焚香建醮，祈祷生还。左光斗被逮时，百姓哭声震天，就连前来捕人的缇骑也感动得流了泪。有些地方还发生了民变，尤以苏州民变规模较大。天启六年三月，奉命逮捕周顺昌的缇骑来到苏州。开读圣旨之日，到场声援周顺昌者达数万人。由于缇骑态度蛮横，在市民颜佩韦、马杰、沈扬、杨念如、周文元等人的带动下，愤怒的民众向缇骑发起攻击，当场击毙缇骑二人。经素得民心的地方官员反复劝谕，民众才渐渐散去。这就是历史上有名的“开读之变”。事变后，苏州市民为抗议熹宗无道，机匠“不行机织”，“负担者息肩，列肆者罢市”，“互戒天启钱不用”，各府州县纷纷响应，于是一场以声援东林为目标、以抵制天启钱为形式的斗争在各地延续了十个多月。后来，颜佩韦等人英勇就义，死前挺然说：“我为清官死，死有余荣。”五人葬于虎丘旁，至今五人墓仍保存完好，供人们瞻仰。

东林党人被镇压后，魏忠贤的权势达到登峰造极的地步。天启六年六月，浙江巡抚潘汝祯为了讨好魏忠贤，首先上疏请求在西湖胜地建魏忠贤生祠。熹宗当即允诺，并赐名“普德”。此后，各地寡廉鲜耻的官吏纷纷效尤，不到一年，魏忠贤的生祠几遍天下。其中蓟辽总督阎鸣泰建生祠七所，费银数十万两，其称颂魏忠贤有“民心依归，即天心向顺”之语。开封建祠，毁民舍两千余间，创宫殿九楹。巡抚朱童蒙在延绥建祠，用琉璃瓦。巡抚刘诏在蓟州建祠，金像冕旒。各地生祠斗巧竞工，所供魏忠贤之像皆以沉香木雕就，五官四肢宛然如活人，腹中肠肺皆用金玉珠宝妆成，髻上留一空隙，根据时节簪以香花。每祠落成必上疏奏闻，疏中誉扬就像颂扬皇帝一般，称之“尧天舜德，至圣至神”。以致后来国子监献媚监生陆万龄竟然提出以魏忠贤配享孔子。十月，熹宗又封魏忠贤为上公，其侄魏良卿为宁国公。从此，诸边筑隘口成，南京孝陵工竣，法司捕得盗寇，并言魏忠贤区画方略，熹宗都无例外颁诏奖掖。甚至山东奏产麒麟，大学士黄立极等人也票旨称：“厂臣修德，故仁兽至。”明朝旧制，内官为司礼监秉笔太监，非公事不得外出。

魏忠贤则每年都数次巡视畿辅，出行时，坐文轩，驾四马，随从侍卫动以万计，一路之上笙鼓铙吹不断。所过之处，士大夫遮道拜伏，称之“九千岁”。当时朝廷内外，真的如当年杨涟所说：“只知有忠贤，不知有陛下。”

第四节　思宗求治及其失败

天启七年（1627）八月二十二日，明熹宗病死，无子，其弟信王朱由检继位，是为明思宗（又称怀宗、毅宗，清朝谥之为庄烈帝）。思宗虽然早已稔知魏忠贤之奸恶，但当时宫廷内外广布魏忠贤私党，思宗首先需要固位自保。九月，魏忠贤乞辞东厂提督，思宗不准。魏忠贤又请停建生祠，思宗令“其前赐额如故，余止之”，并在谕旨中大赞魏忠贤：“建祠祝厘，自是舆论之公。厂臣有功不居，更见劳谦之美。准辞免，以成雅志。”[25]在继续优待魏忠贤、客氏的同时，原信王府侍奉太监“尽易以新衔，入内供事”，逐渐替代了魏忠贤在内廷之羽翼。[26]

思宗虽不动声色，阉党们却感到危险正在迫近，有人决定反戈一击以保前程。十月，南京通政使杨所修与吏科都给事中陈尔翼合谋，决定上疏弹劾崔呈秀，崔呈秀时任兵部尚书兼左都御史，是公认的阉党骨干。杨所修疏先上，崔呈秀诇知其谋，逼迫陈尔翼上疏攻击杨所修“播弄多端，葛藤不断”，并称：“闻东林余孽，遍布长安，欲因事生风，忧不在小，乞敕下厂卫、五城缉访。”思宗批复说：“群臣流品，经先帝分别澄汰已精，朕初御极，嘉与士大夫臻平康之理，不许揣摩风影，致生枝蔓。”[27] 崔呈秀是想把阉党之内狗咬狗的斗争演化为东林“邪党”的反扑，从而扭转朝廷的注意目标，但他的阴谋未能得逞。不久，阉党分子御史杨维垣弹劾崔呈秀“内谀厂臣，外擅朝政”，已初步涉及魏忠贤。但思宗觉得时机不成熟，批评杨维垣“率意轻诋”，但也未予处分。于是杨维垣再次疏揭崔呈秀“贪淫横肆”之状。崔呈秀辩白请辞，思宗先是不允，后温旨令其回家守制。

杨维垣的上疏引起连锁反应，工部主事陆澄源、兵部主事钱元悫等接连上疏，揭露魏忠贤之罪恶。其中贡生钱嘉徵疏言尤为犀利，列举魏忠贤有并帝、蔑后、弄兵、无二祖列宗、克剥藩封、无圣、滥爵、邀边功、朘民脂膏、通同关节十大罪。思宗阅罢，批道：“魏忠贤事体，朕心自有独断。青衿书生，不谙规矩，姑饶这遭。”钱嘉徵仅为一贡生，此旨看似薄责，实含有肯定之意。思宗命内侍将此疏读给魏忠贤听，他听后“震恐丧魄”，遂以患病为由请求辞职，思宗命其回家“调理”。朝臣纷纷弹劾魏忠贤，思宗见时机已到，遂于十一月初一发布谕旨，历数魏忠贤“逞私植党，盗弄国柄，擅作威福”诸罪，宣布将魏忠贤安置凤阳，客氏交浣衣局收管，“二犯家产，籍没入官，其冒滥宗戚，俱烟瘴永戍”。[28] 魏忠贤前往凤阳途中，携带大批护卫与珠宝，威风不减。思宗得知，谕兵部曰：“逆恶魏忠贤，本当肆市以雪众冤，姑从轻降发凤阳。岂巨恶不思自改，辄敢将素畜亡命，身带凶刃，环拥随护，势若叛然。朕心甚恶，着锦衣卫即差的当官旗前去，扭解押赴彼处，交割明白。所有跟随群奸，即擒拿具奏，勿得纵容贻患。”[29] 魏忠贤行至阜城，知不可免，遂于夜半自缢而死。崔呈秀见大势已去，亦在蓟州家中自缢。客氏则在浣衣局被笞死，焚尸扬灰。

阉党虽然受到致命打击，但东林党仍未得到平反。阉党余孽继续混淆视听，如杨维垣就上疏力诋东林与崔呈秀、魏忠贤并为“邪党”。崇祯元年（1628）正月，翰林编修倪元璐首先上疏为东林党鸣不平，极言“方隅未化，正气未伸”，质问说：“以东林诸臣为邪党，人将以何名加之崔、魏之辈？崔、魏而既邪党矣，向之首劾忠贤、参提呈秀者，又邪党乎哉？”疏中还要求恢复被魏忠贤禁毁之书院。思宗不肯接纳倪元璐之建议，下令“各书院不许倡言创复，以滋纷扰”。[30] 杨维垣疏攻倪元璐“持论甚谬，生心害政”，倪元璐也反复疏辩。随着对阉党罪恶揭露日多，思宗认识到倪元璐之忠直，擢为翰林侍讲。四月，倪元璐再次上疏，请求焚毁《三朝要典》，下廷臣议，大多数人都表示同意。但也有少数人维护《三朝要典》，翰林侍读孙之獬到东阁力争，谓皇帝如毁《三朝要典》，“于祖考则失孝，于熹庙则失友”，说毕大声痛哭，声彻殿廷内外。接着又言患病不能供职，思宗准其回籍调养。五月初九，思宗正式下谕，令将《三朝要典》成书及书板尽行焚毁。《三朝要典》被毁，加在东林党头上的“邪党”之名也就不复存在，一些东林人士重新回到官场。

崇祯元年年底，因明年又当京察，御史吴甡建议先对官员进行审查，清除依附魏忠贤人员。次年正月下旬，思宗诏谕阁臣：“朕欲定附逆人罪，必先正魏、崔、客氏首逆，次及附逆者。欲分附逆，又须有据。”于是将以前官员所上称颂魏忠贤及为其建祠诸疏发出，令阁臣会同吏部尚书、左都御史甄别。阁臣不愿广搜树怨，数日后上报名单，仅列四五十人。思宗令再议，阁臣又报上数十人。思宗

图 19-2　明思宗手迹

见他们一味搪塞，遂令以“赞导”、“拥戴”、“颂美”、“谄附”为目，彻底清查，并增补刑部尚书参与清查工作。三月十五日，附逆名单上呈，思宗亲加裁定后公布，称“钦定逆案”。案中以魏忠贤、客氏为“首逆”，以兵部尚书崔呈秀等六人为“首逆同谋”，以右佥都御史刘志选等十九人为“结交近侍”，以大学士魏广微等十一人为“结交近侍次等”，以东平侯魏志德等三十五人为“逆孽军犯”，以内监李实等十五人为“谄附拥戴军犯”，以大学士冯铨等一百二十九人为“结交近侍又次等”，以大学士黄立极等四十四人为“结交近侍减等”，此外另有魏忠贤亲属及内官党附者又五十余人。“钦定逆案”的颁布，宣告了阉党的彻底失败，“尽逐忠贤党，东林诸人复进用”。[31]

自万历以来，明朝政治昏浊，百弊丛积，已成大厦将倾之势。思宗即位后有条不紊地清除了阉党势力，臣民忻然望治。思宗自己也励精图治，试图力挽狂澜，实现中兴大业。

思宗一改明中叶以来皇帝不见大臣之陋习，经常召见大臣商讨政务。为了及时处理章奏，他时常“鸡鸣而起，夜分不寐”。一次他前去谒见神宗昭妃刘氏，因“两夜省文书，未尝交睫”，落座不久就进入梦乡，刘太妃为之泣下。[32]思宗关心民瘼，崇祯四年和六年，因京师大旱，他不辞辛苦，两度“步祷南郊”，祈求降雨。为了解下情，他屡次下诏求言，令“官民陈事者，报名会极门，即日召对”[33]。明朝自中叶以来，宫廷生活日趋奢靡，思宗却力行节俭，《崇祯遗录》记载说：“上恭勤节俭，励精图治。自神宗以来，膳羞日费万余金，上命尽减，但存百分之一。旧制，冠袍靴履日一易，上命月一易。”不仅自己节俭，他还试图扭转社会上之侈风，曾规定“诸臣服饰袖长不得过一尺”，宫中金银器尽改陶器，“并谕诫诸臣不得擅用金银”。[34]

在用人方面，思宗力图打破资格限制。明代例以翰林出身者为阁臣，但他们的表现很使思宗失望。号称读书过目不忘的郑以伟，一次奏疏中有“何况”二字，他竟以为是人名，票旨：“何况着按、抚提问。”经思宗驳改，始悟。思宗遂产生“阁臣不专用翰林”的想法。第一位非翰林入阁的是张至发，他于崇祯五年起复为顺天府丞，升光禄卿，“精核积弊，多所厘正，遂受帝知”，崇祯八年春迁刑部右侍郎，六月擢礼部左侍郎兼东阁大学士。[35]其后有很多非翰林出身的外僚进入内阁。为了改变“儒缓不习吏事”的状况，思宗还决定从知县、推官中挑选治行卓绝者进入翰林院。崇祯九年，武举陈新甲诣阙上书，谓天下有科目、资格、考选三大病，正合思宗破格用人之想法，被立擢为吏科给事中。有史家统计，由举人出身而仕至巡抚者，隆庆朝止海瑞一人，神宗朝止张守中、艾穆二人，而思宗“破格求才，得十人”[36]。

应该说，思宗即位后清除阉党，关心民生，破格用人，求治之心甚殷，起到一定的积极作用。但思宗为政也存在着严重缺陷。

一是急于求成，刚愎自用。崇祯二年，顺天府尹刘宗周曾批评说：“陛下励精求治，宵旰靡宁，然程效太急，不免见小利而速近功。……且陛下所擘划，动出诸臣意表，不免有自用之心。臣下救过不给，谗陷者因而间之，猜忌之端遂从此起。”又说：“陛下求治之心，操之太急。酝酿而为功利；功利不已，转为刑名；刑名不已，流为猜忌；猜忌不已，积为壅蔽。”[37]随着时间推移，这种情况越来越严重，官员更换频繁，不安于位，而且动辄以刑立威，连阁臣也不保其命，严重影响了官僚队伍的稳定和治效。大学士魏藻德曾直言说：“边臣任事少，畏事多，固是时势艰难，人多掣肘，亦因功令太严，恩威莫测，恐一干圣怒，则无功有罪，是以畏首畏尾，俱不敢做。”[38]

二是厌闻正言，文过饰非。思宗虽然屡次下诏求言，其实极好虚荣，听不得批评意见。大学士刘鸿训“锐意任事”，但因说过“主上毕竟是冲主”，思宗怀恨在心，欲置之死地，经诸大臣力救，才改为谪戍。大学士钱士升撰《四箴》进呈，要求皇帝“宽以御众，简以临下，虚以宅心，平以出政”，可谓切中时弊。思宗却深感不快，不久钱士升再次上疏，思宗批道：“即欲沽名，前疏已足致之，毋庸汲汲。”见了这种冷嘲热讽的批语，钱士升当然只能“引罪乞休”，思宗当即允准。[39]思宗既厌闻逆耳之言，温体仁之类的奸佞之徒便乘机而进，更加毒化了朝廷的政治空气。

三是猜疑外臣，倚信宦官。思宗即位后下令将各处镇守内官撤回，并“命内臣俱入直，非受命不许出禁门”[40]。但他对文武百官很不信任，批阅奏疏时，凡荐举者就认为是“市恩”，凡论救者就认为是“任德”。在这种心理支配下，他觉得还是身边的宦官比较可靠。崇祯二年，后金军进入畿内，京师戒严，思宗遂令宦官监军，以后信用日广。他公开表白说：“文武各官，朕未尝不信用。谁肯打起精神来实心做事？只是一味朦徇诿饰！……你们外臣果肯做事，朕何必要用内臣！”[41]宦官受命外出，往往肆意妄为，影响了外官的积极性，败坏了军政事务。

第五节　门户之争与复社兴起

鉴于万历以来党派纷争不已，思宗即位后，再三要求群臣“化异为同”。但事与愿违，其时士大夫门户观念已深，习气已成，党争越演越烈，出现了“外患愈逼，党局愈多，虽其持论互有短长，大抵所谓小人皆真小人，而所谓君子则未必真君子”[42]的乱局。

崇祯元年（1628）末，会推阁臣，名单上有东林党人礼部侍郎钱谦益之名，而礼部尚书温体仁、侍郎周延儒不在其内。温、周二人遂利用思宗厌恶结党之心理，攻击钱谦益“结党受贿”。经过一番疏辩勘问，钱谦益虽洗脱了受贿罪名，但温、周屡言“满朝俱是谦益之党”，引起思宗猜忌，最终将钱谦益罢免，替钱谦益辩解的科道官周允儒、瞿式耜、房可壮等，或降职，或遣戍，而周、温二人却相继入阁。温体仁本属阉党分子，却依靠攻击东林得到思宗重用，大大降低了打击阉党的积极作用。可以说，思宗最怕朝臣结党，却因此中了周、温二人圈套，成为结党营私者的最有力支持者。

崇祯二年钦定“逆案”时，受门户之见和权力格局影响，就有不当入“逆案”而入者，也有当入而未入、当重惩而轻处者。比如，右庶子杨世芳就是阉党分子，但因与首辅韩爌是姻亲而得到包庇。吏部尚书王永光“素附珰，仇东林”，也未受到应有的惩处。被列入“逆案”的阉党分子也不甘心失败，时刻准备翻案。东林党人钱龙锡以大学士身份参与审定“逆案”，阉党目之为“东林党魁”。是年冬，后金军侵入内地，并施展离间计，使思宗冤杀了著名将领袁崇焕。阉党分子遂弹劾钱龙锡是袁崇焕后台，并诬蔑他收受袁崇焕贿赂数万，钱龙锡遂被下狱。当时“丽名逆案者，聚谋指崇焕为逆首，龙锡等为逆党，更立一逆案”，以取代“钦定逆案”。谋虽未成，钱龙锡仍被谪戍。崇祯三年春，在吏部尚书王永光支持下，名列“逆案”的吕纯如上疏“讼冤”，否认自己曾依附魏忠贤，试图以此为突破口翻案。东林党人文震孟起而弹劾吕纯如、王永光，思宗虽斥责文震孟“任情牵诋”，但阉党试图翻案之阴谋亦未得逞。终崇祯一朝，阉党从未停止翻案活动，明亡之后，在南明弘光小朝廷中终于翻案成功。

在崇祯年间的党争中，清流行列出现了一个著名组织，这就是复社，其倡议创立者为张溥。张溥（1602—1641），字天如，号西铭，苏州太仓（今属江苏）人。自少嗜学，善诗文，与同里张采齐名，时称“娄东二张”。晚明知识分子往往结成社团，以文会友，切磋学问。天启四年（1624），张溥与张采创立应社，江、淮、浙等地士子纷纷加入。崇祯二年，张溥以应社为基础，联合多家文社成立了复社，“是时，江北匡社、中洲端社、松江几社、莱阳邑社、浙东超社、浙西庄社、黄州质社与江南应社，各分坛坫，天如乃合诸社为一”。[43] 复社之名系因张溥欲集合同好“兴复古学”。复社成立后，陈子龙、吴应箕、吴伟业、黄宗羲等一大批名士会集其中，影响很快就遍及各地。

复社多次召集全国性大会，崇祯二年的尹山大会，崇祯三年的金陵大会，崇祯五年的虎丘大会，规模都很庞大，尤其是虎丘大会，“山左江右晋楚闽浙以舟车至者数千余人”。复社还时常征选同人文章，编辑成册，取名《国表》，力图领文章风气之潮流。复社充分利用其人际关系网络干预科举，“每岁科两试，有公荐，有转荐，有独荐”，被荐者在考试中每每名列优等，于是“为弟子者争欲入社，为父兄者亦莫不乐其子弟入社”。[44] 除中心地区江南外，复社在江西、福建、湖广、贵州、山东、山西等省也颇有影响，社员总数达数千人。

复社成员的身份构成比较庞杂，但其社会基础与东林党基本相同。复社自拟的宗旨是切磋文章，但其成立后，实际上是越来越多地关注、涉足于朝廷政治。复社的政治主张与东林党一脉相通。复社领袖张溥主张“以国事付公论”，反对以“私权”定朝政；他还指出，欲“公论明”必须使人有“谏政”的机会，否则“直道难闻于世”；他特别强调要重视“文人”在议政中的作用，认为“文人之称，尊贵重大，不得轻也”。[45] 在政治行动上，复社更是自觉地继承东林党之衣钵，张溥公开炫耀说：“吾以嗣东林也。”[46] 因此，东林党人的后裔基本上都支持复社，而阉党余孽则皆与复社作对，复社一时间成为党派斗争的中心。不过，与东林党相比，复社的组织化程度要高得多，在政治运作方面也更加成熟和成功。

复社影响日益扩大，就连内阁首辅温体仁也不得不加以重视。他本是阉党余孽，专与东林作对，这时见复社势力日盛，便想拉拢一下关系。崇祯六年，复社在苏州虎丘召开大会，温体仁指使其弟温育仁加入复社，不料遭到张溥坚决拒绝。温育仁恼羞成怒，雇人撰写《绿牡丹》传奇讥诮复社，一时争相搬演。复社门生深以为耻，飞书张溥、张采求为洗刷，二张遂亲到浙江，言之学臣黎元宽。黎元宽也是复社同盟，于是“禁书肆，毁刊本，究作传主名，执育仁家人下于狱”[47]。温体仁因此与复社结下不解之怨，伺机打击复社。崇祯十年，苏州文人陆文声因求入复社不得，赴京弹劾张溥、张采“倡复社，乱天下”，温体仁想趁机制造大狱，“拟严旨究治”。提学御史倪元珙受命调查，奏言：“诸生诵法孔子，引其徒谈经讲学，互相切劘，文必先正，品必贤良，实非树党。文声以私憾妄讦，宜罪。”[48]温体仁拟旨将倪元珙降职。接着，曾与复社结怨的原苏州推官周之夔、刑部侍郎蔡奕琛也先后上疏，弹劾张溥遥控朝政，结党恣横。

《绿牡丹》传奇

《绿牡丹》传奇，吴炳作。吴炳（？—1647），字可先，号石渠，晚号粲花主人，宜兴（今属江苏）人。万历末进士，曾任江西提学副使。明亡后，随桂王至桂林，擢为兵部侍郎兼东阁大学士，后被俘，绝食而死。著有传奇《西园记》《绿牡丹》《疗妒羹》《情邮记》《画中人》，合称《粲花斋五种曲》。《绿牡丹》共三十折，借当时盛行的风雅社集吟咏之事，描摹出一幅戏谑丛生的科举士子众生相。作者以夸张化、漫画式的笔触，嘲讽了假名士倩笔吟哦的矫柔造作之态，极尽嘻笑怒骂之能事。该传奇虽为讽刺复社而作，但在艺术上仍有可取之处，是一部独具特色的讽刺喜剧。

这次事件使复社认识到，必须在朝廷中扶植自己的代言人。温体仁去职后，张至发、薛国观相继为首辅，亦皆不喜东林。复社决定攻倒薛国观，由自己人出任首辅。他们选中的代言人是宜兴人周延儒。周延儒崇祯二年入阁，因遭温体仁排挤，崇祯六年辞职归里。周延儒过去曾仇视东林，复社之所以选中他，大约有三条理由：其一，复社谋求的是首辅之位，推出的人选必须有相应资历，周延儒曾经入阁，谋求复出希望较大；其二，张溥中进士时，周延儒是会试主考官，与张溥是师生关系；其三，周延儒里居后，政治态度有些改变，“颇从东林游”。张溥游说周延儒：“公若再相，易前辙，可重得贤声。”周延儒表示同意。于是张溥联合吴昌时等，在朝臣中开展活动，共费银六万两，终于使周延儒起复。张溥以数事相托，周延儒慨然说：“吾当锐意行之，以谢诸公。”入朝后果然“悉反（温）体仁辈弊政”。[49] 可惜张溥暴病身亡，因有周延儒等为其美言，被劾之事遂不再追究，思宗还令进呈张溥著作以备御览。

复社的活动方式已带有政党的某些特征。他们“品核执政，裁量公卿，虽甚强梗，不能有所屈挠”[50]，充分展示了“士志于道”的社会责任感和“清议”的社会影响力。这种新型政治组织的出现，是晚明民间力量壮大与活跃的重要表征，具有一定积极意义。

第二十章

内外威胁与明朝灭亡

第一节　奢安之乱

万历末辽东局势吃紧，使西南个别少数民族首领感到有机可乘，四川永宁（叙永）宣抚司的奢崇明、贵州水西（今大方一带）宣慰司的安邦彦，相继发动叛乱，史称“奢安之乱”。

奢氏世居川黔交界地区，明朝建立不久即率领族众归附，明朝在其地设立永宁宣抚司，由奢氏世任宣抚使。数传至奢崇周，死后无子，由族人奢崇明袭职。奢崇明表面恭顺朝廷，实际上暗怀鬼胎，其子奢寅更是图谋反叛，招纳了一批亡命之徒。辽东战争爆发后，明朝需要从各地征调军队增援。奢崇明主动上疏，愿派三万名士兵到辽东效力，并派部将樊龙、樊虎领军先到重庆。四川巡抚徐可求经过清点，裁减了部分老弱士兵，再加上兵饷发放困难，引起奢军的不满。

天启元年（1621）九月，樊龙、樊虎利用检阅军队之机，将徐可求及大批文武官员杀死，举兵反叛。奢崇明发兵相应，进占遵义，并分兵攻掠纳溪、泸州、江安、兴文、永川、长宁、荣昌、隆昌、壁山等城。然后又率军向成都进发，很快进围成都。奢崇明建国号“大梁”，设立丞相以下文武官职。此时成都城内只有镇远营官军七百人，另有征调前来的松潘、茂州、龙安兵一千五百余人，防御能力较弱。朝廷闻变，晋左布政使朱燮元为佥都御史，巡抚四川。朱燮元处变不惊，亲自登城布置防守，叛军多次攻城都未能成功，双方处于相持状态。

是年年底，朝廷以川事可虑，命河南巡抚张我续以兵部侍郎提督川、贵军务，陕西巡抚移驻汉中，郧阳巡抚移驻彝陵，湖广官军由巫峡入川，以共同讨伐叛军。次年正月，叛军再次大举攻城，遭到失败，遂连夜拔营而去。成都被围困了一百零二天，到这时才彻底解围。官军趁机追击，陆续恢复失地，只剩重庆尚在叛军手中。天启二年五月，各路官军进抵重庆附近。重庆三面临江，时值春水泛涨，一望弥漫。只有从佛图关至二郎关一路才能进入重庆。叛军自通远门城壕至二郎关，扎营十七处，驻有精兵数万人。经过周密策划，官军分两路前后夹击，直逼重庆城下，擒获叛军首领樊龙等三十余人，攻下重庆。

就在官军逐步平定奢崇明叛乱之时，天启二年二月，贵州水西土同知安邦彦又发动叛乱。明朝初年，元顺元路宣抚使霭翠与宋蒙古歹归附，明廷改顺元路宣抚司为贵州宣抚司，不久又赐霭翠姓安，以鸭舌河为界，安氏领水西，宋氏领水东。后升宣抚司为宣慰司，霭翠居各宣慰之首。其后水西安氏世受明廷册封。万历年间，安疆臣承袭宣慰使，死后由其弟安尧臣继任。安尧臣死，子安位袭，因年幼，由安尧臣之妻奢社辉代管，实权则掌握于叔父安邦彦之手。奢崇明叛乱后，安邦彦见有机可乘，便诱导奢社辉和安位举兵回应，脱离朝廷。一时间，四十八马头与头目安邦俊、鲁连、安若山、陈其愚、陈万典等各率部众应和，贵州全省骚动，多处城池失陷。安邦彦亲自统领数万人，进抵贵阳城下，形成包围。

三月，明廷令湖广、云南、广西官军增援贵州。贵州巡抚李枟、巡按史永安督率城内军民极力抵御。前来支持的各路援军都遭拦击，无法靠近贵阳。新任巡抚都御史王三善进军平越，遭到挫败，暂且屯驻下来，等待时机。史永安疏请朝廷催督官军进援，王三善遂分兵三路：道臣何天麟督兵七千从清水江前进，为右部；道臣杨世赏督兵万人从都匀前进，为左部；自己率兵二万，与道臣向日昇从中路前进，冲击叛军锋锐。安邦彦听说大军突至，急忙派人侦察，回报说有数十万之众。他惊惧异常，自行逃走。叛军失去首脑，斗志大挫，抵御不住官军的进攻，相率溃逃，王三善进驻贵阳，此时贵阳军民已死守了十个月。湖广、广东、四川等地援军陆续抵达贵阳。

奢崇明、奢寅在川军追击下势穷力竭，前来投奔安邦彦。六月间，官军向叛军巢穴发动总攻，攻下奢社辉老巢大方。奢社辉和安位逃奔火灼堡，安邦彦则逃入织金。王三善在大方屯驻下来。在这种有利局面下，总督杨述中和巡抚王三善却产生尖锐分歧。杨述中主张招抚，王三善则主张以剿为抚，两人不能同心合力，彻底平叛。而安邦彦却不断积蓄力量，图谋再起。天启四年正月，王三善遇害，叛军势焰又盛。四川乌撒土目安效良趁机起兵，攻入云南，会合蔺水、乌沾、安南诸部三十九营，战火不断扩大。天启六年春，奢寅部将苗老虎、阿引等将其杀死，投降官军，但这并未能削弱叛军势力，安邦彦、奢崇明及其他头目不时与官军作战，双方互有胜负。直到崇祯二年（1629），在总督贵州、湖广、云南、四川、广东五省军务朱燮元的指挥下，才给叛军以致命打击，奢崇明、安邦彦皆被杀，安位献地投降，延续九年之久的奢安叛乱基本平定。[1]

第二节　荷兰人占据台湾

继葡萄牙、西班牙之后，欧洲新兴的资本主义国家荷兰，也于16世纪末来到东方。万历二十六年（1598），荷兰人到达爪哇，数年后在此建立商馆。万历二十九年，他们"驾大舰，携巨炮"来到澳门，要求与明朝通商。因见葡萄牙人有所准备，明朝地方官员又不敢将此事奏报朝廷，遂逗留一月而去。这是荷兰舰队第一次闯入中国领海。

直接与明朝通商的目的未能达到，荷兰人便以海盗手段，在海上公开抢掠。万历三十年，荷兰组建了荷兰东印度联合公司。次年，公司派出一支十二艘帆船组成的舰队前来东方，携带荷兰国会和奥伦治亲王的信函，要求与明朝通商。舰队抵达大泥（即北大年，在今泰国南部）后，勾引数名福建海商，由他们携带大泥国书先期潜回福建漳州月港活动，舰队司令韦麻郎（Waijbrant van Waerwijk）则率领两舰，于万历三十二年抵达中国沿海，在再次到澳门活动受阻后，进入澎湖列岛，"是时讯兵俱撤，如登无人之墟，夷遂伐木架屋”[2]，企图在此久居。同时，令与其勾结的福建海商贿赂税监高寀，以求通商。高寀本已应允，但遭到福建巡抚的上疏反对。福建军政官员又严加防范，拘捕奸商，禁止向荷兰人提供粮食。福建都司沈有容亲到澎湖，严令荷兰人退去。韦麻郎自忖兵力单薄，又难以得食，只得于当年年底撤离澎湖。万历三十五年，荷兰东印度公司又派七艘舰船到广东南澳一带要求通商，亦无果而回。

万历四十七年，荷兰人在巴达维亚（今印度尼西亚雅加达）设立总督，建立据点，抢掠葡萄牙和西班牙的船只货物，掌控了东方海上霸权。天启二年（1622），荷印总督燕·彼得逊·昆（Jan Pieterszoon Coen）派遣科纳里斯·雷约兹（Cornelius Reyerez）率军舰十二艘，并联合英船二艘，进攻澳门，企图用武力打开中国大门。失败后，他们又驶往澎湖，在红木埕登陆，“复筑城彭湖，掠渔舟六百余艘，俾华人运土石助筑”[3]。被掳掠的华人大多劳役致死，幸存者则被运往巴达维亚被当作奴隶出卖。荷兰人强占澎湖后，继续要求通商，遭到拒绝后，便大肆骚扰福建沿海，“乘汛出没，掳掠商艘，焚毁民庐，杀人如麻”[4]。

澎湖是海上交通要道，“屏蔽八闽，通吕宋、琉球、日本诸国必泊之地，商渔舴艋日往来以千数”[5]。荷兰人的海盗行为对国计民生造成致命危害，“海运不通，米粟腾贵，人民艰窘死亡，无可输钱粮”[6]。天启四年，福建巡抚南居益派舟师进攻澎湖，一部分士兵登陆，“分布要害，绝其汲道，御其登岸，击其铳城夷舟”，另一部分兵船“泊镇海营前海洋，直逼夷船，候风水陆齐进”。荷兰新任澎湖长官宋克（Martinus Sonck）见大势已去，遂举起白旗，派人与明军交涉，“乞缓进师，容运粮米上船，即拆城”。[7]不久，荷兰人拆毁城堡，全部撤出澎湖。

荷兰人盘踞澎湖后，不断派兵到台湾沿海进行勘探，发现了一个可以停泊舰船的港口。天启三年，他们遣人到台湾要求通商，并派兵到台湾大员修筑城堡，遭当地人民袭击，被迫退回。撤出澎湖后，荷兰人遂遁入台湾，在台南台江外无人居住的一鲲身岛上建筑热兰遮（Zeelandia）城。接着，宋克利用当地人民的善良，骗取一鲲身对岸新港社平埔族人大片土地，后来在此建立普罗文查（Provintia）要塞，即赤崁城。从天启五年开始，荷兰人不断扩张其势力范围，逐步侵占了台湾南部地区。

荷兰人以台湾为据点，利用台湾海峡的地利，掠夺过往商船，致使中国海商不敢到马尼拉从事贸易。天启七年，荷兰人为了打通与明朝的直接贸易，协助明军攻打郑芝龙海盗集团，但被郑芝龙击败。崇祯元年（1628），明廷改变了对海盗一味进剿的政策，招抚郑芝龙，任其为总兵官，让他在东南海上抵御牵制荷兰人。崇祯六年六月，荷兰人派舰队大举进攻福建沿海，焚毁明军水师船五艘，打死官军十七人。明军紧急备战。八月十二日，福建巡抚邹维琏赶到漳州，调兵遣将，以郑芝龙为前锋，高应岳为左翼，张永产为右翼，九月十三日誓师于海澄，出海攻剿。二十日，与荷兰舰队激战于科罗湾，“烧沉夷众数千计，生擒夷众一百一十八名，馘斩夷级二十颗，焚夷甲板巨舰五只，夺夷甲板巨舰一只，击破夷贼小舟五十余只”，“闽粤自有红夷以来，数十年间，此捷创闻”。[8]这是明朝抗击荷兰人入侵取得的一次重大胜利。

荷兰人侵入台湾南部不久，西班牙殖民者也于天启六年侵入台湾北部，先后在基隆和淡水建筑了城堡和炮台。崇祯五年，西班牙人为扩大侵占区，曾派兵进攻台湾东北部的噶玛兰（今宜兰），一路烧杀抢掠，无恶不作。崇祯十五年，荷兰人发动进攻，派遣舰队在淡水登陆，包围了西班牙人的城堡。西班牙人投降，被逐出台湾，于是台湾全岛大部被荷兰人占领。他们在台湾实行严苛的殖民统治，激起当地人民的多次强烈反抗。直到 1662 年，民族英雄郑成功率军将荷兰人逐出台湾，台湾又重新回到祖国的怀抱。

第三节　明金战争与清兵南下

万历四十六年（1618）萨尔浒战败后，明朝起用“有胆知兵”的熊廷弼为辽东经略。熊廷弼到任后悉心整顿军备，使后金不敢轻举妄动。但当时朝廷正控制在邪党手中，首辅方从哲唆使言官姚宗文、顾慥、冯三元等人弹劾熊廷弼，要求将其撤职。熹宗即位后不到一个月，即罢免熊廷弼，改派浙党信赖的袁应泰为辽东经略。

袁应泰，陕西凤翔人，历任知县、工部主事、兵部右侍郎，为人精敏强毅，然而“用兵非所长”。他到任后一反熊廷弼治辽之策：熊廷弼“持法严，部伍整肃”，他“以宽矫之，多所更易”；熊廷弼“为守御计”，他却盲目执行方从哲速胜的方略，“遂谋进取”。[9] 天启元年（1621）三月，袁应泰正考虑分三路出兵以恢复清河、抚顺，后金军已到沈阳城下，袁应泰招居城内的蒙古人叛降，沈阳失陷，总兵贺世贤等战死，城外兵七万余人皆溃败。后金军乘胜围攻辽阳，城陷，袁应泰自缢而死，巡按御史张铨遇害，文武官员死者甚众，辽东之三河等五十寨及河东大小七十余城望风而降。此时距熊廷弼被罢未及半年。

东林党人陆续复职后，力主起用熊廷弼。熹宗下诏说："熊廷弼守辽一载，未有大失。换袁应泰，一败涂地。当时倡议何人，扶同何官？将祖宗百战封疆，袖手送贼。若不严核痛稽，何以惩前警后。"[10] 遂将攻击过熊廷弼的姚宗文等人，或革职为民，或降级外调。天启元年六月，熊廷弼以兵部尚书兼右都御史，再次经略辽东。熊廷弼提出一套完整的复辽规划，称"三方布置策"：(一)广宁用马步军列垒河上，阻止后金的正面进攻；(二)登州、莱州、天津并设抚镇，督水军袭扰辽东半岛沿海地区，伺机收复辽阳；(三)山海关适中之地，设经略节制三方。主旨是积极防守，待机反攻，目的在于确保广宁。这在当时是切实可行的方略。

但是，熊廷弼再次经略辽东，却遇到更大阻力。当时东林党虽在朝暂时取得优势，但浙、齐等党正与魏忠贤勾结，伺机反扑。此时辽东实际兵权掌握在巡抚王化贞手中。王化贞，山东诸城人，本是庸才，却喜说大话，刚愎自用。他反对"三方布置策"，主张分兵把守，全力进攻，这在后金军队强大、明朝军力不足的情况下，很容易被各个击破。朝臣、皇帝不懂军事，加上门户之见，党派之争，对经、抚之间的分歧，一直未做出合理的决断。王化贞得到阉党兵部尚书张鹤鸣的支持，熊廷弼"徒拥经略虚名"，只能以五千兵守右屯，而王化贞却拥兵十四万据守广宁。

天启二年正月，王化贞上疏称："愿以六万进战，一举荡平。即有不称，亦必杀伤相当。"并提出如认为其言不可行，就罢去其职，专责经略。熊廷弼则覆疏称："抚臣欲以六万人进战，一举荡平，恳乞陛下亟如抚臣约，乘冰急渡，免使兵因战而怨。并亟罢臣，以无摧战士之气，灰任事之心。”两疏下廷臣议，众说纷纭，张鹤鸣建议专用王化贞，赐以尚方剑。[11] 熹宗尚未批复，是月二十日，努尔哈赤率五万大军进攻西平堡，明军大败，王化贞丢弃广宁，逃到大凌河，遇见熊廷弼，问计将安出，熊廷弼挖苦说："六万众一举荡平，竟何如？”王化贞无言以对。广宁失守，附近四十多座城池尽皆沦陷于后金。这次大败责任全在王化贞，但熊廷弼也一同被逮。后魏忠贤以行贿熊廷弼为借口，逮治屠戮东林党人，熊廷弼含冤被杀，王化贞则直到崇祯年间才伏诛。

广宁失陷后，朝廷陷于恐慌之中，均主张退守山海关，新任经略王在晋就是持此主张的代表人物，他甚至荒谬地建议在山海关外八里铺修筑重关。此时，大学士孙承宗挺身而出，自请督师山海关外。孙承宗（1563—1638），字稚绳，号恺阳，保定高阳（今属河北）人。天启元年，以左庶子充日讲官，次年拜兵部尚书兼东阁大学士。他不愿在内阁安享清闲，而是以边务为重，自请到辽东巡视。经实地考察后，他要求出任督师，熹宗欣然同意，命他经略山海关及蓟、辽、天津、登州、莱州军务。孙承宗到辽东后，定军制，明职责，练士卒，造军器，拓地四百里，开屯五千顷，军威大振，后金军不敢轻易西进。

正当恢复辽东计划稳步行进之时，朝内形势急遽逆转，以魏忠贤为首的阉党完全控制了朝局，东林党人纷纷被逐。孙承宗与熹宗有师生之谊，欲在天启五年十一月万寿节时入朝，面陈是非。阉党得到消息，十分恐惧，魏广微恫吓魏忠贤说："承宗拥兵数万，将清君侧，兵部侍郎李邦华为内主，公立齑粉矣！”魏忠贤大惧，到熹宗面前痛哭，熹宗遂令传旨，连夜派三道飞骑阻止。孙承宗已抵达通州，闻命只得返回。[12]不久，孙承宗被迫去职，改由阉党分子高第经略辽东，随军赞画则是“五虎”之一田吉。高第视辽东为畏途，不肯上任，接二连三向魏忠贤求救，遭到拒绝，才悻悻赴任。天启六年正月，努尔哈赤知明廷更换经略，便率军西渡辽河，再次向明朝发起攻势。熹宗得知辽东战火又起，命高第严饬将领，修备战守，务保万全。但高第被后金军吓破了胆，下令关外驻军全部撤到关内。

对于高第弃辽的做法，袁崇焕坚决反对。袁崇焕（1584—1630），字元素，号自如，广西藤县人，祖籍广东东莞。万历年间中进士，授福建邵武知县。天启二年擢兵部职方主事，单骑出关巡察辽东，还京后自请守辽，超擢为宁前兵备佥事，协助孙承宗筑宁远城。高第强令撤兵，袁崇焕大义凛然地说：“我宁前道也，官此，当死此！”高第竟置袁崇焕于不顾，将锦州、右屯、大小凌河、松山、杏山、塔山等地明军全部撤入关内，宁远成了一座孤城。面对后金军的围攻，袁崇焕集中兵力，以两万军队抗击后金五六万人，战斗进行得十分激烈。最后袁崇焕用火炮击伤努尔哈赤，击退后金军，取得宁远战役的胜利。天启六年秋，努尔哈赤去世，皇太极继位。翌年五月，皇太极以报父仇为借口，率军十三万围锦州，攻宁远，结果再次受挫。这两次胜利史称“锦宁大捷”。袁崇焕凭恃孤城力退敌军，是孙承宗四年经营辽东的成果，是袁崇焕与辽东人民浴血奋战换来的果实。但当时魏忠贤一手遮天，功劳自然也被记在他头上，其从孙魏鹏翼封安平伯，从子魏良栋封东安侯，一时文武冒滥增秩赐荫者数百人。而袁崇焕却在内外猜忌之下，被迫引病告归。

思宗即位后，再次起用袁崇焕督师蓟辽，袁崇焕制定了长期的防御计划。崇祯二年（1629）十月，皇太极知袁崇焕防守宁远甚坚，便避开其防线，绕道蒙古，由长城喜峰口南下，进围京师。袁崇焕闻讯，急忙率军入援，抵达京师广渠门外，与后金军对峙。皇太极施展反间计，思宗刚愎多疑，果然中计，将袁崇焕下狱。部将祖大寿逃回山海关，被狱中的袁崇焕以手书召回。总兵满桂出战，兵败身死。皇太极也并未强攻京城，在攻克遵化、永平（今卢龙）、滦州、迁安四城后，于当年年底沿原路返回辽东。翌年，思宗磔杀袁崇焕，籍没其家，兄弟妻子皆流放三千里，一代名将竟落得如此下场。“自崇焕死，边事益无人，明亡征决矣。”[13]思宗再次起用孙承宗督师，孙承宗收复关内四城，并修筑关外大凌河城。崇祯四年，皇太极围攻大凌河，平毁其城而回，孙承宗引咎辞职。

皇太极虽然取得一些胜利，但他认识到明朝未可轻图，入主中原时机尚未成熟，便想先征服朝鲜和蒙古，巩固基地，因而多次表示愿同明朝议和，还以迫使明廷接受和议为名，多次派兵绕道蒙古入塞，掠夺人口和财产。崇祯七年，后金军从宣府、大同进入山西，如入无人之境，大肆杀掠近两月后，原路返回。思宗虽有议和之心，但又认为这是奇耻大辱，严加保密，迟疑不决，议和一直未有进展。崇祯九年，皇太极即皇帝位，建国号大清，改元崇德，表达了想取代明朝统治全中国的愿望。即位不久，就派兵从北京西北方向的独石口入关，攻克居庸关，大掠京畿而去。崇祯十年，清军攻占皮岛，这是明朝在辽东沿海防线的大本营，夺得皮岛，清军便解除了后顾之忧，可合力在辽西与明军对抗。崇祯十一年九月，清军再次突入京畿，并深入到山东境内，攻陷七十余城，直到次年三月才出关，给中原地区造成极大摧残。

经过多次南下攻掠，皇太极对明朝实力已是心中有底。他决定拔掉辽西从北到南的锦州、松山、杏山、塔山、宁远、山海关一线据点，彻底扫清入关道路。崇祯十四年三月，清军遍挖深壕，包围了锦州。明朝负责前线指挥的，是蓟辽总督洪承畴。锦州告急，洪承畴亲率十三万大军前往救援。洪承畴深谙军事，主张“以兵护粮饷辎重，由杏山输松山，再由松山输锦州，步步为营，以守为战”。这在当时形势下确实是一种稳妥策略。但思宗和兵部尚书陈新甲既不懂军事，也不了解实际情况，却屡下急令，催促洪承畴进兵。洪承畴不敢违令，遂将粮草留在杏山和松山之间的笔架冈，率六万人急进松山，在乳峰山击败清军。皇太极见事态严重，遂动员全部兵力，并亲率三千精骑星夜赶赴松山。清军“自山至海，横堑大路，断其杏山之饷，并分军败其塔山护饷之兵，遂获笔架冈积粟”[14]。洪承畴被围困在松山，与后援军的联系被切断。他欲与清军在松山决战，但军心动摇，总兵王朴、唐通、马科、吴三桂、白广恩等相继夺路而逃，遭到清军追击和截杀，阵亡五万余人，仅吴三桂、王朴残部退入宁远。洪承畴与总兵曹变蛟、王廷臣以及巡抚丘民仰，率万余人退守松山孤城，五次突围不成。崇祯十五年二月城陷，洪承畴投降，曹、王、丘不屈而死。坚守锦州的祖大寿战守计穷，被迫出降，塔山、杏山等相继陷落。

经此一战，明军主力丧失殆尽，再也无力抗击清军。崇祯十六年八月，皇太极暴亡，幼子福临即位，改元顺治。而此时明朝正陷于农民起事的烈火之中。次年三月，明朝京师被农民军攻占。清朝闻讯，遂整军以待，不久即入主中原。

第四节 农民起事与明朝灭亡

明朝中叶以来，小规模的农民起事一直未曾间断，民间秘密宗教组织发展迅速。天启二年（1622），白莲教首领徐鸿儒在山东郓城起事，自称“中兴福烈帝”，先后攻下郓城、邹县、滕县、峄县等地，众至数万人，坚持半年之久，才被镇压下去。天启七年二月，陕西澄城知县张斗耀追比税粮，“催科甚酷，民不堪其毒”[15]，白水农民王二怒杀之，明末农民起事的序幕正式揭开。陕西地处边防前线，屯驻士兵很多，粮饷常缺，军官残虐，经常激起兵变。这里的土地极为贫瘠，无力承担苛重的赋役，又连年荒旱，人民无以为生，流离失所。因而，王二点燃起事的火把后，立即在西北燃起熊熊大火。

崇祯元年（1628），府谷王嘉胤、宜川王左挂、安塞高迎祥、汉南王大梁等先后起事。次年，后金兵侵入关内，明廷调兵勤王，因缺饷乏食，甘肃、陕西、山西官兵途中哗变，返回陕西一带参加起事。同年，明廷为节省开支，裁撤天下驿站十分之三，大批驿卒一时失业，也投身于起事队伍。陕西米脂县人李自成、肤施县人张献忠，均于此时参加起事，后来成为农民军的著名领袖。崇祯三年起，各路农民军纷纷由陕西流入山西，山西饥民大量加入。这时活动于陕西、山西地区的农民军，分散为若干部，由于缺乏集中的领导和严密的组织，基本上各自为战，分合无定。当时势力最大的是王嘉胤，所部有众数万。后王嘉胤为部下杀害，众推其部将王自用为首，号紫金梁。王自用乃联合高迎祥、张献忠、马守应、罗汝才、李自成等三十六营，占据山西，众至二十余万。

陕西农民起事后，明廷起初不够重视。崇祯二年，以左副都御史杨鹤为兵部右侍郎，总督三边军务，负责平定乱局。他采取抚剿兼用、以抚为主的政策，部分农民军接受招抚，解散还乡，但他们的生存仍无法解决，不得不“降而复叛”，重新起来反抗。崇祯四年，杨鹤因主抚受到弹劾，被谪戍，延绥巡抚洪承畴升任三边总督。洪承畴改招抚为急剿，与农民军多次发生激战。陕西农民军屡战不利，大都突围进入山西地面，与山西农民军合流。崇祯六年，王自用牺牲，高迎祥被推举为首领，称闯王。在明军压迫之下，农民军向山西南部发展，会集于黄河北岸，趁黄河封冻，渡河南下，进占河南西部。但李自成部没有离开关中，转战于秦岭南北。因南下农民军在渑池县登陆，史称“渑池渡”。这是农民军发展中的一个重要事件，此前他们局限于陕西、山西一隅，此后活动区域不断扩大，转战于河南、湖广、南直隶、四川、陕西诸省，形成全国性的大起事。

崇祯七年，明廷任命曾在陕西北部战胜农民军的延绥巡抚陈奇瑜总督陕西、山西、河南、湖广、四川五省军务，调集各路军马协同作战。农民军受到重创，张献忠等奔向商、雒，李自成则被围困在汉中兴安的车箱峡。李自成假意投降，陈奇瑜中计决意招抚，“檄诸将按兵毋杀，所过州县为具糗传送”[16]。李自成从容脱出困境，进入陕西，重举反明旗帜，其他农民军复来相会，队伍很快达到数十万人。陈奇瑜因此被削籍逮问，洪承畴接替其职。洪承畴调兵入陕，农民军则纷纷移师河南等地。洪承畴调集七万大军往河南会战。

崇祯八年正月，农民军首领高迎祥、罗汝才、张献忠、李自成等聚集于河南，共有十三家七十二营。他们在荥阳召开大会，商讨作战方略，决定采取“分兵定所向”的方针。会后，农民军向东南发动攻势，于正月十五日攻克凤阳，焚毁明皇陵。明廷极为震惊，思宗穿上素服痛哭，将漕运都御史杨一鹏逮捕弃市。但在这时，农民军内部意见发生分歧，张献忠独自率领所部东下庐州（今安徽合肥）、安庆，经湖广返回陕西。高迎祥等则回军西趋归德（今河南商丘），也返回陕西。为了加强围剿力量，明廷又任命湖广巡抚卢象昇总理直隶、河南、山东、四川、湖广等处军务，令洪承畴督关中，卢象昇督关外，各专一方，分地剿防。

崇祯八年冬，高迎祥、张献忠等再次东出河南，于次年正月进入南直隶，攻庐州、和州、全椒、含山等地，然后以数十万兵力围攻滁州。明廷急派卢象昇率关外兵应援，农民军失利，撤围而去，转战于河南，下汉中，出陈仓，试图进攻西安。在陕西盩厔（今周至），农民军遭到陕西巡抚孙传庭的伏击，高迎祥被俘牺牲。不久，李自成继为闯王，农民军形成以李自成和张献忠各自为首的两大势力。李自成转战于陕西、四川等地，在四川连下三十余州县，进逼成都。后失利，退据商雒山中。张献忠则转战于河南、湖广等地，围攻襄阳，又顺江东下，势力达到淮、扬，后在桐城亦失利。此时熊文灿刚接替洪承畴出任五省军务总督，张献忠暂时接受其招抚，屯据谷城，积蓄力量，待机而动。

崇祯十年，原总督三边军务杨鹤之子、兵部尚书杨嗣昌，提出一个称为“四正六隅十面网”的总体战略，即由总理、总督全盘指挥，以陕西、河南、湖广、江北为“四正”，由各巡抚分别负责本地防守和进剿事宜；以延绥、山西、山东、江南、江西、四川为

"六隅"，各巡抚视情况变化或分别防守，或协同进剿；由"四正"和"六隅"配合，就形成了"十面网"。崇祯十二年五月，张献忠于谷城重新起兵，转战于湖广、河南、四川、陕西交界地区。熊文灿因此被罢职逮捕，几个月后被处死。许多朝臣要求杨嗣昌亲自到前线实现其战略部署，杨嗣昌只好"自请督师"，思宗遂命其以礼部兼兵部尚书、东阁大学士职衔出外督师，赐尚方剑，"各省兵马，自督、抚、镇以下俱听节制，部、参以下即以赐剑从事"。[17]

李自成听到张献忠复起的消息，也出山征集兵力，同明军作战。但先为陕西总督郑崇俭所败，后被督师杨嗣昌围于巴西鱼腹山中，部众散亡殆尽，再度陷入困境。杨嗣昌集中兵力对付张献忠，张献忠遂于崇祯十三年夏突入四川，半年之内，几乎走遍全川，行程五六千里，明军疲于奔命，无法追击，但尾随而已。明军倾全力对付张献忠，河南防务空虚，使李自成获得崛起的良机。他率领五十骑人马，经湖广郧阳、均州，到了河南。是时河南大饥，饥民纷纷加入农民军，李自成声势复振，于是占永宁（今洛宁），下宜阳，众至数十万。崇祯十四年初，李自成攻破洛阳，杀福王朱常洵，发王府金银及富室窖藏赈济贫民，向民众宣布："王侯贵人剥穷民视其冻馁，吾故杀之，以为若曹。"[18]在四川转战的张献忠，侦知湖广防务空虚，乃由四川开县东下，进入湖广，昼夜急驰，仅以八天时间便突至襄阳城下，一举破城，杀死襄王朱翊铭及贵阳王朱常法，发银十五万两赈济饥民。杨嗣昌的战略完全落空，又连失亲藩，遂忧惧自杀。

崇祯十五年，李自成在项城、襄城、朱仙镇、郏城、汝宁等地接连重创明军，略定河南。然后挥军南下湖广，于十二月破襄阳、荆州（今湖北江陵）。崇祯十六年正月，又破承天（今湖北钟祥），移檄黄州（今湖北黄冈），不出数月，湖广北部各州县皆在控制之下。李自成遂改襄阳为襄京，称新顺王，委任文武官职，正式建立了政权。张献忠自攻破襄阳后，却屡被明军击败，穷蹙之余往投李自成，彼此不能合作，乃东走英霍山区，势力复振，向西再度进入湖广。崇祯十六年三月，张献忠攻下黄州，称西王。五月，又连下汉阳、武昌，执楚王朱华奎投之江中，屠戮明朝宗室，散发楚王府积金赈济饥民。张献忠改武昌为天授府，称大西王，建立了另一个政权。

崇祯十六年夏，李自成召集文武官员商议作战方略，众人看法不一：左辅牛金星主张先取河北，直捣北京；礼政府侍郎杨永裕主张先取南京，截断漕运，坐困京师，然后北伐；兵政府从事顾君恩主张先定关中，然后攻取山西，进捣北京。依当时形势而论，第二种方案实为上策。但李自成采纳的是第三种方案。方略定后，李自成便统率大军北伐，在南阳、汝州击败刚由陕西总督升任督师的孙传庭。十月间攻破潼关，明督师孙传庭战死。至此，明军主力已全被击溃。十一月，李自成攻占西安，派兵略定西北。张献忠部农民军也于七月末放弃武昌南下，攻克岳州（今岳阳），占领长沙。张献忠觉得长沙未易进取，莫如四川易守难攻，年末遂弃长沙西走。

崇祯十七年正月，李自成改西安为西京，建国号为大顺，改元永昌。此时其军队总兵力已达百万以上。是月，张献忠部复入四川。二月，李自成统兵从西安出发，由龙门渡过黄河，直指太原，明军望风归降。二月初八，农民军攻破太原，分兵两路：一路东出固关，趋大名、真定；李自成则自率主力，连克忻州、代州，三月初一突破宁武关，进抵宣府（今河北宣化）。明大同、宣府、阳和、居庸关守军纷纷投降。三月十六日，李自成过居庸关到昌平，焚毁明十二陵享殿。三月十七日，农民军进围北京，明城外三大营军皆溃降。三月十八日，农民军攻占外城，思宗见大势已去，于十九日凌晨在煤山（今景山）自缢。此时，张献忠部农民军仍在四川攻城略地，七月克重庆，八月破成都。十一月，张献忠改成都为西京，正式建国，国号大西，年号大顺。

此前一年，清朝皇太极去世，其子福临继位，改元顺治，是为清世祖。因福临年幼，由其叔父睿亲王多尔衮摄政。鉴于明朝已被农民起事搞得疲惫不堪，多尔衮调整了对明政策，决心趁机入主中原。李自成攻占北京后，多尔衮感到时机来临，立即出动大军。此时镇守山海关的明朝宁远总兵吴三桂，原拟投降李自成，但当他率军抵达永平以西的沙河驿时，得知其父吴襄在京城被大顺军拘捕索饷，爱妾陈圆圆被李自成部将刘宗敏夺去，遂返回山海关，并向清朝乞援。清军原拟绕过山海关，从长城隘口突入，途中遇到吴三桂所遣乞师人员，立即改变行军路线，赶赴山海关。李自成得知吴三桂东还后，亦亲自率师出征，比清军早一步到达，突破吴三桂防线，开始攻城。正当吴三桂难以支撑之时，清军赶到，吴三桂遂降清，合力与李自成作战。李自成大败，退回北京，二十九日仓促即帝位，改元永昌，当晚就焚烧宫殿及各城门楼，出阜成门退往西安。五月初二，多尔衮进抵北京。九月，福临自沈阳来到北京。十月初一举行定鼎登基大典。一个新王朝的统治开始了。

第五节 明朝灭亡的原因

明朝的灭亡是一个复杂的历史现象。自清代以来，人们普遍认为，统治集团的昏乱、苛敛和纷争，是导致王朝倾覆的主要原因。现代历史学家也大多持有类似观点。但也有一些学者主张，明朝的灭亡主要不是人为因素所致，而是生态环境异常变化的结果。有人甚至发出这样的疑问：“明清之际的社会鼎革，是人力，还是天意？”

我们认为，尽管白银流入减少、自然灾害频发等外在因素，在加剧社会矛盾、加速明朝灭亡方面发挥了辅助性的重要推动作用，但它们并非把明朝推向覆灭深渊的关键因素。归根结底，统治体制和社会经济结构中存在的内部矛盾和痼疾，才是导致明朝灭亡的根本原因。这些矛盾和痼疾在许多方面都表现出来，以下四个方面的负面影响最为严重：

第一，贫富之间的极度分化。万历以降，缙绅地主利用投献、强夺、购买等手段，占据了大量田地，积聚了巨额财富。顾炎武根据亲身见闻指出：“自万历以后，天下水利、碾硙、场渡、市集，无不属之豪绅，相沿以为常事矣。”[19] 这些占据了丰厚利薮的势豪大户，总是千方百计减轻自己的赋税数量；官府为了完成征税任务，只能主动或被动地将势豪大户逃避的税额转嫁到庶民百姓身上。由此形成一个恶性循环的过程，致使贫富分化的程度越来越高，国家的赋税潜力越来越小，社会矛盾的郁积越来越深。崇祯末年，给事中曾应遴曾尖锐地指出：“臣闻有国家者，不患寡而患不均，不患贫而患不安。今天下不安甚矣，察其故，原于不均耳。何

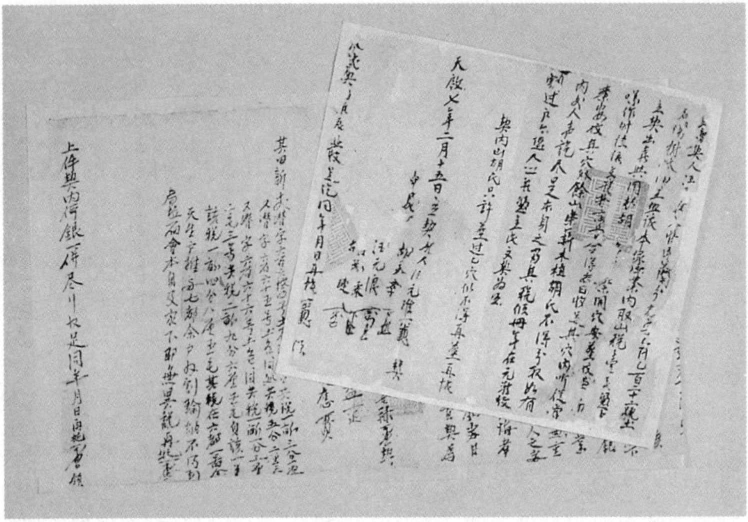

图 20–1　卖地契（天启七年）

以言之？今之绅富，率皆衣租食税，安坐而吸百姓之髓，平日操奇赢以役愚民，而独拥其利。有事欲其与绅富出气力、同休戚，得乎？故富者极其富，而每至于剥民；贫者极其贫，而甚至于不能聊生。”[20] 明代中叶以来的赋役改革，曾试图在一定程度上解决缙绅避役和赋役不均问题，但成效并不太大。明朝末年，有人建议剥取绅富赀财以纾国难，如武生李琎建议“括江南富户，报名输官，行首实籍没之法”[21]，巡按御史高名衡疏请惩治不法乡宦，以为“籍其家，足以供九边十年之饷”[22]。但明朝政府本身就是以地主阶级为统治基础的，因而这些建议必然会招致猛烈反对，更不可能付诸实施。

第二，区域之间的巨大差距。自唐代后期以来，江南的经济发展水平就超越了北方，进入明代后，南北经济差距仍在继续扩大。由于南方田地较肥，产量较高，北方田地较瘠，产量较低，所以在赋役制度方面，存在着“江之北以丁定差”、“江之南以田当差”的差别。明后期实行的按亩加派，不考虑北方田地贫瘠的自然条件，强行平均摊派，这当然是极不合理的。针对这种不合理做法，葛守礼曾批评说：“南方田无斥卤不毛，亩率值几金，甚一二十金，但有水利，岁可两三收几石；北地无论中下，其价其产，与南悬绝，即上地亦不能与之比埒，乌得从而加征乎？”[23]加派之后，北方的赋税负担大幅上升，百姓不堪重负。崇祯四年（1631），给事中刘懋在奏疏中谈道：陕西临潼的条编之税，万历中年每亩不过五分，“嗣后岁岁加派”，到此时每亩已达八分三厘，再加上加耗科索，每亩实征一钱余，也就是每地一顷需出条鞭银十余两。他质问道：“夫一顷所出，除人工食用外，岂能办银十余两乎？”[24]在“以丁定差”的原则下，北方百姓的徭役本就很重，现在田赋又大幅提高，这当然是他们无法承受的。此外，北方的农业生产技术、商品经济发展程度以及人民群众的生活水平，也都落后于南方，因而承受自然灾害和经济剥削的能力相对较低，更容易爆发全面性的社会危机，从而成为明末农民大起事的发源地和主要活动区域。

第三，统治集团的整体腐败。张居正改革夭折后，明朝统治集团迅速腐败。作为最高统治者的几任皇帝，神宗贪财怠政，熹宗荒嬉昏聩，思宗虽有中兴之志，但其性格刚愎自用，并无力挽狂澜的本领。皇帝以下从中央到地方的各级官员，大多“衣冠而为囊橐之寄，朝列而有市井之容”[25]，贪污腐败现象达到十分惊人的程度。地方官员就任，“每一下车，富单先出，名为签役之先资，实则渔民之秘计”[26]，做官几乎成了劫财的手段。思宗在一份《罪己诏》中曾对官僚队伍发出这样的指责：“今出仕专为身谋，居官有同贸易。催钱粮先比火耗，完正额又欲羡余。甚至已经蠲免，悖旨私征；才议缮修，乘机自润。或召买不给价值，或驿路诡名轿抬。或差派则卖富殊贫，或理谳则以直为枉。阿堵违心，则敲扑任意。囊橐既富，则奸慝可容。”[27] 给事中韩一良也叹息说：“今之世局，何处非用钱之地？今之世人，又何官非爱钱之人？”他还分析说：“诸臣言蠹民者，俱归咎守令之不廉。然州县亦安得廉？俸薪几何，上司票取，不曰无碍官银，则曰未完抵赎；冲途过客，动有书仪，多则十金以上，少则十金以下；欲结心知，不在此例，岁送不知几许。至巡按荐谢每百金，旁荐五十金，其例也；近且浮于例，遇考满朝觐，或费至三四千金。夫此金非天降，非地出，而欲守令之廉，得乎？”[28] 在这种政治环境下，百姓无法生存下去，只能铤而走险，揭竿而起。

第四，官僚群体的剧烈纷争。万历以降，官僚群体的内部纷争日趋激烈，严重干扰了朝廷处理政务和解决现实问题的能力。因而，自清初以来，不少人都把党争视为明朝灭亡的一个重要原因。明末举人朱一是在国亡后，曾沉痛地评论说：“万历中，一二大君子研讲道术，标立崖畔，爰别异同。其后同同相扶，异异交击，有好恶而无是非，急友朋而忘君父，事多矫激，人用偏私……道术流而意气，意气流而情面，情面流而货赂，狐城鼠社，蔓引茹连，罔上行私，万端一例。遂致事体蛊坏，国势凌夷，局改时移，垣垒石破。”[29]《四库全书总目》在谈到顾宪成等人讲学时，也指出：“朝士慕其风者，多遥相应和，声气既广，标榜日增，于是依草附木之徒，争相趋赴，均自目为清流，门户角争，递相胜败，党祸因之而大起，恩怨纠结，辗转报复，明遂以亡。”[30]这些评论确实不无道理。但需要辨析的是，有些人在评论晚明党争时，往往对双方各打五十大板，这是不公允的。尽管双方阵营中都有“君子”和“小人”，但总体看来东林党人中“君子”居多，其对立阵营则是“小人”麇聚。东林党人“一堂师友，冷风热血，洗涤乾坤”[31]，要求朝廷倾听天下“公论”，支持赋役改革，代表了进步的力量。但他们大多数时间都处于被打压的境地，其政治与社会主张无法付诸实施。

在导致明王朝灭亡的因素中，还有一种因素虽然不如上面罗列的那些重要，但也值得一提，这就是明后期政府对于军士、驿卒等特种职业者的利益过分漠视。这些人基本上已与土地相脱离，他们从事的职业就是他们赖以糊口的主要方式，一旦丧失了职业或收入变得不稳定，他们便沦落为“被遗弃的社会集团”，往往不得不依靠非法手段维持自己的生存。由于财政匮乏，明后期政府常常拖欠士兵的军饷，致使他们的生活越来越缺乏保障，从而引发了大量兵变。陕西爆发农民起事后，大量贫困士兵投入其中，所以有官员断言：“秦寇即延、庆之兵丁、土贼也。”[32]崇祯初，为减少财政支出，大力裁减驿站，骤然失业的大量驿卒无以为生，“遂群聚为盗”，投入起事队伍之中。可以说，明末为缓解财政危机，过分漠视某些群体的生存窘况，在制度改革时未能顾及利益受损者的生存权，也是加速明朝灭亡的原因之一。

第二十一章

社会与文化的多元发展

第一节　民间力量的壮大与活跃

晚明时代，中国社会和文化曾发生深刻的变化。民间力量的壮大和活跃，就是其重要表现之一。当时民间力量增强的迹象在许多地区都可以发现，但以江南地区表现得最为显著和强劲。

所谓“民间”，也有人称之为“民间社会”，是指不在政府直接控制之下的生活空间和社会秩序。但必须注意：其一，“民间”与“国家”之间并不存在明晰的组织边界，二者也不是截然分立的封闭领域，民间并不排斥国家，有时还主动要求国家权力的介入；其二，构成“民间”之主体的“民”并非仅指普通民众，也包括活动于“民间场域”的各种具有政治身份的人物。

晚明民间力量的壮大和活跃表现在许多方面，地方精英在公共事务中的作用不断扩大，就是重要方面之一。明代前期，地方社会权力结构的基本框架是里甲制度。为了既能发挥富民层作为民间权威的领导作用，又能实施对富民层的有效控制和制约，政府要求由拥有财富（主要是土地）相对较多的人担任里甲首领，从而将富民层纳入由官府主导的组织框架内。在“职役性”的里甲首领之外，政府不希望有其他类型的地方权威存在，也严禁生员利用其身份地位干预地方事务。但从明代中叶开始，里甲首领的经济状况和社会地位日趋衰落，以绅士为主体的“非职役性”地方精英成为民间的主要支配阶层。此外非身份性的富民（包括经济实力不断提升的商人）活动能量也逐渐增强。这些新型地方精英在各类地方公共事务中发挥着越来越大的作用。比如，学校、社仓、桥梁、津渡之类的公益设施的建设和维持，大多都由他们倡导、组织和管理；在发生天灾人祸时，一般也是由他们出面组织赈济工作。在这种情况下，政府很难像里甲体制下那样对地方权力网络进行有效控制，而地方精英对政府的影响能力却日益增强，有些地方官甚至将“集儒绅耆彦议”视为决定地方兴革大事的必要程序。

民间组织和团体的广泛兴起，也是晚明民间力量壮大和活跃的一个重要方面。明代前期，地方社会的治安维持以及社区成员之间相互监督、相互负责的职能被赋予里甲组织。明代中叶以后，里甲组织的社区管理功能日趋萎缩，为了维护社会的稳定和秩序，也为了争取较多的利益与资源，地方社会出现了不少新的组织和会社。其中比较常见、影响较大的民间组织是宗族。许多绅士、地主和富商积极捐建祠堂，购置族田，在宗族中发挥领导作用。宗族可以调解族众之间的纠纷，向贫穷族人提供一些帮助和赈济，当然这也同时强化了宗族领导层对广大族众的控制。保甲、乡约等组织虽然大多是在政府的提倡下组建的，但其实际控制权也往往掌握在地方精英手中，甚至与宗族组织融为一体。晚明时代，民间还出现了形形色色的社与会。如在绅士以及无功名的读书人中，讲学会、文社、诗社很盛行，有些讲学会和文社不但讲学论文，还裁量人物，品评时政，对朝廷政治产生一定影响。下层民众也多有结成互助性会社者，宗教性的善会也多有出现。就连城市中的光棍流氓，也成立了“打行”、“访行”等专门组织。民间组织和团体广泛兴起，表明民间的自我组织能力有了很大提高。

晚明民间力量壮大和活跃的另一重要方面，是民间舆论和社会动员能力的明显增强。明朝初期，国家对民众的限制十分严格，要求民众各守本业，无故不得出外远游；同时严厉控制社会舆论，甚至制定了专门的法令禁止学校生员议论时政。明代中叶以降，随着市场经济的发展，人们的活动范围、交往频率以及信息传播的管道日益增加，民间舆论也变得日益活跃起来。从有关记载可以看出，晚明时代，由中央发行的邸报流传很广，在流传过程中还逐渐民间化，衍生出“小报”之类的读物。关心时政的人们，借此可以比较便捷地知晓朝廷发生的事情。这一方面可以加深他们对时政了解和关注的程度，另一方面也容易引发他们针对时弊发表自己的看法，从而导致社会舆论的活跃化。在晚明的江南等地区，人们还很喜欢用揭帖、传札甚至流言来表达和传播某种信息，这种方式往往可以在较短时间里营造出一种立场鲜明的大众舆论。信息传播的畅通和社会舆论的活跃，为凝聚和动员民众提供了很大便利。晚明江南等地曾多次发生“民变”（如万历年间发生的湖州民众反对劣绅董份的运动、松江民众反对劣绅董其昌的运动，都是其显例），这些激烈的民众运动基本上都是由充分的舆论动员激发的。

晚明民间力量的壮大和活跃，还引发了知识阶层的相应思考，从而产生了要求削弱君主集权、重视民间舆论的政治呼声。这种倾向在东林党人那里就表现得很明显，他们强烈反对皇帝或内阁独断专行，一再要求朝廷倾听反映“天下之公”的“众论”。被誉为“启蒙思想家”的黄宗羲，继承并发展了东林派的政治思想，对君主专制政体提出严厉批判，并主张充分发挥学校的议政功能。晚明时代，“保富”思想在江南一些士大夫中间也颇为流行。他们认为富民是维护地方社会稳定的重要力量，“亦国家元气所关”，强烈要求国家采取措施“安富”、“保富”、“爱富民”。上述要求重视民间舆论和保护富民的政治思想，带有鲜明的时代印记，体现了富民层的壮大及其在地方事务中作用增强的社会现实。

关于晚明民间力量壮大和活跃的历史含义和性质，还有待于进一步研究。最近一些年，哈贝马斯（Jürgen Habermas）提出的“公共领域”概念被引入中国社会研究。积极倡导使用这一概念的罗威廉（William T. Rome）指出，“或多或少不受政府控制的公共机构（如社仓、普济堂、育婴堂、敬节堂）和多功能的地方自育组织（如善堂等）的构建浪潮，首先兴起于晚明”，并将这一现象视为“公共领域”的产生和成长；而对将这一概念用于中国社会抱有怀疑的魏斐德（Frederic Wakeman, Jr.），也指出“绅士管理者出现于明末”，但他认为“这是‘有助于向公共利益提供服务和资源的地方层次上非国家活动的领域’意义上的公共领域，很难说是哈贝马斯之所言的公共领域”，并且强调国家在这些演化进程中所具有的持续的重要作用。[1]笔者认为，晚明民间力量的壮大和活跃，确实不能等同于西方式的“公共领域”的扩张，或者如黄宗智所说只是一种“没有公民权利发展的公共领域扩张”，很难期望从中发展出真正独立自治的社会。但无论如何，晚明民间力量的壮大和活跃，增强了民间社会的组织和动员能力，提高了大众舆论的活跃程度和社会作用，在一定程度上对专制统治产生了冲击和挑战，因而具有较大的历史进步意义。

第二节　奢中求雅的生活风尚

张居正去世后，大部分改革措施都遭到夭折的命运，早已在社会上弥漫的奢靡风气，也像决堤的江河，汹涌澎湃而不可遏止。在各种描写晚明情景的地方文献中，几乎都能发现对本地风尚日趋奢靡的忧虑和慨叹。万历《顺天府志》的编者谈到，当时京城的人士，忙于社会交往而对自己的亲戚却很冷淡，崇尚轻浮而讨厌老成，醉心于宴饮和游玩，把饮酒、赌博当成了本业；有的人家中没有什么储蓄，服饰、饮食、器用却像富豪一样，甚至为了筹集烧香拜佛的经费，不惜典妻卖子。南直隶的一些地方志也大多都有关于本地风俗奢靡的负面描述。如在江浦县，居民习惯于奢靡游惰，男子不努力耕田，女子不努力纺织，宴饮、游玩、服饰等方面的奢华，完全可以与京城相比。上海县的豪门大族也以奢靡互争雄长，宴会必穷水陆之珍，住宅必极雕镂之美，家中往往养着几十名奴仆，他们穿着的服装、乘坐的车轿，其豪华程度甚至超过士人。在巢县，万历末及天启、崇祯初，人们争相以宫室高大、衣服华丽、酒食丰美为荣，宴会必摆陈海味数十种，器用务求精巧；担夫家的妇女也要穿着彩帛，贫穷佃户也要置办丰美的酒席，就是借贷也要这样做，不然就会感到耻辱。类似的记载在晚明以后编纂的地方志中，可谓比比皆是。

晚明时代，服饰仍是社会风尚变化的最明显的标志。江南士民在服装用料上越来越讲究，几乎是“衣必绮纨”；有些人觉得“罗绮不足珍”，“求远方吴绸、宋锦、云缣、驼褐价高而美丽者以为衣”。[2] 服装的款式也越变越快，越变越怪。据顾起元《客座赘语》卷一记述，南京的服饰，隆庆、万历以前还比较朴谨，官员都戴忠静冠，士人都戴方巾，但到万历年间，巾冠的式样日新月异，奇形怪状，有所谓汉巾、晋巾、唐巾、诸葛巾、纯阳巾等十几种；妇女的衣饰，万历前期还是大约十年一变，到万历后期则是两三年一变，发髻的大小、高低，衣袂的宽窄、长短，花钿的样式，衣料的颜色，头上的首饰，脚下的鞋子，无不花样翻新。顾起元还特别谈到，当某种衣饰流行之时，“众以为妍”，一旦过时，则“向之所妍，未有见之不掩口者”。正因为衣饰屡变，妇女们为了追求时髦，不得不时常措办新衣，以致家庭的物力大半消耗于此。著名文人张岱曾以戏谑的口吻谈道：浙江人极无主见，苏州流行什么，必极力模仿，以致巾帻忽高忽低，袍袖忽大忽小，可总是落后苏州一步，所以苏州人经常讥笑浙江人为“赶不着”。除不断翻新外，晚明服装的颜色也十分鲜艳，男子的穿着打扮与妇女很难区分。浙江士人李乐对“凡生员、读书人、家有力者，尽为妇人红紫之服”的情形深为不满，套用唐诗讽刺说：“昨日到城郭，归来泪满襟。遍身女衣者，尽是读书人。”[3]

图 21-1　云纹花缎便服（1966 年苏州虎丘王锡爵墓出土）

晚明时期，饮食方面也变得更加豪奢无度了。《金瓶梅词话》第二十二回曾谈到西门庆一次早餐的食谱："四个咸食，十样小菜，四碗顿烂：一碗蹄子，一碗鸽子雏儿，一碗春不老蒸乳饼，一碗馄饨鸡儿；银厢瓯儿里粳米投着各样榛松栗子果仁玫瑰白糖粥儿。"第三十四回又曾描述一次午餐的食谱："先放了四碟菜果，然后又放了四碟案鲜：红邓邓的泰州鸭蛋，曲弯弯王瓜拌辽东金虾，香喷喷油煠的烧骨，秃肥肥干蒸的劈晒鸡。第二道又是四碗嗄饭：一瓯儿滤蒸的烧鸭，一瓯儿水晶膀蹄，一瓯儿白煠猪肉，一瓯儿炮炒的腰子。落后才是里外青花白地磁盘，盛着一盘红馥馥柳蒸的糟鲥鱼，馨香美味，入口而化，骨刺皆香。"不仅像西门庆这样的富豪家庭如此，一般人家的饮食也比较讲究。《喻世明言》第一回记载小商人的妻子王三巧招待邻家婆子，很轻易地就摆出"两碗腊鸡，两碗腊肉，两碗鲜鱼，连果碟素菜，共一十六个碗"。这些小说家之言是有充足的现实根据的。很注意观察世风变化的晚明学者谢肇淛，就曾深有感触地说道："今之富家巨室，穷山之珍，竭水之错。南方之蛎房，北方之熊掌，东海之鳆炙，西域之马奶，真昔人所谓富有四海者。"[4]

晚明时代，人们对于住宅的要求也越来越高，房屋追求高大、宽敞，一般都是五间七间、九架十架，朝廷规定的间架标准早就被完全抛开。尤其值得指出的是，从嘉靖末年开始，私人造园之风越刮越烈，尤以江南地区为甚。江南居民"凡家累千金，垣屋稍治，必欲治一园"，以致"三吴城中，园苑棋置，侵市肆、民居大半"。[5]明末著名文人祁彪佳著有《越中园亭记》，记载了绍兴明中叶以后建造的园林，遍布城内外，仅城内一隅之地就有淇园、贲园、快园、有清园、秋水园、虫园、选流园、来园、樛木园、耆园、曲水园、趣园、浮树园、采菽园、漪园、乐志园、竹素园、文漪园、亦园、礋园、豫园、马园、今是园、陈园等。这些园林大部分小巧玲珑，布局造景都很精湛；也有的园林占地较广，建筑较多。正是因为造园成风，晚明涌现出一些优秀的园林专家。苏州吴江人计成就是其中非常知名的一位。他曾应邀为许多士大夫规划、营筑园林，并在总结自己丰富的实践经验的基础上，博采众长，撰写了我国第一部造园理论专著《园冶》。

《园冶》

《园冶》，计成撰。计成，字无否，苏州吴江人，生于万历十年（1582）。他能诗善画，尤善治园，主持建造了三处著名园林，即常州吴玄的东帝园、仪征汪士衡的嘉园和扬州郑元勋的影园。《园冶》崇祯四年（1631）成稿，崇祯七年刊行。内容包括"兴造论"和"园说"两篇，"园说"又分为相地、立基、屋宇、装折、门窗、墙垣、铺地、掇山、选石、借景十部分，并附图二百三十五幅。《园冶》全面论述了宅园、别墅营建的原理和具体手法，反映了中国古代造园的成就，总结了造园经验，是研究中国古代园林的重要著作。

家中摆设的家具，在晚明也处处讲究。范濂谈道：在他少年时代，还很少见到细木家具，但隆庆、万历以来，购置细木家具已成为一种比较普遍的社会风气，"虽奴隶、快甲之家，皆用细器"；

不仅如此，“纨绔豪奢，又以椐木不足贵，凡床厨几桌，皆用花梨、瘿木、乌木、相思木与黄杨木，极其贵巧，动费万钱”。[6]在晚明的江南等地，檀梨漆器很受富家青睐。扬州一位姓周的匠人曾独创一派，其法是用金、银、宝石、珍珠、珊瑚、碧玉、翡翠、水晶、玛瑙、玳瑁、砗磲、青金、绿松、螺钿、象牙、蜜蜡、沉香等原料，雕成山水、人物、树木、楼台、花卉、翎毛，镶嵌于檀梨漆器之上，“大而屏风、桌椅、窗槅、书架，小则笔床、茶具、砚匣、书箱，五色陆离，难以形容，真古来未有之奇玩也”[7]。

中国人很重视节庆活动，但在明代前期，由于社会经济比较萧条，节日活动也比较简单。明代中叶以后，社会经济日益繁荣，节庆活动也搞得越来越热闹。到晚明时代，许多地方的节庆活动过分铺张，耗费了大量金钱。范濂《云间据目钞》卷二曾记述松江举行的迎神赛会，盛况十分惊人：“各镇赁马二三百匹，演剧者皆穿鲜明蟒衣靴革，而幞头纱帽满缀金珠翠花。如扮状元游街，用珠鞭三条，价值百金有余。又增妓女三四十人，扮为寡妇征西、昭君出塞色名，华丽尤甚。其他彩亭旗鼓兵器，种种精奇，不能悉述。街道桥梁，皆用布幔，以防阴雨。郡中士庶，争挈家往观，游船马船，拥塞河道，正所谓举国若狂也。”李日华《味水轩日记》卷二中谈到，浙江秀水县濮院镇每年三月三征敛金钱举办神会，“结缀罗绮，攒簇珠翠，为抬阁数十座。阁上率用民间娟秀幼稚妆扮故事人物，备极巧丽。迎于市中，远近士女走集，一国若狂”。甚至以祭拜先人为宗旨的扫墓，也成为人们郊游狂欢的节日。如浙江人扫墓，“男女袨服靓妆，画船箫鼓，如杭州人游湖，厚人薄鬼，率以为常”。扬州人也借清明游玩，“靓妆藻野，袨服缛川”，“四方流寓及徽商西贾、曲中名妓，一切好事之徒，无不咸集。长塘丰草，走马放鹰；高阜平冈，斗鸡蹴踘；茂林清樾，劈阮弹筝”。[8]

明朝初年，对于赌博、嫖娼之类的不良生活方式，曾制定重刑加以惩治。但自明中叶以后，随着法网的日趋松弛，这类活动普遍流行起来。从有关记载看，当时各地都存在形形色色的赌博活动，有些地方甚至出现了“无处不赌，无人不赌，无日不赌”[9]的情景。明末张应俞撰写的《杜骗新书》，就专列“引赌骗”一类，记载了一些诱人赌博以赚取其钱财的故事。崇祯朝赫赫有名的外戚田弘遇，原来就是一个开赌场骗人的无赖，有数十家富人被他骗得倾家荡产，南京一位太学生一日之内就输掉了五千亩田地。晚明娼妓业的兴盛也达到空前未有的境地。谢肇淛《五杂俎》卷八曾概括说：“今时娼妓布满天下，其大都会之地动以千百计，其他穷州僻邑，在在有之。”他还谈到首都北京，“娼妓多于良家”，可见娼妓从业人数之多。南方各城市、市镇中的娼妓业更加兴盛，张岱《陶庵梦忆》卷四对此有所记述：如南京秦淮河边的房舍，因为便于交际和淫冶，“房租甚贵而寓之者无虚日”；扬州二十四桥边，“巷口狭而肠曲，寸寸节节有精房密户，名妓、歪妓杂处之”。晚明不少有钱人，终日沉湎于妓院，“挥斥千黄金不顾”。[10]

最后还应指出，明朝末年，在奢靡风尚席卷天下的时候，江南一些士大夫为了表示自己具有高雅的情趣，开始在奢靡的基础上追求雅致，力求使日常生活变得艺术化。一部地方志中说：“二三十年前，峻宇雕墙必朱丹金碧，游侠子弟必红紫靓衣。今若见此，则嗤笑欲呕，此大雅将还之验也。”[11] 这种“大雅将还”的迹象，首先出现于文化名城苏州，而后传播到其他地方。

以服饰为例，如前所述，晚明江南士人多着“色衣”。鲜艳的“色衣”的流行，也引起讲究情趣的士大夫们的不满。苏州文人文震亨指出，“徒染五彩，饰文缋”的着装，乃是“与铜山金穴之子侈靡斗丽”的庸俗行为。在他看来，有知识有教养的人的穿着，既不能太寒酸，也不能太奢靡，而应当“夏葛冬裘，被服娴雅，居城市有儒者之风，入山林有隐逸之象”。[12] 经过士大夫们的大力提倡，晚明苏州出现了一种闲适、优雅的着装风格。这种风格的服装被称为“苏样”，其特点是高冠博袖，标准的苏样是经过改良的僧鞋和道袍。《初刻拍案惊奇》卷二中描写财主吴大郎的穿着打扮是：“头戴一顶前一片后一片的竹简巾儿，旁缝一对左一块右一块的蜜腊金儿，身上穿一行细领大袖青绒道袍儿，脚下着一双低跟浅面红绫僧鞋儿。”吴大郎穿着的就是典型的苏样服装。

晚明苏州人钟爱的器物，一方面讲究要使用名贵的材料制作，另一方面也很讲究要做得古朴、雅致，能体现高雅的艺术情趣。王士性盛赞“姑苏人聪慧好古，善仿古法为之，书画之临摹，鼎彝之冶淬，能令真赝不辨”。确实，晚明时期，苏州仿制青铜器之风很盛，从留存下来的器物看，无论其形制、铭文、纹饰，乃至厚薄、轻重、锈色、气味诸方面，苏铸器物都与原件基本无异。苏州人的斋头清玩、几案床榻，讲究用紫檀花梨制作，但在款式上“尚古朴而不尚雕镂，即物有雕镂，亦皆商、周、秦、汉之式”。[13]

由苏州士大夫阶层掀起的以清雅为特色的生活方式，很快就被其他各社会阶层所仿效，尽管他们的模仿行为常常受到士大夫们的嘲笑。范濂就曾谈到，当时身份低下的皂快，也纷纷学起读书人的模样，“整一小憩，以木板装铺，庭畜盆鱼、杂卉，内列细桌、拂尘，号称书房”[14]。甚至光棍汪锡专门安置诱骗到的良家女子的囤子，也是“明窗净几，锦帐文茵。庭前有数种盒花，座内有几张素椅。壁间纸画周之冕，桌上砂壶时大彬”[15]。房室布置得甚是幽静清雅。可以说，对清雅的生活方式的追求，如同对奢靡的生活方式的追求一样，都是一种“炫耀性消费”。一旦某种生活风尚受到上层人士的肯定，中下层民众必然要跟风模仿，从而出现大量“伪清雅”的现象。

在地域上，清雅的生活方式也很快从苏州传遍江南各地，甚至北方一些地区也曾受其浸染。正如王士性所说，苏州“善操海内上下进退之权，苏人以为雅者，则四方随而雅之，俗者，则随而俗之”。比如，苏州创制的古色古香的器具，受到全国各地的追捧，“海内僻远，皆效尤之”。[16]据于慎行记述，本应当“以壮丽示威”的首都北京，晚明时期也刮起一股“雅素”之风，“衣服、器用不尚髹漆，多仿吴下之风，以雅素相高”[17]。京城一向崇尚雍容华贵的贵族妇女，也有不少转而穿着苏样服装。秦征兰《天启宫词》中提到，“客氏教宫人效江南作广袖低髻”。唐宇昭《拟故宫词》有云：“凤头鞋子制偏穹，内里相传代代同。一瓣莲名传母后，尽翻新样学吴中。”史玄《旧京遗事》也提到，熹宗八妹乐安公主“善吴装，行步容与，不为风女之态”。总之，晚明的宫廷深受以苏州为中心的江南文化的影响。

第三节 思想界的新气象

晚明是一个动荡的时代，统治集团日趋腐朽，内忧外患日趋深重。但晚明的思想文化十分繁荣和活跃。当时值得注意的两大思潮：一是将王学发展到极致的李贽的异端思想，二是因反思和批评王学而兴起的实学思潮。

李贽（1527—1602），字宏甫，号卓吾，又号温陵居士，福建泉州晋江人。泉州林李二姓同祖，原姓林，名载贽，后改姓李，避帝讳去掉载字。李贽先世曾从事经商，父亲以教书为生。嘉靖三十一年（1552）中举，历官河南共城教谕、南京国子监博士、礼部司务、南京刑部员外郎。万历五年（1677），任云南姚安知府。因性情耿介倔强，李贽在官场生涯中屡屡触忤上司。万历九年，他终于不堪束缚，辞职解官，此后二十余年专事讲学和著述。先是客居湖广黄安（今湖北红安）耿定理家，后徙居麻城龙潭湖芝佛院。万历十六年，他剃去头发，以示断绝鄙俗。晚年赴北京，居通州，遭人弹劾，以“敢倡乱道，惑世诬民”下狱，著述遭禁毁。李贽遂在狱中自刎而死。

李贽在南京任职期间，师事泰州学派创始人王艮之子王襞，对泰州后学罗汝芳、何心隐也很尊重。他称赞“心斋（王艮）真英雄，故其徒亦英雄也”，“一代高似一代”，并说何心隐为“万世之儒一人”。[18] 对于浙中王门的王畿，李贽也很尊敬。总起来说，李贽继承了泰州学派的思想观念和叛逆精神，同时也受到王畿、罗汝芳思想的一些影响，并将这些思想元素加以融会和创新，成为一位特立独行的著名思想家，为晚明思想史抹上一道重彩。

李贽敢于“颠倒万世之是非”，他认为：第一，是非标准是多元的，相对的，“人之是非初无定质，人之是非人也，亦无定论。无定质，则此是彼非并育而不相害；无定论，则是此非彼亦并行而不相悖矣”。第二，是非标准应当随着时间推移而改变，不存在万古不变的绝对标准，“夫是非之争也，如岁时然，昼夜更迭，不相一也。昨日是而今日非矣，今日非而后日又是矣，虽使孔子复生于今，又不知作何是非也，而遽可以定本行赏罚哉！”基于这种认识，李贽对于汉代独尊儒术以来的思想状况深为不满，尖锐批评说：“前三代，吾无论矣，后三代，汉、唐、宋是也。中间千百余年，而独无是非者，岂其人无是非哉？咸以孔子之是非为是非，故未尝有是非耳。”[19] 在他看来，儒家所谓的经典，“非其史官过为褒崇之词，则其臣子极为赞美之语，又不然则其迂阔门徒、懵懂弟子记忆师说，有头无尾，得前遗后”，根本不是“万世之至论”，而后世俗儒却抱住不放，遂成为“道学之口实，假人之渊薮”。[20]

正是出于对假道学的极度厌恶，李贽大力宣扬“童心”说。他指出：“童心者，真心也。若以童心为不可，是以真心为不可也。夫童心者，绝假纯真，最初一念之本也。若失却童心，便失却真心；失却真心，便失却真人。人而非真，全不复有初矣。”[21] 可见，李贽所谓“童心”，就是一种未曾受到污染和侵蚀的天真、纯朴、真诚的精神状态。李贽的“童心”说与王阳明的“良知”说有一定继承关系，但二者在精神实质上又有很大区别。王阳明认为，“良知”即是义理，强调天理与人欲之区别，而李贽则将“童心”视为未受义理蒙蔽之心，强调“童心”是绝假纯真的最初一念之本心。李贽对于理学家“存天理，灭人欲”之说教深恶痛绝，强调顺应本真之性率性而为，“成佛证圣，惟在明心，本心若明，虽一日受千金不为贪，一夜御十女不为淫”[22]。

从“童心”说出发，李贽进一步认为，自私是人的天性，“夫私者，人之心也。人必有私，而后其心乃见；若无私，则无心矣”[23]。他继承了泰州学派“百姓日用之学”的思想，并予以更加彻底的发挥，提出：“穿衣吃饭，即是人伦物理；除却穿衣吃饭，无伦物矣。世间种种，皆衣与饭类耳。故举衣与饭，而世间种种自然在其中。非衣饭之外，更有所谓种种与百姓不相同者也。”他反对脱离基本的物质生活去空谈伦理道德，认为“民情之所欲”即为“至善”。有人向他请教“舜之好察迩言”之义，他回答：“无一迩言而非真圣人之言……如好货，如好色，如勤学，如进取，如多积金宝，如多买田宅为子孙谋，博求风水为儿孙福荫，凡世间一切治生产业等事，皆其所共好而共习、共知而共言者，是真迩言也。”[24]

李贽的种种言论在当时不啻石破天惊，道学家们难以忍受，抨击他为“异端之尤”。对于这些攻击，李贽表示轻蔑，他曾对与他志同道合的焦竑说：“今世俗子与一切假道学共以异端目我，我谓不如遂为异端，免彼等虚名加我。”[25]另一方面，李贽也有大批追随者和支持者，在当时的思想界和文化界产生了巨大影响。《四库全书总目》之《藏书》提要云：“（李）贽书皆狂悖乖谬，非圣无法。惟此书排击孔子，别立褒贬，凡千古相传之善恶，无不颠倒易位，尤为罪不容诛。其书可毁，其名亦不足以污简牍，特以贽大言欺世，同时若焦竑诸人，几推之以为圣人，至今乡曲陋儒，震其虚名，犹有尊信不疑者。”从这些充满偏见的评论中，也可窥见李贽思想之大胆与影响之深远。

王学不断衍化，或流于玄虚，或趋向异端，也引起王学内部和外部一些人的反思和批评。晚明实学思潮的兴起，就是对王学流弊的逆动。

开创晚明实学思潮之端绪的，是以顾宪成、高攀龙为首的东林学派。他们认为当时王学已是“百病交作”，于是“起而救之，痛言王氏之弊”。顾宪成对“良知”说提出严厉批评，指出：“此窍一凿，混沌几亡，往往凭虚见而弄精魂，任自然而藐兢业。陵夷至今，议论益玄，习尚益下。”[26]他痛斥“四无”之说是“以学术杀天下万世”，是“率天下而归于一无所事事”。高攀龙从认识论的角度，认为“除却圣人全知，便分两路去了，一者在人伦庶物、实知实践去，一者在灵明灵觉、默识默成去”。因有此两者之分，宋朝陆九渊与朱熹“遂成异同”，本朝薛瑄与王阳明“便是两样”。在高攀龙看来，“两者递传之后，各有所弊，毕竟实病易消，虚疾难补。今日虚证见矣，吾辈当相与稽弊，而反之于实”。[27]他再三提倡“不贵空谈，而贵实行”，力图矫正王学末流避实蹈虚之弊。

继东林而起的复社也大力反对空谈，倡导实用。复社领袖张溥认为，由于士人高谈心性，不通经术，遂致“登明堂不通致君，长郡邑不知泽民，人才日下，吏治日偷”，因此他为复社规定的宗旨，就是“兴复古学”、“务为有用”。[28]复社另一领袖张采，批评王门“奉天竺为大师，授禅宗以资辨，其说汪洋，其旨虚渺”，他质疑说：“止言良知，不言致。譬如衣在笥，食在案，终日说衣食，如不衣之食之，毕竟笥案间物，何与人事？”[29]复社成员陈子龙既不信奉程朱理学，也不推崇陆王心学，而以“亟为世用”为目标，认为诸子百家之学，“或可以参圣道，或可以助政治，或可以颛应对，或可以资谋策”，都应当“去其踳驳过当之说，而取其适于世用者”。[30] 他耗费许多精力，主持编纂了五百零八卷的《明经世文编》，就是为了一洗“士大夫经济阔疏之耻”。

除上述学者外，刘宗周提倡“离气无理”、“道不离气”，批评王学之虚无，黄道周提倡“实测”，重视躬行和实践，孙奇逢提倡“兼收朱陆，随时补救”，讲求“躬行实践，舌上莫空谈”，都丰富和充实了实学思潮的内容。

第四节　公安派、竟陵派与小品文的兴盛

明代中叶以来的文坛为复古主义所笼罩，唐宋派虽起而抗衡，但难遏其势。到万历年间，“公安派”异军突起，一扫复古之腐气，给文坛带来了生机。

公安派之得名，因其代表人物袁宗道、袁宏道、袁中道是湖广公安（今属湖北）人。袁宗道（1560—1600），字伯修，号玉蟠，万历十四年（1586）进士，选庶吉士，授翰林编修，官至右春坊右庶子。袁宏道（1568—1610），字中郎，号石公，万历二十年进士，授吴县知县，官至吏部主事。袁中道（1570—1626），字小修，万历四十四年进士，授徽州教授，官至南京吏部郎中。对于公安派文学理论的形成，三袁都发挥了各自的作用。长兄袁宗道最先起来反对复古，推崇唐代白居易和宋代苏轼，所以钱谦益谓公安一派，“实自伯修发之”。袁宏道则大大丰富和深化了反复古理论，“中郎之论出，王（世贞）、李（攀龙）之云雾一扫，天

下之文人才士，始知疏瀹心灵，搜剔慧性，以荡涤摹拟涂泽之病，其功伟矣”[31]。袁中道齿最幼，寿最长，进一步扩大了公安派的影响，并下启竟陵派。

公安派的文学理论深受李贽“童心”说的影响。袁宏道《叙陈正甫会心集》云：“世人所难得者唯趣，趣如山上之色，水中之味，花中之光，女中之态，虽善说者不能一语，唯会心者知之。……夫趣得之自然者深，得之学问者浅。当其为童子也，不知有趣，然无往而非趣也。面无端容，目无定睛；口喃喃而欲语，足跳跃而不定；人生之至乐，真无逾于此时者。……迨夫年渐长，官渐高，品渐大，有身如梏，有心如棘，毛孔骨节，俱为闻见知识所缚，入理愈深，然其去趣愈远矣。”在创作实践中，他们追求“以出自性灵者为真诗”，袁宏道《叙小修诗》称扬其弟之作：“大都独抒性灵，不拘格套，非从自己胸臆流出，不肯下笔。”所谓“独抒性灵”，就是抒发自己的真个性、真感情，所谓“不拘格套”，就是不为一切套式、格律所束缚。

继公安派而起的竟陵派，其代表人物钟惺、谭元春都是湖广竟陵（今湖北天门）人，故名。钟惺（1572—1624），字伯敬，号退谷，万历三十八年进士，授行人，官至福建提学佥事。谭元春（1586—1637），字友夏，少聪慧而科场不利，天启七年（1634）始中举人。二人曾合编《古诗归》和《唐诗归》，在序文和点评中宣扬自己的文学观，风行一时。

在文学理论上，竟陵派接受了公安派“独抒性灵”的主张，反对拟古模仿，崇尚性灵。但他们对公安派提倡诗文大众化的主张深不以为然，认为导致了诗文的鄙俚、轻率、浅露，于是“别出手眼，另立深幽孤峭之宗，以驱驾古人之上”[32]。钟惺《诗归序》曾谈到何为“真诗”：“真诗者，精神所为也。察其幽情单绪，孤行静寄于喧杂之中；而乃以其虚怀定力，独往冥游于廖廓之外。”谭元春《诗归序》也表示：“夫真有性灵之言，常浮出纸上，决不与众言伍。”在他们眼中，只有表现了“幽情单绪”、“孤行静寄”的作品，才能算得上“真有性灵之言”。

无论是公安三袁，还是竟陵钟、谭，都在诗歌创作方面下了很多功夫，并力图通过诗歌创作展现自己的文学主张。但他们的诗作总体看来水平不是太高。三袁为诗力避俗套，但往往浅率俚俗，诗味较淡。钟、谭为诗，则“以凄声寒魄为致”，“以噍音促节为能”，语言不免过于冷涩拗折。除了个人因素外，中国古典诗歌经过长期发展，早已达到很高的成就，到明代，其盛期已过，很难再产生新的突破，也是一个关键因素。

但在散文方面，晚明以“小品”为标志，却出现了一个创作高潮。“小品”一词早在晋代即有，本属佛教用语，用以指佛经的节本。晚明文人嗜佛成风，遂将“小品”概念移植于文学。当时被归入“小品”者，体裁十分庞杂，散、骈、韵各体均有。但晚明小品的精华，主要包括游记、传记、日记、尺牍、序跋等在内的散文作品。

除篇幅短小外，晚明小品还有其独特的品味。在内容上，追求生活化、个人化，率性而行，信口而言，隽永有味，诙谐有趣。陆云龙在《叙袁中郎先生小品》中，指出袁宏道之文章“亦抒其性灵而已”，并谓“率真则性灵现，性灵现则趣生”，“然趣近于谐，谐则韵欲其远，致欲其逸，意欲其妍，语不欲其掩沓”。在形式上，讲求“句法、字法、调法，一一从自己胸中流出”[33]，力图打破一切章法格套，随兴漫笔，直抒胸臆。典型的晚明小品多是率尔无意之作，灵动自然，新鲜活泼，趣味隽永。

尽管小品类文章早就存在，但其蔚成潮流，还是由公安三袁开其端绪的，他们都奉献出一些十分出色的小品文。如袁宗道的《极乐寺游记》，写风景之幽美，古松之奇伟，寥寥数笔，便描摹出一幅清丽画卷；其尺牍《答江长洲绿萝》，信笔而成，状物抒情，轻倩闲适，传神尽意。袁宏道尤其善写游记小品，往往慧眼独具，物我交融，清新秀逸，韵味天成。如一向受人称道的名篇《满井游记》，描绘北京郊外之春色云：“于时冰皮始解，波色乍明，鳞浪层层，清澈见底，晶晶然如镜之新开而冷光之乍出于匣也；山峦为晴雪所洗，娟然如拭，鲜妍明媚，如倩女之面而髻鬟之始掠也；柳条将舒未舒，柔梢披风，麦田浅鬣寸许。”始写水，继写山，后写田野，以充满诗情的笔调，细腻地渲染出一派迷人风光。袁宏道不仅善写景，也善写人，《徐文长传》通过徐渭与世异调、屡遭不幸的坎坷命运，抒发了个性难以纾张的苦闷。袁中郎的小品，或雄快，或尖新，或简洁，或闲淡，亦卓然自成一家，足与其兄媲美。其《寿大姊五十序》，述儿时姐弟分离情形，令人落泪。其十三卷《游居柿录》，皆是随笔札记日常所见所闻，散淡洒脱，疏朗自然。

竟陵派亦善写小品。钟惺擅长议论，常有新奇之说。如其叙议小品《夏梅说》，从时令变化巧妙地引出赏梅、咏梅人之冷热，以揭示世态炎凉，可谓别具手眼。钟惺的写景小品也很出色，如其《浣花溪记》，以生动细腻的笔触，描绘了浣花溪一带逶迤、清幽的景色，对杜甫“穷愁奔走，犹能择胜”的胸怀表示赞赏，充分展现了竟陵派“孤行静寄”的情怀。谭元春的小品，喜欢描摹萧寒景象，且语句不够平顺，然幽冷孤傲、委婉深情。他写过三篇《游乌龙潭记》，语言简练精准，因时令不同而景色各异。其《游南岳记》，写登祝融峰顶所见云海奇观，气势雄伟，景色壮观。属于竟陵派的刘侗，与于奕正合著《帝京景物略》，文辞尖新，句式怪特，亦自成一格。

晚明小品作家众多，除上述诸人之外，汤显祖、陈继儒、王思任、冯梦龙、祁彪佳、张岱等，皆称名家。其中尤以浙江山阴（今绍兴）人王思任、张岱成就为高。

王思任（1574—1646），字季重，号遂东，又号谑庵，万历二十三年进士，历官兴平知县、袁州推官、九江佥事等职，南明鲁王监国，授礼部右侍郎，进尚书。清兵破绍兴，绝食殉国。王思任的小品务为尖新拗峭，险秀出奇，与竟陵派有相似之处；但其意态跳跃，机智诙谐，常在瑰丽之辞中杂以俗语、口语，与竟陵派又有明显区别。张岱《王谑庵先生传》谓其“聪明绝世，出言灵巧，与人谐谑，矢品放言，略无忌惮”。传世名篇有《天姥》《剑溪》《孤屿》《游北固山记》《游五台山记》等。

张岱（1597—1679），字宗子，又字石公，别号陶庵，出身于官宦世家，但本人未曾入仕，早年生活豪华，明亡后入山隐居。张岱是晚明小品最后一位大家，他受到公安派、竟陵派、徐渭、王思任等人影响，但又不为前人所囿，融各家之长，弃各家之短，成为一位集大成的散文作家。张岱的文章风格空灵隽永，清新活泼，时带诙谐幽默之笔调。他留下大量山水游记，文笔清丽，意境优美。其名篇《湖心亭看雪》，寥寥几笔就创造出一个人与景混融一体的境界，凝静清绝，悠远脱俗，流露出深深的落寞与孤寂。张岱还撰写了大量回忆往事、追抚遗迹的小品，寄寓感慨，意味悠长，格调苍凉而又不失人生情趣。

第五节　戏剧与小说的繁荣

明代后期，戏剧创作十分繁荣，其中影响最大的有两派：一是以汤显祖为代表的“临川派”，属于此派的还有来集之、冯延年、陈情表、邹兑金、阮大铖、吴炳、孟称舜、凌濛初等；一是以沈璟为代表的“吴江派”，属于此派的还有吕天成、王骥德、叶宪祖、冯梦龙、范文若、袁晋、卜世臣、沈自晋等。

汤显祖（1550—1616），字义仍，号若士、海若、清远道人，江西临川人。万历十一年（1583）进士，任南京太常寺博士、礼部主事。他性情耿直，关心时事，万历十九年上疏抨击阁臣信私人，塞言路，被贬为广东徐闻典史。后任浙江遂昌知县，为政宽简，颇有官声，然不为权贵所喜。万历二十六年被劾，辞官归家。家居二十年，专心著述。书斋有玉茗堂、清远楼等名。汤显祖精研词曲，名重一时。所作传奇有《紫箫记》《紫钗记》《还魂记》（即《牡丹亭》）《南柯记》《邯郸记》五种，后四种合称“临川四梦”或“玉茗堂四梦”。四部戏剧之中尤以《牡丹亭》用力最深，艺术成就最高。汤显祖自己曾说：“一生四梦，得意处惟在《牡丹》。”

《牡丹亭》描写杜丽娘与柳梦梅之间的爱情故事。杜丽娘是南安太守杜宝的独生女，从小受到父母的严厉管教。环境的寂寞，精

图 21-2 《牡丹亭还魂记》插图

神的空虚，使她深感苦闷，她的青春逐渐觉醒。一日，使女春香发现了杜府后花园，偷带小姐往游。满园春色，更激起杜丽娘对青春的渴望。她做了一个大胆的梦，梦与一少年在牡丹亭畔幽会。从此日夜思念，抑郁成疾。死前自画像一幅，嘱咐春香藏于花园太湖石下。死后，父母按其遗愿葬于牡丹亭边梅树下，并盖了一座梅花庵。三年后，柳梦梅赴京赶考，投宿梅花庵，拾得杜丽娘画像，夜夜烧香拜祝。杜丽娘鬼魂大受感动，与柳梦梅欢会。后被石道姑发现，杜丽娘说出实情，柳梦梅掘开坟墓，使其还魂复生，不久柳梦梅亦高中状元。杜宝得知，认为这是鬼妖之事，经在金銮殿验证，确认杜丽娘复活，一家团圆。《牡丹亭》通过梦而死、死而生的幻想情节，深刻表现了理想和现实的矛盾。剧中对人物心理的描写细致入微，文辞秾丽典雅，具有强大的艺术感染力，堪称是一部浪漫主义的戏剧杰作。

沈璟（1553—1610），字伯英、聃和，号宁庵、词隐，南直隶吴江（今属江苏）人。万历二年进士，官至光禄寺丞。因仕途坎坷，三十七岁即弃官归里，家居三十年，潜心研究词曲，考订音律，被誉为“词坛之庖丁”。沈璟著有传奇十七种，总称“属玉堂传奇”，现存《红蕖记》、《双鱼记》、《桃符记》、《一种情》（即《坠钗记》）、《埋剑记》、《义侠记》和《博笑记》七种。

《红蕖记》是沈璟的第一部剧作，描写书生郑德麟、崔希周与盐商之女韦楚云、曾丽玉的爱情故事。该剧严守格律，体现了沈璟“合律依腔”的主张，但其文辞字雕句镂，受到骈丽风气的较大影响。后来其风格发生明显变化，力图矫正骈丽靡缛之风，倡导“摹勒家常语”，《双鱼记》《一种情》等都体现出本色语言风格。其中《义侠记》最为有名，根据《水浒传》中武松故事改编，突出了武松的忠义和侠烈。沈璟晚期致力于喜剧创作，代表作为《坠钗记》和《博笑记》，前者系模仿《牡丹亭》而作，情节为兴娘因思兴哥而死，死后又附魂庆娘而生，全剧洋溢着一股喜剧情调。《博笑记》更是一组包含十出小戏的怪诞喜剧，或讽刺嘲弄，或诙谐幽默。总起来看，沈璟戏剧的艺术水平，要远逊于汤显祖。但沈璟在曲学上则达到很高成就，所撰《南九宫十三调曲谱》，集南曲传统曲调之大成，审定宫调曲牌，确定声腔音律，较全面地构建了以昆腔为主体的新传奇的格律体系，成为曲家填谱的法则。

围绕戏曲创作的格律、文采等技巧方法问题，临川派与吴江派之间曾发生长时间的论争。大致说来，沈璟"强调音律"，甚至不惜"因律害意"；而汤显祖"推崇意趣"，甚至不惜"因意害律"。通过争论，两派在某些问题上取得一致，到明清之际逐渐合流，对晚明至清代中叶戏剧的创作有很大的促进作用。

明代后期，小说创作也异彩纷呈，出现了《金瓶梅》这样的长篇世情小说。《金瓶梅》的作者，署名为兰陵笑笑生，其真实姓名不详。古称"兰陵"之地有二：一在今山东峄县，一在今江苏武进，以何者为是，亦无定论。《金瓶梅》的产生时间亦难确知，但据袁中郎万历二十四年写给董其昌之信，他曾从董处抄得此书一部分。现存《金瓶梅词话》，有东吴弄珠客万历丁巳(1617)之序，可能就是初刻本。崇祯年间刊行的《新刻绣像批评金瓶梅》，则是前者的评改本。《金瓶梅》截取《水浒传》中西门庆、潘金莲一段故事，演绎成一百回的鸿篇巨制，是我国第一部由文人独立创作的长篇小说。

《金瓶梅》的男主角西门庆，原是开生药铺的破落财主，但他善于夤缘钻营，巴结上数量越来越多、级别越来越高的官员，以此为靠山，巧取豪夺，聚敛了大量财富，同时官运亨通，做到山东理刑副千户，成为一个集富商、恶霸、官僚于一体的人物。他抢夺寡妇之财产，诱骗结义兄弟之妻子，谋杀姘妇之丈夫，霸占少女，私通仆妇，可谓贪淫好色，无恶不作。西门庆先后娶了一妻五妾，这些妻妾之间钩心斗角，相互陷害，演出一场场家庭闹剧和悲剧。最后，西门庆终因纵欲身亡，家庭败落。《金瓶梅》以家庭生活为题材，借以描摹现实社会的世态人情，虽以北宋末年为背景，但带有明代后期鲜明的时代特征，所以有"世情书"之称。它以其对社会现实的冷静深刻的揭露，对人性清醒深入的描绘，对人物细腻生动的塑造，把中国古典小说引入到一个新境界。

明代后期，由于说话业的普及和印刷业的发达，话本逐渐脱离说话技艺而独立化，书本化，成为广受社会欢迎的书面读物。现存嘉靖年间洪楩刊行的《六十家小说》之残余部分，即《清平山堂话本》，有完篇二十七种、残篇两种，绝大多数都是明人作品。万历以后，为适应社会需求，文人们创作了大批专供阅读的拟话本小说。在这方面成就最突出的是冯梦龙和凌濛初。

冯梦龙（1574—1646），字犹龙，别署龙子犹，又号墨憨斋主人、顾曲散人等，南直隶长洲（今属江苏）人。自幼博学多识，早年考中秀才，但其后困顿场屋，直到崇祯三年（1630）才成为一名贡生，后选授福建寿宁知县，秩满离任归里。清兵南下，忧愤而死。冯梦龙一生精力主要用于通俗文学的研究、整理与创作，著述宏富。“三言”即《喻世明言》《警世通言》和《醒世恒言》的编著，是其最重要的成就。“三言”都刊刻于崇祯年间，每书四十卷，每卷一篇，共一百二十篇。其中有宋元旧篇，有明代新作，也有冯梦龙自己的拟作，已难以分辨清楚。但所有作品都程度不同地经过冯梦龙的增删、润饰或重新创作，使其艺术性大大提高，也更能切近晚明的社会生活。

“三言”的内容十分广泛，大致可以分为三类：一是爱情婚姻，这类题材所占比重较大，成就也最高，代表作有《杜十娘怒沉百宝箱》《卖油郎独占花魁》《玉堂春落难逢夫》《蒋兴歌重会珍珠衫》等。这类作品常把“情”和“欲”放在“理”或“礼”之上，充分肯定人的感情和情欲的合理性，抨击门当户对的传统婚姻观念。二是侠义友谊，代表作有《施润泽滩阙遇友》《吕大郎还金完骨肉》《刘小官雌雄兄弟》等，这类题材讴歌了真挚友谊和侠义行为，借以对当时金钱至上的世风加以讽刺规诫。三是科举与官场生活，代表作有《老门生三世报恩》《钝秀才一朝交泰》《沈小霞相会出师表》《卢太学诗酒傲王侯》等，这类作品大多或揭露科举之腐朽，或刻画人情之扭曲，或描绘官员之贪淫，但也塑造了一些直言敢谏、刚正不阿的仁人志士形象。“三言”中不少作品达到了很高的艺术成就，《今古奇观序》称其“极摹人情世态之歧，备写悲欢离合之致，可谓钦异拔新，洞心骇目”，并非虚誉。

凌濛初（1580—1644），字玄房，号初成、稚成，别号即空观主人，浙江乌程（今湖州）人。十八岁补廪膳生，崇祯七年以优贡授上海县丞，擢徐州通判，卒于任。有著作多种，其中以“二拍”

即《初刻拍案惊奇》和《二刻拍案惊奇》最有名。《初刻拍案惊奇》完成于天启七年（1627），翌年刊行，因大受欢迎，应书商之请续撰《二刻拍案惊奇》，崇祯五年完成。“二拍”亦是每书四十卷，每卷一篇，但《二刻拍案惊奇》第二十三卷与《初刻拍案惊奇》重出，最后一卷则为《宋公明闹元宵》杂剧，所以实有小说七十八篇。

“二拍”不再是收录改编旧传话本之作，而是从野史笔记、文言小说和民间传说中选取材料，经过自己的构思创作而成。因此，与“三言”相比，“二拍”带有更加明显的晚明时代色彩，对传统观念的冲击与反抗也更加强烈。“二拍”中有不少描写商人的作品，如《转运汉巧遇洞庭红》《乌将军一饭必报》《迭居奇程客得助》等，反映了当时商业的发达和商人地位的提高，对商人追求金钱的努力和欲望予以充分肯定。在描写爱情婚姻的作品中，则宣扬恋爱自由、婚姻自主，描写塑造了一些不顾世俗礼教、不顾父母之命、“且尽着快活”的女性形象，将男女之欲视为应该得到满足的正当欲望。“二拍”不少作品揭露了统治阶级的贪淫凶残，厚颜无耻。如《硬勘案大儒争闲气》，将朱熹描写成一个十足小人，可谓十分大胆。

无论是《金瓶梅》还是“三言二拍”，都深刻反映了当时商品经济繁荣、市民社会发达、思想意识多样的时代特征。这些作品的不足之处，是其中有些内容或宣扬因果报应，或渲染色情场面，但从中也可看出当时市民趣味之流行、思想意识之开放。

第六节　传统科技的总结与发展

明代后期，是传统科学技术大发展的时代。在总结前人成果的基础上，出现了一批集大成式的优秀科技著作。除完成于万历初年的《本草纲目》外，万历中后期至崇祯年间，又出现了朱载堉的《乐律全书》、徐光启的《农政全书》、宋应星的《天工开物》这样几部兼具总结与创新的科技巨著。

朱载堉（1536—1611），字伯勤，号句曲山人，少时自号狂生、山阳酒狂仙客，生于河南怀庆府河内县（今沁阳市）。他是明仁宗第六代孙，其父郑王朱厚烷精通音律乐谱。嘉靖二十四年（1545），被封为世子，即王位继承人。嘉靖二十九年，朱厚烷遭诬陷削爵，禁锢凤阳，经十八年始获赦免。其间朱载堉筑土室于宫外，席藁独处，研究律吕历算。其父去世，他坚决让爵不袭，倾心著述。所著《乐律全书》，包括《律学新说》《乐学新说》《算学新说》《律吕精义》《操缦古乐谱》《旋宫合乐谱》《乡饮诗乐谱》《六代小舞谱》《小舞乡乐谱》《二佾缀兆图》《灵星小舞谱》《圣寿万年历》《万年历备考》《律历融通》十四种，此外还有《嘉量算经》《律吕正论》《律吕质疑辩惑》等著作。朱载堉对历学也有深入研究，所著《圣寿万年历》正确地指出，时差只适用于日食，而计算月食不应有时差订正，他还提出中国古代最精确的回归年长度计算方法。朱载堉最突出的成就，是提出了“新法密律”，即十二平均律，并因此研究了进位制互换，在世界上首创求解等比数列的方法，比荷兰数学家斯蒂文（Simon Stevin，约 1548—1620）的同样贡献早十几年。他提出严格的管乐器的管口校正方法和校正公式，比西方约早三百年。

徐光启（1562—1633），字子先，号玄扈，南直隶上海（今上海市）人。万历三十二年（1604）进士，选庶吉士，官至礼部尚书兼东阁大学士，参预机务。他长期致力于科学研究，在天文、历算、数学、军事等方面都颇有造诣。万历二十八年，徐光启在南京遇到耶稣会士利玛窦，对西方先进的科学技术大感兴趣，他不仅虚心向传教士学习，还与他们合作，先后翻译了《几何原本》《测量法义》《简平仪说》《泰西水法》等书，向国人介绍西方科技知识。徐光启的一生在农业科技方面用力最勤，先后撰写了《甘薯疏》《芜菁疏》《吉贝疏》《种棉花法》《代园种竹图说》等十余种农书，《农政全书》则为其集大成之作。全书共六十卷，分为农本、田制、农事、水利、农器、树艺、蚕桑、蚕桑广类、种植、牧养、制造、荒政十二目。在此之前的农书，重点都是讲农业知识和生产技术，而《农政全书》的内容分为农政措施和农业技术两大部分，前者是全书的纲，后者是实现纲领的技术措施。书中谈论开垦、水利、荒政之类的内容，几乎占了一半篇幅，这是前代农书所鲜见的。这种内容安排，充分体现了徐光启"富国必以本业"的农本思想。《农政全书》广泛搜集、摘录了前代农学著作，征引文献多达二百二十五种，但能舍其糟粕，取其精华。尤为重要的是，徐光启采用"玄扈先生曰"的形式，加上许多评论，或指出前人之错误，或纠正前人之缺失，或补充前人之不足。这些知识基本上是他通过调查研究和亲身实践得来，极大地丰富了传统农业技术的内容。

宋应星（1587—约1661），字长庚，江西奉新人。万历四十三年举人，崇祯年间历任江西分宜教谕、汀州推官、亳州知州，明亡后弃官归家。他博学多才，尤其究心工农业生产技术。一生著书多种，最著名的是《天工开物》。该书分为三篇，包括十八个类目，每类一卷，共十八卷，全面系统地记述了我国古代农业和手工业的生产技术和经验。上篇主要记载了谷物豆麻的栽培和加工方法，蚕丝棉苎的纺织和染色技术，以及制盐、制糖工艺；中篇包括砖瓦、陶瓷的制作，车船的建造，金属的铸锻，石灰、煤炭、硫黄、白砚的开采和烧制，以及榨油、制烛、造纸等；下篇记述了五金开采及冶炼，兵器、火药的制造，朱墨、颜料、酒曲的生产，以及珠玉的采琢等。该书对原料的品种、产地、用量、工具构造和生产加工的操作过程等，都有详细说明。作者还自绘了一百二十三幅插图，画面生动，线条清晰，比例适当，形象准确地反映了各种器物的形状、结构与原理，以及各种器物的生产工序或生产过程。《天工开物》于崇祯十年（1637）首刊，明末曾再次刊印，可惜入清之后，在国内湮没无闻。但刊行不久即流传到日本，19 世纪中叶又被译成法文，后来又有日、英、德等多种译本，成为世界闻名的科技杰作。

除上述集大成式的科技著作外，晚明还出现了两位大地理学家，这就是王士性和徐宏祖。

王士性（1546—1598），字恒叔，号太初，又号元白道人，浙江临海人。万历五年进士，官至南京鸿胪寺卿。性好游历，两京十三布政司，足迹未到者仅福建一省而已。有《五岳游草》《广游志》《广志绎》等著作，以《广志绎》价值最高。《广志绎》分省记述山川、物产、赋税、漕运、防务、制度、风俗等，共三百余条。其中对地形地貌有不少描述。如他描述了广西灵川至平乐一带的石灰岩地貌，并提出“钟乳上悬下滴，终古累缀”，对石钟乳成因做出科学推测。王士性最大的贡献是在人文地理学方面。他对人地关系问题有深刻论述，曾将浙江划分为“泽国之民”、“山谷之民”、“海滨之民”三部分，简要论述了三地风俗习惯和社会结构的差异，极富创见性。德国哲学家黑格尔在《历史哲学》中曾将世界分为高地、平原、滨海三类地区，与王士性的说法类似，但已晚了二百多年。此外，王士性还记载了一些文化地理、经济地理、人口地理、旅游地理等数据，都很有价值。

徐宏祖（1587—1641），字振之，号霞客，南直隶江阴（今属江苏）人。自少喜读奇书，博览古今史籍、图经地志。二十一岁起，放弃举子业，在其后三十余年间，不畏险阻，历尽磨难，游历了华东、华北、华南、西南等地，并坚持不懈地以日记记录考察所得。今存《徐霞客游记》，系死后由他人整理而成，共十卷，详细记录了徐霞客万历四十一年至崇祯十二年（1613—1639）间的考察成果，包括山川源流、地形地貌、生物形态、矿藏物产、民情风情等多方面内容。该书最大的贡献是对西南地区石灰岩地貌的类型分布和各地区间的差异，尤其是岩溶洞穴的特征、类型及成因，进行了详细的考察和科学的记述，他亲自探查过的洞穴便有二百七十多个，对很多洞穴的方向、高度、宽度和深度都有具体记载。这是世界上关于岩溶地貌最早的科学文献，比欧洲人要早一个多世纪。李约瑟主编《中国科学技术史》曾评价说：《徐霞客游记》“不像17世纪学者所写的东西，倒像是一位20世纪的野外勘探家所写的记录”。除巨大的科学价值外，《徐霞客游记》文笔简洁优美，也是一部文学名著。

第七节　传教士来华与西方科技的传入

随着葡萄牙人来到东方，西方传教士也接踵而至。这些传教士多为耶稣会士。耶稣会成立于1540年，由西班牙贵族依纳爵·罗耀拉（Ignatius Loyola）创建。他们因在西方无法与新教相抗衡，故而把目光投向遥远的东方。第一位到达东方的耶稣会士是方济各·沙勿略（François Xavier），他在耶稣会正式建立的次年即踏上前往东方的路途，第二年到达印度果阿，1549年又来到日本鹿儿岛传教。由于从日本人那里了解到中国文化对日本的强大影响，他认识到要使日本皈依基督，必须先要让中国皈依。嘉靖三十一年（1552），沙勿略来到广东台山县的上川岛，他虽然未能进入中国内地，但这毕竟是西方传教士直接进入中国之始。

葡萄牙人入居澳门后，开通了澳门—果阿—里斯本贸易航线，耶稣会士纷纷搭乘商船东来。他们以澳门为基地，招引中国人入教，并要求入教者学习葡萄牙语，取葡萄牙姓名。这种传教方式与中国的风土人情不相适应，因而进展缓慢。万历七年（1579），耶稣会士罗明坚（Michele Ruggieri）到达澳门，他努力学习了汉语，并数次进入中国内地，于万历十年在肇庆定居下来。是年，耶稣会士利玛窦（Matteo Ricci）也来到澳门，次年即被罗明坚带到肇庆。数年后罗明坚回国，利玛窦则一直留在中国，先后到广东韶州、南京、南昌、苏州等地传教。万历二十八年，利玛窦同另一传教士庞迪我（Diego de Pantoja），由南京来到北京，向皇帝呈献了天主像、圣母像、十字架、自鸣钟、《万国图志》等物品，赢得神宗欢心，在宣武门内赐予住处，并允许开设教堂传教。利玛窦在北京居住十

图 21–3　利玛窦与徐光启

年，于万历三十八年患病去世，享年五十九岁。神宗赐葬地于阜成门外滕公栅栏，以后这里成为传教士公墓。晚明时期，与利玛窦同时或稍后来华的传教士，还有罗儒望、阳玛诺、郭居静、熊三拔、龙华民、邓玉函、汤若望等多位，他们大都是博学多才之士。

由于认识到士大夫在中国社会中的强大影响力，利玛窦等传教士便把主要精力放到与士大夫阶层的交往上。为了博得士大夫们的注意和尊重，他们非常喜欢展示携带而来的西方器物和讲解一些自然科学知识，试图使科学成为宗教传播的媒介。而对于作为数千年文化传统承载者的中国士大夫来说，真正能够吸引他们的也不是基督教教理，而是中国前所未有的比较先进的科学技术。从明末一直到清朝初期，传入中国的西方科学技术是多方面的。1620 年，金尼阁来澳门时，将七千余部图书运到中国内地，其中有水法之书、算法之书、《万国图志》之书、医理之书、乐器之书、格物穷理之书、《几何原本》之书，包括了天文、历法、水利、地理、物理、几何、医学、数学、音乐等各方面的书籍。

由于传教士认为“得以在中国立足唯一所恃的是数学”，因而当时译介过来的数学书籍最多。万历三十三年，利玛窦辑录了《乾坤体义》两卷，下卷专论数学，以边、线、面积、平圜、椭圆互相容较，言简意赅，是为近代西方数学传入中国之始。次年，利玛窦口授、徐光启笔译了欧几里得所著《几何原本》六卷。此书所用的底本是利玛窦的老师、数学家克拉维斯（Christopher Clavius，1537—1612）的批注本，共十五卷。中国传统数学相对说来比较缺乏抽象的陈述形式和严密的逻辑推理，此书虽仅译出前六卷，但已充分展现出西方公理化数学体系的思想、方法和特点，对此后中国数学的发展影响极大。利玛窦还带来了克拉维斯的《实用算术概论》，他与李之藻合作，参考明代数学家程大位的《算法统宗》，编译了《同文算指前编》《同文算指通编》和《同文算指别编》，论述比例、级数、开方等，是为近代西方算术传入中国之始，也可以说是汇合中西算术知识的最初尝试。这部书对中国算术的发展产生了较大影响，由于中国学者的重视并加以改进，笔算的应用才日渐普遍起来。利玛窦之后，艾儒略所著《几何要法》、邓玉函所著《大测》《割圜八线表》、罗雅谷所著《测量全义》《筹算》、穆尼阁所著《比例对数》等书，均对中国近代数学的发展产生了深远影响。

中国历代王朝对天文历法一向比较重视。明朝的历法使用的是大统历和回回历，因沿用时间太久，对节气和日月食的测定已与实际情况不符，到明朝末年，改历的呼声甚高。以利玛窦为代表的西方传教士抓住这一机会，积极参与中国历法的修订工作，并希望以此为契机扩大教会在中国的影响。罗马教廷根据利玛窦的建议，选派了一批懂天文学的耶稣会士来华。为了广泛传播西方天文历法知识，他们单独或与中国人合作撰写了一批书籍。如利玛窦与李之藻合写了《浑盖通宪图说》，其内容虽还存有不少错误，但第一次将黄道坐标系、星等、日月五星的大小远近等知识介绍到中国，影响很大。利玛窦与李之藻还写了一本《经天该》，以西方星图为底本，用七言歌词的形式介绍了周天星辰，既开了中西星名对照研究之先河，又有利于西方天文知识的普及。阳玛诺编写的《天问略》一书，虽有浓重的宗教气味，但介绍了伽利略发明望远镜后西方天文学的新发现，如木星的四颗卫星、银河由密集恒星组成、金星也有圆缺变化等，不少内容是中国人闻所未闻的。

崇祯二年（1629），传教士希望参与改历的愿望终于实现。这年五月乙酉朔（6月21日），钦天监预报日食又发生明显错误，而时任礼部侍郎的徐光启依据西方天文学做出的预报则完全符合天象，思宗遂批准设立历局，命徐光启督修历法，开始了改历工作。历局把翻译西方天文学著作作为基础工程，历时五年，编成《崇祯历书》，共一百三十七卷，内容分节次六目和基本五目，前六目分别是日躔、恒星、月离、日月交会、五纬星和五星凌犯，后五目分别是法原（天文学理论）、法数（天文用表）、法算（天文学计算中必备的数学知识）、法器（测量仪器和计算工具）和会通（各种中西度量单位换算表）。该书以本轮、均轮体系解释天体运动速度的变化，使传统的中国天文学从代数学系统开始向几何学系统转变；引入了明确的地球概念和经、纬度以及有关的测定、计算方法，使得对日食、月食的计算和其他天文计算比中国传统的方法有了进步；首次采用了三百六十度制和一天九十六刻制，经度以十二次为系统，纬度从赤道起算到九十度，比中国传统的计算方法简便多了。总之，该书系统、全面地介绍了欧洲天文学的内容，是对当时已经传入的西方天文学知识的总结之作，标志着中国天文学体系开始发生转变。

传教士也很注意向中国人介绍地理学方面的知识，利玛窦就曾说过，“欲使中国人重视圣教事宜”，编绘世界地图是“绝好、绝有用的东西”。所以，利玛窦还在澳门及肇庆时，就以《万国舆图》为蓝本重新摹绘成《山海舆地全图》，并附上中文说明以便中国人阅读，此为西方地理学和地图学传入中国之始。其后，在居留中国的二十余年间，利玛窦不断编绘地图，计有《世界图志》《世界图记》《山海舆地图》《舆地山海全图》《舆地全图》《万国图志》《坤舆万国全图》等多种。《坤舆万国全图》是利玛窦对南京、北京、杭州和西安等地的经纬度进行实地测量后绘制而成的，从中可以学习西欧经纬制图法以及有关世界五大洲的科学知识，使一些对新事物抱着欢迎态度的中国人初步了解世界大势。为了迎合中国人自视为“中央帝国”的心理，利玛窦在绘制地图时，往往特地把中国画在世界地图的中央。不过，他在编绘地图时采用的是地图投影方法，打破了中国人“天圆地方”的传统观念。除利玛窦编制的世界地图外，系统介绍世界各国的地理情况的专著《职方外纪》对明末知识界也产生了一定影响。此书由艾儒略和杨廷筠合作编译，卷首为万国全图、五大洲总图，卷一至卷四分别为亚细亚、欧罗巴、利未亚（即非洲）、墨利加（即南北美洲）总说及分说，卷五为四海总说。西方地理著作和地图的传入，大大开拓了中国人的眼界。

在军事方面，西方的火炮技术传入中国，对中国火器的改良起到了一定作用。西方火炮传入中国始于葡萄牙人来到中国东南沿海。当时中国人称葡萄牙为佛郎机，所以其时引进或仿制的火炮都称为“佛郎机”。这种炮前有准星，后有照门，有炮架可以上下左右移动，比明朝原有的火炮装填便利，发射速度快，瞄准也更为准确。到明朝末年，随着中西方贸易往来的加强和传教士来华人数的增多，欧洲新的火器技术又被带入中国。当时明朝从荷兰人手中得到一种新型大炮，称之为“红夷炮”，并加以仿制。红夷炮威力很大，故皇帝赐封为“大将军”。这种火炮在明与后金的战争中发挥了很大作用。崇祯初年，徐光启曾招揽毕方济、龙华民、汤若望等传教士，共同制造出大批性能较好的红夷炮，分发给边防部队使

图 21–4　红夷炮（崇祯十六年制造）

用。明朝参照引进的佛郎机技术制造的装有瞄准具的火枪，性能也很好。伴随着西式火器在军队中的使用，西式火器的制作技术和军事理论也传入中国。如赵士桢的《神器谱》、孙元化的《西洋神机》、汤若望和焦勖合作编译的《则克录》，都是介绍西方军事技术的专著。

西方的一些机械工程学和物理学知识也被传播进来。熊三拔撰写了《泰西水法》一书，介绍了龙尾车、玉衡车、恒升车等水利机械以及水库的性能和作用，并附图说明。这是在华出版的第一部介绍西方农田水利的专著，很受中国人的重视，徐光启所著《农政全书》中的水利部分，就是采录《泰西水法》的主要内容而成。邓玉函与王徵合作编译了《远西奇器图说录最》一书，是我国第一部机械工程学著作。王徵不仅致力于介绍西方机械工程学，还根据西方的机械原理创制了一些新式机械。所著《新制诸器图说》《额辣济亚牖造诸器图说》《忠统日录》《两理略》等书，收录了他发明制作的新器。

附录

大事年表

西元	中国纪元	大事
1368	洪武元年	正月，朱元璋即帝位，国号大明，定都应天。八月，明军克大都，元顺帝弃城北逃，元朝灭亡
1369	二年	诏天下郡县设立学校。定分封诸王之制
1370	三年	定科举取士之制，首开科举。实行户帖制度
1371	四年	推行粮长制度
1373	六年	颁行《大明律》。停罢科举
1374	七年	建立卫所制度
1375	八年	空印案发。立钞法，发行大明宝钞，禁民间以金银交易
1376	九年	改行中书省为承宣布政使司
1380	十三年	胡惟庸案发。废中书省及丞相制度。改大都督府为五军都督府
1381	十四年	推行里甲制度，编订赋役黄册
1382	十五年	平定云南。设都察院。置殿阁大学士。复行科举。设锦衣卫，专司缉捕
1385	十八年	郭桓案发。颁《御制大诰》
1386	十九年	颁《御制大诰续编》《御制大诰三编》
1387	二十年	平定辽东。编制鱼鳞图册。颁《大诰武臣》
1392	二十五年	皇太子朱标死，立皇长孙朱允炆为皇太孙
1393	二十六年	蓝玉案发
1394	二十七年	禁用铜钱交易
1395	二十八年	颁布《皇明祖训》条章
1397	三十年	《大明律》最终定型，颁示天下
1398	三十一年	太祖朱元璋卒，孙朱允炆继位。定议削藩

（续表）

西元	中国纪元	大事
1399	建文元年	燕王朱棣发动“靖难之役”
1402	四年	朱棣兵入南京，即帝位，朱允炆不知所终
1403	永乐元年	改北平为北京
1405	三年	郑和首次下西洋
1406	四年	出兵伐安南
1407	五年	安南平，设交址布政司。《永乐大典》纂成
1409	七年	设奴儿干都司。宗喀巴在拉萨发起大祈愿法会
1410	八年	成祖首次征讨漠北
1411	九年	开通会通河
1413	十一年	开设贵州
1414	十二年	陈诚出使西域
1420	十八年	设立东厂。镇压山东唐赛儿起事
1421	十九年	迁都北京
1424	二十二年	成祖第五次北征，还至榆木川卒，子朱高炽即位
1425	洪熙元年	仁宗朱高炽卒，子朱瞻基继位。始设巡抚
1426	宣德元年	平定汉王朱高煦叛乱
1427	二年	从安南撤军，罢交址布政司
1428	三年	宣宗巡边，于宽河击败兀良哈蒙古
1430	五年	郑和第七次出使西洋
1433	八年	郑和卒于下西洋归途
1435	十年	宣宗朱瞻基卒，子朱祁镇继位
1436	正统元年	始征金花银
1441	六年	大举征麓川。正式定都北京
1444	九年	叶宗留起事
1448	十三年	邓茂七起事
1449	十四年	土木之变，英宗被俘，弟郕王朱祁钰即帝位。于谦领导北京保卫战

（续表）

西元	中国纪元	大事
1450	景泰元年	英宗回还，被幽于南宫
1452	三年	组建团营
1457	天顺元年	英宗复辟，景帝朱祁钰废为郕王，旋死。杀害于谦
1461	五年	曹吉祥、石亨叛乱
1464	八年	英宗朱祁镇卒，子朱见深继位
1465	成化元年	荆襄流民起事
1476	十二年	开设郧阳府，抚治流民
1477	十三年	设西厂
1482	十八年	罢西厂
1485	二十一年	准轮班匠纳银代役
1487	二十三年	宪宗朱见深卒，子朱祐樘继位
1500	弘治十三年	颁布《问刑条例》
1505	十八年	孝宗朱祐樘卒，子朱厚照继位
1506	正德元年	复设西厂
1508	三年	刘瑾立内行厂
1510	五年	安化王朱寘鐇反。诛杀刘瑾，罢西厂、内行厂
1511	六年	刘六、刘七起事
1517	十二年	武宗以巡边为名，出游宣府、大同
1518	十三年	武宗再次出游
1519	十四年	宁王朱宸濠反
1521	十六年	武宗朱厚照卒，从弟朱厚熜入继帝位。“大礼议”开始
1523	嘉靖二年	发生日本使臣“争贡之役”
1524	三年	大同五堡兵变，杀死巡抚张文锦等
1527	六年	李福达之狱
1542	二十一年	发生“宫婢之变”

（续表）

西元	中国纪元	大事
1548	二十七年	首辅夏言被杀，严嵩出任首辅
1550	二十九年	庚戌之变，蒙古军攻掠京畿
1555	三十四年	重修《问刑条例》
1562	四十一年	严嵩败
1566	四十五年	世宗朱厚熜卒，子朱载垕继位
1567	隆庆元年	开放海禁，准贩东、西二洋
1571	五年	封俺答汗为顺义王
1572	六年	穆宗朱载垕卒，子朱翊钧继位。张居正出任首辅
1582	万历十年	首辅张居正卒。耶稣会士利玛窦来华
1585	十三年	修订《问刑条例》
1588	十六年	努尔哈赤统一建州女真
1592	二十年	平定哱拜叛乱。出兵援朝抗倭
1596	二十四年	始派矿监税使
1597	二十五年	再次出兵援朝抗日。杨应龙叛乱
1599	二十七年	临清、武昌、汉阳等地发生反税使民变
1600	二十八年	平定播州
1601	二十九年	利玛窦进京
1602	三十年	李贽在狱中自刎
1604	三十二年	荷兰殖民者入侵澎湖列岛
1615	四十三年	发生梃击案
1616	四十四年	努尔哈赤即汗位，建元天命，国号“大金”
1618	四十六年	后金攻陷抚顺。始加派辽饷
1619	四十七年	萨尔浒之战
1620	四十八年	神宗朱翊钧卒，子朱常洛继位，在位二十九日卒，子朱由校继位
1621	天启元年	后金兵攻占沈阳、辽阳；永宁宣抚使奢崇明反叛
1622	二年	与后金发生广宁之战。安邦彦反叛

（续表）

西元	中国纪元	大事
1623	三年	荷兰殖民者占据澎湖
1625	五年	后金迁都沈阳，改名盛京。东林党“六君子”被害
1626	六年	宁远大捷。后金汗努尔哈赤卒，皇太极继位。东林党“七君子”被害
1627	七年	宁锦大捷。熹宗朱由校卒，弟朱由检继位
1628	崇祯元年	陕西王二起事，揭开明末农民大起事序幕
1629	二年	钦定逆案。平定奢崇明、安邦彦之叛
1630	三年	李自成、张献忠起事。袁崇焕被冤杀
1635	八年	起义军大会荥阳，攻陷凤阳
1636	九年	后金皇太极称帝，改国号“大清”
1637	十年	加派“剿饷”
1641	十四年	李自成攻克洛阳，杀福王朱常洵
1642	十五年	与清发生松锦之战，战败。荷兰驱逐西班牙，独占台湾
1643	十六年	清皇太极卒，子福临继位。李自成攻克襄阳，称新顺王
1644	十七年	李自成攻克西安，建国号大顺。三月，李自成攻破北京，崇祯皇帝自缢，明亡。清军入关，定都北京。李自成败退关中，张献忠占领成都，建国号大西。福王朱由崧即帝位于南京

帝系表

次序	庙号	年号	姓名	在位年代	与前帝关系
1	太祖	洪武	朱元璋	1368—1398	
2	惠帝	建文	朱允炆	1399—1402	孙
3	成祖（太宗）	永乐	朱棣	1403—1424	叔
4	仁宗	洪熙	朱高炽	1425	子
5	宣宗	宣德	朱瞻基	1426—1435	子
6	英宗	正统	朱祁镇	1436—1449	子
7	代宗（景帝）	景泰	朱祁钰	1450—1456	弟
	英宗（复位）	天顺	朱祁镇	1457—1464	兄
8	宪宗	成化	朱见深	1465—1487	子
9	孝宗	弘治	朱祐樘	1488—1505	子
10	武宗	正德	朱厚照	1506—1521	子
11	世宗	嘉靖	朱厚熜	1522—1566	堂弟
12	穆宗	隆庆	朱载垕	1567—1572	子
13	神宗	万历	朱翊钧	1573—1620	子
14	光宗	泰昌	朱常洛	1620	子
15	熹宗	天启	朱由校	1621—1627	子
16	思宗（庄烈帝）	崇祯	朱由检	1628—1644	弟

注　释

第一章　朱元璋其人与明朝的建立

1　《天潢玉牒》附《御制皇陵碑》。
2　《明史》卷一二九《冯胜附冯国用传》。
3　赵翼:《廿二史答记》卷三二《明祖行事多仿汉高》。
4　《朱枫林集》卷九《学士朱升传》《翼运绩略》。
5　刘辰:《国初事迹》。
6　《明史》卷一二八《刘基传》。
7　祝允明:《前闻记》。
8　《明太祖实录》卷二一。
9　《罪惟录》传卷五《宋韩林儿》。毛贵、田丰、关先生、李武俱是龙凤政权的战将。
10　《明太祖实录》卷一。
11　《明史》卷一三三《胡大海传》。
12　《明太祖实录》卷一二。

第二章　开国制度与政治整肃

1　余继登:《典故纪闻》卷四。
2　《皇明祖训·首章》。
3　《明史》卷二《太祖本纪二》。
4　《皇明祖训·首章》。
5　《明史》卷七三《职官志二》。
6　《明史》卷九四《刑法志二》
7　《明史》卷七七《食货志一》。
8　万历《大明会典》卷一八。
9　《明史》卷二三《礼志一序》。
10　薛允升:《唐明律合编》卷九“奸党”条。
11　薛允升:《唐明律合编》“后序”。
12　朱元璋:《大诰·颁行大诰第七十四》。
13　朱元璋:《大诰三编·民拿害民官吏第三十四》。
14　《明太祖实录》卷一五七。
15　《明史》卷六九《选举志一》。
16　同上书。
17　和田正广:《关于明代科举官僚门弟连续侧面的考察报告》,《西南学院大学文理论集》第24卷第2号,1984年。
18　《大明令·户令》。
19　李诩:《戒庵老人漫笔》卷一《半印勘合户贴》。
20　《明史》卷七七《食货志一》。
21　《明史》卷一五一《严震直传》。
22　贝琼:《清江诗集》卷五《秋思》。
23　刘辰:《国初事迹》。

24 《明史》卷三〇八《胡惟庸传》。
25 方孝孺:《逊志斋集》卷一九《华川王先生像序赞》。
26 黄柏生:《诚意伯行状》,《诚意伯文集》卷首。
27 《明太祖实录》卷七五。
28 例如吴晗:《胡惟庸党案考》,《燕京学报》第十五期。
29 《明史》卷一三二“赞曰”。
30 刘基:《诚意伯文集》卷一。
31 《明太祖实录》卷三八。
32 《明太祖实录》卷一一六。
33 《御制大诰三编》“序”。
34 刘辰:《国初事迹》。
35 朱元璋:《大诰·郭桓造罪第四十八》。
36 方孝孺:《逊志斋集》卷一四《送祝彦芳致仕还家序》。
37 《明史》卷一三九《郑士利传》。
38 《海瑞集》下编《赠赵三山德政序》。
39 《明史》卷二八一《循吏传》。

第三章 从创业到守成的转变

1 谈迁:《国榷》卷一一。
2 《明史》卷一三九《叶伯巨传》。
3 《皇明祖训·法律》。
4 《明史稿》列传三《诸王》。
5 尹守衡:《明史窃》。
6 邓士龙辑:《国朝典故》卷一一《奉天靖难记二》。
7 《明史纪事本末》卷一六《燕王起兵》。
8 《明史》卷一四一《齐泰等传》。
9 《明史》卷一四三《高巍传》。
10 《明史》卷一四一《周是修传》。
11 杨荣:《北征记》。
12 《明史》卷七四《职官志三》。
13 朱鸿:《明成祖与永乐政治》,第249页,台湾师范大学历史研究所专刊第十七号。
14 查继佐:《罪惟录》纪卷三《太宗纪》。
15 夏原吉:《忠靖集》,后附《夏忠靖公遗事》。
16 《明史》卷一四九《夏原吉传》。
17 廖道南:《殿阁词林记》卷一。
18 杨士奇:《三朝圣谕录》中。
19 杨士奇:《三朝圣谕录》下。
20 范济:《诣阙上书》,《明经世文编》卷二九。
21 杨士奇:《三朝圣谕录》下。
22 同上书。
23 《明史纪事本末》卷二九《王振用事》。
24 《明史》卷一四八《杨士奇传》。
25 《明史》卷一四八《杨溥传》。
26 王锜:《寓圃杂记》卷一〇《王振》。

第四章　边疆经营与对外交往

1　《明史》卷三三二《西域传四》。
2　严从简：《殊域周咨录》卷一二。
3　毛奇龄：《蛮司合志》卷二。
4　《明太祖实录》卷二五二。
5　王圻：《续文献通考》卷三一《市籴考》。
6　吴晗编：《朝鲜李朝实录中的中国史料》上编卷二。
7　严从简：《殊域周咨录》卷二《日本》。
8　[德]细尔脱白格：《游记》。译文见《中西交通史料汇编》第一册第六章。
9　《明太宗实录》卷三九。
10　丘濬：《平定交南录》。
11　同上书。
12　《郑和家谱》；李至刚：《故马公墓志铭》。
13　巩珍：《西洋番国志·自序》。
14　马欢：《瀛涯胜览》。

第五章　社会经济的恢复与发展

1　余阙：《青阳集》卷三。
2　《元史》卷二〇《成宗纪》。
3　贝琼：《贝清江先生文集》卷八。
4　《皇明诏令》卷一《大赦天下诏》。
5　《皇明诏令》卷二《正风俗礼仪诏》。
6　万历《大明会典》卷一七。
7　傅维麟：《明书》卷九〇《方国珍传》。
8　黄溥：《闲中古今录摘钞》。
9　《明太祖实录》卷七三。
10　《明太祖实录》卷一一八、卷一七七。
11　《明史》卷二《太祖纪》。
12　《明律集解附例》卷四。
13　《元史》卷一八四《王都中传》。
14　《明太祖实录》卷一七二。
15　顾炎武：《天下郡国利病书》卷七八。
16　《明太宗实录》卷一七。
17　《明史》卷七八《食货志》。
18　《明史》卷三《太祖纪》。
19　余继登：《典故纪闻》卷七。
20　《明太宗实录》卷一二。
21　《明太祖实录》卷五三。
22　《明太宗实录》卷一二、卷一一六。
23　霍韬：《哈密疏》，《明经世文编》卷一八六。
24　《明太祖实录》卷八七。
25　万历《大明会典》卷一八。
26　嘉靖《全辽志》卷六《外志·史考》。

27 《明太祖实录》卷二五五。
28 《明太祖实录》卷一九五。
29 《明史》卷八八《河渠志六》。
30 《明太祖实录》卷二三四。
31 《明太祖实录》卷二四三。
32 《明史》卷一四九《夏原吉传》。
33 《明英宗实录》卷六九。
34 孙承泽:《春明梦余录》卷四六《工部铁厂》。
35 《明太祖实录》卷二四六。
36 《明史》卷一三八《杨思义传》。
37 《明太祖宝训》卷四。
38 嘉靖《广东通志》卷五〇。
39 王鸿绪:《明史稿》卷六三。
40 《大诰续编·互知丁业第三》。
41 万历《大明会典》卷三五。
42 《大诰续编·验商引物第五》。
43 《明太祖实录》卷一四。
44 黄榆:《双槐岁钞》卷五。
45 《明太宗实录》卷三四。
46 《明太宗实录》卷二四。
47 《明史》卷三二七、卷三二八。
48 《明史》卷三三一《西域传三》。

第六章　专制统治下的社会与文化

1 张瀚:《松窗梦语》卷四《百工纪》。
2 《御制大诰·婚姻第二十二》;《明太祖实录》卷二三二。
3 宋濂:《洪武圣政记》，载于《国朝典故》卷九。
4 顾起元:《客座赘语》卷一〇《国初榜文》。
5 王锜:《寓圃杂记》卷一《官妓之革》。
6 《大诰续编·居处僭分第七十一》。
7 嘉靖《太平县志》卷二《地舆志下》。
8 张瀚:《松窗梦语》卷七《风俗纪》。
9 乾隆《震泽县志》卷二五《风俗》。
10 嘉庆《泾县志》卷一《沿革·风俗》。
11 顾炎武:《天下郡国利病书》原编第九册《凤宁徽》。
12 《通制条格》卷五《科试》。
13 《明太祖宝训》卷一《论治道》。
14 何乔远:《名山藏·儒林记》。
15 胡广:《进书表》,《皇明文衡》卷五。
16 何良俊:《四友斋丛说》卷三。
17 陈鼎:《东林列传》卷二;《明太宗实录》卷三三。
18 宋濂:《吴先生碑》,《吴礼部集·附录》。
19 宋濂:《宋文宪公全集》卷三二。
20 方孝孺:《逊志斋集》卷九。

21 方孝孺:《逊志斋集》卷一七。
22 黄宗羲:《明儒学案·师说·曹月川端》。
23 孙承泽:《春明梦余录》卷二一。
24 《明太宗实录》卷二一。
25 《四库全书总目》卷一三七“《永乐大典》提要”。
26 徐一夔:《郁离子序》。
27 《四库全书总目》卷一七〇。

第七章 土木之变与保卫京师

1 《明史》卷七四《职官志三》。
2 查继佐:《罪惟录》列传卷二九《王振传》。
3 夏燮:《明通鉴》卷二二。
4 《明史纪事本末》卷二九《王振用事》。
5 同上书。
6 《明史纪事本末》卷二九《王振用事》。
7 《明英宗实录》卷六六。
8 夏燮:《明通鉴》卷二二。
9 《明史》卷一七一《王骥传》。
10 《明英宗实录》卷一八〇。
11 同上书。
12 《明史纪事本末》卷三二《土木之变》。
13 《明史纪事本末》卷二九《王振用事》。
14 刘定之:《否泰录》。
15 《明英宗实录》卷一八一。
16 《明史》卷一七一《徐有贞传》。
17 《明英宗实录》卷一八一。
18 于谦:《于忠肃公集·拾遗》。
19 《明史》卷三〇四《兴安传》。
20 夏燮:《明通鉴》卷二四。
21 《明英宗实录》卷一八一。
22 《明史》卷一七〇《于谦传》。
23 《明英宗实录》卷一八三。
24 夏燮:《明通鉴》卷二四。
25 《明英宗实录》卷一八四。
26 《明史》卷一七〇《于谦传》。
27 刘定之:《否泰录》。
28 夏燮:《明通鉴》卷二四。

第八章 天顺与成化年间的政治变乱

1 《明史纪事本末》卷三三《景帝登极守御》
2 夏燮:《明通鉴》卷二六。
3 《明英宗实录》卷二一五。
4 夏燮:《明通鉴》卷二六。

5 《明英宗实录》卷二七三。
6 夏燮:《明通鉴》卷二七。
7 同上书。
8 《明史》卷一七六《商辂传》。
9 《明史》卷一七六《徐有贞传》。
10 《明英宗实录》卷二七四。
11 同上书。
12 《明英宗实录》卷二七五。
13 《明史》卷一六八《王文传》。
14 《明史》卷一七〇《于谦传》。
15 《明史纪事本末》卷三五《南宫复辟》。
16 《明史》卷一七〇《于谦传》。
17 《明英宗实录》卷二七八。
18 《明英宗实录》卷二七九。
19 夏燮:《明通鉴》卷二八。
20 李贤:《天顺日录》。
21 《明史》卷三〇四《曹吉祥传》。
22 夏燮:《明通鉴》卷二八。
23 王锜:《寓圃杂记》卷一。
24 《明宪宗实录》卷一四。
25 《明宪宗实录》卷四一。
26 《明宪宗实录》卷四九。
27 《明史》卷一八六《杨守随传》。
28 《明宪宗实录》卷一四八。
29 谈迁:《国榷》卷三七。
30 查继佐:《罪惟录》列传卷二《皇后列传》。
31 《明史》卷一一三《后妃传一》。
32 《明史》卷三〇四《汪直传》。
33 《明史》卷一七六《商辂传》。
34 《明史纪事本末》卷三七《汪直用事》。
35 《明史》卷三〇四《汪直传》。
36 《明史》卷三〇四《怀恩传》。
37 《明史》卷三〇七《李孜省传》。
38 《明史》卷三〇七《继晓传》。
39 《明史》卷三〇七《李孜省传》。
40 《明史》卷三二七《鞑靼传》。
41 《明宪宗实录》卷九八。

第九章 从弘治中兴到正德乱局

1 夏燮:《明通鉴》卷四〇。
2 《明史》卷一八二《王恕传》。
3 《明史》卷一八二《马文升传》。
4 《明史》卷一八一《刘健传》《谢迁传》。
5 《明孝宗实录》卷九。

6 《明孝宗实录》卷九九。
7 夏燮:《明通鉴》卷三八;《明史》卷一八一《王鏊传》。
8 《明史》卷一八二《刘大夏传》。
9 唐鹤征:《皇明辅世编》卷二《刘文靖健》。
10 沈德符:《万历野获编》卷一《弘治中年之政》。
11 《明史纪事本末》卷四二《弘治君臣》。
12 夏燮:《明通鉴》卷三八、三九。
13 《明史》卷三〇四《李广传》。
14 夏燮:《明通鉴》卷四〇。
15 夏燮:《明通鉴》卷四一。
16 《明史》卷一八一《刘健传》。
17 《明史纪事本末》卷四三《刘瑾用事》。
18 夏燮:《明通鉴》卷四二。
19 同上书。
20 《明武宗实录》卷五一。
21 郑晓:《今言》卷四。
22 夏燮:《明通鉴》卷四四。
23 《明武宗实录》卷九四。
24 《朝鲜李朝实录中的中国史料》卷一三。
25 《明武宗外纪》。
26 《明史》卷一六《武宗纪》。
27 顾炎武:《天下郡国利病书》卷五《北直隶·大名府田赋志》。
28 高岱:《鸿猷录》卷一二《平河北寇》。
29 《明武宗实录》卷七四。
30 高岱:《鸿猷录》卷一二《平河北寇》。
31 《明史纪事本末》卷四五《平河北盗》。

第十章 经济与社会的变动

1 宋濂:《宋学士集》卷二八《故庐陵张府君光远甫墓碣铭》。
2 贝琼:《清江贝先生文集》卷一九《横塘农诗序》。
3 万历《大明会典》卷一七。
4 《明太祖实录》卷六二。
5 《明宪宗实录》卷八六。
6 《王阳明全集》卷四《计处地方疏》。
7 《明史》卷八二《食货志六》。
8 《明史》卷七七《食货志一》。
9 余继登:《典故纪闻》卷一二、卷一四。
10 《明太祖实录》卷一一一。
11 赵翼:《廿二史札记》卷三四《明乡官虐民之害》。
12 何良俊:《四友斋丛说》卷六《正俗》。
13 王淑英:《资治策奏》,《皇明名臣经济录》。
14 顾炎武:《天下郡国利病书》原编第一五册《山东上》。
15 钱琦:《恤新县疏》,康熙《西江志》卷一四六。
16 嘉靖《香山县志》卷二《民物志·徭役》。

17 嘉靖《南宫县志》卷一《地里志·里甲》。
18 万历《嘉定县志》卷六《徭役》；顾炎武：《天下郡国利病书》原编第六册《苏松》。
19 曹憧：《庵村志·风俗》。
20 嘉靖《惠州府志》卷五《户口志》。
21 叶春及：《石洞集》卷一〇《里役论》。
22 徐学谟：《世庙识余录》卷二一。
23 《明太祖实录》卷二五一。
24 《续通考》卷一〇。
25 《大学衍义补》卷二九。
26 万明：《明代白银货币化的初步考察》，《中国经济史研究》2003年第2期。
27 《明史》卷一五《孝宗纪赞》。
28 《明英宗实录》卷一四九、卷一六一。
29 戴金：《皇明条法事类纂》卷二二《申明僭用服饰器用并挨究制造人匠问罪例》。
30 《明宪宗实录》卷八六。
31 陆容：《菽园杂记》卷一〇。
32 《明宪宗实录》卷二六〇。
33 沈德符：《万历野获编补遗》卷四《大臣异服》。
34 张瀚：《松窗梦语》卷四《百工纪》。
35 《明孝宗实录》卷一〇。
36 《明武宗实录》卷一二四。
37 王鏊：《吴子城赋》，《吴都文粹续集》卷一。
38 赵宽：《素轩记》，弘治《吴江志》卷一五。
39 张瀚：《松窗梦语》卷四《百工纪》。
40 嘉靖《太康县志》卷四《服舍》。
41 万历《兖州府志》卷三一《风俗》。

第十一章　思想文化的转折变化

1 薛瑄：《读书录》卷三。
2 薛瑄：《读书续录》卷五。
3 薛瑄：《读书录》卷二。
4 娄谅：《康斋先生行状》。
5 黄宗羲：《明儒学案》卷一《崇仁学案一》。
6 陈献章：《白沙子》卷二。
7 陈献章：《白沙子》卷一。
8 黄宗羲：《明儒学案》卷五《白沙学案上》。
9 王守仁：《传习录》下。
10 王守仁：《传习录》中。
11 王守仁：《传习录》上。
12 王守仁：《王文成公全书》卷二六《寄正宪男手墨二卷》。
13 王守仁：《传习录》上。
14 王守仁：《传习录》中。
15 王守仁：《传习录》下。
16 王守仁：《大学问》。
17 王守仁：《传习录》下。

18　顾宪成：《小学斋札记》卷三。
19　《明史》卷二八二《儒林传序》。
20　《明史》卷二八五《文苑传》。

第十二章　嘉靖初政与大礼纷争

1　《明史》卷一九〇《杨廷和传》。
2　吴伯与：《内阁名臣事略》卷三《杨文忠公祠堂碑》；《明史》卷一九〇《杨廷和传》。
3　谈迁：《国榷》卷五二。
4　《明史》卷三〇四《宦官传一》。
5　《明史》卷一九四《秦金传》。
6　徐学聚：《国朝典汇》卷一九《庄田》。
7　《明世宗实录》卷八二。
8　《明世宗实录》卷二；《明史》卷一九〇《杨廷和传》。
9　《明史》卷一九〇《杨廷和传》。
10　《明史》卷一九一《毛澄传》。
11　《明史》卷一九六《张璁传》。
12　《明史纪事本末》卷五〇《大礼议》。
13　《钦明大狱录》；《明史纪事本末》卷五六《李福达之狱》。
14　《明世宗实录》卷八九。
15　《明事断略·更定祀典》。
16　《明世宗实录》卷一一〇。
17　《明世宗实录》卷一一一。
18　《明史》卷五〇《礼志四》。
19　《明世宗实录》卷五〇。
20　《明世宗实录》卷一三〇。
21　沈德符：《万历野获编》卷一四《祀典》。
22　谈迁：《国榷》卷五三。
23　谈迁：《国榷》卷六四。

第十三章　世宗失道与隆万改革

1　霍与瑕：《霍勉斋集》卷一六《读陆子余与友人书》。
2　《明史》卷二〇六《郑一鹏传》。
3　《明史》卷三〇七《邵元节传》。
4　《明史》卷三〇七《陶仲文传》。
5　《明史》卷三〇七《段朝用传》。
6　《明史》卷一三〇《郭英附郭勋传》。
7　《明史》卷二〇九《杨爵传》。
8　《明史》卷一九三《袁炜传》。
9　沈德符：《万历野获编》卷二《嘉靖青词》。
10　《明宫词》，北京古籍出版社1987年版，第169页。
11　《明史》卷二九九《许绅传》。
12　沈德符：《万历野获编》补遗卷一《宫词》。
13　《明史》卷三〇七《田玉传》。

14 《明史》卷二〇七《邓继曾传》。
15 《明史》卷二〇九《杨最传》《杨爵传》《浦鋐传》《周天佐传》。
16 《明史》卷一九六《张璁传》;《国朝典故》卷三七《世宗实录三》。
17 《明史》卷一九六《夏言传》。
18 《明史》卷三〇八《严嵩传》。
19 《明史》卷一九六《夏言传》。
20 《明史》卷三〇八《严嵩传》《赵文华传》《鄢懋卿传》;卷二一〇《董传策传》。
21 《明史》卷三〇七《蓝道行传》。
22 《明史》卷三〇八《严嵩传》。
23 《明史》卷二一三《徐阶传》。
24 张居正:《张太岳集》卷三二《答福建巡抚耿楚侗言致理安民书》。
25 海瑞:《海瑞集》下编《启阁老徐存翁》。
26 《明史》卷二一三《徐阶传》。
27 参见《明史》卷二一三《徐阶传》《高拱传》《郭朴传》。
28 《明史》卷二一三《高拱传》。
29 《明穆宗实录》卷一。
30 《明穆宗实录》卷七〇。
31 《明穆宗实录》卷五四。
32 《海瑞集》上编。
33 《明穆宗实录》卷一六、一七。
34 《明穆宗实录》卷二一。
35 《明史》卷七七《食货志一》。
36 《明穆宗实录》卷二八。
37 《明穆宗实录》卷三二。
38 《明穆宗实录》卷四六。
39 《明穆宗实录》卷七〇。
40 《明史》卷二一五《陈吾德传》,卷八二《食货志六》。
41 《明史》卷三〇五《李芳传》。
42 《明史》卷二一五《詹仰庇传》《周弘祖传附邓洪震传》。
43 《明穆宗实录》卷一六。
44 《明史》卷二一五《郑履淳传》。
45 《嘉靖以来首辅传》卷七《张居正传》。
46 《明穆宗实录》卷七七。
47 高拱:《病榻遗言·矛盾原由》。
48 《明史窃》卷四九《高拱》。
49 《明史》卷二一三《张居正传》。
50 张居正:《张太岳集》卷三八《请稽查章奏随事考成以修实政疏》。
51 《明神宗实录》卷一一一。
52 《明史》卷七八《食货二》。
53 《海瑞集》上编《治安疏》。
54 《明史》卷二二一《魏时亮传》。
55 《明史》卷二一五《陈吾德传》。
56 张居正:《张太岳集》卷四三《看详户部进呈揭帖疏》。
57 张居正:《张太岳集》卷二六《答应天巡抚宋阳山论均粮足民》。
58 张居正:《张太岳集》卷三六《陈六事疏》。

59 韩文：《会计天下钱粮奏》，《御选明臣奏议》卷一〇。
60 傅维麟：《明书》卷六七《土田志》。
61 罗伦：《与府县官论上中户书》，《明经世文编》卷八四。
62 《明英宗实录》卷一七五。
63 何瑭：《均徭私论》，《明经世文编》卷一四四。
64 《古今图书集成·食货典》卷一四二《赋役部》；桂萼：《请修复旧制以足国安民疏》，《明经世文编》卷一八〇。
65 《明世宗实录》卷一二三。
66 谈迁：《国榷》卷七〇。
67 万历《沧州志》卷三《田赋志》。
68 张居正：《张太岳集》卷三三《答山东巡抚何来山言均田粮核吏治》。
69 张居正：《张太岳集》卷二九《答少宰杨二山言条鞭》。
70 《明神宗实录》卷五八。
71 张居正：《张太岳集》卷二九《答总宪李渐庵言驿递条鞭任怨》。
72 顾炎武：《天下郡国利病书》原编第一五册《山东上》。
73 顾炎武：《天下郡国利病书》原编第八册《江宁庐安》。
74 光绪《漳州府志》卷一四《赋役上》。
75 张栋：《国计民生交绌敬伸末议以仰裨万一疏》，《明经世文编》卷四三八。

第十四章 "北虏南倭"问题及其解决

1 《明史》卷二〇四《丁汝夔传》。
2 《明世宗实录》卷三七三。
3 《明世宗实录》卷三七六。
4 《明穆宗实录》卷三六。
5 《明史》卷二二二《谭纶传》。
6 《明穆宗实录》卷三三。
7 《明穆宗实录》卷一、卷二三。
8 《明穆宗实录》卷五一。
9 《明穆宗实录》卷五五。
10 《明穆宗实录》卷五九。
11 魏源：《圣武记》卷一二。
12 《明武宗实录》卷一五八。
13 《明史》卷三二五《佛郎机传》。
14 《明武宗实录》卷一九四。
15 《明世宗实录》卷四。
16 庞尚鹏：《百可亭摘稿》卷一《陈末议以保海隅万世治安疏》。
17 《明史纪事本末》卷五五《沿海倭乱》。
18 《明史》卷二〇五《朱纨传》。
19 《明史》卷三二二《日本传》。
20 《明史》卷二〇五《张经传》。
21 戚继光：《纪效新书》卷四《禁令》。
22 黄佐：《黄泰泉先生全集》卷二〇《代巡抚通市舶疏》。
23 《明世宗实录》卷五三八。
24 唐枢：《御倭杂著》卷一《复胡默林论处王直》。

25　张燮：《东西洋考》卷七《饷税考》。
26　何乔远：《闽书》卷三〇《方域志·漳州府》。
27　张燮：《东西洋考》卷七《饷税考》。

第十五章　社会经济的新发展

1　宋应星：《天工开物》卷上《乃粒第一·稻工》。
2　同治《郧阳志》卷五《官师志》。
3　徐献忠：《吴兴掌故集》卷一三《物产类》。
4　吕坤：《实政录》卷二《民务·小民生计》。
5　陆容：《菽园杂记》卷一二。
6　弘治《吴江志》卷六《风俗》。
7　钟化民：《救荒图说》，俞森编：《荒政丛书》卷五。
8　嘉靖《山东通志》卷八《物产》。
9　谢肇淛：《西吴枝乘》。
10　顾炎武：《天下郡国利病书》原编第二二册《浙江下》。
11　光绪《嘉兴府志》卷三二引《石门邝志》。
12　《明穆宗实录》卷二六。
13　李诩：《戒庵老人漫笔》卷四《谈参传》；光绪《常昭合志稿》卷四八《轶闻》。
14　张履祥：《杨园先生全集》卷四三《近古录》。
15　归有光：《震川先生集》卷二一《周子嘉室唐孺人墓志铭》。
16　汪道昆：《太函集》卷三五《明赐级阮长公传》。
17　冯梦龙：《醒世恒言》卷一八。
18　《明神宗实录》卷三六一。
19　乾隆《潞安府志》卷八。
20　宋应星：《天工开物》卷二。
21　《明神宗实录》卷三六一。
22　同上书。
23　徐光启：《农政全书》卷三五。
24　《古今图书集成·职方典·苏州府部》。
25　天启《海盐县图经》卷四。
26　顾炎武：《天下郡国利病书》原编第九册《凤宁徽》。
27　顾炎武：《天下郡国利病书》原编第二九册《广东下》。
28　屈大均：《广东新语》卷一五《铁》。
29　张萱：《西园闻见录》卷四〇。
30　萧近高：《参内监疏》，康熙《西江志》卷一四六。
31　康熙《铅山县志》卷一。
32　贺灿然：《石门镇彰宪亭碑记》，康熙《石门县志》卷七。
33　《明神宗实录》卷三三四、三七六。
34　万历《扬州府志》卷二〇《购物志》。
35　李鼎：《李长卿集》卷一九。
36　万历《休宁县志》卷一。
37　汪道昆：《太函集》卷四七、卷四六、卷二八、卷三五。
38　顾炎武：《天下郡国利病书》原编第六册《苏松》。
39　顾炎武：《天下郡国利病书》原编第九册《凤徽宁》。

40 何乔远:《闽书》卷三八《风俗志》。
41 万历《湖州府志》卷三《物产》。
42 嘉靖《保宁府志》卷七《食货志》。
43 张瀚:《松窗梦语》卷四。
44 顺治《潞安府志》卷一。
45 王廷相:《呈盛都宪公抚蜀七事》,《明经世文编》卷一四九。
46 顺治《霍山县志》卷二《土产》。
47 张时彻:《招宝山重建宁波府知府凤峰沈公祠碑》,《明经世文编》卷二四三。
48 许重熙:《宪章外史续编》卷三。
49 万历《上海县志》卷一。
50 嘉庆《朱泾志》卷一《疆域志》,卷三《水利志》。
51 沈祥龙:《重辑枫泾小志序》,光绪《枫泾小志》卷首。
52 崇祯《松江府志》卷三《镇市》。
53 李杰:《璜泾赵市碑记》,弘治《太仓州志》卷一〇《艺文》。
54 乾隆《苏州府志》卷一二《物产》。
55 万历《嘉定县志》卷一《疆域考》,卷六《田赋》。
56 崇祯《外冈志》卷一《兵防》《沿革》,卷二《物产》。
57 乾隆《吴江县志》卷三八《风俗》。
58 嘉靖《吴江县志》卷一《疆域》。
59 李培:《翔云观碑记》,《濮川所闻记》卷四《文》。
60 徐献忠:《吴兴掌故集》卷一三《物产类》。
61 乾隆《湖州府志》卷四一《物产》。
62 《乌青文献》卷一《建置》。
63 乾隆《湖州府志》卷三九《风俗》。
64 光绪《菱湖镇志》卷一《舆地略》。
65 张廉:《重建化成桥碑铭》,民国《双林镇志》卷一二《碑碣》。
66 道光《平望志》卷一《沿革》。
67 嘉靖《吴江县志》卷一《疆域》。
68 正德《新市镇志》卷一《物产》。
69 弘治《上海县志》卷二《镇市》。
70 正德《金山卫志》卷一《镇市》。
71 万历《嘉定县志》卷一《市镇》。
72 万历《杭州府志》卷三四《市镇》。
73 康熙《嘉善县志》卷二《乡镇》。
74 《明世宗实录》卷二九五。
75 嘉靖《吴邑志》卷首《吴邑城郭图说》。
76 归有光:《震川先生集》卷一一《送昆山县令朱侯序》。
77 嘉靖《建宁县志》卷一《地理》。
78 何良俊:《四友斋丛说》卷三四《正俗一》。
79 嘉靖《翼城县志》卷一《地理志》。
80 何瑭:《民财空虚之弊议》,《明经世文编》卷一四四。
81 陆缉:《蒹葭堂稿》卷六《杂著》。

第十六章　思想文化的新样貌

1　《王阳明全集》卷三五。
2　《传习录》下。
3　《龙溪先生全集》卷八《大学首章解义》《答李克斋》。
4　分见《明儒学案》卷一一《员外钱绪山先生德洪》，卷一二《郎中王龙溪先生畿》。
5　耿定向：《耿天台先生文集》卷一四《东廓邹先生传》。
6　《东廓邹先生文集》“序”。
7　《东廓邹先生文集》卷五《复黄致斋使君》。
8　《明儒学案》卷一七《文庄欧阳南野先生德》。
9　徐阶：《世经堂集》卷一九《欧阳公神道碑》。
10　《明儒学案》卷一七《贞襄聂双江先生豹》。
11　《明儒王心斋先生遗集》卷一《语录》。
12　《心斋先生全集》卷三《答问补遗》。
13　罗钦顺：《大学问》。
14　罗钦顺：《困知记》卷上。
15　王廷相：《雅述》上篇；《太极辨》；《慎言·道体篇》。
16　王廷相：《雅述》上篇；《慎言·小宗篇》。
17　《明史》卷二八七《茅坤传》。
18　王世懋：《王奉常集》文部卷五《贺天目徐大夫子与转左方伯序》。
19　王世贞：《艺苑卮言》卷三。
20　《明史》卷二八七《王世贞传》。
21　钱谦益：《列朝诗集小传》丁集中。

第十七章　神宗贪怠与东林党议

1　谈迁：《国榷》卷六九。
2　谈迁：《国榷》卷七〇。
3　艾穆：《艾熙亭先生文集》卷四《恩谴记》。
4　《明史》卷二一三《张居正传》。
5　同上书。
6　《明史》卷三〇五《冯保传》。
7　《明神宗实录》卷一三一。
8　《明神宗实录》卷一三一。
9　李植：《言事纪略》卷一《恳乞圣明独断以昭臣鉴以振朝纲事题本》。
10　《明史》卷二一九《朱赓传》。
11　《明史》卷二一七《王家屏传》《沈鲤传》。
12　钱谦益：《牧斋初学集》卷三〇《少保梁公恤忠录序》。
13　《明神宗实录》卷二一九。
14　《明史》卷二一八《申时行传》。
15　《明史》卷二一八，“赞”。
16　《明神宗实录》卷一七一。
17　《明神宗实录》卷五一〇。
18　《明史》卷八二《食货志六》。
19　《明神宗实录》卷三二四。

20 《明史》卷二三七《田大益传》。
21 《明神宗实录》卷三三〇。
22 《明神宗实录》卷三五九。
23 《明史》卷三〇五《高淮传》。
24 《明神宗实录》卷五五三。
25 《明神宗实录》卷三七六。
26 《明神宗实录》卷三三四;《定陵注略》卷五《军民激变》。
27 文秉:《定陵注略》卷五《军民激变》;《明史》卷三〇五《陈奉传》;《明神宗实录》卷三五八。
28 文秉《定陵注略》卷五《军民激变》;《明神宗实录》卷三六一。
29 《明史》卷二三一《钱一本传》。
30 《万历邸抄》,万历二十六年戊戌。
31 赵南星:《味檗斋文集》卷二《再剖良心责己秉公疏》。
32 《顾端文公年谱》卷上。
33 《明史》卷二二〇《李世达传》。
34 《明史》卷二二四《孙鑨传》,卷二四三《赵南星传》;文秉:《定陵注略》卷三《癸巳大计》。
35 《明史》卷二三一《顾宪成传》。
36 陈龙正:《几亭全书》卷二七《乡筹五》。
37 《明史》卷二三六《夏嘉遇传》。
38 黄宗羲:《明儒学案》卷五八《东林学案》。
39 《明史》卷二三二《李三才传》。
40 蒋平阶:《东林始末》。
41 《明史》卷二二四《孙丕扬传》。
42 《明史》卷二二五《郑继之传》。
43 《明史》卷二一八《方从哲传》。
44 黄宗羲:《明儒学案》卷五八《端文顾泾阳先生宪成》。
45 顾允成:《小辨斋偶存》卷一《廷试制科》。
46 谈迁:《国榷》卷七八。
47 《明神宗实录》卷三四九。
48 鲁迅:《题未定草》(九),《且介亭杂文二集》,人民出版社 1958 年版。
49 《明史纪事本末》卷六七《争国本》。
50 《明史》卷二三三《姜应麟传》。
51 《明史》卷二三三《罗大纮传》。
52 《明史》卷二一八《王锡爵传》。
53 《明神宗实录》卷二六三。
54 文秉:《先拨志始》卷上。
55 《明史》卷一一四《孝定李太后传》。
56 《明史纪事本末》卷六七《争国本》;《明史》卷二四〇《叶向高传》。
57 《明史》卷二四四《王之寀传》。

第十八章　边疆与民族问题的新挑战

1 《明史纪事本末》卷六三《平哱拜》。
2 《明史纪事本末》卷六四《平杨应龙》;《明史》卷三一二《四川土司传》。

3 夏燮:《明通鉴》卷六九。
4 《明史》卷三二二《日本传》。
5 《明神宗实录》卷二四二。
6 《明史纪事本末》卷六二《援朝鲜》。
7 《明史》卷三二〇《朝鲜传》。
8 《明神宗实录》卷一九二。
9 《明神宗实录》卷四六四。
10 《明史》卷二三五《蒋允仪传》。
11 《明神宗实录》卷五六九。
12 《明神宗实录》卷五七四。
13 《明史》卷二二〇《李汝华传》。
14 《明神宗实录》卷五八〇。
15 《明史》卷二一八《方从哲传》。
16 《明史》卷二五九《熊廷弼传》。

第十九章 天启崇祯年间的政治乱象

1 《明光宗实录》卷七。
2 《明史》卷二一八《方从哲传》。
3 《明史》卷二六四《焦源溥传》。
4 《明史》卷二四四《杨涟传》。
5 《明史》卷二四四《左光斗传》。
6 《明史》卷二四四《杨涟传》。
7 李逊之:《三朝野记》卷二。
8 《明史》卷二四三《赵南星传》。
9 《明史》卷三〇五《魏忠贤传》。
10 沈德符:《万历野获编》卷六《内廷结好》。
11 《明史》卷三〇五《王安传》《魏忠贤传》。
12 《明史》卷三〇五《魏忠贤传》。
13 李逊之:《三朝野记》卷三。
14 秦征兰:《天启宫词》。
15 李逊之:《三朝野记》卷二。
16 刘若愚:《酌中志》卷一〇《逆贤乱政纪略》。
17 《明熹宗实录》卷二四六。
18 《明史》卷一四五《周宗建传》。
19 《明史》卷二四四《杨涟传》。
20 《明熹宗实录》卷五八。
21 《明史》卷九一《刑法志三》。
22 李逊之:《三朝野记》卷三。
23 杨涟:《杨忠烈公文集》卷一《狱中血书》。
24 文秉:《先拨志始》卷下。
25 《崇祯长编》卷二。
26 李逊之:《三朝野记》卷四。
27 谈迁:《国榷》卷八八。
28 同上书。

29 《崇祯长编》卷三。
30 文秉:《烈皇小识》卷一。
31 《明史》卷三〇五《魏忠贤传》。
32 王世德:《崇祯遗录》;《明史》卷一一四《刘昭妃传》。
33 《明史》卷二五八《熊开元传》。
34 文秉:《烈皇小识》卷八。
35 《明史》卷二五三《张至发传》。
36 谈迁:《国榷》卷九七。
37 《明史》卷二五五《刘宗周传》。
38 李清:《三垣笔记·附识中》。
39 《明史》卷二五一《钱士升传》。
40 《明史纪事本末》卷七四《宦寺误国》。
41 孙承泽:《春明梦余录》卷四八。
42 侯玄汸:《月蝉笔露》卷下。
43 陆世仪:《复社纪略》卷一。
44 陆世仪:《复社纪略》卷二。
45 张溥:《七录斋诗文合集·古文存稿》卷五《程墨表经序》。
46 《明史》卷二八八《张溥传》。
47 陆世仪:《复社纪略》卷二。
48 杨彝:《复社事实》。
49 《明史》卷三〇八《周延儒传》。
50 吴伟业:《梅村家藏稿》卷三六《冒辟疆五十寿序》。

第二十章　内外威胁与明朝灭亡

1 《明史纪事本末》卷六九《平奢安》。
2 张燮:《东西洋考》卷六《红毛番》。
3 《明史》卷三二五《和兰传》。
4 《兵部题澎湖捷功残稿》,《明清史料》乙编第七本,第628页。
5 同上书,第629页。
6 何乔远:《镜山全集·海上小议》。
7 《明熹宗实录》卷四七。
8 邹维琏:《达观楼集》卷一八《奏剿红夷报捷疏》。
9 《明史》卷二五九《袁应泰传》。
10 《明熹宗实录》卷九。
11 《明熹宗实录》卷一八。
12 《明史》卷二五〇《孙承宗传》。
13 《明史》卷二五九《袁崇焕传》。
14 魏源:《圣武记》卷一。
15 文秉:《烈皇小识》卷二。
16 《明史》卷三〇九《李自成传》。
17 杨嗣昌:《杨文弱先生集》卷三五。
18 吴伟业:《绥寇纪略》卷八。
19 顾炎武著、黄汝成集释:《日知录集释》卷一三《贵廉》。
20 《崇祯长编》卷二。

21 计六奇:《明季北略》卷一二《钱士升论李琎搜括之议》;《明史》卷二五一《钱士升传》。
22 郑廉:《豫变纪略》卷三。
23 葛守礼:《葛端肃公家训》卷下。
24 《崇祯长编》卷四三。
25 顾炎武著、黄汝成集释:《日知录集释》卷三《承筐是将》。
26 辛升:《寒香馆遗稿》卷二《怼言》。
27 计六奇:《明季北略》卷一三《罪己诏》。
28 谈迁:《国榷》卷八九。
29 朱一是:《为可堂集·谢友人招入社书》。
30 《四库全书总目》卷九六《子部六·儒家类存目二》"顾宪成《小心斋札记》提要"。
31 黄宗羲:《明儒学案》卷五八《东林学案一》。
32 戴笠:《怀陵流寇始终录》卷一。

第二十一章　社会与文化的多元发展

1 罗威廉《晚清帝国的"市民社会"问题》和魏斐德《市民社会和公共领域问题的论争》,均载邓正来、亚历山大编《国家与市民社会》,中央编译出版社,1999年。
2 万历《通州志》卷二《风俗》。
3 李乐:《见闻杂记》卷一〇。
4 谢肇淛:《五杂俎》卷一一。
5 何良俊:《何翰林集》卷一二。
6 范濂:《云间据目钞》卷二。
7 桐西漫士:《听雨闲谈》。
8 张岱:《陶庵梦忆》卷一、卷五。
9 管一德辑:《皇明常熟文献志》第六册《风俗志》。
10 余怀:《板桥杂记》卷上《雅游》。
11 天启《平湖县志》卷一〇《风俗志》。
12 文震亨:《长物志》卷九《衣饰》。
13 王士性:《广志绎》卷二《两都》。
14 范濂:《云间据目钞》卷二。
15 凌濛初:《初刻拍案惊奇》卷二《姚滴珠避羞惹羞,郑月娥将错就错》。
16 王士性:《广志绎》卷二《两都》。
17 于慎行:《谷山笔麈》卷三《国体》。
18 李贽:《焚书》卷三《何心隐论》。
19 李贽:《藏书·世纪列传总目前论》。
20 李贽:《焚书》卷三《童心说》。
21 同上书。
22 周应宾:《识小编》。
23 李贽:《藏书》卷二四《德业儒臣后论》。
24 李贽:《焚书》卷一《答邓石阳》《答邓明府》。
25 李贽:《焚书》卷一《答焦漪园》。
26 顾宪成:《小心斋札记》卷三《顾端文公遗书》。
27 高攀龙:《高子遗书》卷四《讲义》。
28 陆世仪:《复社纪略》。

29　张采:《知畏堂集》卷一《答章拙生书》，卷二《阳明要书序》。
30　陈子龙:《安雅堂稿》卷四《汇辑诸子序》。
31　钱谦益:《列朝诗集小传》丁集中。
32　同上书。
33　《袁宏道集笺校》卷二二《与李元善》。

参考书目

一、原典文献

《明实录》，台北："中研院"历史语言研究所影印本，1962 年。
张廷玉等：《明史》，北京：中华书局点校本，1974 年。
谈迁：《国榷》，北京：中华书局标点本，1958 年。
谷应泰：《明史纪事本末》，北京：中华书局点校本，1977 年。
傅维鳞：《明书》，济南：齐鲁书社《四库全书存目丛书》本，1996 年。
查继佐：《罪惟录》，杭州：浙江古籍出版社点校本，1986 年。
高岱：《鸿猷录》，上海：上海古籍出版社点校本，1992 年。
王世贞：《弇州山人四部稿》，济南：齐鲁书社《四库全书存目丛书》本，1997 年。
《诸司职掌》，台北："国立中央图书馆"《玄览堂丛书》本，1981 年。
《大明令》，台北：成文出版社《皇明制书》本，1969 年。
《皇明诏令》，济南：齐鲁书社《四库全书存目丛书》本，1996 年。
正德《大明会典》，台北：商务印书馆《景印文渊阁四库全书》本，1983 年。
万历《大明会典》，北京：中华书局影印《万有文库》本，1989 年。
徐学聚：《国朝典汇》，北京：书目文献出版社影印本，1996 年。
余继登：《典故纪闻》，北京：中华书局点校本，1981 年。
章潢：《图书编》，上海：上海古籍出版社影印本，1992 年。
张萱：《西园闻见录》，北京：全国图书馆文献缩微复制中心影印本，1996 年。
《明经世文编》，北京：中华书局影印本，1962 年。
《皇明经济文录》，北京：全国图书馆文献缩微复制中心复印本，1994 年。
《御选明臣奏议》，台北：商务印书馆《景印文渊阁四库全书》本，1983 年。

二、近人著作

1. 通史

孟森：《明史讲义》，北京：中华书局，2006 年。
吴晗：《明史简述》，北京：中华书局，1980 年。
汤纲、南炳文：《明史》上册，上海：上海人民出版社，1985 年。
南炳文、汤纲：《明史》下册，上海：上海人民出版社，1991 年。
傅衣凌主编：《明史新编》，北京：人民出版社，1993 年。

(美)牟复礼、(英)崔瑞德编:《剑桥中国明代史》，张书生等译，北京：中国社会科学出版社，1992 年。
王天有主编:《明朝十六帝》，北京：紫禁城出版社，1999 年。
高阳:《明朝的皇帝》，台北：台湾学生书局，2000 年。
白寿彝总主编、王毓铨主编:《中国通史》第九卷，上海：上海人民出版社，1999 年。
陈致平:《中华通史》九、十，台北：黎明文化事业公司，1978 年。
蔡美彪等著:《中国通史》第八册，北京：人民出版社，1994 年。
樊树志:《晚明史：1573—1644 年》，上海：复旦大学出版社，2003 年。
顾诚:《南明史》，北京：中国青年出版社，1997 年。

2. 政治

张显清、林金树主编:《明代政治史》，桂林：广西师范大学出版社，2003 年。
李渡:《明代皇权政治研究》，北京：中国社会科学出版社，2004 年。
谢国桢:《明清之际党社运动考》，北京：中华书局，1983 年。
王天有:《晚明东林党议》，上海：上海古籍出版社，1991 年。
胡秋原:《复社及其人物》，台北：学术出版社，1968 年。
张德信:《明朝典章制度》，长春：吉林文史出版社，2001 年。
王天有:《明代国家机构研究》，北京：北京大学出版社，1992 年。
张治安:《明代政治制度》，台北：五南图书出版有限公司，1999 年。
关文发:《明代政治制度研究》，北京：中国社会科学出版社，1995 年。
杜乃济:《明代内阁制度》，台北：商务印书馆，1967 年。
王其榘:《明代内阁制度史》，北京：中华书局，1989 年。
谭天星:《明代内阁政治》，北京：中国社会科学出版社，1996 年。
赵子富:《明代学校与科举制度研究》，北京：北京燕山出版社，1995 年。
黄明光:《明代科举制度研究》，桂林：广西师范大学出版社，2000 年。
潘星辉:《明代文官铨选制度研究》，北京：北京大学出版社，2005 年。
刘双舟:《明代监察法制研究》，北京：中国检察出版社，2004 年。
范中义等著:《中国军事通史》第十五卷《明代军事史》，北京：军事科学出版社，1998 年。
于志嘉:《明代军户世袭制度》，台北：学生书局，1987 年。
杨绍猷、莫俊卿:《明代民族史》，成都：四川民族出版社，1996 年。
万明:《中国融入世界的步履明与清前期海外政策比较研究》，北京：社会科学文献出版社，2000 年。

3. 经济

王毓铨主编:《中国经济通史·明代经济卷》，北京：经济日报出版社，2000年。
唐文基:《明代赋役制度史》，北京：中国社会科学出版社，1991年。
韦庆远:《明代黄册制度》，北京：中华书局，1961年。
栾成显:《明代黄册研究》，北京：中国社会科学出版社，1998年。
何炳棣:《明初以降人口及相关问题：1368—1953》，葛剑雄译，北京：三联书店，2000年。
曹树基:《中国人口史·明时期》，上海：复旦大学出版社，2000年。
曹树基:《中国移民史·明时期》，福州：福建人民出版社，1997年。
牛建强:《明代人口流动与社会变迁》，开封：河南大学出版社，1997年。
王毓铨:《明代的军屯》，北京：中华书局，1965年。
黄仁宇:《十六世纪明代中国之财政与税收》，阿风等译，台北：联经出版事业股份有限公司，2001年。
傅衣凌:《明清社会经济变迁论》，北京：人民出版社，1989年。
傅衣凌:《明清农村社会经济》，北京：三联书店，1980年。
李文治、魏金玉、经君健:《明清时代的农业资本主义萌芽问题》，北京：中国社会科学出版社，1980年。
高寿仙:《明代农业经济与农村社会》，合肥：黄山书社，2006年。
陈诗启:《明代官手工业的研究》，汉口：湖北人民出版社，1958年。
韩大成:《明代城市研究》，北京：中国人民大学出版社，1991年。
樊树志:《明清江南市镇探微》，上海：复旦大学出版社，1990年。
傅衣凌:《明清时代商人及其商业资本》，北京：人民出版社，1956年。
李金明:《明代海外贸易史》，北京：中国社会科学出版社，1990年。

4. 社会

万明主编:《晚明社会变迁：问题与研究》，北京：商务印书馆，2005年。
牛建强:《明代中后期社会变迁研究》，台北：文津出版社，1997年。
陈宝良:《明代社会生活史》，北京：中国社会科学出版社，2004年。
陈宝良:《飘摇的传统：明代城市生活长卷》，长沙：湖南人民出版社，2006年。
常建华:《明代宗族研究》，上海：上海人民出版社，2005年。
陈宝良:《明代儒学生员与地方社会》，北京：中国社会科学出版社，2005年。
何淑宜:《明代士绅与通俗文化的关系：以丧葬礼俗为例的考察》，台北：师大史研所，2000年。
卜正民:《纵乐的困惑：明朝的商业与文化》，方骏等译，台北：联经出版事业股份有限公司，2004年。

陈大康:《明代商贾与世风》，上海：上海文艺出版社，1996年。
方志远:《明代城市与市民文学》，北京：中华书局，2004年。

5. 文化

地球出版社编辑部编辑:《中国文明史》第八卷《明代》，台北：地球出版社，1997年。
南炳文、何孝荣:《明代文化研究》，北京：人民出版社，2006年。
南炳文主编:《佛道秘密宗教与明代社会》，天津：天津古籍出版社，2001年。
侯外庐等主编:《宋明理学史》，北京：人民出版社，1997年。
陈来:《宋明理学》，上海：华东师范大学出版社，2004年。
容肇祖:《明代思想史》，济南：齐鲁书社，1992年。
龚鹏程:《晚明思潮》，台北：里仁书局，1994年。
张学智:《明代哲学史》，北京：北京大学出版社，2000年。
廖可斌:《复古派与明代文学思潮》，台北：文津出版社，1994年。
王安祈:《明代传奇之剧场及其艺术》，台北：学生书局，1986年。
戚世隽:《明代杂剧研究》，广州：广东高等教育出版社，2001年。
陈大康:《明代小说史》，上海：上海文艺出版社，2000年。
曹淑娟:《晚明性灵小品研究》，台北：文津出版社，1988年。